Frontier Studies in International Trade:
Theories, Methods & Applications

国际贸易前沿研究

理论、方法与应用

韩景华◎编著

中国经济出版社
CHINA ECONOMIC PUBLISHING HOUSE
·北京·

图书在版编目（CIP）数据

国际贸易前沿研究：理论、方法与应用／韩景华编著.--北京：中国经济出版社，2021.12（2024.12 重印）
ISBN 978-7-5136-6688-6

Ⅰ.①国… Ⅱ.①韩… Ⅲ.①国际贸易理论-研究 Ⅳ.①F740

中国版本图书馆 CIP 数据核字（2021）第 278909 号

策划编辑　崔姜薇
责任编辑　张　博
责任印制　马小宾
封面设计　任燕飞装帧设计工作室

出版发行　中国经济出版社
印 刷 者　北京建宏印刷有限公司
经 销 者　各地新华书店
开　　本　710mm×1000mm　1/16
印　　张　21.25
字　　数　260 千字
版　　次　2021 年 12 月第 1 版
印　　次　2024 年 12 月第 3 次
定　　价　78.00 元
广告经营许可证　京西工商广字第 8179 号

中国经济出版社　**网址** www.economyph.com　**社址** 北京市东城区安定门外大街 58 号　**邮编** 100011
本版图书如存在印装质量问题，请与本社销售中心联系调换（联系电话：010-57512564）

前言

Preface

经济全球化正在深刻地改变我们所生活的世界，国际贸易的不断发展则构成了经济全球化的重要方面。在经济全球化进程中，跨国公司的迅速发展，技术创新、信息化、数字化浪潮的不断推进，贸易自由化领域的不断扩大，以及区域经济合作的快速发展，伴随而生的是国际贸易领域不断出现的新模式、新现象及新的问题。

随着国际贸易实践的发展以及理论研究的不断创新，国际贸易学科的相关研究在借鉴吸收传统国际贸易理论基础上不断创新，不断地基于新的视角阐释贸易现象和贸易问题。从传统的国际贸易理论，到新贸易理论，再到新新贸易理论，学者的研究逐步深入基于异质性企业的微观层面，实现了从新贸易理论到新新贸易理论的过渡，新新贸易理论的兴起是贸易理论发展的重要里程碑，其广泛借鉴了新贸易理论中的垄断竞争模型和产品差异化理论，在以异质性企业贸易理论和企业内生边界理论为代表的新新贸易理论产生之后，国际贸易学科发展的速度明显加快。新新贸易理论从微观层面解释企业的贸易行为、对外投资以及国际化的生产组织选择等，其从企业异质性视角的分析给国际贸易的相关研究带来了全新的变化。而在异质性企业贸易理论之外，全球价值链，贸易协定和贸易自由化效应，贸易成本与贸易壁垒是比较受到关注的三个研究方向。当前，国际政治经济形势复杂多变，经济全球化和区域经济一体化并行，区域贸易协定近年来的发展速度也很快，这使得当代世界经济格局随之发生变化，可以说贸易协定和贸易自由化效应是未来国际贸易前沿研究中很重要的研究方向之一。此外，关于全球价值链与跨境生产分割的研究主要围绕全球价值链中间品贸易的形成与发展、模式选择，垂直专业化贸易，贸易增加值分解、核算及应用，全球价值链参与程度，全球价值链分工地位，贸易与环境，以及比较优势的新测度等方面展开。在国际贸易领域研究中，学者们也开始更多地关注国际贸易与劳动力市场以及国际贸易与空间经济学等方面的研究。近几年来，由于数字经济的发展，学者们将目光转向数字经济、数字贸易的相关研究。今天的国际贸易与之前相比，呈现出与以往贸易很多不同的新的模式、新的问题，国际贸易学科与其他学科之间的交叉融合研究也在不断呈现。

当前，世界正处在百年未有之大变局，世界经济政治格局的不确定性增加，经济环境急剧变化的可能性在上升，这些都给国际贸易领域的相关研究人员和从业者提出了新的挑战，要求研究人员要从事物运行的内在逻辑上深刻把握时代的脉搏，紧跟国际贸易发展的最前沿，来适应国际贸易的发展变化，本书正是在这样的背景下产生的。本书内容共包括以下八章：

第 1 章是国际贸易前沿问题。主要从企业异质性贸易，贸易增加值核算，全球价值链下的政策选择及全球价值链的治理，异质性企业框架下贸易自由化福利效应，新经济地理学，数字贸易及数字贸易规则和监管等方面做整体上的综述。对 Melitz 异质性企业贸易理论、Antràs 企业内生边界模型以及相关评价进行综述性分析。从全球产业链革新与贸易增加值、贸易增加值的分解理论、投入产出模型诞生与发展，以及出口比较优势的新衡量等角度阐释贸易增加值的相关研究进展。梳理评价学者们关于全球价值链的形成与内涵，以及全球价值链的热点研究。对贸易自由化的福利效应，环境效应以及就业效应等贸易自由化方面的相关研究做综合性的总结分析。总结了空间经济学相关学者的经典性研究。由于数字革命将对未来全球经贸发展与规则体系产生长远而深刻的影响，因此，在本章的最后，笔者针对全球数字贸易发展态势、规则以及经济效应相关进展及研究做一相应的介绍，以期对未来的研究能有所裨益。

第 2 章是异质性企业贸易理论。主要介绍新新贸易理论的起源，以及考虑到企业差异性和生产率等方面差异对国际贸易的影响，学者们从微观层面解释企业贸易行为的相关研究进展。介绍 Melitz 异质性企业模型，封闭经济和开放经济下的模型及其均衡，以及为什么会存在“自选择效应”。介绍 Antràs 企业内生边界模型。从不完全契约、外包与 FDI 的选择，以及交易成本、一体化与 FDI 的选择层面梳理总结分析学者们基于内生边界的研究及其贡献。关于异质性企业贸易理论的相关研究文献，主要从异质性企业出口行为与生产率，出口固定成本与出口行为，企业出口行为与 FDI 的选择，出口—生产率悖论，以及异质性企业贸易政策的经济效应角度展开对研究文献的梳理分析评价，最后进行总结讨论。

第 3 章是贸易增加值核算。介绍了投入产出模型，非竞争性投入产出模型的编制及其应用。从贸易指标演化过程及对比，分析说明传统海关总值贸易指标的缺陷，将传统海关贸易指标和基于增加值口径的新核算指标进行比较分析，从垂直化贸易角度梳理学者们对贸易指标的改进，模型建立，以及基于贸易增加值对传统贸易指标重新评估等相关研究，并进行比对分析。分析基于产业部门和 HS 章别产品层面的贸易增加值核算流程。对基于传统总值核算和基于贸易增加值核算方法解释出口比较优势的研究进行归纳、总结与分析，指出其贡献与不足，最后进行总结分析。

第 4 章是全球价值链。从全球价值链的测度指标、典型特征描述以及全球价值链 GVC 诊断等方面梳理分析以往学者的贡献以及研究存在的差异。从经济规模、贸易投资壁垒与激励、技术角度分析现有文献关于全球价值链决定因素的相关研究。在全球价值链影响的分析上，基于贸易流量、就业与收入、技术与产业升级视角总结分析学术界相关研究进展，指出其贡献及未来研究方向。本章还对全球价值链框架下企业组织生产决策，全球价值链与区域经济一体化的相关应用研究进行深入的分析总结，以期给未来的研究提供一些思路上的建议。

第 5 章是贸易自由化与贸易协定。贸易自由化方面，通过梳理文献，分析贸易自由化对收入分配和就业以及对企业层面的影响，包括贸易自由化如何影响工薪差距路径的原因，进口贸易自由化与中国的企业创新，贸易自由化、企业异质性与出口动态，以及贸易自由化对多产品企业产品决策的影响等。针对贸易协定，主要阐释多边贸易体制与贸易自由化协定、优惠贸易安排协定以及贸易优惠与促进等，具体说明多边贸易体制的由来与机制特点，分析贸易自由化协定演变过程，介绍优惠贸易安排以及我国参与的一些优惠贸易安排。最后通过剖析区域经济一体化递进层次以及其他贸易优惠与促进手段，评析贸易自由化与贸易协定对全球经济的积极影响与消极影响，借由各国政策选择来观察贸易自由化的趋势与进程。

第 6 章是国际贸易与空间地理（贸易与空间经济学）。包括本地市场效应、新经济地理学与产业结构升级，以及本地市场效应与产业结构升级三部分。从影响本地市场效应的因素，本地市场效应对中国经济的影响，本地市场效应与区域不平衡、福利以及政策角度对文献展开梳理分析，并对本地市场效应研究进行展望。探讨产业结构升级理论和新经济地理学核心理论，对基于不同理论下产业结构升级研究进行评述。最后对本地市场效应模型与理论，产业结构升级内涵与动力，以及本地市场效应下的产业结构升级梳理总结和分析。

第 7 章是数字贸易的现状与发展。主要从数字经济和数字贸易内涵、特征，数字贸易与传统贸易比对，数字贸易与跨境电子商务关系，数字贸易测度方法，数字贸易推动经济发展的内在逻辑，数字贸易与税收，数字贸易与立法，数字贸易存在的问题和政策指导，以及数字贸易的发展趋势对现有文献做综述评价，指出其研究意义、贡献和不足。

第 8 章是国际贸易前沿研究展望。基于现有文献研究，从企业异质性与 OFDI、新新经济地理学及贸易增加值三个层面对未来研究进行展望。基于分工方式与贸易福利，自贸区对贸易政策福利的影响，产品质量与贸易福利，外资自由化与贸易福利等多方面，对贸易政策福利分析这一未来需深入研究的问题，梳理总结分析现有文献。针对数字经济的发展，对大数据下商业银行国际贸易融资，大数据对国际贸易的影响，基于跨国面板数据的贸易对一国福利的影响，海关数据与国际贸易等研究进行分析和展望。最后，对基于制度角度研究比较优势，交易成本与制度比较优势，以及制度对农产品比较优势的影响的研究进行综合分析，以期对未来国际贸易的相关研究能够有所明晰和裨益。

本书的架构部分借鉴了盛斌教授的《国际贸易前沿研究综述与前瞻》，在此特别表示感谢。本书是在北京第二外国语学院研究生前沿教材项目的资助下完成的，本项目在选题的研究框架、研究思路、研究方法等方面浸透着课题组成员的汗水。韩景华教授负责本书的整体架构设计，研究思路的确定，以及本书初稿的整理、修改与完善。课题组成员张思卿、苟郁雅、王炳哲、严康荣、王宁、王慧莹、李梁钰、郝文一、叶鑫鹏、任少云、祁中骄、王志浩承担了本书初稿的撰写任务，具体如下：张思卿（第 1 章第 1—5 节），苟郁雅（第 1 章第 6 节），严康荣（第 2 章），郝文一（第 3 章），王炳哲（第 4 章），李梁钰（第 5 章），王宁（第 6 章），叶鑫鹏、任少云、祁中骄、王志浩（第 7 章），王慧莹（第 8 章）。此外，邓国梁、田媛、聂晓旭、赵效塘也参与了本书的文献收集与整理工作，在此一并表示感谢。

中国经济出版社教育教材出版分社的崔姜薇社长和张博编辑以及审稿老师都对本书的出版给予了大力的支持，在此深表谢意。

由于资料掌握和水平有限，书中难免有不当之处，恳请专家、学者批评指正。

最后，愿本书能对国内学者深入研究国际贸易领域的相关问题的工作有所裨益。

韩景华

2021 年 8 月于北京望京

目　录

Contents

第1章 国际贸易前沿问题

Chapter One

1.1 异质性企业

1.1.1 异质性企业贸易理论

异质性企业贸易理论，又称“新新贸易理论”（Baldwin 和 Forslid，2004），是20世纪90年代至今重要的国际贸易理论成果之一，正是它使得国际贸易理论完成了由宏观至微观的里程碑式的发展与蜕变。在异质性企业贸易理论出现之前，国际贸易理论，即传统贸易理论的学术成果主要集中于产业间贸易，直到20世纪末，各国学者的研究视角才逐渐转向隶属同一产业的微观企业的层面上来。很快，这些在微观层面的初步研究就发现并提出了不少传统理论未曾囊括和解释的国际贸易现象，异质性贸易理论也因此诞生，其中，以下三个现象最具代表性：

第一，无论是什么行业，企业的出口参与率普遍较低，这无疑与新贸易理论中的有关所有企业都会进行出口贸易的预期形成了强烈的反差（Bernard 等，2007）；第二，出口企业与非出口企业在规模、资本密集度和技术水平等方面存在着明显差异（Bernard 和 Jensen，1995）；第三，在同一产业中，贸易全球化与贸易自由化使得生产率高的企业从事出口贸易，并迫使生产率低的企业退出出口贸易的竞争，这使得产业总体生产率水平最终上升（Pavcnick，2002；Tybout，2003；Bernard 等，2006）。通过更为微观的企业层面数据研究，学者们发现出口企业与非出口企业之间存在着巨大的差异，至此，国际贸易中的异质性企业问题开始引起学术界的广泛关注，使学者们开始追寻解释企业间差异的理论基础和经济内涵。如今，异质性企业贸易理论仍处于高速发展阶段，其目标不仅是对上述国际贸易现象提供合乎逻辑的理论解读，还有进一步形成揭示实现贸易利得的合理机制。

总的来说，异质性企业贸易理论有以下需要解释的疑问：企业在什么情况下会进行国际贸易？这些企业是如何进行国际贸易的，是通过直接出口还是通过对外直接投资的方式？企业会选择怎样的形式进行生产，外包还是一体化？企业如何在国际外包和国内外包、国际一体化和国内一体化之间进行选择？以上疑问囊括了异质性企业贸易理论的两个主要研究方向，即企业的国际化路径选择和企业的内部化决策选择。

有关企业的国际化路径选择的研究方向，是当前异质性企业贸易理论的主要研究方向和思路。同一产业中的企业被分成四种类型，即被迫退出市场的企业、专注国内市场的企业、直接出口供应国际市场的企业和以对外直接投资方式供应国际市场的企业。以 Melitz（2003）为代表的学者提出的异质性企业贸易模型，在新贸易理论的基础上引入了两个要素，企业生产率的差异和进入市场的固定成本，试图解释生产率不同的企业在面临利润最大化选择问题时，会采用哪种方式出口，主要分析产业内贸易和贸易自由化的影响。

在关于企业的内部化决策选择的研究方向中，企业拥有外包和一体化两种生产方式，加上国内、国外两种情况分类讨论，企业的生产选择共有以下四种：国内外包；国际外包，指企业将产品的部分中间品和零件外包给国外市场，再进口至本国进行最终加工；国内一体化，即企业只在本国进行生产制造；国际一体化，又名垂直对外直接投资，指企业通过设立在国外的分公司生产中间品和零件，再通过公司内贸易出口至本国母公司的生产方式。

以 Antràs（2003）为代表的学者提出企业内生边界理论，并基于此理论研究企业的内部化抉择，以企业内生边界模型为理论核心，讨论在契约不完全的情形下，研究企业尤其是跨国公司如何在世界范围内组织生产，在企业外包和外国直接投资间做出何种选择，即如何选择自身的产业组织形式、如何选择跨国公司的内生边界的问题。

自异质性企业贸易理论提出后，学者们不断对理论进行完善和补充。

包括以 Melitz 为代表的理论模型在各种微观领域的拓展，如异质性企业出口行为与生产率的研究、出口固定成本与出口行为的研究等，以及各国学者们利用制造企业数据进行校准和分析相关理论的拓展，如企业出口行为与外国直接投资选择、“出口—生产率”悖论以及异质性企业贸易政策的经济效应等，这些都是由异质性企业贸易理论衍生而来的热点研究范畴。

1.1.2　Melitz 异质性企业贸易理论

Melitz 模型（Melitz，2003）是异质性企业贸易理论的根本理论基础，它用一个简洁明了的模型就解决了困扰学术界已久的两个基础性问题：企业的生产率水平如何影响企业出口贸易决策以及贸易自由化对产业内资源再配置的影响。

其一，Melitz 模型假设企业生产每种产品都有固定的生产成本，且一国企业出口产品至另外一个国家也存在固定的出口成本，这意味着对于同一产业中的企业而言，低生产率水平的企业，即生产率水平低于固定生产成本决定的生产率水平分割点的企业，最终会被迫退出市场；生产率水平高于固定生产成本生产率水平分割点但低于固定出口成本生产率水平分割点的企业为中等生产率企业，会选择专注于国内市场；只有生产率水平最高的企业，即生产率水平高于固定出口成本所决定的生产率水平分割点的行业佼佼者，才会进行出口贸易，与国外市场进行接触。

其二，一个平稳的产业使得企业可以自由地进入和退出，即企业进入该平稳产业的企业期望价值与企业的沉没成本相匹配，这种自由进出的状态可以通过一个由固定生产成本生产率分割点、固定出口成本生产率分割点等因素共同决定的公式，即自由进出条件公式给出。该公式会在后文用专门的章节来进行详细讲述，这里只给出最终结论：对于封闭经济，固定出口成本生产率分割点取值趋近正无穷，对于开放经济，贸易自由化使得该分割点下降至有限值，为了保证自由进出条件公式两侧平衡，固定生产成本生产率分割点必然上升，从而提升了进入该产业企业的期望利润，企业成功进入该产业的概率也就必然下降。因此资源在产业内的不同企业间实现了再分配，更准确的说法是，资源在产业内具有不同生产率水平的企业之间实现了再分配。高于旧的但低于新的固定生产成本生产率分割点的企业必须退出市场；只服务于国内市场的中等生产率企业的收益降低；高生产率水平的企业则在出口市场实现了规模收益扩张。最终，对于该产业而言，总体生产率水平得到提升，即贸易自由化通过产业内资源再配置实现了新的贸易利得。

Melitz 模型是在前人的理论基石之上产生的（如 Krugman 等，1979，1980，1981），该理论假设众多，但大部分均沿用于新贸易理论，包括 CES 形式 Dixit-Stiglitz 多样化偏好、市场结构和分析方法等，其中一项核心假设就是固定出口成本。固定出口成本的存在使得生产率较低的企业选择专注国内市场，因此，出口企业的生产率会高于非出口企业。这种“自主选择”效应使得贸易成本的变化对不同生产率水平的企业产生异质性的影响，并通过调整产业结构的方式最终使得产业的总体生产率水平得到提升。这种模型之所以得到广泛应用，既在于其基准模型的优美简练，也在于其假设条件的明确性和可扩展性。随着学者们不断应用各种数据对异质性理论进行检验和扩展，Melitz 模型中的假设条件在不同程度下得到了修正和放松，这使得它可以在修改不同假设条件之后讨论多种情景下的国际贸易现象和政策问题。

Melitz 模型的基准模型形式非常简洁，一经发表就得到了极大的关注并最终得到了广泛应用。其模型的假设条件虽然数量众多，但始终兼顾明确性与可延展性，学者们在对其假设条件进行各种形式的修改之后就可研究多种不同情景下的国际贸易实证现象和国际贸易政策问题，实用性非常之强。

1.1.3 Antràs 企业内生边界模型

企业在进入国际市场的进程中面临着两种选择：其一，是否要进入国际市场；其二，企业采用哪种方式进入国际市场，是出口贸易的形式还是对外直接投资的方式？以 Antràs（2003）等为代表的学者从 R. H. Coase 的交易成本理论出发结合不完全合约的角度进行考虑，回答了异质性企业在对企业边界、外包战略选择上的问题（Antràs，2003；Antràs 和 Helpman，2004）。同时融入了契约理论和产业组织理论，为企业的全球化生产问题提供了全新的研究视角。Melitz 模型阐释了生产率差异是如何影响异质性企业的出口贸易选择的，Antràs 企业内生边界模型则将企业对其国际化路径的考虑细化，对企业国际生产组织模式进行考量。具体而言，企业选择怎样的方式进行生产，是一体化还是外包？外包和一体化是在国内还是国外进行？根据 Antràs 企业内生边界模型，影响这些决策选择的因素包括不完全契约和交易成本。

第一，Antràs（2003）提出了关于企业边界的不完全契约产权来研究公司内贸易，将异质性企业模型引入 Helpman-Krugman 理论模型中，构建了异质性企业在契约不完全的条件下所面临的生产组织形式问题，分析如何确定企业的生产地，试图解释为什么世界上 1/3 的贸易是公司贸易。Antràs（2003）之后又与 Helpman 合作进行了许多相关研究（如 Antràs 和 Helpman，2004；Antràs，2005）。根据上述研究，企业中间产品契约不完全的情况下，要素密集度、企业的生产效率和产品的总部服务密集度等都会影响跨国公司的选择，是外包还是垂直一体化的战略选择。这些发展为企业的生产组织形式的研究提供了新的视角。目前国内对此领域的了解和研究尚处于起步阶段，相关学者的研究有待深入探索。

第二，影响企业国际生产组织形式的因素除了不完全契约之外，交易成本因素也不可忽视。假定外包是在不完全契约条件下寻找合作企业进行投资的行为，研究者据此建立一般均衡的贸易模型进行研究（Grossman 和 Helpman，2005），最终发现对南方国家而言，国家的发展程度和产业内贸易的兴起程度与外包业务的发展呈正相关关系。除非技术改进的速度南方国家比北方国家更快，否则投资技术的改变对外包产业的发展产生的影响不大。除此之外，Grossman 在后续对跨国公司生产组织策略的研究中发现，当中间产成品和最终产品的贸易成本不会对企业行为造成影响时，进入海外市场投资的固定成本会影响企业的选择。

归根结底，对于某种商品的生产或是某个具体的生产环节，企业的决策核心在于不同产权结构之下如何处理交易成本。Antràs 将产权学派的 Hart-Moore 的契约不完全分析框架与 Helpman-Krugman 的贸易理论相结合（Antràs，2014），可以良好地解释他在早年提出的一些有关公司内部化决策选择的问题，如为什么公司偏好选择在母国生产刚刚诞生的新产品（Antràs，2005），以及为什么资本密集型的企业倾向于进行公司内贸易（Antràs，2003）。这大概是因为当公司的一种产品中囊括的技术含量较高时，产权的分配偏向于隶属北方国家的技术研发者，通常这样的产品刚刚诞生不久，处于其生命周期的形成与发展阶段；而当这类产品进入成熟期，生产已经形成标准化，其产权分配则由北方国家的技术研发者转向南方国家的装配制造者，正是这种规律给予了不同国家与市场的参与者以一定的激励和动力。

1.1.4　中国学界的异质性企业贸易理论研究

对于异质性企业贸易理论这一新的贸易理论，我国学者的研究大部分集中于以下两个研究方向。其一，在异质性企业贸易理论的基础框架下为我国外贸战略的调整与选择提供政策建议；其二，使用中国某一行业的微观企业数据来验证异质性企业贸易理论的适用性。

有关异质性企业贸易理论对我国外贸战略调整和选择的启示作用，以李春顶为代表的国内学者普遍认为：第一，我国重视出口的对外贸易政策与异质性企业贸易理论相契合，出口贸易可以提高行业的平均生产率，我国应坚持对外开放，逐步实现贸易的自由化。第二，出口贸易的贸易转移效应对生产率较低的企业非常不利，所以我国的贸易政策应该在坚持对外开放的大原则下，重点关注那些弱势产业和落后领域，适当的保护可使其跟上发展的步伐，免受自由贸易的负面效应。相反，出口贸易的转移原则使得行业资源倾斜于高生产率的企业，政府应该鼓励这些行业的“佼佼者”走出去，积极开展对外直接投资。第三，传统“出口至上”的贸易战略是过时且不正确的，异质性企业贸易理论已经向我们证明并不是所有的企业都能够从出口中获益，对于那些生产率低于固定出口成本分割点的企业，专注于服务国内企业才是最好的选择（李春顶，2009；李春顶、王领，2009）。

有关使用中国企业的微观数据验证异质性企业贸易理论适用性的经验研究又可以分为两个独立的方向。第一个研究方向是从企业的微观层面出发，分解中国的出口增长，将其归结为不同的增长因子。钱学锋等将中国出口总量增长分解为集约的贸易边际与扩展的贸易边际两个增长因子（钱学锋，2008；钱学锋、熊平，2009），并在此基础上模拟了可变贸易成本和出口固定成本对二元边际的影响。结果表明，2003—2006年，中国的出口扩张主要源自集约的贸易边际，而贸易成本的变动对中国出口总量增长的影响主要是通过促进扩展的贸易边际实现的。之后，盛丹等（2011）运用中国工业部门的企业数据，采用Heckman两阶段选择模型考察了基础设施对中国企业出口行为的影响，结果表明，基建对中国外贸的增长更多地体现在扩展边际而不是集约边际；在两元边际之后，施炳展（2010）使用了三元边际的分析方法，将中国的出口增长分解为广度增长、数量增长与价格增长，结果表明数量增长是中国增长的最大动力，其他两项增长极其有限。第二个研究方向是中国企业的生产率与出口行为之间的因果关系。首先，以李春顶为代表的国内学者指出，异质性企业贸易理论中所阐述的企业“自选择效应”在中国并不成立（李春顶和尹翔硕，2009；李春顶，2010）。经验研究的结果表明，中国企业存在“生产率悖论”的现象，即与异质性贸易理论的结论不同，处于同一行业的中国非出口企业的生产率反而高于出口企业的生产率，生产率越低的企业出口越多。其次，“干中学”的贸易事后效应在中国也并不成立。经过对大量数据的分析，众多国内学者都发现出口贸易的持续增长并没有显著提高中国企业的生产率和竞争力，出口的技术溢出效应在我国并不显著。之后，中国的“零出口”现象引起了学界的关心，即我国存在大量的中高端技术产品零出口现象，且该极端现象的出现受到如地理距离、贸易费用、进口国收入水平等诸多因素的影响（施炳展，2010）。

1.1.5　对异质性企业贸易理论的评价

异质性企业贸易理论不仅成功解释了传统国际贸易理论无能力解释的微观层面国际贸易实证现象，还引导人们对开放经济与贸易自由化所引致的优胜劣汰、不断竞争进行更为深入的解读。传统国际贸易理论从行业的角度阐述开放经济所带来的优胜劣汰效应，异质性企业贸易理论则层层深入，选择从微观企业的视角阐述贸易自由化所带来的“胜者昌，败者亡”。通过国际贸易，国家不但从不同行业的具体分工中获得全社会范围的福利增长，还通过各个产业内资源倾斜和结构调整最终实现了生产率的提升。

虽然异质性企业贸易理论一经提出就引起了学界的极大重视，并且近二十年来迅速发展形成了最前沿的国际贸易理论体系，但是对于这一理论体系是否确实完成了对传统贸易理论的革新且足以与传统贸易相提并论，相关领域的学者们也曾出现争论。

无论是传统贸易理论还是异质性企业贸易理论，根据其基础模型，一国贸易利得都可以简单运用两个变量来进行估算，即进口对可变贸易成本的弹性和国内产品在消费中的占比（Arkolakis 等，2012）。因此从贸易利得的绝对量来看，异质性企业贸易理论与新贸易理论以及新古典贸易理论的差别并不大。

异质性企业贸易理论学派的学者们之后对 Arkolakis 等的质疑进行了强有力的反驳。他们认为如果同质性模型和异质性模型中以上两个参数（进口对可变贸易成本的弹性和国内产品在消费中的占比）使用相同数值进行校准时，两类模型的其他参数将会产生非常明显的差异，因为同质性模型是基于产业宏观层面的模型，而异质性模型是基于企业微观层面的模型（Melitz 和 Redding，2013）。在同一篇论文中，Melitz 等还证明了在对异质性企业进行研究和数据分析时，本国与别国的贸易份额并不适合再作为衡量一国贸易福利的指标，即应该舍弃宏观加总数据而选择微观企业数据，并且异质性企业贸易模型计算的贸易利得数据，通常要大于传统同质性企业贸易模型所得。综上可知，异质性贸易理论在很大程度上改进了贸易理论的研究理念与关注层次，是当之无愧的贸易理论里程碑。

1.2 贸易增加值

1.2.1 全球产业链革新与贸易增加值

20 世纪 80 年代，全球产业链革新的第一声号角响彻全球，信息通信技术的高速发展跨越了时间和空间，使得跨国家（地区）的协同生产成为可能，而不同国家（地区）之间巨大的劳动力成本差异使得全球资本蠢蠢欲动，人人都想谋取这份新鲜的利润来源。与此同时，贸易自由化的大趋势使得国家贸易与投资环境逐渐向好，全球范围内关税水平不断下降，促使资本在内的各种生产要素的跨国家（地区）流动性加大。这次以国际化垂直分工为基本特征的全球范围内的产业链革新最终表现为商品生产线逐渐拉长，工业制成品生产工序被进一步细化，同一产品的不同生产工序从一国境内统一生产变为多个国家与地区之间的“接力比赛”。在这种崭新的全球贸易情境下，中间品贸易飞速发展，在一国贸易之中最终占据了举足轻重的地位，很多产品的价值来源不再纯粹是某一国家，而是几经周转，由多个国家或地区的企业创造而来。显然，原本以贸易总值为根本依据的官方贸易统计已经不再适用。在垂直化国际分工风靡的今天，只专注于贸易总额而忽略中间品贸易价值的传统统计手法将会错误估计各国的贸易数据，并且这个误差将会非常之大。

世界贸易组织（WTO）前总干事 Pascal Lamy 在 2011 年 6 月的日内瓦会议上建议：应以进出口贸易中的各国国内增加值变化作为对外贸易统计的标准。世界贸易组织和经济合作与发展组织（OECD）于 2012 年 3 月 15 日启动了“增加值贸易测算”（Measuring Trade in Value Added）的联合研究项目。欧盟（EU）和联合国贸易与发展会议（UNCTAD）等多个国际组织，也先后开展了增加值贸易统计研究。这一系列工作推动了增加值贸易统计的主流化，使其成为国际官方统计体系的一个永久组成部分。目前，以增加值贸易为基础的全球价值链研究已成为热点。

1.2.2 贸易增加值分解理论

根据贸易增加值分解思路可以得到各种增加值分解指标，进而可以进行全球价值链多角度测度的研究与分析，因此贸易增加值分解理论是进行全球价值链测度研究的基石。现如今的贸易增加值分解理论并非一蹴而就，而是经过学界的多年研究逐渐形成并完善的。具体而言，贸易增加值分解理论历经了思路诞生、初步分解、分解结合及最终升华这 4 个具体阶段。

1.2.2.1 垂直专业化贸易测度：开贸易增加值分解思想之先河

Hummels D. 开创性地将不属于本国进出口中间产品的投入从一国总出口中剔除，并对狭义垂直专业化进行了准确定义（Hummels D.，等，2001）。他将囊括在一国总出口中的国外中间产品价值称为 *VS*，将供他国生产中间出口使用的那部分国内产品价值称为 *VS*1。Lawrence J. Lau 等提出，使用包含在出口商品之中的国内增加值来衡量国家参与全球价值链所获得的经济效益，并最终证明出口总价值是由国内增加值和总出口中的国外中间产品价值共同组成的。Lawrence J. Lau 指出，遗憾的是，虽然 Hummels D. 对 *VS* 和 *VS*1 进行了明确定义，但是只对 *VS* 的测量方法进行了阐述。这是因为垂直测度的思想所依仗的是单国投入产出模型，而 *VS*1 的计算需要双边贸易数据和投入产出表。单国投入产出模型只能反映一国的进出口生产消费情况，在研究全球贸易价值链时则略显单薄。只有严格对出口产品价值的最终去向、进口品价值的根本来源以及出口品价值进行甄别和区分，才能最终发现出口增加值包含在进口品中并最终返回本国的贸易实证现象，因此对于应用多国投入产出模型研究全球价值链现实是合理且必要的。Robert Johnson R. C 等基于以上思想，使用 GTAP 数据（Global Trade Analysis Project，全球贸易分析项目数据），最终构建出名为 VAX 的测度指标，它代表虽在本国生产但最终被他国消费的那部分国内增加值。

如上文阐述的那样，虽然 Hummels D. 提出的垂直专业化贸易测度方法有着非常明显的缺点，但是这种分解与剥离的思想开创了贸易增加值分解思路的先河，是全球价值链测度指标相关研究的基石，具有非常重大的启迪意义。

1.2.2.2 增加值贸易分解法：贸易增加值的初步分解

Stehrer R. （2012）认为应该对贸易增加值和增加值贸易进行准确定义，以免产生混淆。他将双边贸易中产生的增加值定义为贸易增加值，将最终被外国消费所吸收的本国直接增加值和间接增加值定义为增加值贸易。他还指出，一国的增加值出口减去增加值进口的净值就是增加值贸易，而增加值出口和增加值进口可分别进一步分解。例如，增加值出口可根据增加值最终被哪个国家消费来进行分解。

值得一提的是，正是在这种对贸易增加值的定义和初步分解的基础之上，Timmer 等基于一国总投入、中间投入与增加值之间恒等关系式，使用矩阵运算以及增加值系数与国内完全消耗系数之间的关系推算得到了出口增加值系数矩阵，即把出口分解为国内增加值出口和国外增加值出口两个部分（Timmer，2012）。这种借助向量和矩阵分解贸易增加值的方法十分便捷明了，对后来全球投入产出模型中一国总出口的分解具有重要的参考意义。

1.2.2.3 分解贸易增加值的经典范式：由宏观至微观，由单边至双边

Koopman R. 等对增加值贸易分解方法进行了系统性的归纳和改良。首先，（Koopman R.，2014）将总出口具有不同经济含义的四个部分分解为，

国内增加值出口部分、国外增加值部分、出口他国经加工之后又进口回本国的增加值部分以及纯重复计算的中间贸易品部分，然后再根据出口品的最终去向，得到共 9 个贸易增加值指标。Koopman R. 的这种方法可以使我们清晰地看到贸易增加值的组成部分，它将增加值贸易分解方法与传统总值贸易核算体系进行了有效衔接，第一次实现了对一国总出口的完全分解。美中不足的是，这种方式尚停留在国家宏观层面，并未能够进行更为微观的细化。王直等则对 Koopman R. 提出的这种分解方法进行了提升和完善，将这种堪称分解贸易增加值的经典公式进行了从宏观至微观的拓展和深化，由国家至部门，由单边至双边，最终创造出一国双边且细化至各个部门的总出口分解公式，这套贸易增加值分析法共拥有 16 项指标（Wang Z. 等，2018）。这是目前为止测算分解贸易增加值最为先进的研究成果，是一套将传统贸易统计向增加值分解核算有效转化的操作系统与规则。

王直等基于 Koopman R. 等提出的分解法，从生产长度视角入手把增加值进一步分解为纯国内部分、传统贸易和全球价值链相关部分，从而更有利于增加值分解理论在全球价值链指标测度中的合理应用；洛斯等在假设抽取法的基础上，对 Koopman R. 等提出的总出口分解法进行了简化，认为只需借助单国投入产出数据即可对一国总出口的价值增加值进行分解，使相对复杂的总出口价值分解法有了简化的可能，为后续研究提供了新方法和新思路。

1.2.2.4　基于经典范式之上的新研究：为贸易增加值的分解理论提供新思路

截至目前，尚未出现足以逾越经典范式的研究成果，但是有关增加值贸易分解方法领域的研究仍然层出不穷，对后续研究的提升颇具反思与启发意义。例如，王直等基于经典范式分解法，从生产长度角度入手，将增加值进一步分割为纯国内增加值、传统贸易和全球价值链相关部分。（Wang Z.，2018）这种方法的意义在于更有利于增加值理论与全球价值链测度的衔接。再如，Los B. 应用假设抽取的方法对一国总出口增加值进行分解，试图将较为复杂的分解过程简单化，为后续有关增加值贸易分解方法的研究注入了新的思想和活力。

1.2.3 投入产出模型：诞生与发展

投入产出模型作为一种棋盘式平衡表，被公认为可以有效地计算出商品的国内、国外增加值，并且是能够反映国民经济中各产业、各部门在生产过程中彼此关联度的一种分析方法。

美国经济学家里昂惕夫（Leontief）是投入产出模型的创始人。他在1936年发表的《美国经济体系中的投入产出的数量关系》一文，开创性地提出了投入产出的思想，随后他又出版了其他以美国经济结构为主题的学术著作，投入产出的方法始终贯穿其中。投入产出思想虽然非常新颖，但究其源头却有着非常深厚的学术底蕴与历史渊源。投入产出思想的雏形诞生于重农学派，其代表学者魁奈（Quesnay）在自己的代表作《经济表》中，对于产品与支出在农民、地主和商品制造者之间流通过程的论述，给予了里昂惕夫莫大的启迪。为了致敬这位伟大学者的《经济表》，里昂惕夫称呼自己编制的第一张投入产出表为“美国的经济表”；投入产出表的呈现形式则是取材于苏联20世纪20年代编制的囊括各种产品生产与消费的棋盘式平衡表；除此之外，马克思在再生产理论中将国民生产划分为生产资料和生活资料的思想也对里昂惕夫的投入产出分析产生了重要的影响。但对其影响最大的，当属数理经济学派的学者瓦尔拉斯（Walras）和帕累托（Pareto），其一般均衡理论和数学方法在经济学中的应用构成了里昂剔夫体系的基础。

在诞生初期，里昂惕夫和他的投入产出分析并没有受到学界和政府的太多关注。直至第二次世界大战战事吃紧，各国政府急需将生产管理系统数量化、精确化，以加强对本国经济的干预与控制的方法，投入产出分析才引起了所有人的注意并最终得到了普及和全面发展。“美国1939年投入产出表”是美国官方的第一张投入产出表，美国战时生产局和劳工部统计局在里昂惕夫本人的指导下耗费两年多的时间进行了编制，并用这张投入产出表较为成功地预测了美国的就业状况和钢材产量，直接证明了投入产出分析思想的科学性和实用性。在那之后，世界各国也先后进行了投入产出分析的研究，编制和应用投入产出表。在中国，投入产出分析的应用和发展过程大致可以分为三个阶段：

第一阶段（1960—1965）：20世纪60年代初，在国家统计局前副局长孙冶方和著名科学家钱学森的倡议和牵头下，中国学术界的一些学者开始研究投入产出分析方法。在这一时期，学界的主要努力方向是从国外学习这一先进技术，并试图将其应用至本国企业。

第二阶段（1966—1978）：1966 年开始的“文化大革命”迫使中国国内投入产出分析的研究工作中断，直到“文化大革命”的尾声中国才编制出第一张属于自己的投入产出表——“1973 年全国 61 种产品的实物型投入产出表”。

第三阶段（1979 年至今）：这一时期是投入产出分析的研究和应用在中国广泛、深入开展和迅速发展时期。我国从 1987 年开始由国家统计局牵头，每隔五年调查和编制一张全国性投入产出表，并且每一年新的表格都会对前一年进行完善、进一步细化部门分类。一般国家公布投入产出表的同时也会公布供给表、使用表和进口矩阵等，我国官方公布的投入产出表起始阶段是建立在里昂惕夫所提出的模型框架之上的竞争型投入产出表，2007 年开始编制含加工贸易信息的非竞争型投入产出模型。2012 年的投入产出表通过引入与直接消耗、完全需求和完全消耗系数对称的直接分配系数、完全感应系数和完全分配系数，重新定义了感应度系数。

投入产出模型根据对进口投入的不同处理方式可以分为两种类型：竞争型投入产出模型和非竞争型投入产出模型。竞争型投入产出模型不对进口的中间投入加以区分，从而不能反映各生产部门与进口中间投入之间的联系。非竞争型投入产出模型则按照中间投入的来源不同，划分为本国中间投入和进口中间投入两大类，体现了二者的不完全替代关系，与当下全球贸易一体化的大环境更为契合。为了准确反映一国出口品的价值构成，采用非竞争型投入产出模型显然是更好的选择。关于非竞争型投入产出模型的具体编制方法和后续应用，在后续有关贸易增加值的章节会有所涉及，此处不再赘述。

1.2.4　出口比较优势：基于贸易增加值的全新视角

由 Balassa（1965）提出的 RCA 指数是被广泛应用于衡量一国在某种出口商品的生产是否较其他国家拥有竞争优势的指数之一。RCA 指数即显性比较优势指数（Revealed Comparative Advantage，RCA），代表的是某国某种产品出口总额在该国总出口额中所占比例与所有国家同一产品同一时期出口总额在所有国家总出口中所占比例的比值大小。当 RCA>1 时，该国家在该产品的生产上具有明显的比较优势；当 RCA<1 时，则表示该国在该领域具有明显的相对劣势。RCA 指数一经提出就赢得了各国学界的认可与推广，国内学者也就此做了很多相关研究。程欣将 RCA 指数和钻石模型相结合，分析了中国纺织业的国际竞争力（程欣，2009）；李钢和刘吉超分析了中国“入世”十年以来的各产业的国际竞争力（李钢和刘吉超，2012）；金碚和李鹏飞等则基于出口现状进一步阐述了中国国际竞争力的演变趋势（金碚等，2013）。但在全球价值链已然形成的国际贸易大环境下，RCA 指数的弊端也暴露无遗。

Balassa 假设各国进行水平分工，一种商品的生产全部在一国之内完成，因此海关统计的贸易额全部为出口国所有。然而，在全球价值链分工形势下，各个经济体不再独自完成某种商品的所有生产环节，而是转向某一生产环节的专业化，因此产品的生产链被逐渐拉长，很多产品的价值实际上被很多国家（地区）共同分享，而不是被单一国家（地区）单独占有。即对于生产环节全球化的产品，不应从贸易总量的角度来衡量一国在该种产品出口上的比较优势。在这一背景下，贸易增加值的方法脱颖而出，成为衡量一国或其具体产业国际竞争力的新视角。一些学者基于贸易增加值的方法分别测算了中国制造业和服务业的国际竞争力（戴翔仁，2015；郭晶和刘菲菲，2015）；一些学者则基于比较优势和全球价值链测算了中国产业的国际竞争力。然而，中国加工贸易占出口总贸易的比重很高的特性并没有体现在这些基于贸易增加值测算的比较优势研究之中。如果简单地将加工出口与一般出口同等对待，即便是从贸易增加值的视角测度 RCA 指数，也将会高估这些加工出口比重大的产品的比较优势。

测度“贸易增加值”最常用的方法是基于非竞争型投入产出表衡量贸易增加值的方法，然而与其他国家的投入产出表类似，中国官方颁布的投入产出表并没有对加工贸易生产在投入结构上的异质性进行区分。而这会导致很多国际贸易问题研究在贸易增加值的核算上出现巨大偏差。为了反映中国加工贸易的重要异质性，国家统计局与中国科学院课题组合作编制了反映中国加工贸易的非竞争型投入产出表。该表将中国国内生产分为三大类：满足国内需求生产（D）、加工出口生产（P）和非加工出口生产及外商投资企业的其他生产。

在后文有关贸易增加值的章节中，笔者将继续与读者探讨基于贸易增加值视角的有关国际竞争力的研究内容。

1.3　全球价值链

1.3.1　全球价值链的形成与内涵

1. 价值链与价值增加链

价值链理论最早产生于 20 世纪 80 年代，哈佛商学院教授迈克尔·波特（Michael E. Porter）在《竞争优势》一书中正式提出了有关“价值链”的概念。在分析公司行为和竞争优势时，波特认为公司的价值创造过程主要由包含生产、运输、销售、售后服务等环节的基本活动和包含原材料、技术、人力资源供应等环节的支持性活动两个部分共同完成。在公司的价值创造过程中，这些环节相互联系并由此构成公司价值创造的行为链条，这一链条被称为价值链。价值链管理不提倡单向公司业务的极端优化，而是强调从总成本的角度考察企业的经营效果，使得价值链的每一个环节相互协调并配合，从而提高企业的整体业绩水平。除此之外，波特还不满足单个企业的分析视角，他研究了不同企业之间的经济活动往来，并最终提出了“价值系统”的概念，而这种“价值系统”的概念最终成为全球价值链的思想基础。波特认为，在价值链的整体构成中，供应商具有上游价值，即其每年创造并移送用于企业价值链之中外购投入的那部分价值；产品在到达销售之前，通过销售渠道价值链所涉及的价值，即为渠道价值；企业的产品最终会成为买方价值链的一部分，即消费者价值。就这样，从上游价值到消费者价值形成了一个完整的价值链系统（见图 1-1）。

Kogut 则使用价值增值链来分析国际战略优势。他认为，将一国比较优势与企业竞争能力结合考虑就能得出合适的国家战略形式。如果说是比较优势决定了国家在价值链所处的具体位置和环节，那么企业竞争能力就决定了应该重点关注价值链上的具体环节与核心技术，只有这样才能确保

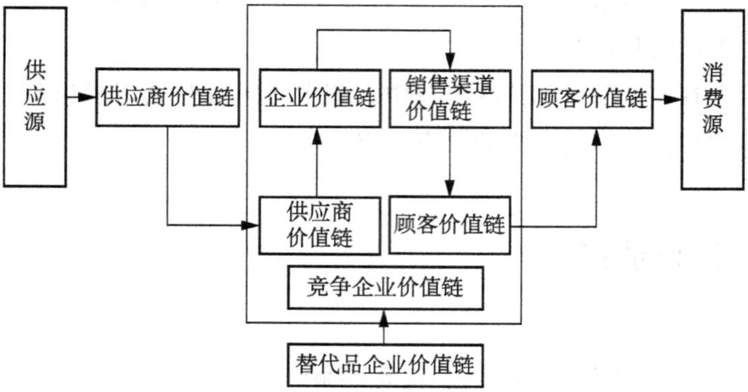

图 1-1　价值链系统

竞争优势。Kogut 进一步对价值增加链进行了定义，即价值增值链是生产者使用技术将原材料与劳动力相结合进行生产、将产品输入市场并最终销售的价值增值过程。在这一过程中，某个厂商可能仅仅参与了具体某一环节，或者厂商将整个价值增值过程都纳入了企业等级制的体系中，厂商的各种活动与技术都会同其他的公司产生联系。将 Kogut（1985）的观点与波特的观点相比，能够更好地反映价值链垂直化和全球资源再配置之间的紧密关联，对全球价值链思想的形成有着重大的铺垫意义。

2. 全球商品链与全球价值链

Gereffi 等学者将价值链分析法与产业组织研究相结合，对美国零售业的价值链进行了系统研究，并最终提出了全球商品链分析法。商品的生产在经济全球化的过程中被分解为一个个独立的环节，一种商品的生产过程分散在不同国家和地区，最终形成了跨国生产体系，分布在世界各地不同规模的企业和组织机构处于一个生产网络，即所谓的全球商品链（Gereffi, 1999）。Gereffi 对全球商品链做出了如下阐释："一系列国际化的网络关系将围绕某一商品或产品而发生，这些关系更是将诸多家庭作坊、企业和政府等紧密地联系到世界经济体系中；这些网络关系一般具有社会结构性、特殊适配性和地方集聚性等特性；任一商品链的具体加工流程或部件一般表现为通过网络关系连接在一起的节点或一些节点的集合；商品链中任何一个节点的集合都包括投入原材料和半成品、组织、劳动力供应、运输、市场营销和最终消费等内容。"

Gereffi 将全球商品链区分为采购者驱动型和生产者驱动型，并强调了研究全球商品链的四个重要维度：第一个维度是投入—产出的结构。商品价值链是依照价值增值活动的特定顺序依次串联起来的一系列流程，每个产品要经过数道生产环节，每一生产环节还需要特定的服务和一定的资金来维持运转。每一环节都需要一定的知识和技术投入，只是在不同环节知识和技术所占的比例有所不同，即所谓的投入产出比。第二个维度是空间布局。跨国公司和采购商通常会将生产的大部分工序与环节进行外包，而只对包含其核心竞争力的重要环节亲力亲为，这意味着价值链的各个环节脱离了国界概念，分散到世界上的各个国家和地区，形成了国际化生产体系。第三个维度是指商品价值链的治理结构。价值链由很多环节组成，它们协作并最终形成了这种具有特定功能的产业组织结构。其中某些成员会发挥主导作用，对其他环节进行组织和协调，保证价值链的功能环环相扣，这就形成了不同类型的价值链治理结构。第四个维度是指商品价值链的体制框架，这主要是指一国内部的和国际的政策法规、游戏规则对价值链产生的各种影响。

以 Gereffi 为代表的学者在 IDS Bulletin 推出的《价值链的价值》特刊上，从价值链的角度分析了全球化的整个过程，最终摆脱了“商品”的局限，他们认为应把商品和服务贸易看成治理体系，而突出强调价值链上运营的企业的价值创造和价值获取（Gereffi 等，2001），这份以全球价值链为主题的特刊对于全球价值链研究起到了里程碑般的作用。

在 2002—2003 年度工业发展报告《通过创新和学习来参与竞争》中，联合国工业发展组织（UNIDO）对全球价值链做了如下定义：“全球价值链是指在全球范围内为实现商品或服务价值而连接生产、销售、回收处理等过程的全球性跨企业网络组织，涉及从原料采集和运输、半成品和成品的生产和分销，直至最终消费和回收处理的过程。它包括所有参与者和生产销售等活动的组织及其价值、利润的分配。”这个版本的定义强调了全球价值链不仅由大量互补的企业组成，而且是通过各种经济活动联结在一起的企业网络，关注的焦点不只是企业，还有不断变化的联结方式和契约关系。

1.3.2　全球价值链的热点研究

全球价值链的产生与发展与全球范围内经济一体化的大趋势有着密不

可分的关系，并且它还影响到多边贸易体制以及区域一体化的未来发展，因此国际组织和各国学界也格外看重有关全球价值链的研究。其中，联合国贸易和发展会议（UNCTD）和经济合作与发展组织（COECD）是国际上研究全球价值链的中坚力量，近年来两大组织关注的研究偏重发展中国家参与全球价值链的情况、服务贸易在全球价值链中的作用、创新及劳动技能与价值链升级的关系以及基于企业异质性的价值链分析这四个方面；联合国贸易和发展会议则更为注重跨国公司在全球价值链背景下的投资决策问题，并发现跨国公司海外投资的考察重点由先前的避税开始向东道国的产业综合接纳能力转移；联合国工业发展组织（UNIDO）则将大部分精力放在产业层面的全球价值链研究上，致力于对全球价值链产业升级和全球价值链的内涵外延做出权威界定。国际货币基金组织（IMF）非常重视全球价值链下的汇率问题，并指出大量中间品贸易的存在，汇率的波动对一国进口实际上存在着二次影响；二十国集团（G20）的主要关注点则是全球价值链与经济增长的关系，该组织认为全球价值链不仅对经济增长有促进作用，而且对一国贸易以及就业创造也起到了重要的推动作用。在各个国际组织的影响之下，各国学界也纷纷开展对全球价值链的学术研究，其中最为热点的研究方向有全球价值链下的贸易地位分析与贸易增加值测算、全球价值链下贸易政策选择、全球价值链下的产业升级和全球价值链的治理问题等。在上一部分有关贸易增加值的内容中，我们已经对全球价值链下贸易增加值和贸易地位的测算有了初步了解，在这里我们将对剩余三个研究方向进行简单了解。

1. 全球价值链下贸易政策选择

国际分工模式的垂直化兴起改变了原有的贸易格局，全球贸易的发展也因此进入了崭新阶段。传统贸易政策和贸易规则不再符合世界经济的主流发展趋势，全球价值链对贸易与投资的规则提出了新的诉求，要求传统的以边界措施和生产准入问题为核心的贸易政策需求，向以边界内措施和规则融合为核心的下一代贸易政策转变。Azmeh 认为传统的限制性原产地贸易规则将会限制国家之间联合出口的增长，而非限制性原产地贸易规则将会对发展中国家之间的贸易合作起到促进作用。他同时建议使用贸易政策和原产地规则对全球价值链与生产定位的结合进行推动（Azmeh，2015）。

有关贸易规则制定的影响因素，也有很多学者进行了讨论，Lee J. 等学者对全球价值链体系与食品安全与质量标准之间的联系进行了系统研究，认为贸易规则的制定往往会受到制造商和中间商的影响，但这种影响会因为驱动力市场的不同而产生变化（Lee. J 等，2012）。Nadvi 等以计算机产业为研究对象，比较了计算机产业一级和二级供应商面对不同行业标准的实施情况，并据此提出，替代性和互补性方法体系可以保证价值链中贸易规则有效实施的政策建议（Nadvi 等，2015）。

与外国学界不同，国内学者们侧重研究全球价值链背景下贸易政策和贸易规则的有效制定，全球价值链加重了以中国制造业企业为代表的中间品出口企业的关税负担，因此如何改变中国企业在当前全球价值链所处的较低地位成了国内学界的研究重点。唐东波（2012）建议，中国制造业可以通过深化加工贸易同其他相关产业的垂直关联程度来提高自己在全球价值链中所处的地位。除此之外，相对灵活的贸易政策有利于制造业的结构升级和技术更新。黄启才（2014）认为可以从微观和宏观两方面对中国战略性新兴产业的国际竞争力进行提升。微观方面，隶属目标产业的企业需要加强自身对价值链关键环节的控制力；宏观方面，政府需要对目标产业提供补贴，实施税收优惠，制定政府采购政策以尽可能地发挥政府的激励作用。杨继军和范从来（2015）则认为中国在重视与其他国家进行经济合作的同时，也应该积极面对发达国家向我国施加的不公平贸易保护措施。“镜像策略”就是一个很好的选择，即选择发达国家同一产业或相关企业进行反向制裁的贸易保护措施。

学界也有关于国际贸易政策走向变化的研究，总的来说，在全球价值链背景下各国政府制定的国际贸易政策发生了以下 4 点变化：①关税的单方面下降。关税，特别是中间品关税，会降低企业对外投资的能力，导致企业成本上升，因此可能会阻碍下游产业的增长与发展。各个国家和地区都在为融入全球价值链并提升自身的价值链地位而不断努力着，这体现在越来越多的区域贸易协定选择采用零关税政策，发展中国家的关税，尤其是中间品关税也越来越低。②区域贸易协定的不断深化。全球价值链的兴起所引致的境内规则改革的需求，进一步促成了深度优惠贸易的扩散效应。优惠贸易协定的规定在深度与广度上都远超世界贸易组织多边规则，其不仅对成员国的双边贸易进行了规范，协定内容还涉及投资、环保及知识产权等诸多领域。③优惠原产地规则的复杂性不断增加。在之前的传统贸易政策中，原产地规则并不具备重要地位。但是由于全球价值链的兴起和不断增多的优惠贸易协定，贸易自由化对国家间的贸易流向和国家投资产生了不容小觑的影响，所以在自由贸易区之内，必须确认货物是否享受原产地优惠待遇，同时阻止贸易偏转的发生。④反倾销手段不断增多。反倾销作为非关税贸易壁垒，被全球各个国家和地区广泛使用来保护本国的贸易利益，但是其效果实际并不明显，尤其对于中间品而言，会进一步转嫁至出口或者其他方面（温一村，2016）。

2. 全球价值链下的产业升级

不同国家在国际贸易中拥有不同的比较优势，一般而言，位于全球价值链“微笑曲线”上游与下游的具有较高附加值的经营活动环节往往属于发达国家，而位于全球价值链“微笑曲线”中游，低附加值的生产装配环节则往往属于发展中国家，导致各国在参与国际化分工中所获得收益存在明显差距。处于价值链低端或尚未嵌入价值链的企业通过嵌入价值链积累资本并进行技术升级，从而提高自身的国际竞争力，不断往上下游附加值更高的位置靠拢的过程即可被称为全球价值链下的产业升级。但是随着理论体系的不断完善，全球价值链下产业升级所涉及的内涵也在不断拓展和延伸。

身处全球价值链之中的各国企业通过引进和开发前沿技术和先进的管理方法、努力提升自己在价值链中的位置，进而推动产业的向上升级，以下是一些学者针对某国特定产业的研究成果：Crestanello 和 Tattara 发现罗马尼亚和意大利两个国家的轻工业制品行业存在明显的“生产去本地化”现象，即发达国家为了提高自身的国际竞争力，选择将价值含量较低的价值链环节外包给其他劳动力要素成本更低的国家和地区（Crestanello 和 Tattara，2011）；Marchi 等则以意大利家具建材行业为研究案例并最终提出了企业升级的绿色战略。他们认为，实行绿色可持续发展战略，不但可以提升企业的经济效益，还可以减少对自然环境的负面影响。这不仅可以对企业的行业竞争力大有裨益，还会对企业在价值链上的议价能力有所帮助（Marchi，2013）。

国内学者对于全球价值链下产业升级问题的研究角度比较集中，大多认为嵌入全球价值链并向上攀升是中国产业升级的唯一出路。刘奕和夏杰长对我国软件产业的产业升级给出了政策建议，认为政府不但应该通过税收减免和资金注入等手段对产业进行扶持，还应该在政府采购方面向国内软件企业进行倾斜，以帮助其提高自己的国际竞争力。除此之外，在国外市场方面，应借鉴以离岸服务外包切入国际软件产业价值链的方法，充分发挥产业融合力，最终实现产业升级（刘奕、夏杰长，2009）。刘林青、周潞从比较优势和外商直接投资这两个角度对中国农产品的国际竞争力进行了二次评估，认为提升中国农产品竞争力的关键在于提高中国农业企业的全球价值链参与程度，占领更多的国际市场份额（刘林青、周潞，2011）。巫强和刘志彪则认为虽然中国装备制造业所含附加值较低，现处于全球价值链的中游位置，但是如果下游行业能构建由本土大买家主导的国家价值链，加强价值链终端的竞争程度，那么中国装备制造业的未来生存空间将大大提升（巫强、刘志彪，2012）。葛顺奇、罗伟则从微观方面入手，认为跨国公司的介入有助于改良企业工序构成，进而提升产业的整体生产效率，促进产业的转型升级，最终提升其在全球价值链中的嵌入位置（葛顺奇、罗伟，2015）。

3. 全球价值链的治理

全球价值链治理即是解决价值链的组织结构、权利分配，以及价值链中各经济主体之间关系协调的概念范畴。国际化分工的层层细化使得全球价值链的内部环节只增不减，结构愈发复杂。因此，为了能够进一步提升价值链的整体价值，就需要对每个环节进行协调和沟通。有关全球价值链治理的学术研究可以分为以下三个方面：

第一，全球价值链治理方式带来的影响。Giisgaard 和 Hammer 对鲜切花卉产业和香蕉产业价值链进行研究，发现全球价值链的治理方式会对各环节劳动力在价值链上权利分布产生重要影响。反过来，劳动力可以依靠产业龙头企业的垄断势力，改变价值链、塑造价值链（Giisgaard 和 Hammer，2011）；Pietrobelli 和 Rabellotti 则将全球价值链的理论基础与创新体系两者结合进行研究，并认为全球价值链的内部治理处在不断变化与调整的过程中，即全球价值链的内部是动态的而非静态的，而这种变化与调整将形成多种学习体系与机制（Pietrobelli 和 Rabellotti，2011）；裴长洪等国内学者则分析了负面清单管理模式对服务业全球价值链所产生的影响，并认为推动负面清单管理模式可以促使大国服务业在全球价值链分工体系中占据更加有利的主导地位（裴长洪，2014）。

第二，影响全球价值链治理的具体因素。Ponte 和 Sturgeo 使用模块化处理的方法对全球价值链治理问题进行分析，认为在宏观层面上，非政府组织、标准制定者和社会活动日益增长的影响力都会对全球价值链的治理产生重要影响（Ponte 和 Sturgeo，2014）。邓伟根和王然则提出，可以从供应商能力、产品信息的可编码性以及产品交易的复杂程度这三个角度出发，考察它们对全球价值链治理模式动态演进规律的具体影响（邓伟根和王然，2010）；王克岭等则认为标准化程度、技术发展与创新、供应商与采购商的关联、不同的政策因素才是对全球价值链治理产生内在影响的重要因素（王克岭等，2013）；除此之外，许晖等还提出，品牌制造、业务流程外包等嵌入路径和原价值链环节深度嵌入、新价值链嵌入等嵌入方式是影响全球价值链治理的重要因素（许晖等，2014）。赖磊以珠三角地区企业为代表的加工企业为研究对象，认为受现有国际贸易格局影响，发展中国家长期从事利润附加值较低加工生产，同时遭受到外包企业的严格控制（赖磊，2012）。

第三，全球价值链治理模式选择。这一模块的研究成果主要集中在国内学界，且大多学者都将目光投向了中国的制造业领域。张杰和刘志彪针对中国目前多数制造业企业处于俘获型价值链治理模式的现状，提出构建国内价值链，依托国内市场的充分发展来突破俘获型治理网络，改进制造企业的价值链治理现状（张杰、刘志彪，2007）；曾繁华等认为中国新型制造业应抓住模块化“三高”治理机遇，利用参与各方在关系上的互补性和对等性，实现制造业在全球价值链中的转型升级（曾繁华等，2015）。

1.4 贸易自由化

1.4.1 贸易自由化的诞生和发展

贸易自由化的理论根据可以追溯至亚当·斯密的绝对优势理论和大卫·李嘉图的比较优势理论，绝对优势理论认为，如果一个国家生产某种产品的绝对成本低于另一个国家，那么该国在生产这种商品上具有绝对优势。比较优势理论则是对相对优势理论的进一步补充与完善，认为即使一个国家在每个商品的生产上都不具有绝对优势，依旧可以生产那些具有相对优势的产品，进而从国家贸易中获利。国际贸易使得每个国家可以集中精力于自己优势较高的产业，无须生产所有的社会必需品并最终提高整个社会的福利水平，而这正是亚当·斯密“自由市场经济学说”的精髓与灵魂。他认为“经济人”的逐利本能、社会资源的优化配置以及国际分工的层层升级都要求经济的自由化。就如一国之内的不同生产部门之间千丝万缕的关联一样，不同国家（地区）之间也存在着分工与合作。

古典经济学派的贸易理论认为，自由贸易政策是最优的选择，一国政府不应该对本国的进出口贸易进行任何形式上的干预和限制，商品的自由流通以及国内外市场的自由竞争可以提升社会整体的福利水平，且这种模式并非你死我活的“零和博弈”，任何国家，不论生产力高低均可通过自由国际贸易获利。然而也正如亚当·斯密所预言的那样，自由贸易是如同乌托邦一样的存在，“不仅公众的偏见会反对，而且更无法克服的是存在许多个人的私利，都会不可遏制地出来阻挡和反对自由贸易”。早在几个世纪之前的重商主义实践中，保护主义就已现身。支持保护主义贸易政策的国家会设置各种障碍来遏制进口，并对本国出口商品提供各种优惠政策，以使国内厂商免受自由竞争之苦。

重商主义的思想显然是狭隘且过时的，然而一国政府在制定贸易政策时考虑的范畴也绝不仅仅是经济利益，国家安全、民众利益、社会制度，甚至宗教信仰均要仔细斟酌。

经济较为落后的发展中国家经常会大力推行保护贸易，用以保护本国生产力和鼓励国内的幼稚产业；国力超群的发达国家则会躲在“自由贸易主义”冠冕堂皇的旗帜下，继续实行苛刻的贸易保护主义，以稳固自己在国际社会中的重要地位。贸易保护主义和自由贸易主义像是交错的光与影，一方强则另一方弱，合理共存又相互斗争。在国际贸易自由化的大趋势下，关税壁垒和进口配额制度受到了世界贸易组织的严格限制，因而非关税壁垒开始风靡，贸易保护主义的关注重点也完成了从传统竞争型产业向高新科技产业转移的过程。

1.4.2　基于异质性企业框架下贸易自由化的福利效应

贸易自由化所带来的福利效应是国际贸易研究领域的核心问题之一，

历史悠久且经久不衰。产业间贸易理论以产业为基础单位，专注于产业间的资源再配置，认为贸易的福利效应来源于协作分工与交换；新贸易理论则以产品差异化和规模报酬递增研究产业内贸易，认为贸易的福利效应来源于消费者的多样性偏好和规模经济。异质性企业理论进一步将研究视角微观化，认为贸易的福利效应来源是企业的生产率收益。下面，笔者将从三个方面阐述异质性企业框架下贸易自由化的福利效应。

1. 进口投入品的福利效应

在垄断竞争的分析框架下，贸易自由化所带来的大量差异化产品是消费者福利提升的源泉。然而，贸易自由化带来的产品差异性不仅体现在产成品上，还体现在中间产品上。企业中间产品种类的极大丰富使其生产率得到提升，从而影响其整体福利水平（Rivera-Batiz 和 Romer，1990）。学界已有不少较为成熟的模型证明了进口中间品对企业福利水平的促进机制。如 Gibson 等构建的基于一般均衡框架下，小国情形下的静态非随机竞争模型（Gibson 等，2011），以及 Kasahara 和 Lapham 构建的囊括进出口的动态贸易模型等（Kasahara 和 Lapham，2013）。Dan. 等则站在前人智慧的肩膀上，进一步将公司内部中间品的转换行为考虑进了模型之中。企业通过进口中间品种类的增减来实现自身产品组合的“最优解”。模型中假定企业在选择进口品组合时，只有当新的进口品的生产能力高于零利润产能分割线时，企业才会进行产品转换。企业进口产品转换行为可增加企业福利水平，特别是对于生产率水平较高的企业。换言之，当面临进口冲击时，企业的产品转换行为在面临进口冲击时会大幅度减少，进口产品转换所带来的收益也会随之减少。

有关企业进口投入品的福利效应的研究表明，企业生产率得到明显提升。一些学者关注进口投入品对企业全要素生产率的影响，而并未甄别企业进口投入品的质量和种类；一些学者则更为细致地区分企业进口投入品的质量和种类，然后对其福利效应进行评估。

对于企业进口中间品的福利效应，国内学者同样贡献了许多研究成果。陈勇兵等认为企业从非进口状态转为进口状态能使 TFP 提高 7.49 个百分点（陈勇兵等，2012）；裴长洪则认为经济增长与进口贸易结构变化存在着明确的正向关联性，改善进口贸易结构是改善经济供给面的重要内容。在调整进口贸易结构时，应在注重资本品的调节之外，从内部结构上对中间品进口进行优化并适当增加消费品在进口贸易中的占比（裴长洪，2013）。

2. 资源再配置的福利效应

根据异质性企业贸易理论，行业内生产率低于固定生产成本分割点的企业将最终退出市场，而生产率高于固定出口成本分割线的企业将从事出口贸易，企业间的资源再配置会引致整个行业生产率的提高（Melitz，2003）。除此之外，多产品企业内的出口产品转换行为同样会通过企业内的资源再配置影响企业的福利水平。

有学者提出，Melitz 的异质性企业贸易理论假设各个国家具有相同的生产规模和生产率是不符合现实的（Falvey，2003），非对称国家的贸易利得具体取决于国家的生产规模和生产率，相对而言，贸易自由化所引致的资源再分配效应在生产率较高的国家表现得远比生产率水平较低的国家更强烈。截至目前的模型均假设企业的生产率是由某一概率分布随机决定的，即企业的异质性是外生的，而这一假设显然与现实情境有所出入，企业的异质性应存在更为具体的来源。Yeaple 认为不同企业所雇佣的工人技术水平不同且企业选择的竞争性技术也不同，即企业的异质性是内生的。贸易自由化所带来的贸易成本的削减会使得企业扩大贸易量并寻求技术上的进步，最终导致不同技术水平工人之间工资收入的差距逐渐加大。即异质性技术工人财富的再分配效应将带来企业生产率的提高；Bernard 认为，贸易自由化所引致的贸易成本的削减使得多产品企业舍弃边缘产品而专注于核心产品，最终导致企业生产率的提升（Bernard，2009）。Eckel 等则认为企业通过利润侵蚀效应和弹性制造技术对内部资源进行优化配置，是企业内自选择效应使得其做出舍弃边缘产品而专注于核心产品的生产决策。

大量学界研究集中讨论了企业间的资源再配置问题，从中可以发现不同国家的不同产业之间存在着明显的差异。Bernard 等发现对于美国制造业企业而言，超过四成的企业全要素增长须归结于企业间的资源再分配而不是出口行为（Bernard 和 Jensen，2004）；Lileeva 发现加拿大企业的资源再分配效应并没有在所有企业之间发生，而只发生在生产率水平排名前 50%的企业之间（Lileeva，2008）。另一类学界文献则集中检验了企业内的资源再配置效应。如有学者研究了 1998—2007 年中国制造业企业要素密集度、出口产品转换与生产率之间的关系，发现大量中国企业在出口后将资源从资本密集型产品向劳动密集型产品转移，最终提高了生产率（Ma 等 2014）。

3. 成本利润率与配置效率

垄断竞争模型中假设成本加成具有内生性，即均衡时企业的零利润率和成本加成减少的同时，企业可以通过促进竞争效应中获得的规模经济优势降低自身的平均成本（Krugman，1979）。贸易自由化引致的进口竞争使得本国企业不得不降低产品价格，即降低成本利润率，因而提高企业的配置效率。但是迄今为止，并没有一个一般均衡性垄断竞争模型可以简洁明了地解释成本加成的作用机制。主要原因有两点（Behrens 和 Murata，2012）：CES 需求体系不存在所谓的促竞争效应，因此学界只能通过增加产品种类来研究贸易自由化的福利效应；CES 需求体系中时常仅通过进口产品种类的增加来促进规模经济，不存在效率层面的提高，均衡选择通常不是最优解而是次解。因此，在理论建模上主要是沿着垄断竞争框架和伯川德寡头竞争框架进行拓展。学界的相关研究主要集中在两个方向：一类研究基于垄断竞争框架考察企业价格成本加成的变化（Melitz 和 Ottaviano，2008；Feenstra 和 Weinstein，2010）等；另一类研究则基于伯川德竞争或寡头竞争框架阐述企业价格成本加成（Edmond，2013，Feenstra，2014）等，在此不再赘述。

1.4.3 贸易自由化的环境效应

贸易自由化的环境效应指的是与国际贸易相关的经济活动对自然环境产生的影响。在国际贸易理论中似乎存在一个误区，即自由贸易被认为是有利无害的。自由贸易确实可以提高一国（地区）福利水平并促进整体经济增长，但考虑非经济因素的话，这种成长无疑是需要付出高昂代价的，那就是一国（地区）自然环境的恶化。所以，尽管主流经济学主张自由贸易，但如果考虑到贸易自由化所导致的环境后果，那么贸易有益的观点就值得怀疑（王军，2004）。

以 Grossman 等为代表的学者建立了一个分析贸易自由化的环境效应的基本理论框架，该框架认为国际贸易的环境效应应该分为三个部分，即规模效应、结构效应与技术效应（Grossman 和 Krueger，1991）。从短期来看，学者们一致认为贸易自由化对于环境存在着明显的负面效应。然而，从长期来看自由贸易主义派和环境保护主义派持截然相反的观点。前者认为在长期，自由贸易的规模效应会加剧环境恶化，而结构效应则使得那些为自然环境带来负面影响的产品，即污染产品，其生产结构将向更为环保和绿色的生产结构转变。除此之外，贸易自由化将通过使用绿色环保技术产生的技术效应逐步改善自然环境；后者则坚持强调贸易自由化给社会环境带来的负面影响，且这种影响是不可逆的。

1. 自由贸易主义派：自由贸易改善环境状况

自由贸易所带来的人均收入的增加并不是造成环境破坏的原因，恰恰相反，人均收入的提高会使得环境承载能力得到改善，并且提供更多的资源。除此之外，更高的收入会使国民素质逐渐提升，绿色环保将成为人们新的追求。以 Grossman 为代表的众多自由贸易主义派支持者认为虽然在短期贸易自由化会给环境造成负面影响，但是根据环境库兹涅茨曲线可得，积极的结构效应和技术效应在长期将最终覆盖消极的规模效应（Selden 和 Song，1994；Grossman 和 Krueger 等，1995）。学界的一些实证性研究则证实了以上观点：如 Lucas 等使用回归模型对经济合作与发展组织中国家环境政策与污染产业转移的关系进行了分析，最终得出开放经济下经济增长所带来的污染影响显著小于封闭的经济体（Lucas 等，1992）。国内学者肖德、张颖（1997）认为贸易自由化有利于发展中国家所生产的高附加值产品在国际市场获得一席之地，缓解资源过度开发而带来的环境压力，间接性对污染补贴进行约束和规范。而孙秀玲、周洁（2008）的实证分析则论证了贸易自由化的正面环境效应在中国的适用性，她们使用中国 2003—2005 年全国 30 个省区的面板数据对中国贸易自由化的环境影响进行了分析，最终得出贸易自由化有利于改善环境的最终结论。

2. 环境保护主义派：自由贸易恶化环境状况

以 Daly 为代表的部分学者认为，贸易自由化大环境出现了大量“向下竞争”的不良现象（race to the bottom）。为了保护本国污染密集型企业，使它们能在全球市场上抢得先机并占领尽可能大的市场份额，很多发展中国家都心照不宣地降低了本国的环境标准。而那些隶属环境制度较为严格的发达国家的污染密集型企业，则把注意力转向了其他国家，它们通过产业转移和经济一体化将发展中国家变成了为自己服务的“污染天堂”

（Daly，1993；Dua 和 Esty，1997）等。除此之外，很多学者的研究都在关注发达国家与发展中国家贸易自由化环境效应的差异。Copeland 和 Taylor 使用南北贸易模型分析发现：虽然贸易自由化的规模效应对南北国家的环境均产生了不良影响，但是发展中国家的污染产业呈增长趋势，发达国家却与之相反。因为发展中国家的环境规制相对松懈，使得它们在污染产业上较发达国家具有比较优势，因此发展中国家贸易自由化的规模效应和结构效应对环境的消极影响大于技术效应对环境的积极影响（Copeland 和 Taylor，1994）；Chichilnisky（1994）则专注于当一国处于私人产权界定模糊状态时自由贸易所产生的环境效应。他认为发展中国家有过度使用作为生产要素的自然环境资源的倾向，而这种倾向将导致发展中国家自愿与发达国家进行污染密集型产业的贸易。发达国家与发展中国家有关污染密集型产业的贸易将进一步导致自然资源的过度开发和资源配置效率下降，其最终结果就是发展中国家过度生产而发达国家过度消费。而也有学者从根本上对自由贸易体制提出了质疑，认为发展中国家不一定会从对外贸易中汲取足够的好处并最终发展本国的经济（Ropke，1994）。Ropke 主张适度减少国际贸易，因为自由贸易体制会从很多方面对环境产生负面影响，如低估自然资源价值、扩大外部性等。国内学界诸多学者的研究结论也与之相契合：有人将理论分析和实证分析相结合，得出贸易自由化的环境效应将通过比较优势出现差异化，在污染产业具有比较优势的国家国内环境将受损，在清洁产业具有比较优势的国家国内环境将得到明显改善（赵玉焕，2003）。何正霞等则通过 1990—2007 年的时间序列数据，针对我国经济开放对环境的影响进行了实证分析，并得出了以下结论：外国直接投资与国内环境污染之间存在稳定的负相关关系，出口和环境污染之间存在稳定的正相关关系。即外国直接投资的流入有利于我国环境的改善，而出口贸易则在一定程度上恶化了我国的环境。

1.4.4 贸易自由化的就业效应

我们已经在前文探讨过异质性企业基础框架下自由贸易的福利效应。随着贸易自由化的不断推进，不同国家（地区）之间生产者之间的联系日益紧密，而国际分工体系的垂直化也给劳动力市场带来了不容忽视的影响，现就学界相关的理论研究做一些整理与总结。

1. 基于完全就业假设下贸易自由化的就业效应

根据 H-O 理论（要素禀赋理论），假设北方国家的熟练劳动力为相对丰裕要素，南方国家的非熟练劳动力为相对丰裕要素，那么自由贸易将使北方国家需要更多的熟练劳动力，而南方国家则需要更多的非熟练劳动力；要素价格均等化定理认为，在不存在要素密集度逆转的条件下，拥有相同生产率和不同生产要素的两国对于两种产品进行自由贸易，那么资本价格和劳动力价格将在两国之间最终实现均等化。作为贸易自由化影响就业的重要理论机制，贸易乘数理论认为出口可以实现一国就业增长和国民收入倍增；而进口则会减少就业与国民收入增加。因此，一国只有不断地提高国际贸易顺差，才能达成增加就业的宏观目标。一些学者认为以上理论所需前提太过严苛，于是将假设逐渐放宽进行研究。例如，经 Davis 拓展的要素禀赋模型中包含了两种要素、三种产品和数个国家，最后总结得出发展中国家在贸易开放中得到的分配结果往往取决于和自己生产相同产品组合的外国的要素禀赋（Davis，1996）；新贸易理论进一步放松了假设条件，在产品差异化和规模经济的基础框架之下，使用不完全竞争市场贸易开放模型进行研究。认为在发展中国家，生产技术的积累、生产技术的变动，都会影响发展中国家对于非熟练劳动力的需求。

2. 基于完全就业假设下贸易自由化的就业效应

完全就业的假设实际上并不符合现实情况，失业是在现实经济社会中普遍存在且不可避免的现象，因此需要将失业因素纳入模型中进行研究。现有的研究主要是从劳动力社会保障制度、收入分配的市场化制度等角度入手。

基于劳动力社会保障制度的视角对贸易自由化所带来的就业效应的研究很多，Krueger 构建的最低工资模型无疑是其中较好的。该模型假设城市最低工资高于农村最低工资，如果提高城市最低工资，那么贸易自由化一方面会减少城市的就业需求，另一方面却会提高城市的资本密集度。极端情况下还可能出现城市与农村要素密集度逆转的异常情况（Krueger，1981）。有关收入分配的市场化制度研究的代表有效率工资模型、工会模型等。效率工资模型的基础核心思想是：当劳动力市场存在明显的信息不对称现象时，厂商将支付超过市场出清的均衡价格，劳动者则会更加努力地工作；反之，市场均衡中将出现失业（Shapiro 和 Stiglitz，1984）。以这种思想为理论前提建立的两部门、两要素效率工资模型，最终发现如果一国政府对高收入产业部门实行出口补贴，将导致劳动力向该部门的倾斜流动，最终降低一国总就业水平；如果一国政府对低收入产业部门实行出口补贴，将会提高该部门的平均工资和国家的总就业水平（Matusz，1994）。工会模型则在双寡头的基础框架下，分析了美国实行贸易保护对国内工资和就业的影响，最终发现贸易保护政策会影响到工会的工资和就业水平，相比使用出口进行扩张的行业，实行进口竞争行为行业的工会工资更加容易受政策影响；贸易保护水平越高，工会的就业水平就越低（Gaston 等，1994）。

1.5　空间经济学概念及其前沿问题

1.5.1　空间经济学的界定与内涵

空间经济学是在区位论的理论基础上发展起来的多门学科的合称。它是根据时间、层次、传统三维空间相互转化原理研究经济发展规律、预测经济发展趋向、进行经济空间布局、调整产业空间结构、取得经济规模效益、实现经济可持续发展的经济学。很多学者都根据自己的理解对空间经济学做出了定义，这里引用的是 Gilles Duranton 为第二版《新帕尔格雷夫经济学大辞典》撰写“空间经济学”词条所用到的定义：空间经济学专注于研究稀缺性资源的空间配置和经济活动的区位变化。根据对概念的不同理解，空间经济学的研究可以极其宽泛或是极为狭隘。一方面，一切经济活动的展开都必然离不开具体空间，从而空间经济学与经济学的一切都息息相关，即空间经济学将所有经济学领域分支在空间维度的基础上进行了融合，包括但不限于经济地理学、国际经济学、区域经济学、贸易理论、城市经济学、运输经济学等；另一方面，区位分析在绝大多数情况下都只关注一个经济问题，即经济活动的区位选择。

1.5.2　空间经济学的由来与发展

1. 基于外生性分析的空间经济学理论

(1) 古典区位论形成之前的空间经济思想

与其他生产要素不同，空间因素在早期的经济研究中并不是学界关注的重点和主题，而一直被视为“外生的”“纯粹的”“完全中性的”。经济学中的空间因素最早出现在重商主义代表人物 Richard Cantillon 的著作中，他在《商业性质概论》一书中详细阐述了村庄与城市是如何在空间内形成的，以及人口数量与空间的比例关系。而在古典经济学的经典著作《国富论》中也有多处关于经济活动在特定空间分布的叙述，尤其是有关绝对优势理论空间分布的内容。而在古典经济学派的另外一位集大成者大卫·李嘉图的比较优势理论中，国家间要素的流动假设正是其思想的重要基础之一。遗憾的是，虽然这个时代众多的经济学家都对空间因素与经济活动进行了理论分析，但是空间经济思想仍旧处于经济研究的边缘，完全外生化使其并未形成独立分支。

(2) 古典区位论、市场空间竞争理论与新古典区位论

古典区位论的核心思想是以“点”为单位对空间的比较性选择，是空间区位有关成本与利润的选择，即在经济活动中如何通过成本和利润决策选择最优经济区位。古典区位论深受古典经济学理论的影响，以新古典经济学的完全竞争市场结构为理论基础，将价格、市场、成本、利润等要素引入框架，使用静态局部均衡、一般均衡等分析方法研究单个厂商经济区位的最优解。古典区位论兴起于 18 世纪的德国，1826 年德国经济学家约翰·杜能就构建了声名在外的杜能模型，将成本作为考察空间区位的唯一因素，对运输成本决定农业空间区位进行了系统研究，古典区位论的范式因此而奠定。而 A. Weber 则在著名的《工业区位论》中沿用了使用成本要素考察空间区位的思路，并认为比起使用单纯的运输成本对区位进行考察，使用运输成本、劳动力成本、集聚收益这三者的最低值找到的区位才是工业企业的最佳空间区位。

市场空间竞争论的核心思想是以“线”为单位对空间的竞争性选择。Hotelling 研究了空间区位引致的价格竞争，认为应该连点成线，以线条为单位考察市场分布空间（Hotelling，1929）；Palander 则在设定线形市场的

基础上，进一步引入不完全竞争因素，创造了帕兰德模型，以价格作为自变量，突出了竞争行为对于空间区位选择的影响。

新古典区位论的核心思想是以“网”为单位对空间的风险性选择。20世纪中期空间规划模式、空间网络与扩散理论、系统论、运筹学等思想的出现为区位论提供了新的研究方法和理论基础。新古典区位论对古典区位论从假设条件、研究内容等方面进行了拓展和延伸，并最终建立了一般均衡模型。代表学者有凯克尼、雅克·弗朗科伊斯·斯塞和拉伯（Maureen Kilkenny，Jacques Francois Thisse，Lubber）等。在现实经济活动中，区位选择主要是在线、面或者拓扑网络中选择适当区位。因此在古典区位论的基础上，新古典区位论强调网络的重要性，因为它才是更为接近现实的企业区位选择情形。

可以说，古典区位论是空间因素在经济学领域中得到系统化分析的开端，自此之后，研究者们开始将空间经济学作为独立的学术分支，所以古典区位论无疑是空间经济学发展道路上的第一块里程碑。但无论是古典区位论，还是在其基础上改进拓展的市场空间竞争理论与新古典区位论，都未能跳脱出空间因素“外生性”的假设范畴。

（3）其他经济领域的空间经济思想

一些经济领域的其他学科，在秉承主流经济学空间因素“外生性”的主流理念的基础上，同时进行有关空间经济的研究。城市经济学领域对空间经济与居民福利的探讨就是个很好的例子。传统城市经济学派将整个空间经济视为一个完整的城市体系，认为居民福利（用效用代表）是影响人口空间迁移的变量，着重分析两者之间的关系，试图找出城市最优空间规模与居民福利之间的平衡式。再比如国际贸易领域中的要素禀赋理论，它打破了新古典经济学中有关要素的严苛假设，即生产要素的空间不可流动性。并从要素空间流动的角度研究“国界”，这一空间边界是如何影响国际贸易与生产专业化以及产业集聚的。要素禀赋之父俄林（Ohlin）在《区域贸易与国际贸易》一书中将区域理论与国际贸易紧密联系起来，他认为区位理论比国际贸易理论更为广泛，并由此开创了国际贸易理论中有关空间经济研究的新范式。

2. 基于内生性分析的空间经济学理论：新经济地理学

发展经济学、空间政治经济学、演化经济学、新经济地理学等，都是以内生性分析为基础的空间经济学理论，在这里我们主要介绍与国际贸易联系更为密切的新经济地理学。

（1）新经济地理学的诞生

完全竞争是传统贸易理论的基础假设条件之一，虽然历史上曾有学者察觉到规模经济是导致贸易产生的原因之一，但是由于不完全竞争模型的相对复杂性，他们通常对规模经济问题予以回避，所以最终没有利用这种灵感将规模经济合理地逻辑化，直到 Krugman 构建了新贸易理论模型，他将囊括了垄断竞争情形的 D-S 模型应用于国际贸易的细分产品领域，最终证明了规模经济的确会引致国际贸易的发生（Krugman，1979）。而他这篇名为《收益递增、垄断竞争与国际贸易》的学术论文之所以闻名学术界，不仅因为其中对新贸易理论的思想进行了最初的阐述，可解释产业内贸易，而且还蕴含了新经济地理学的思想雏形，即提供了在一般均衡模型框架内对生产要素和经济区位进行分析的可能性。CP 模型（Core-Periphery Model，即中心—边缘模型，以下简称为 CP 模型）的假设条件非常简单，只是在新贸易理论的基础框架下，增加了工人劳动力无成本自由流动的工业部门和具有规模收益不变特征的农业部门，并由此进行数理分析。其核心结论是以很低的贸易自由度和稳定分散的人口、生产分布格局为初始条件，随着“冰山运输成本”（一单位运往外地的产品中只有一部分能够到达目的地，其余部分都消耗在途中，消耗掉的就是运输成本）不断下降，人口与生产的区位在初始阶段不会受到明显影响，但是当“冰山运输成本”下降到一定临界值之后，工人靠动力向某个区域的迁移行为将会不可避免地发生，且工业部门的生产活动也会因此集聚并不断加强和扩大，最终形成“工业核心区—农业边缘区”这种稳定的“核心—边缘”型空间结构。

市场接近效应、价格指数效应和市场拥挤效应三种基本效应共同组成了 CP 模型的基本运作机制。市场接近效应即垄断竞争厂商虽然会选择在市场需求较大的区位组织生产，并将其一部分产品供应至其他需求规模较小的零售市场。价格指数效应即厂商的区位选择对于当地居民生活成本产生的影响。在产业集聚地区，本地生产的产品种类和数量较为丰裕，本地居民对外地生产的商品需求较少，因而支付的运输成本也较少，制造品价格相对较低。市场接近效应和价格指数效应共同作用，形成了所谓的前后向联系，即厂商选择在市场相对较大的区位进行生产，而这种生产决策会降低该地区居民生活成本并引致更多的生产要素向该区位集聚，从而产生更大的市场需求，进一步促使生产者的集聚趋势，因此这两种效应的合力也被称为集聚力。而市场拥挤效应则是垄断厂商喜欢在竞争者较少的区位进行生产，而这种偏好会使厂商做出生产分散化的决策，因而市场拥挤效应也被称为分散力。在 CP 模型中，经济活动的空间分布是集聚还是分散取决于三种效应的合力作用，即集聚力处于主导地位时，经济活动的空间分布是集聚的；分散力处于主导地位时，经济活动的空间分布是分散的。

CP 模型合理阐释了在全球范围内所发生的突飞猛进式的城市化以及与之伴随的农村人口锐减现象，而贸易成本下降对工业与城市的集聚效应的巨大影响显然是值得关注的，因为国际贸易在整个 20 世纪的快速发展所引致的运输成本的持续下降是毋庸置疑的事实。

（2）新经济地理学的发展

随着新经济地理学的问世，很多学者都在 CP 模型的基础上创立了其他类似模型。根据 Baldwin（2003，2004）的综述性总结，其中包括但不限于：自由资本模型（FC 模型）、自由企业家模型（FE 模型）、资本创造模型（CC 模型）、全域溢出模型（GS 模型）、局部溢出模型（LS 模型）、核心边缘垂直联系模型（CPVL 模型）、自由资本垂直联系模型（FCVL 模型）、自由企业家垂直联系模型（FEVL 模型）、跑道经济模型。这些模型从不同角度对 CP 模型进行了扩展与延伸，以达到对更多经济现象的合理解释，下面对其主要的几种拓展思路进行介绍。

第一，在 CP 模型的理论框架下，劳动力是唯一可以跨区域自由流动的生产要素，但是在现实经济活动中，劳动力的跨区域流动经常受到各种各样的限制。因此，有研究在劳动力自由流动的空间结构中引入了其他具有自由流动性的生产要素，FC 模型就是其中的经典之作（Martin 和 Rogers，1995），在 FC 模型中不存在价格指数效应，但是本地市场仍可以在一定条件下产生稳定的集聚现象。随后诞生的 FE 模型（Forslid 和 Ottaviano，2003）则将 CP 模型和 FC 模型相结合。在 FE 模型的假设条件下，虽然经济活动仍会在市场接近效应、价格指数效应下产生集聚力，但是由于非熟练劳动力要素不能跨区域自由流动，因此实际集聚力要小于 CP 模型假设下的集聚力。

第二，不管是 CP 模型还是随后在生产要素流动性方向对其进行拓展的 FC 模型和 FE 模型，均认为生产要素流动性是决定经济活动集聚或分散的关键因素。这些模型假设在集聚过程中工业部门的迁移具有整体性，但从实际情况来看，生产的集聚往往高于资源的集聚，即一个区域通常会在几个特定行业进行专业化生产。Krugman 等学者将工业制成品上下游产品之间的纵向关系引入了原始 CP 模型，从而构建了 CPVL 模型。在 CPVL 模型中，生产要素不具有流动性，运输成本下降使工业的集聚得以实现，打破了运输成本较高时拥有相同禀赋地区间的对称均衡状态，最终导致不同地区分化为中心地区和边缘地区。因此，同一产业上下游之间的纵向联系将取代生产要素的流动性成为引致区域集聚的重要因素。除此之外，FCVL 模型（Robert-Nicoud，2002）和 FEVL 模型（Ottaviano，2002）的构建也应用了同样的原理。因为生产要素的流动受到不同程度的假设限制，因此这类纵向联络的模型对于国际范围内的经济集聚和专业化具有一定的解释力度。

至此，新经济地理学派已经构建了一个非常庞大的模型体系，为解释经济活动的空间区位选择奠定了微观基础。这些形形色色的模型虽然各有各的侧重和见解，但是却拥有统一的理论基础，即不完全竞争和收益递增。除此之外，这些模型还有另外一个共同点：即默认消费者和工业内部基于市场的关联效应是集聚力的唯一来源。这种关联效应通过物品、服务的生产与交易自然而然地产生，其本质是一种价格效应，所以也被称为“经济关联”（Fujita 和 Mori，2005）。除了“经济关联”之外，“知识关联”则是一种不涉及生产与交易的关联，人们创造“知识”并将其不断传播，从而产生了另外一种集聚力。关于“知识关联”的微观基础性研究并不多，上文提及的所有模型中，只有全域溢出模型和局部溢出模型对其有所涉猎，但是学界普遍认为有关“知识关联”的研究将是新经济地理学未来的主要研究方向之一，因为一方面，这种关联效应不仅使得城市核心区能够进一步增强集聚力，进行资本的积累和知识的创造；另一方面，知识溢出本身提供的分散力也使得农村边缘区在获得城市核心区知识溢出的同时，也存在经济增长的可能性（Fujita 和 Mori，2005；Fujita，2007）。

前面讨论的所有模型研究还有一个共同点，就是它们只研究一个经济活动中心及其边缘的形成过程及原因。那么是否存在形成两个及两个以上中心的可能性？多中心区形成的机制和原因是什么？根据 Krugman 的跑道经济模型，最初的经济活动在圆形空间中均匀分布，但是最终所有的制造业都会以圆形空间的一条直径为坐标，集中在该直径的两端位置上，呈现出集聚化现象。将这种基本思想运用到多地区连续空间上，不仅可以解释经济活动在空间上的集聚，而且可以解释城市的形成以及更复杂的城市等级体系的演化。而 Fujita 和 Krugman 的另一篇相关研究论文中则表明：当居民人口数量较少时，农业部门会呈现均匀的直线分布，制造业则集中于该直线的中心点位置；当居民人口逐渐增加，远离中心城市位于农业区域的一些区位将成为新的工业选点，根据垄断厂商的分散偏好，一些产业在这里重新开始集聚，会形成规模相对较小的城市。

（3）新经济地理学与公共政策

以 Baldwin 为代表的学者们将以 CP 模型为基准的新经济地理学模型体系应用于公共政策领域（Baldwin，2003），针对不同政策对空间经济产生的影响进行分析，得出了以下具有重要意义的结论：其一，消费品市场的适度保护和中间品市场的适度开放，有利于一国政府提高本国在世界市场上的工业生产份额；其二，关税壁垒保护政策比配额壁垒保护政策更有利于一国工业的发展。除此之外，有些学者研究了贸易协定对各参与国家的产业发展的影响，并表示虽然贸易协定对各个参与国的产业发展都存在正面影响，但是优惠贸易协定有利于大国而不利于小国（Puga 和 Venables，1997）。除了贸易政策，一国内部的基础设施建设也会对经济体的发展产生重大影响。如果落后地区的基础设施建设有利于区际贸易，那么集聚效应的存在将提高产业集中度和经济的整体增长率。如果落后地区的基础设施建设仅仅只是降低了该地区的运输成本，那么该地区虽然能够吸引更多的厂商投资，却最终损失了整体经济的发展效率并进一步拉大了地区间的收入差距。但是，如果先进地区出现“经济拥挤效应”，那么区域之间的基础设施改善会进一步加剧“经济拥挤效应”并降低整体经济的效率，而区域内部的基础设施改善却有利于整体经济增长。由此可知，应该在政策上倾向于优先发展先进地区。因为当集聚效应存在时，工业部门向先进地区集聚不仅会缩小地区间的收入差距，而且有利于整体经济的增长；而当“经济拥挤效应”出现时，想要顾全整体经济的发展则应反其道而行之，优先发展落后地区，加大落后地区的开发力度。

1.6　数字贸易

1.6.1　数字贸易内涵及特征

数字贸易以现代信息网络为载体，通过各种高效的信息交换和信息通信的创新使用，推动着制造业智能化转型。国际数据公司（IDC）的研究报告指出，到 2025 年全球由数字化产品和服务驱动的数字经济的占比将接近 60%。尽管数字贸易的发展如火如荼，但学界对“数字贸易”的学术研究却滞后于实践发展的需要，仍处于初步探索阶段。我国对数字贸易的理论研究主要集中在：数字贸易的界定和理论机理分析（夏杰长等，2018；陈维涛等，2019），国外先进经验的对比借鉴（周念利等，2020；王晶，2016）、国际数字贸易议题谈判（伊万·沙拉法诺夫等，2018；李墨丝，2017），以及对国内数字贸易的起源和规则的建立等。李忠民等认为，尽管数字贸易作为推动经济发展的重要动力，有着良好的发展机遇，但基于传统贸易构建的国际贸易体制机制都给监管执法等带来了巨大的挑战（李忠民等，2014）。

1. 数字贸易内涵

由于数字贸易的概念与数字经济、电子商务有着千丝万缕的联系，故世界各国的官方机构对其定义可分为“窄”与“宽”两类。“宽概念”涵盖在线订货、线下提交的实体货品和服务，而“窄概念”则排除在线订货中线下进行提交的实体货品和服务。

美国国际贸易委员会（USITC）先后提出了三份研究报告，其关于数字贸易定义的范围经历了“窄—宽—窄”的变化。最早于 2013 年美国国际贸易委员会提出的《美国和全球经济中的数字贸易》第一部分研究报告中，正式提出“数字贸易”这一定义，即“数字贸易指通过互联网提交产品和服务的美国国内商务和国际贸易”，将数字贸易的标的物局限于数字产品与服务范围内，排除了实体货品的线下提交（James S. 等，2013）。2014 年美国国际贸易委员会发布《美国和全球经济中的数字贸易》第二部分中，对数字贸易的概念做了延伸，包含网上订货线下收货这类交易，定义为“在订货、生产或提交产品和服务环节，互联网和基于互联网的技术起到显著作用的美国国内商务和国际贸易”。2017 年发布的《全球数字贸易：市场机会与外国贸易限制》又将数字贸易概念的范围缩小，定义为“任何产业内公司通过互联网提交的产品和服务”（David C. 等，2017）。2017 版相较于前两版，更系统地描述了美国作为贸易强国在国际贸易市场的各个领域中的竞争态势，经过反复的认识和实践，美国国际贸易委员会认识到美国的数字贸易竞争优势在于数字内容和数字服务的跨境流动而非跨境电商货物交易，故其对数字贸易的定义经历了两次反复。

经济合作与发展组织与世界贸易组织等国际组织对数字贸易的定义更为宽泛，将数字贸易定义为“所有通过数字订购或数字交付的贸易”（OECD，WTO 和 IMF，2020）。经济合作与发展组织与世界贸易组织按照交易性质将数字贸易分为数字订购贸易、数字交付贸易、数字中介平台赋能贸易，补充了电子商务指标未能覆盖的区域。

数字贸易的“宽”“窄”概念各有其道理，对于其界定应考虑具体问题具体分析。若选择“宽”概念，则交易标的包括货物和服务，而货物部分适用关税贸易总协定（GATT），服务贸易部分适用服务贸易总协定（GATS），处理起来比较复杂；若采用“窄”概念，则只适用服务贸易总协定。

2. 数字贸易特征

数字贸易与传统贸易的区别。数字贸易的发展经历过 20 世纪 70 年代之前的最终产品贸易和 20 世纪 70 年代开始的价值链贸易，正面临第二阶段向第三阶段转变的阵痛时期（裴长洪、刘洪愧，2020）。对传统贸易而言，数字贸易打破了传统贸易的常规，利用创新的数字化平台为传统贸易带来了更广阔的贸易空间。首先，数字贸易依托互联网，提高了贸易效率。从供给方的角度出发，可以将数字产品和服务通过互联网技术直接面向需求方，不受时间和地域的阻挠；从需求方的角度出发，数字贸易简化了传统贸易中低效的中间环节，且交易信息、购买记录、开具发票等行为均可数字化。其次，数字贸易对象多为知识密集型的产品和服务。相较于传统贸易，数字贸易向客户提供的服务是知识密集型的，更加强调与客户进行高度互动，并不断创新技术。随着大数据、云储存等新技术的不断涌现，数字贸易的形式越来越丰富，数字贸易产品的功能及种类不断拓展，满足了客户实时性、交互性、低成本、个性化的需求。最后，数字贸易以平台和平台服务体系为支撑。大量基于数据驱动模式的数字平台成为数字贸易发展的重要基石，平台将业务深入拓展到世界各国，获取更多的数据资源和用户流量，从而更好地发挥了平台在资源整合和生态构建方面的作用。

数字贸易与电子商务的关系。陈维涛、朱柿颖（2019）认为，随着数字化与全球化的发展，应运而生的数字经济催生了电子商务与数字贸易的发展。王炳南在 2020 年“数字贸易发展趋势和前沿高峰论坛”上也指出，数字贸易不同于电子商务，是采用数字技术并通过互联网和现代信息技术手段，为用户交付的产品和服务，是以数字服务为核心、以数字交付为特征的贸易新形态。马述忠、房超、梁银锋（2018）提出，相较于电子商务，数字贸易是未来更高的发展目标，具有虚拟化、平台化、普惠化、生态化等本质属性。马述忠、潘钢健（2020）认为，全球数字贸易是对跨境电子商务的迭代，而跨境电子商务也会助推数字贸易的全球化进程。在实际运用中，电子商务往往被认为是通过互联网这种方式进行的货物或者服务贸易；而数字贸易则把侧重点放在数字化交付内容及服务的流动，其核心在于数据的流动。

数字贸易对传统国际经济理论的挑战。自亚当·斯密提出绝对优势理论以来，国际贸易理论的发展主要经历了古典贸易理论、新古典贸易理论、新贸易理论和新新贸易理论四大阶段。其中，新新贸易理论主要包含异质性企业贸易理论和跨国公司内生边界理论，注重从微观层面对企业进行研究。

由于数字贸易利用互联网平台，省去了国际贸易中不必要的中间环节，使企业进出口在效率提高的同时降低了成本，对异质性企业贸易理论也提出了挑战，该理论认为“国际贸易的固定成本显著高于国内贸易”，而随着科技的不断创新，数字贸易只会使企业进入国际市场所需的固定成本越来越低。同时，数字贸易也挑战了“跨国公司基本生产要素可以在部门间自由流动”这一观点。在数字贸易中，数据作为企业的核心竞争力，是企业的核心机密，故部分数据要素无法实现在各部门间甚至是部门内的自由流动。

1.6.2 全球数字贸易发展态势

1. 全球数字贸易布局及竞争格局

国际电信联盟统计显示，2018年全球网络用户已达39亿人，超世界总人口的一半。从全球角度看，Gary Clyde Hufbauer 和 Zhiyao Lu（2018）研究发现，全球贸易流、投资流和数据流每增加1个百分点，会促进全球GDP增速提高3.1个百分点。

从发达国家角度看，汪晓文、宫文昌（2020）整理《世界与中国数字贸易发展蓝皮书2018》得出，从数字贸易发展环境和综合表现来看，排在前列的国家主要集中在欧洲地区。美国作为全球数字贸易强国和领导者，力图通过主导《跨太平洋伙伴关系协定》（TPP）、《跨大西洋贸易与投资伙伴协定》（TTIP）和《服务贸易协定》（TISA）三个超大型自由贸易协定来推行数字贸易秩序的“美式模版”（高凌云、樊玉，2020）。欧盟从合作组织内部的数字一体化阶段逐步向外部国家扩展阶段，已逐渐形成具有“欧盟特征”的数字贸易战略。与美国数据自由化的主张不同，徐金海和夏杰长（2020）认为欧盟对于跨境数据流动与安全做出了较多的限制，旨在推行单一数字市场战略。

从发展中国家角度来看，一些发展中国家凭借其庞大的市场空间和不断进步的创新技术，在数字贸易领域后来居上，潜力巨大。以中国为例，2018年中国数字经济规模达到31万亿元，占国内生产总值的比重约为1/3，已成为经济增长的重要引擎（夏杰长、肖宇，2019）。除了近年来实行的《电子商务法》《数字贸易发展行动方案》等，中共中央、国务院出台的《关于推进贸易高质量发展的指导意见》，也提出要加快数字贸易发展，提高贸易数字化水平。

美国国际贸易委员会的2017版报告将巴西、中国、印度、印度尼西亚、俄罗斯和欧盟称为美国数字贸易的主要市场，并冠以“BRICIE”的称呼，并将很大精力放在盯住这些国家实行阻碍数字贸易的规章和政策措施的“劣迹”上。此外，欧洲国际政治经济中心发布的《数字贸易限制指数》也在一定程度上“阻碍”发展中国家的数字贸易发展，同时向其他国家传输“本国模式”的数字贸易规则（贾怀勤，2019）。2020年暴发的新冠肺炎疫情，加剧全球数字贸易结构失衡的同时，也刺激了数字贸易的创新与发展，增强了世界各国对数字贸易发展共同准则、治理协调平台及数字贸易税务协调规则制定权的争夺（肖光恩、冉小东，2021）。

2. 中国数字贸易发展现状及机遇

尽管发达国家一直企图凭借自身在数字贸易中的比较优势控制发展中国家的对外贸易，使其在全球创造的价值被进一步压缩，中国在这样的国际营商大环境中，面临着中美经贸摩擦升级、多边经贸合作趋向停滞、传统全球价值链面临着链条断裂风险的新挑战（余淼杰，2020），但中国经济和对外贸易仍在稳步发展。数字贸易发展白皮书（2020 年）数据显示，2019 年中国数字经济增加值达到了 35. 8 万亿元，占 GDP 比重为 36. 2%，同比提升 1. 4%。预计全球数字贸易规模将保持快速扩大态势。

当今世界，各国都在寻求区域经济合作，试图建立与本国相关的各种经济同盟，同时在数字经贸规则重塑中取得主导地位。在全球数字贸易规则体系中具有较大影响力的是“美国模式”和“欧洲模式”。肖宇和夏杰长（2021）认为，中国是全球多边主义的坚定捍卫者，是发展中国家数字贸易的代表国，对于数字贸易规则的制定，推行数字贸易的中国方案有一定的助推作用。中国近年来采取的一系列政策如“一带一路”倡议、加入 RCEP 加强区域经济合作等，有效地解决了经济增长“三驾马车”中出口拉动的问题，而新冠肺炎疫情后中国经济的快速恢复和对外援助，也为“中国方案”的推广提供了一定的话语权。

数字贸易的发展带来了全球价值链的重构、利益的再分配，进而影响着一个国家或区域在全球价值链中的位置。在全球价值链的“微笑曲线”中，由于数字贸易带来的技术创新，给处于曲线最低端提供低附加值产品的国家提供了机会，带来了全球生产分工与供应链的变化，进而也会改变全球价值链收入分配格局（徐金海、夏杰长，2020）。中国应把握住机遇，将增加值利润向上、下游推进，通过发展数字贸易进一步强化在全球价值链中的控制权。

3. 数字贸易的监管问题

随着国际贸易范畴不断扩展至服务提供、数据传输、虚拟商品或数字信息的跨境流动等新兴的贸易形式，其监管规则仍处于试探阶段，具有一定的模糊性和不确定性（汤婧，2019）。从第十一届世界贸易组织部长会议上美国的态度可以看出，以美国为首的发达国家与俄罗斯、中国等发展中国家有所分歧（Henry Gao，2018）。孟夏等（2020）研究发现，国家间监管政策异质性也是制约双边数字交付服务贸易发展的重要因素，但这种抑制作用在欧盟国家内部表现并不明显。目前，数字贸易监管主要有以美国为代表的自由主义模式、以欧盟为代表的“单一市场”审慎监管模式和以发展中国家为代表的强监管模式三种形式。由于监管政策的不统一，存在着一种隐形贸易壁垒，加大了企业进入不同国家进行数字贸易的成本。

同时，国际数字贸易也出现了关税壁垒、数据流动壁垒、个人数据流动的政策壁垒、限制外商直接投资的贸易壁垒等（郑淑伟，2019），数字贸易监管政策问题越来越受关注。但数字贸易问题常在多领域重叠或交叉，实践中的监管政策可能会遇到不可避免的政策冲突，这种冲突也很难在双边或多边贸易谈判中进行有效调和。

1.6.3 数字贸易规则

目前阻碍数字贸易发展的壁垒主要有5类：本地化障碍、数据隐私和保护、侵犯知识产权的相关措施、网络审查、传统障碍（陈靓，2015）。为消除这些壁垒，实现数字贸易自由化，需要各国通过多边贸易谈判，扩大市场准入度。世界数字贸易亟待一个全球性的贸易框架来规范，需要与之相适应的统一、公平、高效的新全球贸易规则（张茉楠，2018）。

1. 贸易协定下的数字贸易规则

世界贸易组织关于数字贸易议题的多边谈判拉开了数字贸易的序幕，但关于数字贸易究竟适用关税贸易总协定的规则，还是应该适用服务贸易总协定规则，以及是否应对电子商务征收“零关税”是议题陷入僵局的较大分歧。《跨大西洋贸易和投资伙伴协定》（TTIP）于2013年启动，其目标是创设一个有约束力的框架来促进跨大西洋的数字贸易，同时也力求成为促进经济增长的全球化标准。但由于美欧法律制度和对数字贸易概念界定的差异，导致谈判至今仍未成功。同年，服务贸易协定谈判期望建立电子商务、计算机相关服务、跨境数据转移等新兴领域的管制规则，然而欧盟对其中某些数据流动的提议持反对意见，也不愿承诺服务贸易协定的非歧视义务将涵盖“新服务”，故使谈判未能达成共识。

2. 美国推动“美国模式”的行动

相较于以欧盟为代表的一些国家强调数字贸易的“公平性”，美国强调数字贸易的“自由化”。总的来说，“美国模式”主要强调两点，一是促进数字货物或数字服务的跨境移动并寻求降低贸易壁垒；二是追求实现网络基础设施、信息通信技术设备互联互通和相关技术规范及标准的内在协调（李杨、陈寰琦、周念利，2016）。2012 年《美韩自贸协定》首次明确了数据跨境流动原则，形成“初级版美式模板”。为推动数字贸易的“美国模式”，美国从 2016 年开始建立针对数字贸易的组织架构，以快速识别数字贸易壁垒并制定相应政策规则。2013 年开始谈判的 TPP 中的数字贸易规则作为美国主导推动的谈判，更加彰显了数字贸易规则的“美国模式”。2016 年签署的《美墨加协定》（USMCA）对 TPP 做出了一系列升级扩展，更加彰显了美国在数字贸易治理上的雄心。而作为美日数字贸易治理博弈的最新产物——美日数字贸易协定（UJDTA），其推进数字贸易发展的雄心整体上介于 TPP 与 USMCA 之间，周念利和吴希贤（2020）认为美国可能会通过对协定的弱化来寻求扩大该协定文本的适用范围，甚至努力将欧盟纳入其中。

3. 中国对制定数字贸易国际规则的参与

在强势的“美国模式”下，中国与美国对于数字贸易规则制定的核心诉求有着本质区别。中国在数据跨境流动的基本理论、数据存储地的要求、数字知识产权保护等方面，均与美国有一定的分歧，故中国与美国在短期很难就数字贸易规则达成共识，中国需不断提高中式数字贸易影响力，参与发达国家对数字贸易规则的制定。

在后疫情时代全球致力于数字贸易的背景下，中国推动形成以国内大循环为主体、国内国际双循环相互促进的新发展格局，从而在深化开放的基础之上，建立国内完整的价值链体系，破解美国对华“脱钩”企图。在 2020 年召开的中国国际服务贸易交易会全球服务贸易峰会上，中国国家主席习近平公开呼吁世界各国要顺应数字化、网络化、智能化发展趋势，共同致力于消除“数字鸿沟”，助推服务贸易数字化进程。同年 9 月，中国提出了《全球数据安全倡议》，阐明了中国对待跨境数据流动的态度。11 月，在二十国集团（G20）领导人第十五次峰会上，习近平总书记探讨并制定全球数字治理规则，再次重申了中国的观点与态度。

1.6.4 数字贸易的经济效应

从微观市场主体、市场效率以及全球贸易发展新动力等角度来看，数字贸易都能衍生出积极的经济效应，有望进一步提高贸易参与者的福利（刘洪愧，2020）。方英和吴雪纯（2020）举一反三，从文化数字贸易的角度出发，从生产者、消费者、市场效率、贸易发展新动力视角四个方面分析数字贸易对文化贸易产生的正效应。

1. 消费者视角

数字贸易通过直接增加贸易品种类和数量，提供更好地接近并了解产品的平台等，提升了消费者福利。陈蓉和许培源（2014）的研究表明，产品多样化在国际贸易和经济增长中扮演着重要角色，除了增加静态的消费者福利效应外，出口产品多样化还可通过资产组合效应、知识溢出效应等推动经济增长。在传统贸易中，贸易品主要以有形实物产品和生产要素等为主，而数字贸易的产生催生出了新型的数字消费产品或服务，在原有基础上，增加了贸易品种类，还为消费者提供了更多的产品选择。并且，数字贸易通过创新技术提供的互联网交易平台、大数据等，降低了消费者搜寻获取信息的成本，同时使交易决策和行为变得更加高效，直接为消费者带来了便利。除了直接效用外，数字贸易通过降低交易成本，从成本控制的角度降低了贸易品的交易价格，也会吸引更多企业进入国际市场参与竞争，间接提升了消费者福利。

2. 生产者视角

数字贸易的发展改变了全球价值链收入的分配格局，郭周明和裘莹（2020）提出，目前全球价值链空间布局呈现区域化特征，技术密集型行业的全球价值链长度变短，复杂价值链日趋收缩。同时，数字贸易的发展也改变了全球价值链中传统的生产者驱动和购买者驱动模式。全球价值链收入分配有一条长期存在的“微笑曲线”，即在产品生产的价值链条上，增加值（利润）会向上游和下游集中，中间制造的增加值（利润）会不断被挤压（倪红福，2016）。从生产者角度来看，数字贸易为全球价值链的重构提供了可能，通过改变劳动与资本的要素结构、创新产业数字化、升级价值链等，使全球价值链的组织和协调变得更加高效，位于微笑曲线中游的大部分发展中国家的增加值（利润）得到了提升，从而曲线整体向上移动，“微笑曲线”变为“浅笑曲线”。

3. 市场效率视角

从市场效率视角看，数字贸易直接增加了市场信息，降低了信息不对称程度；数字贸易也促进了市场主体间的互动，降低了贸易壁垒，改善了市场效率。数字贸易的平台化和无界化使贸易参与主体间的联系更加紧密，降低了生产者与消费者之间的信息不对称，使国际贸易不受时间、空间、距离的约束。消费者可以通过互联网平台查询相关商品信息、购买记录等，生产者也可利用大数据了解消费者的需求和偏好，精准地提供更优质的服务。数字贸易的集约化使其依托数字技术实现劳动力、资本、技术等生产要素的集约化投入，促进产品生产各环节的集约化投入，使企业掌握更多上下游产品的信息，从而提高了市场化生产的效率。

4. 贸易发展新动力视角

数字贸易与跨境电商的最大差异就是数字服务贸易，而跨境数据流和数字服务流是数字贸易的关键所在，且数字贸易的本质是服务的交换及其价值的实现，从而决定了数字贸易将成为服务贸易发展的新动力。2019 年全球数字服务出口占服务出口的 52.0%，全球数字服务贸易的增速大大超出同期服务贸易和货物贸易增速；由此可见，数字化为服务贸易提供了新动力。同时，5G 通信、云计算、大数据、虚拟现实、人工智能等新技术的出现及应用，以及数字经济、互联网经济等新经济模式的出现，极大丰富了服务贸易的种类，为服务贸易的发展和变革创造了有利条件。

第 2 章
异质性企业贸易理论
Chapter Two

异质性企业贸易理论是新贸易理论提出以来国际贸易研究中最重要的理论发展。与以往基于产业的分析框架不同，异质性企业贸易理论侧重于微观企业。实证研究表明，由于国际贸易行为的存在，企业之间存在明显的异质性行为。异质性企业贸易理论正是以企业生产率异质性为切入点，分析生产率差异对企业参与国际贸易决策的影响，从而得出贸易自由化对提高企业整体生产率的积极意义。异质性贸易理论还为贸易相关问题的研究提供了一个新的视角。从宏观分析向微观分析的转变是近年来经济研究的大势所趋，异质性企业贸易理论的形成正是与此相吻合，其为国际贸易理论的发展做出了重要的贡献。

2.1 新新贸易理论的概述

异质性企业贸易理论是新新贸易理论最主要的内容，新新贸易理论以微观企业为研究对象，研究企业间的国际贸易和国际投资等行为。该理论有两个研究方向，其一是以美国哈佛大学学者 Melitz（2003）为代表的企业国际化路径选择问题，它在新贸易理论的基础上引入了两个要素，企业生产率的差异和进入市场的固定成本。Melitz 试图解释生产率不同的企业在面临利润最大化选择问题时，会采用哪种方式出口，主要分析产业内贸易和贸易自由化的影响。其二是以 Antràs（2003）为代表的研究企业内部化抉择理论，讨论在契约不完全的情形下，研究企业尤其是跨国公司如何在世界范围内组织生产，在企业外包和外国直接投资间做出何种选择，即如何选择自身的产业组织形式和选择跨国公司的内生边界问题。

2.1.1　新新贸易理论的起源

国际贸易理论经历了传统贸易理论、新贸易理论和新新贸易理论的发展。传统的国际贸易理论主要以国家和产业层面的视角来研究并解释国与国之间发生贸易的原因、贸易模式的种类以及贸易利得问题。传统贸易理论的起源是亚当·斯密的《国富论》，其后李嘉图的比较优势理论、赫克歇尔—俄林的要素禀赋理论不断使传统贸易理论更加丰富。以上理论都假设企业和产品是无差异的、同质的，市场处于完全竞争市场状态，不存在规模经济，规模报酬不变，并认为贸易是按照比较优势和资源禀赋的差异来进行的，其解释了产业内贸易的情况，但随着市场产业内贸易行为和产业集聚行为的出现和增加，传统贸易理论对市场上的某些行为无法做出合理的解释。以克鲁格曼为代表的经济学家随后提出了新贸易理论，与传统贸易理论相比，新贸易理论认为产品是异质的，市场也是非完全竞争市场，企业的规模报酬递增。随着国际贸易的不断发展，垄断竞争型企业通过扩大市场份额来获取规模经济效应，规模报酬递增，企业的运输成本下降，生产要素发生了改变。市场结构差异和规模经济的存在以及产品差异化扩大了贸易，也解释了产业内贸易的情况。

另外，大量经济学家自 20 世纪 90 年代以来的实证研究发现，企业同质这个假设并不符合现实生活中的实际情况，从企业规模到生产率以及企业在生产、销售和出口等环节做出的决策都是异质的，并非所有的企业都从事出口活动，考虑到企业差异性和生产率等方面的差异对于理解国际贸易的动因十分重要，以 Melitz（2003）、Bernard 等（2003）、Antràs 和 Helpman（2004，2008）等为代表的学者通过建立和拓展异质性企业模型理论，从微观层面来解释企业的贸易行为、对外投资以及国际化的生产组织选择等，产生了新新贸易理论。而这些问题是此前贸易理论都没有涉及的层面，以下是对相关学者理论的一些简单概括：

第一，Melitz（2003）在克鲁格曼（1979，1980）垄断竞争动态产业均衡模型的基础上，引入了企业生产率异质的变量，在消费者偏好上面参考了 CES 效用函数，揭示了产业的总体生产率可以因资源的重新配置而得到提高。

第二，Bernard 等（2003）在 Eaton 和 Kortum（2002）的基础上引入了 Bertrand 寡头垄断和生产率异质性，假定企业生产率由 Frechet 分布随机决定，根据消费者需求价格弹性的变化，厂商的加成率也会随之发生改变。

第三，Yeaple（2005）假定企业可以自由地选择技术，企业生产率的差异是企业的内生性选择问题，这种差异是因为企业可以雇佣具有不同生产率的劳动力及使用不同的技术造成的。

第四，Marcus Asplund 和 Volker Nocke（2006）假设异质性企业的生产率服从马尔科夫过程。

第五，Stephen J. Redding（2010）则将异质性企业贸易理论同传统贸易理论结合起来，分析不同企业之间由于生产率差异的存在，其对比较优势、市场规模、总贸易量以及贸易福利等的影响，研究了贸易与收入分配之间的关系。斯蒂芬还指出，尽管有大量研究表明生产率的差异对贸易自由化确实有内生性的反应，但对企业内部组织结构的研究以及这种异质性的来源缺乏足够的理论支撑。

新新贸易理论的兴起是贸易理论发展的重要里程碑，在传统贸易理论的基础上，其广泛借鉴了新贸易理论中的垄断竞争模型和产品差异化理论，也是从微观层面的角度来解释国际贸易中的产业内贸易问题。

2.1.2 新新贸易理论的研究内容

新新贸易理论主要研究方向分为以下五个方面：①选择服务于国际市场的企业都是哪种类型的企业；②这些企业选择服务国际市场的方式是通过出口贸易还是采用对外直接投资的方式；③企业什么情况下会选择外包的方式而不是一体化方式；④企业什么情况下会选择国际外包（International Outsourcing）；⑤企业什么情况下会选择国内一体化（Insource at Home）而非国际一体化方式（International Integration）。下面是新新贸易理论的主要内容和研究方向，如图 2-1 所示。

上述问题可以分为两个主要研究方向：其一是关于企业的国际化路径选择问题（International Entry Decision）。在这个方向中，企业可以自由地选择退出市场、只供应国内市场、出口到国外市场以及 FDI 供应国外市场四种方式，其中对外直接投资方式（FDI）具有新建企业和跨国并购两种形式。需要探讨的问题包括哪种类型的企业会选择出口？出口行为会增加

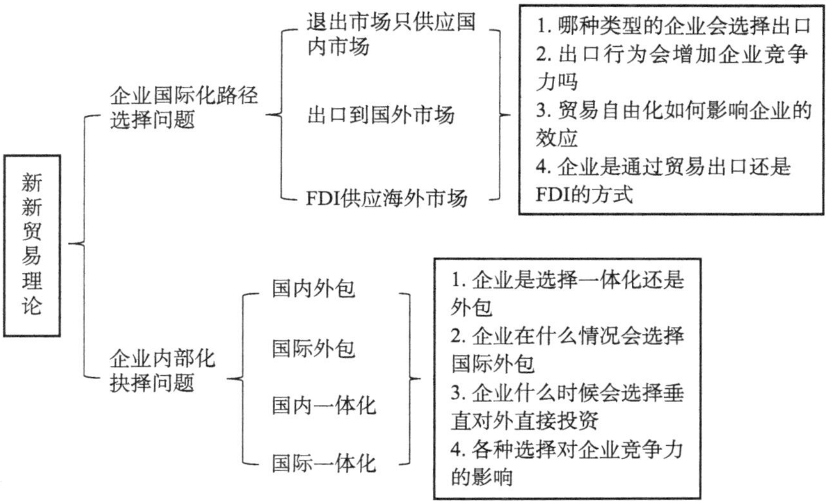

图 2-1 新新贸易理论的主要研究方向及内容

资料来源：李春顶（2010）。

企业的竞争力吗？贸易自由化如何影响企业的效应？企业是通过贸易出口还是对外直接投资的方式？其二是关于以 Antràs（2003）为主导的企业内部化抉择问题（Internalization Decision），它主要考虑外包和一体化方式。考虑国内外市场情况，又可以细分为国内外包、国际外包、国内一体化、国际一体化等四种情形。国内外包是指企业在国内以外包的形式进行组织生产；国际外包是指企业将部分的中间生产品及零部件外包给国外企业，然后通过贸易进口的方式进口到国内进行组织生产；国内一体化也称为国内内包，即企业的所有产品的生产都在国内进行，不涉及任何国外市场；国际一体化包括国际内包和垂直对外直接投资两种方式，是指企业在海外设立子公司生产零部件，再通过贸易出口到国内母公司的生产组织形式。

2.2 Melitz 异质性企业模型

新新贸易理论模型中以 Melitz（2003）的异质性企业模型为代表，主要讨论的问题是异质性企业出口如何决策的问题。Melitz 的异质性企业模型主要是基于一般均衡框架下的垄断竞争动态产业模型提出来的，并发展克鲁格曼的贸易模型，引入不同企业生产率差异的因素。研究生产率不同的企业是否会进行生产以及打入国际市场的决策是否存在差异。下面首先来看 Melitz 模型的简单推导。

2.2.1 Melitz 模型的简单推导

Melitz 是建立在 D-S 模型条件之下的，市场上的产品是具有差异性的产品，每个生产商都与其他生产商生产不同的产品，期望占领更多的市场份额，从而扩大利润，具有一定的垄断力。消费者渴望多样化的产品，效用随着产品种类的增多而增加。

模型假定贸易成本用 f 表示（$0<f<1$），出口市场的成本为 f_x，进入国内和国际市场都面临着大于零的固定成本，生产率水平是外生给定的，用 φ 表示，企业异质性表现为生产率水平不同，并根据企业自身生产率水平做出相应的决策。

消费者效用函数是 *CES* 型函数：

$$U = \left[\int_{\omega \in \Omega} q(\omega)^{\rho} d\omega\right]^{1/\rho}$$

其中，Ω 表示商品的种类，ρ 为替代性投入参数，$0<\rho<1$，$\sigma=1/(1-\rho)>1$ 代表不同商品间的替代弹性。ω 代表每个厂商生产不同商品中的一种，企业的劳动使用量 l 和产出存在关系：$l=f+\dfrac{q}{\varphi}$，f 表示生产的固定成本，l 与产出量 q 成正比，与生产率 φ 成反比，（q，$\varphi>0$），生产率越高则企业的边际成本越低。收益函数为：

$$r(\varphi)=R(P_{\rho\varphi})^{\sigma-1}, \quad r_x(\varphi)=\tau^{1-\sigma} r_d(\varphi)$$

$$r(\varphi)\begin{cases} r_d(\varphi)(\text{如果企业不出口}) \\ r_d(\varphi)+nr_x(\varphi)=(1+n\tau^{1-\sigma})r_d(\varphi)(\text{如果企业出口}) \end{cases}$$

其中企业的利润函数为：

$$\pi(\varphi)=r(\varphi)-l(\varphi)=\frac{r(\varphi)}{\sigma}-f$$

其中，R 表示在生产率 φ 和价格 P 不变时的总支出，商品的替代弹性 σ 越大说明商品越容易被替代，当企业生产的商品不可替代性越强时，垄断能力越强，收益也就越高。企业的产量和收入都与企业的生产率 φ 呈正相关。

基于此，Melitz 模型分别就封闭经济和开放经济的条件下，考虑了异质性企业贸易出口方式的差异，即企业是否进行生产和是否进入国际市场两种决策。

2.2.2　封闭经济模型及其均衡

在不考虑国际贸易的封闭经济条件下，假定企业只存在劳动力这一种要素投入，需要支付进入市场的固定成本 $f_e(f_e>0)$。支付之后，可以从连续分布中获得自己的生产率 φ，根据生产率 φ，企业做出是否生产、是否进入市场的决策。同时从事生产的企业还会面临外生的不确定冲击 δ，当企业受到冲击抵挡不住时，该企业会选择直接退出市场。

追求利润最大化的企业只有在有利可图时，即能够获得正利润时才会选择进入该行业进行生产。

利润函数：$\pi(\varphi)=r(\varphi)-l(\varphi)=\dfrac{r(\varphi)}{\sigma}-f$，其中 $r(\varphi)=R(P_{\rho\varphi})^{\sigma-1}$。

假设当 $\varphi=0$ 时，企业的生产率为 0，则产品并没有被生产出来，收益 $R=0$，$\pi(0)=-f<0$，此时企业必然不会进行生产。总支出 R 是生产率 φ 的增函数，随 φ 的增加而支出增加，而固定成本 f 是不变的，于是必然存在一个生产率 φ^*，使得 $\pi(\varphi^*)=0$，此时的生产率就是决定企业是否进行生产的临界生产率值。当生产率 $\varphi>\varphi^*$ 时，企业利润 $\pi(\varphi)=\dfrac{R(P_{\rho\varphi})^{\sigma-1}}{\sigma}-f>0$，此时企业选择生产；当生产率 $\varphi<\varphi^*$ 时，企业利润 $\pi(\varphi)=\dfrac{R(P_{\rho\varphi})^{\sigma-1}}{\sigma}-f<0$，企业选择不生产，不进入市场或者已经在生产的企业会选择退出市场。

企业选择自由进入市场符合垄断竞争市场结构的特征，考虑到外部环境不确定性的冲击以及固定成本 f 的支出，企业就必须拥有正的利润，企业进入市场，在市场价值预期值为零的情况下，生产临界值 φ^* 越大，进入市场中的企业获得的平均利润也就越大。

当企业进行生产，但可获得的利润为零的时候，企业会选择立即退出市场，退出市场的临界条件为 $\pi=fk(\varphi^*)$。选择退出市场的企业其临界生产率企业利润为零，那么生存在市场中的企业生产率水平均大于临界值 φ^*，这些企业可以真正获得利润，获得正的利润可以抵消企业在未来经营中受到的不确定性的冲击以及冲抵企业进入市场的固定成本。

临界生产率 φ^* 将异质性企业分成了高生产率企业和低生产率企业两种类型。高生产率企业进入市场进行生产，低生产率企业退出市场。当 φ^* 越小时，进入市场中的企业数量越多，方虹和王旭（2018）指出，企业生产效率高于临界生产率能获得真正的利润。自由进入市场和选择退出市场的交点 φ^* 是企业打入市场的预期净价值为零的生产率水平，处于 φ^* 生产率的企业利润恰好为零，φ^* 是封闭经济中市场均衡状态时的平均生产率，π^* 代表均衡时的平均利润，如图 2-2 所示。

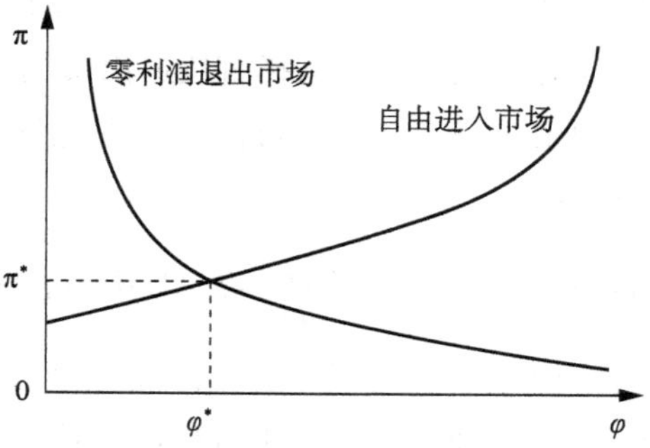

图 2-2　封闭经济市场均衡时的利润和生产率

上述假定仅以生产率作为唯一变量，其他条件不变。现在考虑若进入市场的固定成本 f 发生变化时，企业的决策又会受到什么影响？

假设固定成本由 f 上升至 f_1，$f>f_1$，由于固定成本的提高，此时 $\pi_1(\varphi^*)<0$，原来选择进入市场的企业，其中有一部分会由收益变为亏损，选择退出市场，只有生产率 $\varphi\geqslant\varphi_1$ 时，利润 $\pi_1(\varphi_1)=0$ 的企业才会选择继续生产，固定成本的提高使得更多 $\pi_1(\varphi_1)<0$ 的企业必须选择退出市场。相反，当固定成本下降时，越来越多的企业认为有利可图，则会选择而进入市场。固定成本的降低扩大了进入市场的企业数量。

2.2.3　开放经济模型及其均衡

前面讨论了不考虑国际贸易的封闭经济条件下企业如何决策的情况，现在我们来讨论在开放经济条件下企业如何选择。开放经济条件下企业有三种决策策略：不生产、只在国内市场进行生产、进入国际市场。

假定包括：企业生产率存在差异；世界上的每个国家都能和其他国家

开展自由贸易；进入本国市场面临固定成本 $f(f>0)$，同时进入国际市场也需要支付一个出口固定成本 $f_e(f_e>0)$，即当企业进入国际市场时，所面临的固定成本变为 $f_x=f+f_e$，$f_x>f$；同时还存在一个冰山贸易成本，即生产的产品进入国际市场的成本，它表示每单位的商品运输到国外市场所面临的运输成本，用 $\tau(\tau>1)$ 表示，价格为国内价格乘以这个贸易成本系数，$p_x(\varphi)=\frac{\tau}{p\varphi}$。

企业进入国外市场的收益 $r_x(\varphi)$ 与国内市场收益 $r(\varphi)$ 的关系为：$r_x(\varphi)=\tau^{1-\sigma}r(\varphi)$。此时，企业在国外市场所获利润为：$\pi_x(\varphi)=r_x(\varphi)/\sigma-f_x$。

由于 $f_x>f$，将封闭经济条件下的生产率水平临界值 φ^* 代入利润公式，可知 $\pi_x(\varphi^x)<0$，即并非所有进行生产的企业都会进入国际市场。开放条件下，企业退出市场的临界值与封闭经济市场均衡时的利润和生产率（见图 2-2）相比，表现为零利润退出市场的曲线向右上方移动。

与封闭经济相同的是，成本总支出 R 与生产率 φ 也存在正相关关系，那么一定会存在一个生产率 $\varphi^e>\varphi^*$，使得 $\pi_x(\varphi^e)=0$。当企业生产率 $\varphi>\varphi^e$ 时，利润 $\pi_x(\varphi^e)>0$，企业选择进入国际市场；当生产率 $\varphi<\varphi^e$ 时，企业利润小于零，企业选择退出国际市场；当 $\varphi^*<\varphi<\varphi^1$，企业进行生产，但是只服务于国内市场，并不进军国际市场。其结论用图 2-3 表示如下：

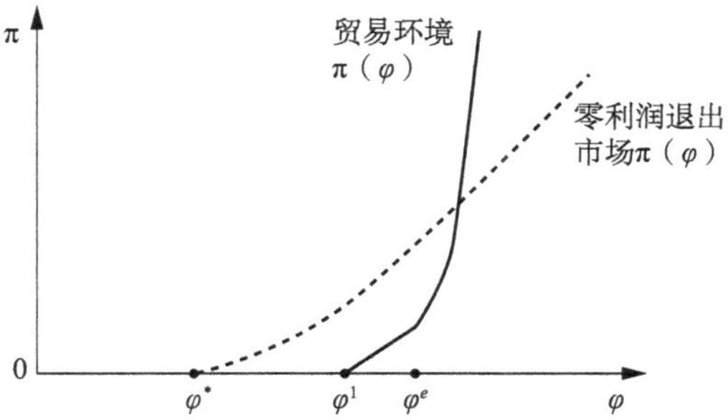

图 2-3　开放经济市场均衡时利润和生产率关系

对比封闭经济条件下的企业零利润退出曲线，可以看到开放经济下的这条曲线多出了一段正向的截距，即这条曲线向右上方移动，这代表着什么呢？这表示由于国际贸易的开放，企业会面临临界生产率水平的提高和平均利润的提高。由于处于 φ^* 和 φ^1 区间的企业生产率较低，在新的贸易环境中很难再得到正的利润，如果不提升生产率就会面临退出市场的风险。只有当生产率超过 φ^e 时，企业才能进入出口市场。国内市场和国际市场的生产率的临界值的正向变动将提高市场中企业的平均利润，增加社会总福利。对比封闭经济的情形，零利润企业退出市场的临界条件比封闭经济中的高（$\varphi^* < \varphi^1$）。这样一来，此前在封闭经济条件下生产率较低的企业，即生产率处于 φ^* 和 φ^1 区间的企业，其市场份额会下降至零，从而增加了生产率大于 φ^1 的企业的市场份额，优化了资源配置，提高了社会总体福利和资源配置效率。

2.2.4　主要结论

异质性企业在进行决策时，由于不同的生产率对企业的决策结果有着显著不同的影响，企业要想继续生产，必须具有较高的生产率，生产率低的企业会面临停止生产，退出行业的风险。另外，由于对外贸易固有成本的存在，要进入国际市场，企业需要更高的生产率。因此，可以得出这样一个结论：出口型企业的生产率要普遍高于非出口型企业。

综上所述，Melitz 模型在解释生产率水平不同的企业如何影响决策行为以及贸易自由化如何影响产业内资源配置的问题时，提出了创新性的分析。Melitz（2003）模型的关键是固定出口成本。由于固有成本的存在使得生产率较低的企业无法支付这项成本从而无法进入国际市场，出口的企业生产率普遍要高于非出口企业，称这种现象为“自选择效应”。正是由于这种效应的存在，贸易成本的降低也会对生产率不同的企业产生异质性影响，也由于比较优势的存在，某些国家的某些产业出口更多，规模收益递增形成了产业内贸易。

2.3　Antràs 企业内生边界模型

上一节考虑了生产率不同对异质性企业的国际化路径选择问题，但这还不够，企业的国际化路径还要考虑企业国际生产组织模式。本节就企业是通过一体化还是外包来进行生产、外包和一体化是在国内还是国外进行做出回答。影响这些决策选择的因素包括交易成本和不完全合约。

企业在进入国际市场的进程中面临着两种选择：其一，是否要进入国际市场；其二，企业采用哪种方式进入国际市场，是出口贸易的形式还是对外直接投资的形式？以 Antràs（2003）、Antràs 和 Helpman（2004）等为代表的学者从科斯的节省交易成本角度及不完全合约的角度进行考虑，回答了异质性企业在对企业边界、内外包战略选择上的问题，同时融入了契约理论和产业组织理论，为企业的全球化生产问题提供了全新的研究视角。

2.3.1　不完全契约、外包与对外直接投资的选择

Antràs（2003）提出了关于企业边界的不完全契约产权来研究公司内贸易，将异质性企业模型引入 Helpman-Krugman 理论模型中，构建了一个关于企业边界的不完全契约产权模型，分析如何确定企业的生产地，试图解释为什么世界上 1/3 的贸易是公司内贸易。

回顾学者们对企业内生性问题的研究，可以总结出以下的经典理论分析框架和一般结论。

在 Antràs 所构建的模型中，假定贸易是无成本的，国家之间的要素价格不存在差别，跨国公司会在均衡状态时出现，并且假定公司内贸易与国际贸易的情形往往存在一致性。界定了跨国公司的边界和生产的国际定位问题，预测公司内贸易的模式，肯定了资本密集度和剩余索取权的配置在企业国际化进程中所起的作用。

Antràs 和 Helpman（2004）建立了一个新的理论模型。在该模型中，最终产品的制造商控制着总部服务，中间品的供货企业控制着中间品的生产质量和数量，不同产业部门的生产率水平差异和不同产业部门的技术和组织形式差异对国际贸易，对外直接投资和企业的组织选择产生影响。该模型假设存在两个国家，南方国家和北方国家。最终产品的生产企业位于北方国家，企业根据生产率水平差异分四种类型：在北方国家生产中间投入品的一体化企业，不参与中间投入品的国际贸易；在南方国家生产中间投入品的一体化企业，从事公司内贸易和对外直接投资；在北方国家以外包方式进行生产的非一体化企业，不参与中间投入品贸易；在南方国家以外包方式进行生产的非一体化企业，以市场交易方式进口中间投入品。通过南北贸易模型发现，生产率最低的企业会选择从北方获取中间投入品，而生产率最高的企业则通过对外直接投资形式选择在南方国家获得中间投

入品。按照生产率由低到高的顺序，企业生产方式的选择依次为北方外包、北方一体化、南方外包、南方一体化方式，而产生这些差异的原因主要取决于南北方的工资差距、生产率水平的差异程度，中间投入品的贸易成本、议价能力的分布、总部服务密集度等。

相对来说，在生产率差异较大而总部服务密集度较低的产业中，最终产品的生产商更倾向于进口中间投入品。在生产率差异较大且总部服务密集度比较高的产业，生产商更加倾向于一体化方式。也就是说，当一个产业的总部服务密集度越高时，其就会越少依赖通过进口方式来获取中间投入品。该模型解释了南北方国家工资差距不断加大以及贸易成本不断缩小的原因，向大众展示了新的国际贸易方式和国际投资方式。

Antràs（2005）建立了一个动态一般均衡南北模型，用来解释由于契约不完全竞争所导致的产品周期现象。产品周期现象的出现是由于南方国家契约的不完全性及高科技投入品的重要性随着时间推移和成熟度下降而产生。它表明，南方国家的不完全契约减少了产品开发，契约有效的北方国家生产高科技中间投入品，低技术中间投入品则转移到具有劳动力价格优势的南方国家生产。Antràs 和 Helpman 的研究都表明，生产中间投入品的企业比生产最终产品的企业更能生产出有价值的产品，采用外包激励的方式就会更多。

以上研究表明，在契约不完全情况下，要素密集度、企业生产效率和总部服务密集度等都会影响跨国公司的选择，不论是外包还是垂直一体化的战略选择。这些理论为研究企业生产的组织形式提供了新的视角。目前国内对此领域的研究还处于起步阶段，相关学者的研究还有待深入，此外，也有国内学者发现，金融业的发展对企业的外包决策也存在较大影响。

2.3.2　交易成本、一体化与对外直接投资的选择

前文中提到，影响企业国际生产组织形式的因素除了不完全契约，交易成本因素也不可忽视。异质性企业贸易理论从传统的产业组织理论发展起来，从科斯的节省交易成本的角度对跨国公司的一体化选择进行分析。

Grossman 和 Helpman（2005）建立了一个一般均衡的贸易模型，假定外包是在不完全契约条件下寻找合作企业进行投资的行为。主要分析国内

外中间产品的供给、市场的贸易成本、环境保护建立和市场完善程度等其他等条件对外包的影响。该模型发现，对南方国家而言，国家的发展程度和产业内贸易的兴起程度与外包业务的发展呈正相关关系。除非技术改进的速度在南方国家比北方国家更快，否则对技术投资的改变对外包产业的发展产生的影响不大。

Grossman 等（2006）在对跨国公司生产组织策略的研究中，引入企业生产率差异，分析垂直对外直接投资的固定成本、运输成本以及国外市场的消费者需求如何影响跨国公司的一体化决策。其研究成果显示：当中间产成品和最终产品的贸易成本不会对企业行为造成影响时，进入海外市场投资的固定成本会影响企业的选择，生产率高的企业会选择外包方式用以降低可变成本，生产率低的企业则会选择一体化的方式。当贸易成本很高时，最初在国内市场进行中间投入品生产的企业会考虑在海外寻找市场，当贸易成本继续变高时，这些企业会选择将初级产品的生产放在南方国家，最终产品的组装放在北方国家。也就是说，南方国家的契约制度更加适合离岸生产，并且降低了海外外包和垂直对外投资的可能性。

研究异质性企业的全球组织生产决策的文献很多，如 Marin 和 Verdier（2006）通过调查美国和欧洲企业行为，分析国际竞争的激烈度对企业外包和一体化选择的影响。Marin 和 Verdier（2007）通过建立相关模型分析固定成本、贸易成本、本地化的市场竞争激烈程度及市场规模对企业生产组织选择的影响。研究发现，国际市场的竞争强度等因素与企业生产组织模式的选择存在很大关系。

2.4　异质性企业贸易理论的相关研究

自异质性企业贸易理论提出后，学者们不断对这一理论进行完善和补充，包括以 Melitz 为代表的学者提出的不同理论模型在各种微观领域的拓展，以及各国学者利用制造企业数据进行校准和分析相关理论的拓展。

2.4.1　异质性企业出口行为与生产率

Melitz 认为企业之间生产水平的不同决定了企业是否可以进行出口，对于企业的生产水平与出口的关系研究还有 Bernard 等，这一部分学者的各类相关性研究构建了生产率异质性企业的出口行为模型。

Melitz 在克鲁格曼垄断竞争模型的基础上引入了生产率差异和固定成本，生产率在某种意义上服从随机分布函数，这一固定成本主要包括两大类：一是进入市场本身所需的成本，二是向海外出口所产生的一系列贸易成本。Melitz 异质性企业模型通过研究从封闭经济到开放经济均衡时的状态，得出了一种结论：国际贸易行为可能会提高企业进出市场的门槛。主要体现在生产率最低的企业将会被所有的市场淘汰，从而被迫退出海外市场；生产率较低的企业只能占据国内市场，企业的生产率如果逐步地提升，利润则会增大并占据一定的市场份额。只有生产率最高的企业才能进入海外市场，得到更多的利润。国际贸易的存在，提高了资源在异质性企业之间的自由流动，提高了市场的平均生产率。

而对于为什么出口企业相比于非出口企业更有效率这个问题，学者们提出了两种可能的解释：其一是企业国际化中出口贸易的成本一定会存在，只有生产率相对较高的一部分企业才能够取得出口自选择效应；其二是由于参与了国际贸易，出口商有机会获得更多的信息，竞争者的知识外溢有助于出口企业加快创新步伐从而得到更快的发展，也就是“从出口中学习”的效应。以上两种说法都致力于解释企业的出口行为与生产率之间的内在联系和相互影响机制。

洛佩兹（2004）等认为，企业生产率的差异是在企业做出出口决策之后才形成的。他的时间选择理论认为，新技术在进入出口市场之前，因为投资行为的存在则会导致不同企业的优劣势的存在，众多的企业是在学习中出口而并非在出口中学习。Greenaway 和 Kneller（2007）认为，“从出口中学习”主要包括：一是国外的同类竞争对手充分了解消费者需求，提供了改进技术工艺的可能，可通过生产差异化的产品满足消费者需求；二是出口使公司在海外市场的份额不断扩大，导致企业不得不扩大生产规模，海外激烈的市场竞争使企业不断地提升产品质量，不断被创新驱动。

Joachim Wagner（2007）试图利用微观企业的相关数据来检验出口和生产率之间的关系。实证研究表明，尽管出口行为不一定能真实提高企业的生产率，但是出口企业确实比非出口企业拥有更高的生产率。紧接着 Joachim Wagner 提出一个值得深思的问题：假设企业生产率的提高是由通过自选择方式进入国际市场，那么这种企业生产率提高的原因是由外生性的随机因素决定，还是企业有意为之的战略计划结果？

Andrew B. 和 Bernard（2007）通过分析美国大量企业的生产交易数据得出，在市场上的众多产业中，产业中的出口企业相比于非出口企业通常能够取得更多的市场份额，自身也能够大幅度地提高生产率，获得更加密集的资本投入并且支付给劳动力更高的工资。虽然开展进出口业务的企业是少数，但是这些少数企业在国际贸易中却起到了非常重要的作用。

Ronny Thomas 和 K. Narayanan（2012）收集 1999—2009 年印度 CMIE 制造业企业数据，试图对“出口自选择效应”及“从出口中学习”进行实证检验。他发现，在这十年间，通过自由选择进入出口市场的企业，其生产率也会随之提高，随着出口活动的进一步扩大，出口密集程度也会有不同幅度的提高，这种“从出口中学习”的效应得到了更加明显的验证。

Joachim Wagner（2013）通过收集德国企业的数据发现，在生产率处于平均水平以上的企业中，出口企业比非出口商拥有更高的生产率。

随着对异质性企业贸易理论的研究越发深入，国内学者通过研究中国企业的数据也有了一系列有价值的发现，并且也从中发现了一些问题。

张杰（2008）通过对江苏省本土生产企业的数据进行分析，观察到出口和生产力之间的关系，发现出口并没有促进生产率的增长，但 TPF（全要素生产率）是促进本土企业出口的一个相当重要的因素。换句话说，同时也存在着“出口自选择效应”。与此同时，易靖韬（2009）基于企业最优出口模型和 Probit 方法对浙江省大量的制造业企业的出口参与影响因素进行了实证分析，研究表明，生产率越高、规模越大的企业越有可能进行出口。易靖韬和傅佳莎（2011）对同一样本用不同测量方法的研究也得出了类似的结论。钱学锋等（2011）从中国工业企业数据库中提取大量数据，研究表明：相对于非出口企业，出口企业可能会产生生产率溢价，高度符合“出口自选择效应”，生产率更高的企业会主动选择开辟海外市场。这些结果为异质性企业贸易理论提供了有力的支持。

并非所有的研究都符合上述结论。通过对 1999—2003 年中国工业企业数据进行分析，张杰（2009）发现很多出口企业的生产率及其他指标并没有高于非出口企业。

2.4.2　出口固定成本与出口行为

异质性企业贸易理论是国际贸易理论发展的新突破，它从微观层面，更深层次帮助我们理解企业开展国际贸易的本质。众所周知，贸易产生的原因是不同国家、不同地区存在从绝对优势、比较优势、要素禀赋差异到基于规模经济和产品需求偏好的各种差异，而异质性企业贸易理论则提出了企业生产率差异和出口固定成本的差异。研究企业生产率和出口固定成本的来源对完善异质性企业贸易理论，发展新的贸易理论具有十分重要的意义。同时由于这些差异的存在，也使得研究贸易自由化对社会综合福利的影响具有重要意义。

出口固定成本包括：对海外市场的开发探索成本、了解消费者消费的信息采集成本、与海外供应商建立合作关系的联系成本、产品进入国外市场后未达到国际标准而做出调整的修正成本。这些成本的存在是企业进入海外市场的障碍，只有企业的实力较强时，才有可能克服这些成本障碍。Roberts 和 Tybout（1997）认为不同规模的企业在出口时所面临的出口固定成本是不同的，在出口方面拥有较多进入海外市场经验的企业比新进入出口市场的企业所花的进入成本更低。但也有学者认为，由于企业在出口之前会付出必要的信息成本用来减少信息不对称问题，也就是要支付进入市场所需的合理成本，这些措施会使得出口企业和非出口企业在生产率和平均利润上的差距缩小。

Hege Medin（2003）假设各个企业都存在固定成本，构建了一个企业间垄断竞争的国际贸易模型，并用这一模型研究大国与小国之间的企业出口行为。但由于出口固定成本的存在，较大的出口市场可以使出口企业获得更多的利润，小国相比于大国的出口比例会增加。尽管与大国经济相比，小国面临更加不利的国内市场，但由于小国的规模经济更加开放，小国企业的出口动机会更强，出口企业获利更多，也更容易实现信息技术外溢，从而降低整体的出口固定成本。

Jan G. Jorgensen（2008）在对企业出口固定成本的讨论中，构建一个简化的异质性企业模型，假定两个对称国家之间存在产业内贸易行为，同一产业中不同企业有着不同的进入市场固定成本。在异质性企业模型固定成本的基本假设下，如果存在正的双边关税使得福利最大化，即相对较小的双边关税可以在不同程度上提高两国贸易的福利水平。如此一来，“冰山成本”的假设可能会出现瑕疵，之前的“冰山成本”假设主要指的是在一个产业中单个企业的边际生产成本保持不变的情况下，企业生产率越高，每单位货物所面临的出口运输成本就越低。Jan G. Jorgensen 认为这一说法没有事实依据，站不住脚。如果说把贸易自由化看作运输技术进步的结果，则运输技术的产生和进步同时也会产生一系列正向的福利。此外，他还引入了关税模型来区分不同国家关税减免的贸易政策效应和运输技术的提升使得运输成本下降所带来的贸易福利变化。

Shon M. Ferguson（2012）关注产品在研发过程中的固定投入成本对企业进行出口决策的影响。其得出的结论是：企业对于研发的投入越大，研发强度越高，规模经济越大，国际贸易的格局也就越大。研发成本占总成本的比重越高，那么企业就更容易成为出口企业，同时研发投入很高的产业对贸易成本的敏感度也会降低。

Gao B , Tvede M. （2013）试图构建一个完整理论来解释出口企业与出口固定成本之间的关系，他认为在国际贸易中是存在出口型企业的，通常这类企业的生产率较低且面临较低的出口固定成本。从封闭经济转向开放经济市场时，那些生产率较低而又面临较高的出口固定成本的企业，就会面临被迫退出市场的风险。而那些低生产率且面临的出口固定成本也低的企业将会得以幸存下来。Gao B 认为，当出现生产率和出口固定成本同时异质的时候，国际贸易市场将会存在三种类型的企业，分别为只出口企业、只在国内市场进行生产的企业和同时也服务于国内国际市场的企业。

Andrew B. Bernard（2006）参考美国制造企业数据，试图研究不同企业的出口行为是如何受贸易成本的影响，通过调查 1977—2001 年美国企业的数据，采用各行业的关税价格和运输费率作为企业贸易成本的参考指标，通过一系列实证分析发现：从企业的角度观察，企业贸易成本下降时，生产率较低的企业退出市场的成本较低，生产率较高的企业则会开始进行外向出口行为，而已经从事出口的高生产率企业则会考虑进一步扩大生产规模，占领更多市场份额。从而得出，贸易成本的下降将有助于提高单个企业的生产率从而刺激出口行为，当贸易成本的降幅较大时，企业的平均生产率将会出现明显的提高。

Arkolakis（2010）基于前人的思考，建立企业内生选择营销投入的一般均衡贸易模型，将营销成本引入产品差异模型，发展了新的出口成本理论。当企业进入国外市场，产品获得消费者的喜爱并开始获利时，便需要给市场支付一定的市场渗透成本。每增加一个消费者，企业就需要多支付营销成本，即对市场渗透成本来说，每多增加一个消费者，这种边际成本是递增的。由于存在着市场渗透成本，所以会阻碍大部分的企业选择出口行为。即使是选择在特定市场出口的企业，也只会出口其生产总量的一小部分。显然，这一结论与Melitz模型相悖。

George Alessandria（2012）对美国1987—2007年的制造业企业出口的增长进行了实证分析，运用了GE动态异质性企业模型进行理论研究。得出结论：在“冰山成本”能够降低的假设下，该模型能很好地拟合企业出口增长的实际情况。

Marc J. Melitz，Stephen J. Redding（2013）引入同质性企业模型和异质性企业模型，并且给定了除了企业生产率以外的其他因素的变量，用来观察大量的异质性企业是如何通过对出口行为的选择来影响贸易福利的。模型分析结果表明：相对同质性企业模型而言，异质性企业模型中的贸易成本普遍偏低，带来的贸易福利更大。这表明同质性企业缺乏诸如生产率等因素的调整，而异质性企业选择进入国内市场还是国外市场是一种内生性选择。

研究出口固定成本与企业出口行为能够为现实的经济活动提供更好的解释和更强的说服力，在异质性企业出口成本固定的假设下，贸易自由化的存在会使产业内资源配置的情况变得更为复杂，产业总体生产率的提高还是下降影响机制并不明确，具体情况要根据出口固定成本的分布而确定。

2.4.3 企业出口行为与对外直接投资的选择

沿着异质性企业贸易理论，学者们从出口行为进而考察微观企业的对外直接投资选择。主要研究问题包括：企业在什么时候选择退出市场？是选择国外市场还是国内市场？是采用对外直接投资的方式还是采用出口贸易的方式进入国际市场？如何服务国际市场等问题。

对外直接投资的实施主体是企业，但不代表所有企业都有足够的能力和意愿进行出口以及进行对外直接投资。因此，新新贸易领域的对外直接投资应当首先关注于企业的国际化路径选择问题。研究者们发现当从封闭经济转向开放经济时，生产率处于高水平的企业会采用对外直接投资与内销相结合的方式，生产率次之的企业会选择出口贸易和内销，而生产率最低的企业则会被市场所淘汰。

Helpman、Melitz 和 Yeaple（2004）将 Melitz（2003）的企业异质性模型进行了扩展，他们建立了多跨国贸易和多投资部门的模型，进一步考虑了建立海外分支机构决策的差异问题，发现企业会根据其生产力来考虑是选择出口还是对外直接投资。只有生产率最高的企业能够用赚取的超额利润去覆盖海外投资产生的巨额固定投入成本，选择对外直接投资与对外间接投资相结合的方式进入国际市场，而生产率最低的企业将被挤出市场，只具备中等生产率的企业只能选择在国内市场销售。

Yeaple 建立了一个三国模型来考虑企业的水平直接投资、垂直直接投资和混合直接投资情况，发达国家通常占据了技术密集型产业的核心技术上游端，发展中国家则处于劳动密集型产业的技术下游端。高国伟（2009）表示由于固定成本、运输率差异和工资等要素的影响，生产率最高的企业选择混合外国直接投资，生产率较高的企业会选择水平直接投资，而生产率较低的企业则会选择垂直直接投资。

异质性企业的对外直接投资也是近年来国内学者研究的热点问题。相关文献有从理论上扩展了 Helpman、Melitz 和 Yeaple（2004）的框架的，也有通过实证检验了异质性企业与国际投资之间的关系的。在高越和李荣林（2009）看来，不同时期的生产阶段易被分隔，可以构建一个用来研究供应国外市场生产率差异的模型。他们的研究结果表明：生产率最低的企业被迫失去大量市场份额，生产率略高的一些企业可以选择以贸易出口的方式对是否供应海外市场做出选择，同时这些高生产率的企业也在不断地寻求技术创新。生产率越高，跨国公司在海外设立的配置环节也更多，更有可能采用水平直接投资方式。高国伟（2009）通过研究异质性企业的水平直接投资、垂直直接投资和混合直接投资行为，其研究表明混合直接投资的边际成本较低，节省了运输成本，但存在着高昂的固定成本，只有生产率最高的企业才能支付得起。张庆昌和蒋殿春（2011）在 Yeaple 研究的基础上引入一个包含一个南方国家和两个北方国家的三国模型，用来研究企业所做出的不同跨国战略选择。水平直接投资通常是生产率最高的企业的最佳选择，出口贸易方式则会被生产率次之的企业采用，生产率更低的企业由于成本考虑，则只能选择供应国内市场。发达国家的工资水平相对较高，在发展中国家建厂所需的成本较低，这一结果则会导致选择出口贸易和水平直接投资的企业减少，而选择垂直直接投资和混合直接投资的跨国公司变多。

李春顶（2009）以异质性企业贸易理论为基础，通过研究 1997—2006 年中国企业 36 个行业的全要素生产水平，针对不同行业发展提出了不同的路径选择方案，如外国直接投资优先、外国直接投资+出口、以出口方式为主力、只选择供应国内市场等。田巍、余淼杰（2012）利用浙江省制造企业中企业生产与对外直接投资的数据，研究企业的对外直接投资与生产率之间是否存在某种相关性。研究表明，生产率的提高伴随着对外直接投资的概率和规模的扩大。受制于有限的数据来源，这部分的实证研究目前还很缺乏，尤其是对微观数据的研究还不充分，但现有这些研究都在一定程度上表明生产率对于企业的对外直接投资决策相当重要，同时对于研究国内企业如何走出去具有重要的现实意义。

洪联英和罗能生（2007）以 Melitz 的异质性企业贸易模型为基础，期望建立能适用于研究中国企业的国际战略理论框架，中国在外国直接投资方面的整体水平较低，在“走出去”的道路上存在异质性企业趋同的行为，需要根据理论进行战略调整。随后李春顶等证实这一理论框架，证明只有生产率高的企业才会选择对外直接投资的方式。结合异质性企业贸易模型和新经济地理模型，朱廷珺、李宏兵（2011）发现，除了生产率外，企业的外国直接投资选择还受到其他因素的影响。不同实力和生产效率的企业应采取不同的转移路径，如垂直直接投资、水平直接投资和跨国并购等。

2.4.4 “出口—生产率”悖论

新新贸易理论认为出口企业比非出口企业拥有更高生产率的原因主要表现为“出口自选择效应”和“出口促进效应”。所谓“出口自选择效应”是指由于在市场的进入成本中，国际市场高于国内市场，所以只有生产率高的企业才有充分的进入动机进入国际市场。“出口促进效应”是指企业的出口这一行为可以促进企业生产率的提高，主要包含出口外溢效应、出口反馈效应、出口竞争效应及出口规模效应。出口外溢效应表现为通过贸易活动，国外先进技术和管理经验可以外溢到本国企业，从而达到提高生产率的效果。出口反馈效应表现为出口企业可以根据消费者对于产品的反馈情况对产品进行改进，从而刺激创新，提高生产率。出口规模效应则是指企业出口市场越大，规模效应越强，出口规模的扩大一方面会促进企业研发投入；另一方面出口将使分工得到细化，企业有机会通过“干中学”来提高生产率。

1. 悖论及其特点

Melitz模型很好地解释了海外其他国家在实证研究中发现的现象，模型的完美性和大量的实证经验被广为接受。尽管如此，但套用该模式来研究中国企业时，却得到了与理论模型结果相悖的结论。根据异质性企业贸易理论，出口企业比非出口企业拥有更高的生产率，同时出口行为也会对提高企业生产率有着正向作用。但是在对中国工业企业数据的研究中却发现，在中国出口导向型企业的生产率却低于非出口导向型企业，生产率与企业的出口量之间的关系呈现出明显的负相关，贸易行为对生产率的提高作用并不明显。这种生产率与出口量之间的异常关系被称为“生产率悖论”或“出口—生产率”悖论。

“出口—生产率”悖论主要包括两个方面内容：出口促进悖论和出口选择悖论。出口促进悖论是指由于企业自身原因和外部环境因素使得出口行为与生产率关系模糊。出口选择悖论则表现为企业的“逆向自选择效应”和“挤出效应”。所谓“逆向自选择效应”是指效率低的企业反而因为自身的成本优势较低和外贸的市场环境而选择出口，高效率的企业更加着眼于服务国内市场。“挤出效应”则表现在，高效率的企业满足于国内市场需求时，低效率企业的供应市场能力不够，使低效率企业无法在激烈的市场环境中生存而只能选择出口。

那么，该如何解释这种中国企业出口商特有的异常现象呢？

2. “出口—生产率”悖论——出口促进悖论解释

李春顶等（2009）基于中国工业企业数据发现，中国企业的出口行为对生产率的提高并不显著。学者孙利平（2018）从技术外溢效应、反馈创新机制效应以及出口规模经济效应三个方面对“出口促进效应”进行了解释：

第一，技术外溢效应。由于出口产品需要的生产技术成熟，但国内外技术差异在劳动密集型产品上的差异较小，技术溢出效应不显著。此外，还因我国的技术外溢渠道不畅通，人力资本水平有待进一步提高。

第二，反馈创新机制效应。国外消费者对于我国生产的产品需求反馈渠道不完善，导致我国生产商对于产品的改善通常滞后于外国需求变化。

同时生产产品的针对性不强，较为大众化，通常为普遍适用的标准化产品。即使有些企业存在反馈，但由于创新能力和创新动机不强，也无法对产品进行有针对性的开发。

第三，出口规模经济效应。出口对生产率的提高不显著，有时甚至出现负相关关系。这是由于随着出口规模的扩大，需要投入的生产要素增加，这样会在一定程度上挤占技术人员的研发成本，对于资金来源有限的企业，并不利于技术的发展和生产力的进步。同时，当一些企业由于生产的大众化产品进入市场并占据一定的市场份额时，它们将不会有投资研发和创新技术的动力，这是企业普遍存在的研发惯性和对现有路径的依赖，因此生产效率低。

3. "出口—生产率"悖论——出口选择悖论解释

出口选择悖论主要解释企业的出口动因层面，企业出口的动机主要包括通过与国外先进企业的交流学习，获取其先进的生产技术，进而提高生产率，明确企业性质和自身定位、贸易的条件和贸易环境的改变与国内市场环境等。

通常在起步阶段，企业规模较小，随着研发投入的增加和技术积累，企业的竞争力不断提高，在成熟阶段开始逐步拓展国际市场。

所谓的加工贸易型企业也被称为自然外向型企业，当戴觅（2015）把这种自然外向型企业进行剔除研究后，发现实证结果与 Melitz 的异质性企业贸易理论一致，这一现象说明"出口—生产率"悖论对加工贸易型企业具有较强的解释力，这一方面是由这种加工贸易型企业的性质所决定的，这类企业生产产品的成本低，对技术水平的要求不高，即便是在技术不成熟的情况下，可能也不需要过多地投入研发资金。另一方面这类企业所面临的竞争不强，在竞争激烈的国内市场，由于只有高生产率才能生产，通常对这种生产率低的企业不存在压力。这类企业一般缺乏必要的创新能力、创新驱动力以及获得政策融资支持的能力，主要依靠国家初始的要素禀赋条件优势、政府的扶持政策和宽松的海外市场竞争。这些自然外向型企业并不偏好研发生产，不倾向于内销，而是放眼于海外市场，便容易存在这种"出口—生产率"悖论。

改革开放以来，我国企业一直遵循着发挥比较优势的对外贸易方式，中国大部分企业所在行业均为劳动密集型企业，在国内竞争压力较大，生产率低的企业逆向选择“出口—生产率”悖论这一现象突出；然而在资本密集型行业中，出口企业的生产率可能会略高于非出口企业，这就导致资本劳动比和生产率悖论呈现负相关关系，资本劳动比越低的行业，“出口—生产率”悖论现象越显著，过去加工贸易型企业出口占到中国出口总额的一半以上。在今天的国际贸易中，跨国公司已经非常普遍，跨国公司往往会发布其产品，而产品的生产却在不同的国家或地区进行。由于中国具有廉价劳动力优势，中国出口的产品普遍为劳动密集型产品，而研发和设计这种需要大量资本投入，进行密集技术研发的产品往往在国外进行。而加工企业基本上是劳动密集型企业，不需要太多的资金投入和先进技术，生产率低。由于加工出口企业的存在，我国出口企业的整体生产率低于非出口企业。

改革开放初期，我国在劳动密集型产品出口上存在显性比较优势，比较优势产业集聚了大量企业，劳动密集型企业在我国市场上遇到的竞争比国外市场更加激烈，因此效率低下的公司被迫出口。国家的比较优势越大，部门出口固定成本越低，企业不需要从出口市场获取高额的利润来抵销出口带来的固定成本损失，这也降低了出口企业对生产率的要求。根据天然优势，要素禀赋是企业比较优势的重要来源，基于这种初始的比较优势，相对低的要素价格使产品拥有较低的出售价格，从而具有国际竞争优势，“逆向自选择效应”发生。

“出口—生产率”悖论还在一定程度上受到诸如地方政府政策、扭曲的投融资导向、国外市场的需求等因素的影响。

由于地方保护主义和寻租行为的存在，企业在国内市场的准入和交易成本比较高，在国内市场的交易成本有时甚至高于出口交易成本，这迫使企业更倾向于出口。此外，由于中国金融市场的不完善，通常处于贷方市场，债权人更愿意将贷款投放给资金使用周期短和信用风险更低的借款人。与出口企业相比，国内企业通常在研发上投入大量资金，回报周期长。从长期来看，资本倾向于支持企业的出口，而不是国内的销售和研发投资。这种融资方式使许多企业选择出口技术成熟的产品，而不是投资于研发。

企业行为也受到对外贸易政策和出口环境政策的影响。在关税壁垒和非关税壁垒普遍存在的今天，企业需要考虑其他国家从国内市场到国际市场的贸易保护措施，所以大于零的固定成本是普遍存在的。但是对于中国来说，我国普遍实行的是出口导向型政策，为促进经济发展和刺激出口，通常采取刺激本国出口的政策，如通过出口退税和采用出口补贴等鼓励出口，以此降低企业进入海外市场的成本。近年来，国家积极推进自贸区建设。而以出口为导向的政策和外贸环境可能会降低企业的边际出口成本临界值，使得生产率较低的企业能够进入国际市场，并且政府政策越有效，“出口—生产率”悖论就越明显。

传统的异质性企业贸易理论在我国并不适用，一方面说明我国不符合其所要求的条件；另一方面说明异质性企业贸易理论还有待更进一步的完善。

生产率的差异并不是同一行业内决定企业异质性的唯一变量。中国企业出口的动力并不是企业生产率高导致了出口成本的降低。贸易条件的优化和出口政策的有利导向，导致企业的低出口成本，致使中国企业的外贸条件有其自身的异质性；同时，企业根据自身的定位，将自身的比较优势建立在国家所拥有的要素禀赋基础上，将自身现有的比较优势如企业本身掌握的资源，建立在国内要素禀赋这一大环境下的具有比较优势的基础上，使得我国企业同外国企业相比，更具有贸易成本的异质性。贸易条件的优势从国际市场向国内市场转移，从国外市场到国内市场市场化进程的程度逐渐降低。

4. “出口—生产率”悖论对中国企业转型的启示

悖论的存在，说明我国出口模式与国外发达国家企业相比存在诸多的不同。长期的低效率企业出口，产生了出口规模经济效应，这也给我国企业转型升级带来了一些启发。

（1）在我国对外经济开放的格局下，人力资本的技术附加值往往成为发展中国家经济是否能够高效增长的关键要素。出口贸易对于经济增长的有效性，要求人力资本的发展有一个临界点，只有高于这个值，技术外溢效应才会发生，出口才能显著推动经济增长。要增加人力资本积累，驱动技术外溢效应。就要提高劳动力素质和人口素质，这可以促进失业群体积极寻求并胜任高质量工作。提高国家劳动力整体水平，有利于提高创新能力和学习能力，提高长期生产的持续性能力。

（2）政府的出口退税、出口补贴等一系列对出口的优惠政策可能会增加企业对政策福利的依赖性并导致自发性创新能力的不足。政府应改善国内企业的出口机制，改善贸易环境建设，建立自由贸易区，加大企业出口保险保障投入等。对不合理的高耗能、高投入的夕阳产业进行限制和淘汰，逐步实现经济的绿色、高效、创新发展。优化出口贸易主体的二元结构，加大对企业核心技术研发投入，加强对企业创新文化的宣传，逐步提升产品附加值。强化对企业知识产权的保护，加强相关的技术壁垒，给企业的创新营造一个良好的市场环境，依靠创新提高生产率从而获得强有力的竞争力。

2.4.5　异质性企业贸易政策的经济效应

异质性企业贸易理论的兴起为贸易政策研究提供了一个新的理论框架和逻辑范式，并促进贸易政策的研究逐渐从宏观层面和中观层面向微观层面更进一步。异质性企业贸易理论强调企业异质性对贸易政策的影响，主要表现在两个方面：一是异质性企业外生性贸易政策的福利分配问题；二是企业对贸易政策的内生性选择。前者侧重于贸易自由化大环境，强调分析从封闭经济状态至开放经济时对企业异质性行为的贸易福利分配，后者侧重于考察贸易政策的内生性影响因素和策略选择问题，强调企业在贸易政策中的选择是否可以产生最优贸易。

1. 内生性贸易政策的选择

内生性贸易政策是在福利最大化条件下做出的选择，其出现要追溯到最优关税理论，政府试图通过改变关税税率，使得改善的贸易条件所带来的收益与其贸易量的减少造成的损失相比，净福利达到最大化。异质性企业贸易理论中，由于微观企业的加入，这一机制的理论内涵向微观领域深化和拓展。现在普遍认为，内生性的贸易政策指的是在福利最大化时，其政治和经济主体的利益达到一般均衡时所形成的贸易政策，这种内生性贸易政策形成的动因也存在着诸多假说。

扭曲的存在使帕累托最优失效，从而引致政府的干预，在某种程度上，政府的贸易政策干预是提升经济效益的一种手段。在垄断竞争条件下，进口产品的价格低于国内产品价格，市场均衡下的进口商品种类高于国内，也即国内产品消费不足，此时政府对国内产品实行政策补贴，使得消费者支付的价格等于生产该产品的边际成本，增加对国内产品的消费或对进口产品征收进口关税等。

从社会福利的角度来说，国外厂商的进入会给国内产品带来竞争效应，从而增加消费者剩余，但由于消费者个体往往无法理性预期其支出配额，很容易形成消费者剩余扭曲，政府可以通过对本国产品征收消费税、关税或实施出口补贴等贸易政策的价格调整机制在一定程度上缓解这种扭曲。当发生消费者剩余时，市场主要表现为产品种类供应不足。厂商不能获取所有的消费者剩余利润，每单位产品的价格无法按照消费者所愿意支付的最高价格出售。通过征收关税、消费税等措施，增加国内市场产品的种类，减少进口商品的种类和数量，从而缓解这种支出的结构性扭曲，改善一国的贸易条件和福利水平。除了消费者剩余扭曲之外，在市场均衡的情形下，新进入市场的企业并不会充分考虑其进入决策外部性对消费者及总体福利造成的影响，进入市场的企业数量与市场和社会最优条件下的企业数量不一致。

根据贸易条件理论，生产者剩余和消费者剩余及关税收入组成了一国总福利。当国内价格不变时，对一国贸易福利的影响取决于进口规模。贸易条件的改善能显著提升一国的福利水平，包括市场势力范围，企业迁移效应等。在外部市场条件不变的情况下，贸易政策的干预可以给企业提供内在动力，但实际情况是外部条件往往很难一成不变，贸易条件的改变容易催生单边贸易保护或者引发贸易纠纷的风险，造成高关税壁垒的囚徒困境。

贸易政策的内生性形成机制事实上是在福利最大化条件下的内部市场均衡结果。在形成市场决策的一般均衡结果的过程中，市场主体和经济内部因素的异质性都会对贸易政策的作用机制和福利效果产生重要影响。

Arkolakis 等（2008）认为企业异质性程度越高，贸易自由化和成本降低的相互作用使得对出口的选择效应越大，企业所受的福利影响也越大。新增的进口商品种类与之前进口的商品类别相比差异会越小，也就是说进口种类增加了边际福利效应。企业间生产率异质性越大，最优进口补贴越高，贸易政策干预的效果也就越大。降低了产品之间的差异化，意味着企业的产品对市场的垄断能力减弱，从而减少这种扭曲。

2. 外生性贸易政策的福利分配

对贸易政策研究主要包括两个部分，一是贸易政策的选择，二是贸易政策引起的福利分配。贸易自由化被视为贸易的福利来源，而贸易保护政策则更多被考虑为福利分配问题。选择贸易自由化还是贸易保护政策，取决于综合考虑两种政策后的利益权衡结果。对于贸易自由化对福利产生的影响，Falvey（2011）认为因国家之间存在技术水平差异，贸易自由化会影响各个国家的福利分配，形成技术领先国和生产效率落后国之间的差异，也可以认为贸易自由化在使一国福利增加的同时就会损害另一国的福利。而 Melitz 和 Ottaviano（2008）认为两个国家双边贸易的自由化会提升两国的生产效率，增加产品种类并最终改善双方福利水平。

Melitz 在模型中还考虑了双边贸易经济距离的影响，目光着眼于单个企业内部的生产率，以市场规模大小和双边贸易的经济距离共同衡量市场竞争强度。由于不同企业生产和出口的产品并不是一种，并且每一种出口产品给企业带来的绩效效应也存在很大的不同，所以需要构建一个企业异质、产品异质的贸易模型，用这一模型来分析贸易对于企业出口产品组合的影响。研究得出，在竞争越强的市场上，企业的产品提升越快，企业为了应对市场竞争加剧的局面，放弃了生产性能较差的产品。贸易自由化导致企业的出口产品结构发生变化，敦促企业生产高效的产品，提高生产率和企业整体的生产能力。这个研究将视角转移到企业内部的产品结构和生产率上，给贸易以及对单个企业生产率关系的研究提供了新视角。

贸易政策的变化对于企业绩效影响主要包括：外生性的贸易政策调整改革和贸易政策的不确定性对于企业动态行为的影响。充分促进市场竞争和行业资源分配，使生产要素和市场份额由低到高转移到生产企业，降低成本加成率以及提高全要素生产率。通常情况下，贸易自由化对企业影响的市场表现主要有以下几个方面：一是竞争会促进企业的生产能力和效率，加速创新速度；二是在出口企业和生产中间产品的企业中，技术外溢效应更为显著；三是减少资源错配，提高福利。除此之外，随着贸易政策的变化，生产服务化和全球价值链这两种因素的冲击也会影响企业绩效。尽管采用贸易保护政策可以暂时对国内企业的成本或利润产生积极的影响，但这种干预扭曲了出口行为，干扰了资源的合理配置，容易造成特殊的政策扭曲。

一些学者结合我国贸易发展的经验，注意到了异质性企业与贸易政策之间的理论逻辑和现实关联。在理论和实证研究的基础上进行了一系列前瞻性探索，如内部出口退税、生产补贴的理论机制和福利内涵。然而，这只是国内学术界对异质性企业和内生性贸易政策研究的一个良好开端。鉴于我国经济在不同发展阶段的制度特征和政策环境变化，需要进一步推进相关理论和实证的研究。自改革开放以来，中国贸易自由化导致了贸易水平的快速增长，但这并不代表这种现象会持续下去，随着贸易规模的不断扩大，如果不采取调整措施，可能会造成长期的资源错配和扭曲，减少贸易福利。

准确理解和衡量现实中扭曲或资源失策的程度以及贸易福利的损失，可以让我们对贸易政策与福利分配之间的关系有更加精准的把握，让市场固有的扭曲从内生性的贸易政策中得到纠正和改善。当然，贸易政策的实际福利效应是否可以真的传导到微观个体难以得知，这取决于市场垄断程度和企业在市场的占有率，对于正处于转型中的中国市场来说，市场结构的任何转变都可能影响贸易自由化的实际福利效应。

2.5　总结与讨论

Melitz 分别在封闭经济和开放经济条件下研究了异质性企业的市场均衡条件，得出以下结论：第一，企业的生产决策取决于“出口自选择效应”；第二，对出口市场进入产生的固定费用和竞争的有利性决定企业采取何种贸易决策，较高生产率的企业出口海外市场，生产率较低的企业只满足于国内市场需求，生产率更低的企业将被迫退出市场；第三，异质性企业的“资源再分配效应”使资源在企业间得到合理的重新分配，生产率高的企业更容易获得较多的生产资源，出口的规模也逐渐扩大，进而提高整个行业福利和生产平均水平；第四，出口成本的变动会影响企业之间的贸易利益分配，生产率高的企业获得更多的市场份额，而生产率较低的企业面临获得相对较少的市场份额和更少的利益分配。

以 Melitz 和 Antràs（2003）为代表的异质性企业模型也对贸易自由化下的异质性企业在生产能力差异、贸易效应的选择、贸易成本等不完全契约约束的条件下，企业的生产组织形式如何选择进行了讨论和研究。

异质性企业贸易理论的出现随着贸易的不断发展和深化，将国际贸易的基本问题从国家、产业层面深入企业微观层面。而实际的国际贸易现象纷繁复杂，很多因素都会影响国家和企业的战略选择，单纯使用任何一种贸易理论都无法得出精准的解释，本节试图从国际贸易的基本问题入手，进行整合并做出新的诠释。

贸易起因。产生贸易的原因主要源于价格差，而价格差的存在取决于国与国之间不同的生产率水平和不同的要素禀赋。当生产率差异不大且存在相似要素禀赋时，价格差异取决于国与国之间的规模经济效应。应当明确的是，并不是所有的企业都能进行出口生产，只有当生产率高于出口门槛生产率，能够支付起出口固定成本和冰山成本的企业才有能力进入国际市场。

贸易模式。古典贸易理论认为每个国家应该出口其生产率水平相对较高的产品，新古典贸易理论假设在不存在生产率差异的情况下，每个国家应该进口其密集使用稀缺要素生产的产品，规模经济假设两个国家如果是完全对称的，每个国家应该出口其具有规模经济的产品。但是，在一国出口产品的生产部门中，到底哪些企业进行出口，出口到哪些国家，则需要取决于企业的生产率水平和出口所需要承担的固定成本和冰山成本。

贸易利得。贸易利得从根本上来说主要来源于三部分：通过国际贸易获利使消费者消费的产品种类增加；产业内企业间资源优化配置的效应；通过进口竞争，企业的成本下降。贸易自由化提高了贸易参与国的福利水平，但是每个国家所得到的利益分配并不是相等的，具有竞争优势而不是比较优势的国家能从国际贸易中获得更多利润。一方面，国际贸易的开展使得丰富要素的所有者收入提高，而稀缺要素拥有者的收入下降，两者收入差距不断缩小。另一方面，国际贸易带来的“出口自选择效应”和“竞争效应”能提高整个行业的平均生产率和利得，与非出口企业相比，出口企业具有更高的生产率水平和劳动溢价，这又加大了两种类型企业的收入差距。具体哪种影响效果所带来的利益分配影响效果大，取决于这两种力量综合使用的结果。

贸易政策。世贸协定的签署、双边多边贸易协定的签订都会在一定程度上减少企业打入出口市场时所面临的不确定性因素。这些举措鼓励企业积极开拓海外市场、扩大出口范围、增加出口产品种类，同时也降低了贸易政策所带来的不确定性。通过产品价格和质量机制的重新配置，生产低价优质产品的企业积极进入出口市场，而生产高价低质产品的企业将会退出出口市场。

第3章 贸易增加值核算

Chapter Three

全球价值链模式下，跨国公司日益倾向在不同国家按照比较优势将生产过程进行细化、分解，在这种国际分工深化的背景下，每个国家常常只需要专注于商品的某个生产阶段。但棘手的是，贸易在沿工序生产的过程中，在不同国家呈现一种多边界交叉、来回反复的特点，因而如何准确测算一国的贸易增加值就成为一个经典课题。近年来，中美贸易顺差持续扩大，中美经贸摩擦加剧。经贸摩擦的争论焦点在于两国对于出口规模的衡量标准存在差异，而随着理论研究的不断深入，传统的总值核算方法显然已不合时宜。本章将对贸易增加值核算模型和修正方法的相关研究文献进行梳理，并尝试重新解释出口比较优势，探析出口对贸易国国内增加值和就业等方面产生的影响，并进行研究展望。

3.1 非竞争型投入产出模型

传统的总值核算方法，通常是利用出口总额这一指标来研究对外贸易对一国自身以及相关国家产生的影响。比如许宪春（2002）阐述了国内总值核算的确立和发展过程，介绍了生产核算的两种方法：生产法和收入法各自的计算过程。但是这方面的早期研究通常没有考虑到实际出口规模对于不同国家影响的差异，也未能细化产业部门进行研究分析。黄先海、杨高举（2010）指出，高技术产品在发展中国家的生产呈现“三角贸易模式”，也就是通过进口高集成度的零部件进行生产再出口的模式，这种模式会导致发展中国家出现高技术产品出口额与其发展水平、技术水平不相称的“统计假象”。这正是由于使用出口总额这一指标未能剔除进口中间品价值引起的。事实上，投入产出模型作为一种棋盘式平衡表，被公认为是可以有效地计算出商品的国内、国外增加值，并且是能够反映国民经济中各产业、各部门间在生产过程中彼此关联度的一种分析方法。

3.1.1　投入产出模型

投入产出模型最早是由美国经济学家里昂剔夫于 1936 年提出来的，在这个模型的基础上，世界各国都纷纷开始编制投入产出表。我国由国家统计局牵头，从 1987 年开始每隔五年调查和编制一张全国性投入产出表，并且每一年新表格都会对基于前一年的表格进行完善、进一步细化部门分类。2012 年的投入产出表通过引入与直接消耗、完全需求和完全消耗系数对称的直接分配系数、完全感应系数和完全分配系数，重新定义了感应度系数。投入产出核算是国民经济核算体系的重要组成部分，它在协调专业统计和实现国内生产总值三种计算方法的衔接方面具有重要功能。同时，投入产出表又是一个强有力的分析工具，已被广泛应用于生产分析、需求分析、价格分析、能源和环境分析等领域，在我国制定对外政策、进行宏观管理和分析方面具有重要意义。

一般国家公布投入产出表的同时也会公布供给表、使用表和进口矩阵等，我国官方公布的投入产出表开始阶段是建立在里昂剔夫所提出的模型框架之上的竞争型投入产出表，2007 年开始编制反映加工贸易特点的非竞争型投入产出模型。基本的里昂锡夫投入产出模型一般由特定地理区域（国家、州、县等）的观测经济数据构建，大的指定前提是某种商品在生产过程中，既有商品产出，也需要消耗其他产业投入的商品，涉及的产业有几十个甚至上百个。因此，其表格中的行描述了中间产出在各个行业的分布情况，而列则描述了特定行业生产产品需要的产品组成，额外的行是产品的最终需求分布情况（Ronald E. Miller 和 Peter D. Blair，2009）。这种竞争型投入产出模型，通常如描述所言，没有区分各产业部门中间投入部分的来源是进口还是本国生产，因而无法反映各生产部门和进口商品的关系。非竞争型投入产出模型则是将中间投入分为了国内生产和进口品投入两部分。考虑到竞争型投入产出模型的种种局限性，越来越多的国内外学者探索建立进口非竞争型投入产出模型，并且从不同角度进行应用，利用其分析了出口对国内增加值、就业和人才流动的实际影响，同时深入解析了旅游业、高技术产业在国民经济中的地位等问题。

编制投入产出表主要有两种形式，一种是先编制供给表和使用表，再以之为基准推导；另一种是利用海关编码协调制度（HS）分类为指导，将各类型货物服务和其他成本在产业部门间进行分解，我国采用的是后一种。非竞争型投入产出模型还需要将进口商品额按照某种方法在产业部门各个中间投入项上分摊。

3.1.2 非竞争型投入产出模型的编制

所谓“垂直专业化”是指一个国家进口中间产品，并且这些中间产品被该国再生产加工增值后出口给另外一个国家。随着产品生产分工的碎片化，每个国家只参与产品生产的某个或某些特定的工序或环节。垂直专业化过程对要素价格、生产贸易模式、福利等方面产生了影响。Hummels D.、Ishii J. 和 K. Yi（2001）定义了一个狭义的垂直专业化指数的概念，使得测量成为可能。

Hummels D. 等还对“垂直专业化”产品列出了三条严格的条件，即：一个商品有两个或者两个以上的连续生产阶段；在该商品的生产中，两个或者两个以上的国家提供了价值增值；至少一个国家在商品的生产过程中必须使用进口的投入品，并且用此投入品生产的产品至少有部分被出口。

利用非竞争型投入产出模型计算各国出口额中进口商品贡献度，可以得出一国在全球垂直专业化分工中的参与程度。在计算过程中，I-O 表（input-output）有利于将间接用于生产出口的进口产品计算进去，也就是当一种商品输入在一个部门中，然后输出到另一个部门作为中间投入，然后到第三个部门……最终体现在出口产品中。因而，这里的中间投入的进口部分包括直接和间接两部分，使用这些表计算出的 VS 在一国总出口额中所占份额的公式为：

$$VS\text{ 占总出口的比重} \equiv VS_k/X_k = uA^M[I-A^D]^{-1}X/X_k$$

包含在一国出口中的从他国进口的中间投入被定义为 VS，一国出口中被他国用于生产出口的产品价值定义为 $VS1$。VS 和 $VS1$ 是垂直专业化测算的两种方法，由于计算 *VS*1 需要获取各个目标出口国关于出口方面的详细资料，计算相当复杂，目前仅被使用到一些重要的目标出口国之中。

u 是元素 1 的行向量，$1\times n$ 向量；A^M 是进口系数矩阵，$n\times n$ 导入系数矩阵；I 是单位矩阵，A^D 是国内直接投入系数矩阵，$n\times n$ 国内系数矩阵；X 是出口的 $n\times 1$ 向量，即出口列向量，X_k 是 K 国出口总量，n 是行业数量。$[I-A^D]^{-1}$表示中间投入体现在最终产出之前在不同阶段参与生产的过程，它是无限几何和的矩阵模拟，即国内完全消耗系数矩阵。

Hummels D. 等画出的涉及三个国家的垂直专业化链条如图 3-1 所示：

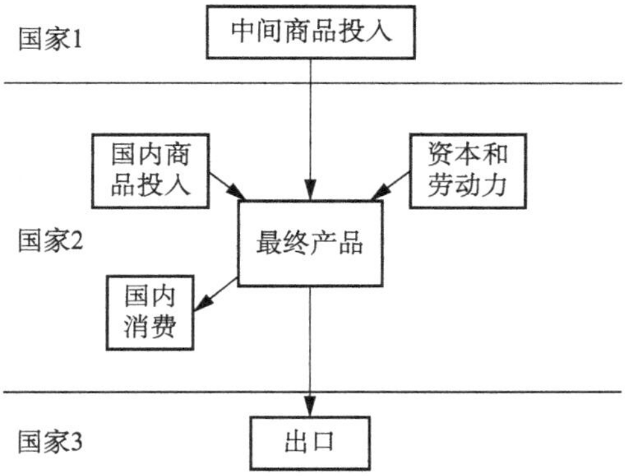

图 3-1　垂直专业化链条

Hummels D. 等垂直专业化测量的提出为后续贸易增加值的研究提供了新的思路和突破。

齐舒畅等（2008）根据国家公布的投入产出表和其他数据编制了 2002 年非竞争型投入产出表，并根据需求自给率、影响力系数等，对中国经济结构以及进出口贸易与经济增长的关系进行了分析。试编的表格是根据海关的 HS 编码分类和 2002 年国家统计局将产业部门分为 122 个的对照表来确定商品所属的产业部门，再根据进口商品的性质确认进口品的用途，将其分为中间投入和最终消费支出两大类。计算时，依照平衡关系可建立公式：

$$F=F^m+F^n \tag{1}$$

$$F=F^c+F^d+F^e \tag{2}$$

其中，F 指最终使用列向量，式（1）中 F^m 是进口品用于最终使用的列向量，F^n 是国内产品用于最终使用的列向量；式（2）中 F^c、F^d、

F^e 分别表示最终消费支出、资本形成总额和出口三部分。事实上，齐舒畅等建立的模型和 Lawrence J. Lau 等（2007）建立的非竞争型投入产出模型类似，也都证明了进口额和国内产品使用额之和等于最终使用量。同时，Lawrence J. Lau 等（2007）基于 Hummels D. 等提出的概念，证明了一国单位出口品的完全国内增加值系数等于 1 减去垂直专业化率，也就是完全进口系数。

对于我国国情具有重要参考意义的是，陈锡康等在 2005 年提出的非竞争型投入产出模型的基础上，Lawrence J. Lau 等进一步提出了区分加工出口和非加工出口的非竞争型投入产出模型（见表 3-1），更好地反映了一国出口对国内增加值和就业率的影响。相比于一般贸易，加工出口贸易的生产链更短，对国内经济的影响远不如非出口贸易。近年来，我国的出口贸易发生了结构性变化，出口总额呈上升趋势，同时一般贸易快速发展，占出口的比重超过 50%，加工贸易占比有所下降，2016 年仅为 34%。生产过程中，除了投入产出分析中所说的中间投入部分，还有一些需要长期使用的部分，比如固定资本、人文资源、自然资源等，需要将这些使用也分配到各个部门和不同的贸易方式中去，按照研究的需要灵活编制模型表格。在 Lawrence J. Lau 等编制的模型基础上，参照张芳在 2011 年提出的新表进行适当简化，剔除外商投资企业这一特殊情况，对非竞争型投入产出模型进行分析，可以对其结构和平衡关系进行说明。

3.1.3 非竞争型投入产出模型的应用

应用建立的非竞争型投入产出模型，可以推导出各项基本系数，研究出口对国民经济的影响。比如，张芳（2011）基于新编的针对加工贸易的投入产出表和包含居民部门的局部封闭模型建立了一系列理论公式，考察代入了从海关获取的 2002 年和 2007 年的数据，分析了我国加工出口和非加工出口对增加值、总产出的诱发效应以及就业拉动的影响。Law-rence J. Lau 等（2007）利用非竞争型投入产出占用模型，从数学上证明了一国的出口总值等于出口商品所包含的完全国内增加值和完全进口额之和，根据我国和美国编制的投入产出表，分析对比了两国的出口对国内增加值和就业的影响。

表 3-1 区分加工出口和非加工出口的非竞争型投入产出模型

投入＼产出		中间使用				最终使用					国内总产出和进口
		国内使用（1…n）	加工出口生产（1…n）	非加工出口生产及其他（1…n）	中间使用合计	消费	资本形成总额	出口	其他	最终使用合计	
投入部分	国内产品中间投入：用于国内需求的生产（1…n）	X^{TT}	X^{TM}	X^{TN}		F^{TC}	F^{TB}	0		F^{T}	X^{T}
	国内产品中间投入：用于加工/非加工出口的生产（1…n）	0	0	0		0	0	F^{D}		F^{D}	X^{D}
	进口品中间投入（1…n）	X^{PT}	X^{PM}	X^{PN}		F^{PC}	F^{PB}	0		F^{P}	X^{P}
	中间投入合计										
	增加值	V^{T}	V^{M}	V^{N}							
	总投入	$(X^{T})^{T}$	$(X^{D})^{T}$								
占用部分	资金	Z^{T}	Z^{M}	Z^{N}							
	劳动力	Y^{T}	Y^{M}	Y^{N}							
	自然资源等										

注：右上标 T、M、N 和 P 分别表示国内使用、加工出口、非加工出口和进口产品；C、B、D 分别表示最终使用去向中的国民消费、形成资本总额留存以及出口。$F^{D}=X^{D}$，出口贸易生产的产品全部用于出口，没有中间投入和其他最终使用部分。进口品用于出口部分为0。

水平方向平衡关系：

用于满足国内需求而生产的商品总产出＝国内生产消耗的中间商品+加工/非加工贸易方式消耗的中间商品+投入最终使用部分

$$X^{TT}+X^{TM}+X^{TN}+F^{T}=X^{T}$$

总进口＝国内生产消耗的进口商品+加工/非加工贸易方式消耗的进口商品+投入最终使用部分

$$X^{PT}+X^{PM}+X^{PN}+F^{P}=X^{P}$$

垂直方向平衡关系：

用于国内需求的总投入：$X^{TT}+X^{PT}+V^{T}=X^{T}$

出口贸易部门总投入：$X^{TM}+X^{TN}+X^{PM}+X^{PN}+V^{M}+V^{N}=X^{D}$

中美两国出口对国内增加值的影响。Lawrence J. Lau 等（2006）将从中国海关、国家统计局和美国普查局得到的数据代入模型公式中研究计算，发现美国对中国的单位出口对其国内增加值的贡献是中国对美国出口对中国国内增加值贡献的两倍多，同时，根据海关的统计数据，中国对美的货物出口总值则是美国对中国的四倍（Lawrence J. Lau 等，2006）。这表明国内增加值核算方式可以更为真实地反映贸易状况。

中美两国出口对国内就业的影响。根据 2002 年的数据，中国对美国出口为中国国内拉动的就业量是美国对中国出口拉动美国就业量的 17 倍。这是由于我国相对出口较多劳动密集型产品，在认清中国对美国出口依赖性较大的现实基础上，还要认识到我国人均劳动力报酬较低的现实。需要注意的是，由于加工出口比重很大，出口所产生的效应远较出口总额小。长期出口劳动密集型产品还会阻碍贸易产品的结构升级，造成发达国家始终把我国锁定在生产结构低端的局面，即所谓“低端陷阱”（Lawrence J. Lau 等，2007）。

非竞争型投入产出表的应用还体现在分析我国出口结构对具体产业的影响上。黄先海等（2010）单独提取高科技产业的数据，横向比较了高科技产品出口对我国国内经济的拉动效应在高技术产业和传统产业的区别，对我国产业结构转型具有参考意义。黄先海等根据生产的技术密集度和投入要素的层次，把工业按经济合作与发展组织的产业技术分级方法细分为低技术、中低技术、中高技术、高技术和其他工业五部分，构建了一个 9 部门非竞争型投入产出表，计算了单位高技术产品最终需求的国内完全增加值系数，并算出高技术部门所占的比例。研究结果显示，1995—2005 年，大部分国家的单位高技术产品最终需求（出口）所能带来的国内完全增加值都呈波动下降趋势。对比中美两国，美国总体出口产品的技术含量和附加值与高技术之间没有很大的差距，而中国不但两者差距很大，而且和美国相比差距明显。研究发现中国高技术产品对外贸易状况直到 2004 年才扭转了逆差，这说明高技术产业参与国际分工的程度和时间都晚于传统的制造业等产业，这在第三节贸易增加值核算流程中将展开更为具体的阐述。

3.2　基于贸易增加值重新评估传统贸易指标

如前所述，由于物流运输成本的降低、信息科技的发展和国际分工层次的日益细化，跨境中间品贸易迅猛发展，引发了一系列生产使用的要素所创造价值在国家之间的转移、产业之间的转移，以及价值的重复计算等问题。在这种背景下，继续应用传统的总值贸易额来表示一国进口、出口规模，既不利于反映出口总额的多边价值贡献和最终消费价值的国别来源，也影响到国际贸易结构的识别以及宏观贸易政策的制定，因而存在严重不足（王直等，2015）。因此，各国的贸易经济学家和政策制定者达成共识，建立以增加值为基础的新贸易核算体系迫在眉睫。世界贸易组织和经济合作与发展组织于2011年提出了贸易增加值核算方法，随后联合开发了贸易增加值数据库（TIVA）、欧盟（EU）等组织资助开发了世界投入产出（WIOD）数据库，为研究国际贸易核算方式演进提供了有力的数据支撑。

同时，对于处于贸易结构转型期的中国来说，正确认知中国在全球价值链中的贸易地位、从增加值视角出发核算我国真实出口额，对于我国继续推进“一带一路”建设、完善我国和周边国家友好贸易关系都具有重要意义。当前，处于世界经济焦点的中美经贸摩擦以及美国对中国的政治经济打压已经进入关键阶段。2017年的统计数据显示，美国对华出口商品总额为1304亿美元，按美方的统计口径，美国对中国的贸易逆差高达3750亿美元，但按中方的统计口径，是2760亿美元。众多的国内外学者早已指出，传统贸易核算方法对双边贸易平衡真实性存在误判，主张要从全球价值链的角度研究商品生产在各国获得的增加值。李昕（2012）通过新方法对国内、外贸易增加值进行分解，得出了“2002年和2007年按增加值统计的我国贸易总额分别低于通关统计贸易总额14.1%和20.5%，贸易顺差分别低于通关统计贸易顺差20.3%和24.9%”的结论，这主要是由我国加工贸易为主的贸易结构和中下游的产业链地位决定的。美国经济学家Jason Dedrick等以苹果手机为例，分析了中国在产业链中作为“组装者”，获得的极低增加价值，在CBS新闻网上指出“中国大陆每出口一个iPhone给美国，只收入8.46美元”。这一现象在我国某些产业的出口贸易部门也体现得尤为明显。此外，基于贸易增加值重新评估传统的贸易指标，不仅可以从宏观角度准确测算我国的海关统计数据，也对和我国出口贸易结构相似的其他发展中国家，如印度尼西亚、墨西哥等具有重大参考意义。

笔者接下来将介绍贸易指标演化过程及对比，说明传统海关总值贸易指标的缺陷，对传统海关贸易指标和基于“增加值”口径的新核算指标进行比较，之后从垂直贸易的角度出发梳理学界对贸易指标的改进研究、模型建立等。之后分析全球背景下的增加值核算指标，将探究范围由单国扩展至区域经济乃至全球经济。

3.2.1 贸易指标演化过程及对比

全球价值链生产背景下，贸易过程中中间商品出口的复杂性给传统的贸易指标带来了挑战。沈梓鑫、贾根良（2014）指出，当前海关统计所采取的总值贸易口径，最大特点是一个产品跨越各个关境时都以总流量计入进、出口贸易额。如果商品的生产流程可以遵循在一国内完成生产，各国均进口、出口最终消费品，那么这种口径的核算结果确实能够反映一国参与国际分工的价值交换额。但是，在国际分工日趋细化、中间产品贸易占据主流的背景下，进出口关境的产品就不再由一国的要素价值构成，总值贸易口径自然会产生中间要素价值的重复核算问题。如图 3-2 所示。

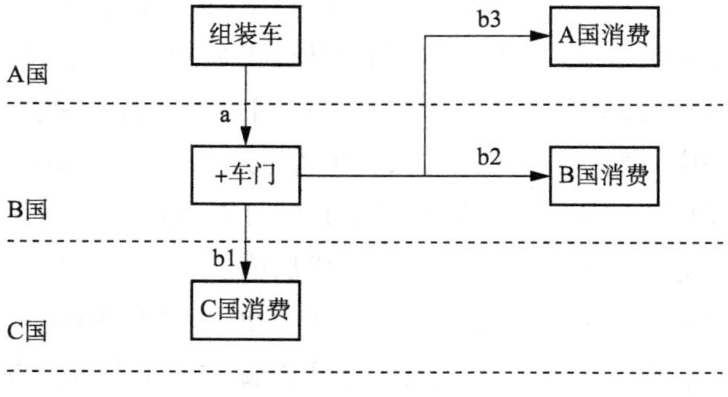

图 3-2 国家间分工贸易

下面根据一个简单的产品加工出口例子进行分析：假设 B 国是加工贸易国，A 国出口中间产品组装车体（除车门外）到 B 国，B 国完成车门组装，并输出最终产品成品车。最终产品的去处有三种，一种是在 B 国国内消费，另一种是重新出口到A国，还有一种是出口到第三方国家C国。无论最终产品的去处如何，在B国的国内价值增值都是（a-b）。而根据传统的海关贸易指标核算，B国的出口贸易总额是a，其中包含了A国出口到B国的组装车体部分的价值b，显然这虚增了B国的出口贸易总额。通常来说，作为发达国家的A国出口的组装车体部分的价值要占到最终产品价值的绝大部分，那么这种核算方式会使得B国在国际贸易中的地位得到错误估计。

李建军、胡宗义（2017）比较了传统海关总值贸易和贸易增加值核算方法，并总结了两者的差异：一是传统海关总值贸易统计的一国贸易总额大于用贸易增加值核算法统计出来的贸易总额，主要原因在于海关总值贸易统计只关注“通关”货物总价值这一表象，而大量中间产品的多次通关会造成“重复计算”。可以预期，目前全球价值链分工背景下，产品生产涉及的环节越多，用传统贸易指标统计导致的重复计算量就越大，因此关注每一环节的增加值显得格外重要；二是可以将A国、B国两国类比为中美两国来分析贸易顺差问题。传统海关总值贸易统计高估了中美之间的贸易顺差，由于中国出口到美国的最终产品中包含了来自美国的中间产品价值，出现了贸易差额的转嫁问题，相对来讲一国所处的生产环节越在下游，传统贸易统计对其出口的高估程度就会越严重。

因此，需要解决的问题包括：如何完全分解一国的出口贸易额；如何消除重复计算部分价值；如何计算某一进口商品在国内多个部门流转带来的增加值循环利用问题；如何计算贸易回流问题。

葛明等（2017）指出，当前国际贸易核算调整的主流方式是采用“贸易增加值”（Value-Added in Trade，VAiT）和“增加值贸易”（Trade in Value-Added，TiVA）两种口径。这两者都是基于“增加值”口径，对总值贸易指标进行调整。贸易增加值是基于生产链的特征，分解出口产品不同生产环节和要素投入的价值增值过程，重点关心出口国国内增加值规模及其所占份额。而增加值贸易则是分析最终消费品的价值来源问题，其国内价值被国外消费的部分构成了增加值出口额。VAiT在衡量一国参与全球价值链分工获得经济效益时，常常应用出口中包含的国内增加值（刘遵义等，2007），虽然可以反映产品特点，但是在反映要素价值产业间转移和一国出口规模方面则显得非常吃力，后者是由于服务贸易数据未能包含进去。考虑到“产业价值转移效应”和“国别价值转移效应”的存在，越来越多的学者倾向于使用 TiVA 口径来核算一国的实际出口贸易规模，与 VAiT 方法相比，TiVA 口径由于站在全球化框架进行研究，在计算一国价值出口额时不只考虑出口贸易带来的国内增加值，因而数据更为准确和全面。

20 世纪 60 年代，贝拉·巴拉萨（Balassa）就提出了最早的垂直专业化定义，之后在 2001 年 Hummels D. 等又提出了用于量化垂直专业化程度的垂直专业化指数，并被广泛应用。不过，HIY 方法具有两个强假设，其一是进口商品无论是用于出口制造还是国内最终使用，投入比例都是相同的，这不适用于加工贸易出口方式的现实情况；其二是作为中间投入的进口品不包含国内增值部分，必须 100% 由国外的生产要素进行生产，这对于加工复进口贸易盛行的发达国家并不适用。针对 HIY 方法的局限性，国内外学者选择从两条路线继续后续的贸易增加值核算研究。

第一条路线界定了垂直专业化分工的内涵，具有代表性的是 Daudin、Rifflart 和 Schweisguth，他们提出了“世界经济中谁为谁生产”的问题。Daudin 等（2011）的研究为解决测算出口产品中经国外加工又返回母国的国内增加值份额问题提供了模型、思路，同时构建了新的 VS1* 指数。

根据 Daudin 等的观点，随着包括中间产品在内的投入越来越多地跨过边界，新的国际分工与传统贸易分工日渐远离，在逻辑上引起了贸易流量的增加。他们举例说明了为何如今的国际贸易统计数据无法很好地解释贸易一体化和全球劳动的分工情况，也就是为什么要主张用“增值贸易”来研究贸易流量，回答“谁为谁生产”的问题。参照 Benhamou（2005）中提到的例子，和流程标准化的芭比娃娃和耐克鞋有所不同，Burberry 公司将香水瓶从法国送到上海，以苏格兰图案装饰，然后再将它们带回法国市场。标准贸易统计数据显示，法国正向中国出口香水瓶，中国正向法国出口香水瓶。然而因为香水瓶在法国消费，法国并没有为中国消费出口任何东西，中国只是出口法国消费装饰品。假设用于装饰香水瓶的颜料是中国从日本进口的，这种日中贸易流并不意味着中国消费了日本产品，因为最终消费者在法国。由此，DRS 方法希望使用来自 GTAP 数据库的连贯交易和输入输出数据，重点比较垂直贸易和增值贸易与传统贸易指标的区别。依据 Daudin 等的结论，标准贸易统计数据在很大程度上扭曲了不同部门相对开放的情况，尤其是服务贸易部分，新的贸易指标显示，服务部门的出口统计数据被低估了，而服务工作人员在国际竞争中更易表现出高替代性和脆弱性。

此处重点分析梳理 Daudin 等对于 VS1* 指数的推算以及垂直贸易标准随时间推移的过程，VS1* 是由 VS→VS1→VS1* 推算出来的。即使一国的出口商品是完全在国内生产制造的，只要这种商品在伙伴国出口中作为中间投入参与了生产链，那么这种商品生产就被视为参与了垂直贸易并被称为 VS1。相比于 VS，VS1 的计算过程更为复杂：VS 可以仅使用报告国家的中间交付矩阵来计算；而 VS1 需要将双边贸易流量数据与所有贸易伙伴的中间交付矩阵相匹配。在世界范围内，VS 和 VS1 是相等的。对于原产国来说，VS1* 可以被视为 VS1 的一部分。VS1* 的定义是随着生产链的发展，嵌入复进口商品中并用于最终消费、投资或是其他国内最终使用的原出口产品部分。很好的例子是美国和中国之间的手机贸易，当美国从中国进口苹果手机供国民消费时，由美国制造的主板就是 VS1* 的一部分。这个指标可以很好地消弭原来 HIY 方法的部分缺陷。

将传统的标准贸易指标转化为增加值贸易指标的方法是，从一个国家的垂直贸易总量中减去重复计算的部分，也就是 VS 和 VS1* 总和（考虑到贸易总量包括进口和出口，此处需要减去总和的两倍）。

$$\begin{aligned} World\ value\text{-}added\ trade &= Standard\ world\ trade - vertical\ trade \\ &= X - (VS + VS1^{*}) \end{aligned}$$

设一个国家为 a，ROW 是由 $n(c-1)$ 个部门组成的经济体，这个经济体向国家 a 输送产品，X^{*}_{ROW}是在国家 a 最终消费的部分，不包括国家 a 出口又进口的部分。即 $VS1^{*}$ 作为国家 a 出口之后又在进口商品中得到体现的那部分商品，并且用于国内最终消费的部分，需要剔除。计算公式如下：

$$VS1^{*} = Im_{ROW}(I - A_{ROW})^{-1} X^{*}_{ROW}$$

为了更加直观地展示垂直贸易的增值贸易指标的重要性，Daudin 等列出了各种维度的垂直贸易衡量标准随时间推移的演化过程，如表 3-2 所示：

表 3-2 各维度垂直贸易衡量标准随时间推移的演化过程

TABLE 2
Evolution of various measures of vertical trade through time

	1970 (Hummels et al.)	1990 (Hummels et al.)	1997 (66 regions)	2001 (87 regions)	2004 (113 regions)
Share of VS in merchandise exports	18%	23.6%	25.8%	27.4%	28.0%
Average annual growth rate of the share of VS in merchandiseexports		1970—1990 +1.6%	1990—1997 +1.3%	1997—2001 +1.6%	2001—2004 +0.7%
Share of all VS in exports			23.5%	24.8%	25.7%
Share of vertical trade in world exports			25.5%	26.8%	27.5%

资料来源：Hummels, Ishii and Yi. Authors' calculations based on GTAP data for, 1997: 2001.

第二条路线则是不修改垂直专业化的本来概念，放松其假设条件，扩展研究加工贸易模式下的贸易增加值核算方法。Koopman、Wang 和 Wei（2010）延续了 Wang 等（2009）的研究思路并作了进一步拓展，在全球价值链中追踪贸易增加值的产生情况。微观层面，Upward 等（2013）第一次用中国海关贸易数据和中国工业企业数据库进行匹配，并运用改进的 HIY 方法对 2003—2006 年中国制造业行业出口的国内增加值进行了测度。

3.2.2 总贸易框架下的增加值核算指标

在传统意义上分析生产过程时，都是基于独立的国家系统居多，现在随着生产联系的日益复杂深化则需要转向全球范围。这是由于分析出口贸易的国内增加值时，一国的价值出口额往往难以覆盖全面，存在“产业价值转移效应”和“国别价值转移效应”，比如某些海关出口额为零的服务业，其价值可能隐含在制造业中实现了价值出口；也有某些按照海关总值指标统计为零的两国间贸易，其可能通过第三国的间接贸易而实现了两国间的价值交换（葛明等，2017）。在这种背景下，越来越多的学者开始基于区域乃至全球贸易视角研究增加值核算问题。

第一，在 Daudin（2011）提出并解决了“世界经济中谁为谁生产”的问题之后，Johnson 和 Noguera（2012）进一步提出了增加值出口的概念和度量方法，基于全球贸易分析项目（GTAP7.1）数据库实证分析了各国的增加值贸易额。具有开创性意义的是，Koopman 等（2012）利用 GTAP 数据库构建了一个全球性的区域间投入产出表，提出将增加值统计法（Value Added）与传统海关总值（Gross Value）统计法进行整合，构建世界国家间多部门的投入—产出数据库，将国内增加值统计从单一国家拓展至区域乃至全球。

第二，2014 年 Koopman 等又在世界投入产出框架下，将一国总出口的增加值来源分解为被外国吸收的增加值、返回本国的国内增加值、出口中的国外增加值、由于中间品频繁进出关导致的纯重复计算等四部分，并进一步根据出口品价值的最终去向将其细分为 9 个部分。研究脉络是基于两国情景出发，从贸易增加值角度分解了一国出口贸易额，并进一步分析了多国情景下一国总出口贸易增加值构成，形成了一种全新的贸易增加值核算方法，该方法用一个统一的框架将 HIY 方法、DRS 方法、J&N 方法等提出的 VS、VS1、VS1*、VAX 等指标联系起来，被称为 KWW 方法，被视作贸易增加值研究的集大成之作。

Koopman 指出，基于电子、服装和汽车等行业单个产品或单个部门的详细微观数据的全球价值链案例研究，提供了贸易总额与增加值之间差异的详细例子。这虽然提高了我们对特定行业的全球生产链的直观理解，但它们并不能全面反映附加值与贸易总额之间的差距，以及一国经济参与跨境生产链的程度。而他们提供的上述分解一国总出口增加值的数学框架具有以下优势：

一是这个框架可以推导出现有文献中关于垂直专业化和增加值贸易的衡量方法，同时说明了为什么必须在不受限制的中间贸易更普遍的多国框架中对它们的原有定义进行修改。

二是没有简单地将重复计算的项目从官方贸易统计中剔除，而是在文献中首次提供了一个量化不同类型重复计算项目的会计公式。了解不同重复计算项目在一国出口总额中的相对重要性，可以帮助衡量该国参与全球生产链的深度和模式，例如在一些领域，中美两国可能有相同数量的增值出口，但是重复计算的术语可能大相径庭。作为加工出口国的中国，其出口贸易额中被重复计算的可能是最终产品中使用的外国零部件部分，而对于发达国家美国而言，重复计算的可能主要表现为最终返回国内并在国内消费的国内增加值（例如，苹果的产品设计，用于在国外生产但在美国市场销售的最终苹果产品）。这些重复计算的不同项目可以为中国和美国分别提供其在全球价值链中的地位信息。

三是他们的会计框架在贸易增加值和传统贸易统计之间建立了一种更为精准的联系，为贸易增加值核算提供了可观测的基准。

另外，在研究双边贸易的中间产品时，估计了世界上两个主要使用者中国和墨西哥在加工贸易的单独投入产出系数，使用详细进口统计数据的最终用途分类代替了传统的比例假设。

A：两国情景

假设一个世界由两个国家（本国和外国）组成，其中每个国家的公关活动都集中在一个单一的可交易部门。该部门的产品可以被消费，也可以作为中间投入，每个国家都向对方出口中间和最终产品，并且无论是本国还是外国的总贸易产出额都包括作为中间投入的部分和最终消费的部分。因此，国家 s 的总产出 X_s 满足以下公式：

$$X_s=(A_{ss}X_s+A_{st}X_t)+(Y_{ss}+Y_{st}) \qquad t,\ s=1,\ 2$$

Y_{st} 是国家 t 对于国家 s 生产的最终产品的需求，A_{st} 是 I-O（imput-output）模型系数，描述了每一单元国家 t 总产出中国家 s 的单元中间产品投入。经整理，两国模型可以写作如下的国家间投入产出模型（ICIO）：

$$\begin{bmatrix} x_{11} & x_{12} \\ x_{21} & x_{22} \end{bmatrix}=\begin{bmatrix} b_{11} & b_{12} \\ b_{21} & b_{22} \end{bmatrix}\begin{bmatrix} y_{11} & y_{12} \\ y_{21} & y_{22} \end{bmatrix}=\begin{bmatrix} b_{11}y_{11}+b_{12}y_{21} & b_{11}y_{12}+b_{12}y_{22} \\ b_{21}y_{22}+b_{22}y_{21} & b_{21}y_{12}+b_{22}y_{22} \end{bmatrix}=B\cdot\begin{bmatrix} b_{11} & b_{12} \\ b_{21} & b_{22} \end{bmatrix}$$

式中 B 矩阵（里昂惕夫逆矩阵）中的系数在投入产出文献中称为“总需求系数”。特别地，其中 b_{11} 指国家 t 每增加一单位最终使用需要增加的 t 国总投入，相应 b_{12} 指的是国家 s 每增加一单位最终使用需要增加的 t 国总投入。

根据里昂惕夫逆矩阵可以得出 2×2 的增加值矩阵 VB，按生产来源衡量增值份额的基本方法如下：

$$\mathrm{VB}=\begin{bmatrix} v_1b_{11} & v_1b_{12} \\ v_2b_{21} & v_2b_{22} \end{bmatrix}$$

$$v_1b_{11}+v_2b_{21}=v_1b_{12}+v_2b_{22}=1$$

在假设投入产出系数的情况下，一国吸收的国内商品的国内增加值占国内生产总值的比例与出口商品的占国内生产总值的比例没有差别。因此，国家 t 的总产出中，国内增加值可以简化为 V_1X_1；这也可以定义为国家 t 的 GDP。最终可以得出结论，一国出口中的增加值是其创造出来的价值和吸收的价值之和，显然按照这个定义，一国的“出口额中的价值增值额”一般大于真正的“出口增加值”，双重计算的中间商品出口额也是来自该国。

B：N 国情景

根据两国情景，可以拓展为 N 国世界，每个国家都生产 M 种可贸易商品，每种商品既可直接消费也可作为中间产品投入再生产，每个国家的出口贸易总额既包括了最终产品贸易额也包括中间产品贸易额。

为了执行上述会计方法，建立一个国家间投入产出表（ICIO），即一个数据库，详细列出所有增加的价值流的国际生产和使用。对该数据库说明如下：

（ⅰ）各国内部和彼此在产业层面的中间产品和最终产品的交易；

（ⅱ）所有国家每一产业生产的直接增加值；

（ⅲ）所有国家每一产业的总产值。

这样一个 ICIO 表不仅仅是单一国家 I-O 表的集合。它按行业指定了所有交易的起源和归宿，以及所有此类交易的每个中间或最终用途。

为了提供一个可行的数据集和依据经验进行总出口分解，Koopman 等使用四次数学规划模型，利用集成 GTAP 数据库（版本 7）和来自联合国的附加信息，构建了一个 2004 年的全球 ICIO 表。该模型为：

（ⅰ）将产生的新数据集与原始 GTAP 数据的偏差最小化；

（ⅱ）确保每个部门和每个国家的供应和使用平衡；

（ⅲ）保持 GTAP 数据库中所有部门的双边贸易流不变。新数据库覆盖了 26 个国家和地区的 41 个产业部门。

出于估计详细的工业间和国家间的中间流动的需要，Koopman 等一方面将 GTAP 数据库中部门一级的双边贸易总额与中间、消费和投资货物贸易流动分开；另一方面将来自特定国家的中间货物分配给所有目标国家的每个生产部门。在将联合国广义经济分类（BEC）定义的三个最终用途类别与 UN COMTRADE 中 6 位编码的 HS 双边贸易数据进行整合时，与 Johnson 和 Noguera（2012）以及 Daudin、Rifflart 和 Schweisguth（2011）不同，他们不使用详细的贸易数据来确定每一个双边贸易流中的中间货物，而是直接对贸易数据应用比例法，即假设国内供应和进口产品的中间产品与最终产品的比例是相同的。目前，使用最终用途类别来区分进口产品的使用在研究文献中越来越普遍，这种方法可能可以避免比例方法中的一些明显缺陷。Feenstra 和 Jensen（2012）在对 Feenstra 和 Hanson 离岸外包衡量方法的重新估计中，使用了类似的方法对美国进口的中间产品和最终产品进行区分。

第三，上述 Koopman 等的方法只能分解一国的总出口，不能反映不同出口品在进行各种增加值和重复计算时的异质性。针对这一点，王直等（2015）进行了拓展，提出了对双边贸易额、双边部门贸易额、贸易总额和部门贸易总额等多个层面的分解法，建立了总贸易流量分解框架，形成了从官方总值统计到贸易增加值统计（以增加值为标准的国民经济核算统计体系）的一整套核算法则。之后王直等又就垂直专业化、增加值出口等进行了相关的拓展研究。

总贸易框架是在中间贸易品流量完全分解的基础上，代入增加值系数，可依据出口品的价值来源和最终吸收地，将双边总出口分解为 16 个增加值和重复计算部分。其中，跨国贸易的重复计算会被计入总贸易核算统计结果中，这是海关记录造成的，但是利用行业统计来核算 GDP 时，必须剔除国内投入品的价值。该框架展示了一个双边部门层面贸易流的分解框架。可以看出，与一国总出口的分解不同，细分层面的贸易流分解，不仅需要基于产业部门后向联系得到出口品的价值来源，还需要基于产业部门前向联系追踪出口品的最终吸收地和吸收路径。在上述 Koopman 等 2014 年提出的分解公式中，一国总出口的分解只需要基于产业部门后向联系拆分即可，因为一国贸易增加值总会隐含于本国总出口中。但是在细分层面并非如此，例如，双边贸易增加值并不一定隐含于同一双边贸易流中，也可以隐含于与第三国的双边贸易流中，这一点需要特别引起注意。

第四，世界投入产出数据库（WIOD）作为构建全球多区域投入产出（GMRIO）表的步骤之一已经进入应用阶段，其在研究时，需要将世界投入产出系统视为一个相互依存的网络，将不同经济体中的各个行业视作网络中的节点，边缘是行业之间的货币流动，在这个基础上分析所谓的全球、区域和本地三个层面的网络属性。Federica Cerina 等（2015）基于

WIOD 从上述三个层面建设了世界投入产出网络 WION，研究发现，日趋一体化的生产链往往使 WION 更加集群化，更具分辨性。另外，这些行业都是高度相关的。这意味着局部冲击可以通过世界经济传播，并导致相当大的全球波动。Federica Cerina 等的主要贡献在于以时间序列的方式将多张世界投入产出表排列，动态化地观察国际经济结构的变动趋势。

第五，李昕（2012）将增加值方法引入国际贸易体系，以期还原我国真实的贸易所得，从理论角度对增加值和总值两种统计方法进行了比较分析，并且引入我国的具体贸易值数据定量估算，直观列举了两种方法得出的数据差异。

3.3　贸易增加值核算流程

3.3.1　产业部门的贸易增加值核算

1. 三次产业的贸易增加值核算

在进行产业统计时，每个产业都是由一个或几个核心行业以及若干个与核心行业密切相关的非核心行业组成，这些核心行业和非核心行业体现了经济活动中制造、销售和服务的一系列生产经营过程和最终生产的经营成果，反映了各个行业发展对相关行业的拉动程度，以及对整个国民经济的贡献率。依据国家统计局 2012 年制定的《三次产业划分规定》，第一产业是指农、林、牧、渔业（不含农、林、牧、渔服务业）；第二产业是指采矿业（不含开采辅助活动），制造业（不含金属制品、机械和设备修理业），电力、热力、燃气及水生产和供应业，建筑业；第三产业即服务业，是指除第一、第二产业以外的其他行业。

根据海关总署的统计数据，2017 年中国出口总额为 22633.71 亿美元，贸易顺差 4195.78 亿美元，比上年同期增加 7.9%。其中，服务贸易出口增幅达 10.6%，是 2011 年以来出口的最高增速；出口增速比进口高 5.5 个百分点，7 年来我国服务出口增速首次高于进口。如图 3-3 所示，在我国三次产业生产为国内生产总值带来的增加值中，一直是第二、第三产业大幅领先于第一产业。

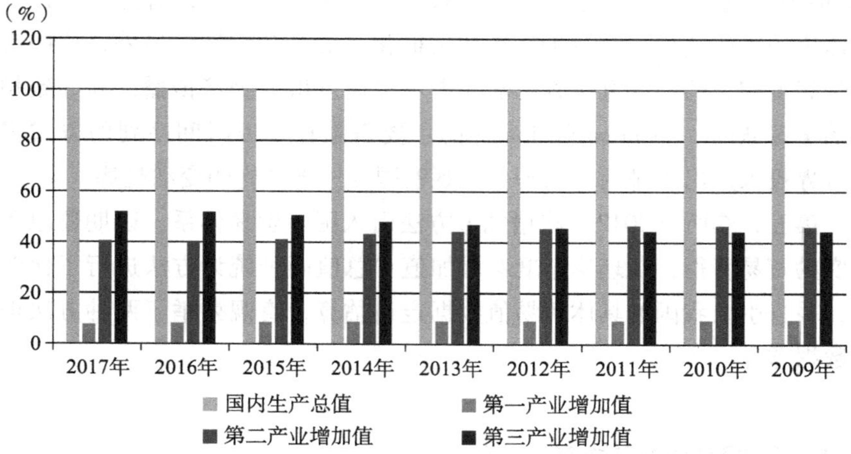

图 3-3　2009—2017 年三次产业构成

资料来源：海关总署。

但是，在研究三次产业拉动国内增加值问题时，得到的结果是截然不同的。刘瑞翔等（2010）基于 1997—2007 的可比价非竞争型投入产出表进行分析研究，参考感应度系数和影响力系数，得出进口和价格波动已经导致我国产业关联特征发生了根本性变化的结论。其结论可概括如下：

第一，影响力方面：1997—2007 年，作为第二产业的工业部门，其支柱地位逐渐改变，以服务业为主的第三产业影响力逐年增加，成为拉动中国经济的新动力；同时，高科技产业的影响力也相比第三产业有所减弱，建筑业影响力系数上升。

第二，产业受制约情况方面：参考感应度系数，能源类和第三产业普遍下降，工业部门有所上升，总体上进口比例高的行业出现下降，也就是出现下降的产业受制约程度得到了减弱。

参考中国全球价值链课题组 2014 年测算得出的 2012 年的分部门 1000 美元货物出口所含的国内增加值表，作为第一产业的农、林、牧、渔业具有最高的增加值拉动率，每出口 1000 美元就有高达 893 美元的国内增加值含量。第二产业中，加工贸易占出口比重较大的产业出口拉动的国内增加值相对普遍较低。采矿业和传统的劳动密集型产业如服装鞋帽等产业每 1000 美元都可以拉动 890 美元的国内增加值；而在一些技术密集型和高技术产业，1000 美元出口拉动的国内增加值平均不足 800 美元，电子设备、汽车制造和仪表制造业等产业的加工贸易部门出口所拉动的增加值不足400美元。这是由于加工贸易作为制造型产业，普遍具有中间投入率高、增值率低的特点，而我国近年来虽然非加工贸易出口比例不断上升，但加工贸易出口仍占据很大比重。受存在研发投入不够、陷入“低端陷阱”等因素，在国内的生产链条过短，所获利润空间也十分有限。

以服务贸易为主的第三产业普遍属于高附加值产业。2012年中国服务出口中的保险和金融服务、计算机和信息服务等每1000美元出口就含有900美元以上的国内附加值。不过，服务贸易中高附加值的出口细分项所占规模不大，上述提到的保险和金融服务、计算机和信息服务两项相加所占比例只占10%左右。根据官方统计数据，2017年我国服务贸易仍存在较大的服务贸易逆差。全年服务进出口总额46991.1亿元，同比增长6.8%；其中，出口15406.8亿元，进口31584.3亿元；服务逆差16177.4亿元。

基于里昂惕夫逆矩阵和投入产出表的基本平衡关系，陈雯等（2014）以三个国家为例，介绍了从产业出发的增加值贸易测算方法，关系矩阵如下：

$$X=AX+f=Lf$$

$$L=(I-A)^{-1}\text{为里昂惕夫逆矩阵}$$

陈雯等（2014）的论文计算并比较了中国1995年、2000年、2005年、2009年和2011年五个年份货物与服务的增加值出口和增加值进口，并且和传统贸易统计方法测算的结果进行对比，以观察各个行业的真实出口额，并且将各个行业的增加值出口额分别与关境统计的行业出口额进行比对，以期得出各个行业增加值变化的不同趋势。对主要行业出口与增加值进行比较分析后，其结果如下：

第一，总体上讲，大部分行业的增加值出口比传统贸易统计口径的出口少，但一些行业出现了明显的大幅上升。其中，尤为突出的是第一、第二产业中的农、林、牧、渔业；电力、热力、燃气及水生产和供应业；采矿业；纸浆纸张印刷出版业等。这几个行业的增加值出口额大幅度高于其关境统计的出口额，分别是后者的6.5倍、27.5倍、8.1倍、2.5倍。按照关境口径计算，农、林、牧、渔业按照传统贸易统计方法计算的出口仅为177.5亿美元，行业排名位列倒数第二。但是在增加值贸易核算方法下，农、林、牧、渔业的增加值出口大幅飙升，增至1158.3亿美元，仅次于服务业、电子与光学设备业和基本金属制造业，成为第 4 大出口行业。

为何与传统的总值贸易核算口径比，增加值统计会出现如此大的波动？这正是在中间品贸易盛行的背景下，由各个产业不同的生产特征造成的。

以第一产业农、林、牧、渔业为例，假设本国农、林、牧、渔业生产出 200 美元的增加值，之后被橡胶和塑料制品业当作中间产品投入生产中，加上进口的原材料 100 美元以及生产过程中本行业增加的 200 美元增加值，最后橡胶和塑料制品业共生产出 500 美元的价值最终产品，出口到美国并被美国作为最终消费品。本次出口活动，按照传统贸易统计方法，农、林、牧、渔业出口为 0 美元，橡胶和塑料制品业出口为 500 美元；而按照增加值贸易核算方法，应该是农、林、牧、渔业出口 200 美元，橡胶和塑料制品业出口 200 美元，另外 100 美元的进口投入不计入计算范围。

这个例子很好地说明了传统的总值贸易核算口径与增加值统计的差异。由于上述行业的产品大量被作为中间商品投入国内生产，未能在海关计入本行业增加值统计。而这些行业的生产在国内增加值中占比较大。

第二，与边境出口额统计相比，有一些行业的出口额锐减。比如皮革及制鞋业、纺织业和通用设备制造业等，实际出口额在修正之后都大幅降低。这是由于这些行业的产业链中，我国处于“国际代工厂”的地位，很多产品以极高的完整度作为中间产品进口到中国，进行少量加工即完成生产，在我国作为最终产品出口，比如电子光学设备制造业的实际出口缩水了 74%，这与我国的生产现实状况相吻合。

第三，以行业为分类标准，可以清楚地列出各个行业的增加值在生产出来后被国外最终消费的比例。一些出口外向型产业如其他制造业及回收、纺织业等，接近一半以上的产值用于出口满足国外消费；而产生剧烈对比的是建筑业，其国外消费比例仅为 1%，这和建筑活动的属地限制特点息息相关。这一指标可以用来分析各个产业的生产消费地关联关系。

第四，通过对两种统计口径得出的出口额进行比对，还可以得出行业随时间推移的不同变化趋势。随着时间推移，两种口径计算出的出口额差距在逐年增大，并且一些行业的扩大趋势明显。如电力、燃气、水供应业，采矿业和农、林、牧、渔业等行业的增加值出口与传统口径的出口比值，总体呈现单调递增趋势。这几个行业属于高污染、高能耗产业。因此，用增加值贸易核算方法也能揭示出在全球价值链分工体系下，我国在很大程度上是以牺牲环境为代价来充当“世界工厂”的。交通运输设备业、电子与光学设备业、通用设备制造业和化学原料及制品制造业等四个行业的比值则是呈现出递减趋势，这些行业主要为技术密集型产业，增加值出口与关境统计口径出口的比值持续下降表明，在这些行业的出口中，进口中间品所占的比重逐渐提高。另外，这四个行业在传统贸易统计口径下的出口排名位居前六（服务业除外），这些行业的出口额高估无形中夸大了我国的出口规模，也虚化了我国在对外贸易中的地位。

2. 产业关联研究

（1）研究脉络

产业关联是指通过分析一国（地区）的产业发展情况，来找出各个产业之间的关联和各自优劣势，为制定本国的经济社会发展战略、经济预测和政策提供依据（苏明华，2017）。20 世纪 30 年代里昂惕夫就提出了投入产出模型，Hirschman（1958）则提出了产业关联效应的概念，两者的研究为产业关联分析奠定了理论基础，在这之后各路学者对产业关联进行了各种实证分析。

在初始模型中，假定产业体系中所有的产业都具有相等的权重，但根据投入产出模型可以计算得知，不同产业的重要性是不同的。根据这一点，需要设计一个合适的权重系数，根据在最终需求中的份额来规定不同行业的权重。Hazari（1970）以 Rasmussen 的加权思想为指导，以里昂惕夫完全需求矩阵为基础，实证分析证实了加权与不加权的产业关联测度方法存在巨大差异。在此之后，Laumas（1976）针对原模型中各个产业不加权具有局限性的问题，提出了边际加权测度的思想。认为不加权的测度形式有悖于现实经济中各产业规模不同、重要性程度不同的基本事实。他提出把经济总体增加一个单位，最终产出时需要根据各产业规模大小分配新增最终产出，并基于此量化各产业部门基于此产生的新需求。

为了说明加权法对前后联系指数的规模所产生的差异，Laumas 等（1976）使用了印度 1964—1965 年、意大利 1950 年、日本 1951 年、挪威 1950 年和美国 1947 年的 I-O 表。分析时，出于以下原因使用了 Rasmussen 指数来代替 Yotopoulos 和 Nugent 使用的指数：

（a）通过使用 I-O 矩阵的逆矩阵，Rasmussen 指数考虑了自发支出增加带来的直接和间接影响；

（b）该指数得到了适当的加权，因此更准确地描述了经济战略部门的重要意义；

（c）可以在不同国家之间进行工业间比较。

因而，考虑到不同国家之间联系的强度和模式不同，一个特定工业刺激其他工业的能力必然因国家而异，进行行业间比较的必要条件就是参照所有产业的相互依存程度来考虑某一特定产业的联系指数。尤其是在比较发达国家和不发达国家的联系模式时，这是非常可取的，因为后者的相互依赖程度可能受到严重限制。

Laumas 等（1976）同时指出，事实上任何加权方案在某种程度上都是武断的，而且容易出现问题。使用加权方案可能出现的问题是，如果给定行业的聚集单位在价格水平的输入和输出上差别较大，如果不以某种方式准确权衡不同组件的价格水平，并以此来构成一个给定的行业，就可能导致错误的计算。

（2）国内产业关联研究

目前在产业关联研究的实际应用中，通常根据里昂惕夫完全需求矩阵计算后向关联系数，根据高斯（Ghosh）完全分配系数矩阵计算前向关联系数。在研究中国产业关联现状时，刘瑞翔、姜彩楼（2010）认为 1997 年后国内的产业关联特征分析不够贴合中国的生产事实，深入程度不够。随着经济全球化趋势日趋增强，我国的产业生产是在国际垂直分工的背景下展开的，产品生产过程中不同区段、不同工序、不同生产部件通过空间分散到不同的国家，形成跨国性的生产链条或体系，必然使得产业关联跨越国家行政区域的限制，从而对本国的产业间联结产生影响。我国自 20 世纪 90 年代以来，采用了大规模的进口核心零部件，在国内组装后再大规模的出口方式参与国际产品加工，也就是所提到的代工厂生产身份，必然会对国内产业之间的相互关联产生影响。因而将进口内生化处理，研究经济全球化背景下中国产业关联特征，以期剔除经济全球化带来的影响。我们从直接消耗系数出发，结合中间投入率和中间需求率，对感应度和影响力这两个系数做重点研究分析。

在刘瑞翔、姜彩楼（2010）的研究中，他们假设：（a）国民经济所有部门中使用的 i 部门中间投入品中，其中进口的中间产品比例在各部门之间是一致的；（b）中间产品中进口与国内生产的比例等于最终产品中进口与国内需求的比例。在此基础上，他们提出产业直接消耗系数是衡量产业关联程度的最直观指标这一观点。同时由于产业的前后向关联及其相互关联的波及效应，任何一个产业的生产活动必然在影响其他产业生产活动时，也受到其他产业生产活动的影响。

第一，中间投入率和中间需求率。李娜等（2019）提出要用中间投入率、中间需求率、影响力系数和感应度系数四个指标来测度和分析加工贸易的产业关联效应。其中中间投入率是指某部门中间投入占该部门总投入的比重，反映的是某部门国内产品中间投入在该部门总投入中所占的比重。在非竞争性加工贸易投入产出表中，国内中间投入率与国外中间投入率及增加值率之和为 1。中间需求率则反映的是各部门的中间产品占该部门总产品的比重，中间需求率与最终需求率是此消彼长的关系，中间需求率越高说明该部门越带有原材料产业特性，也可以定量分析各部门产品在国民经济中用作生产资料和消费资料的比例。

在这种背景下，李娜等将国内中间投入率和增加值率结合分析，得出 2007 年和 2012 年加工贸易部门和非加工贸易部门的国内中间投入率和增加值率情况。

（a）加工贸易部门的制造型产业，普遍存在中间投入率高，增加值率低的特性。非加工贸易部门国内中间投入率相对较低，只有部分重工业部门国内中间投入率较高，增加值率普遍较高。可见，我国的加工贸易规模虽然很大，但由于科研能力的严重欠缺和不被重视，以及加工贸易在我国的产业链条较短等原因，其在全球价值链中利润最低。

（b）以 2007 年至 2012 年为基准，我国的大部分加工贸易部门的增加值率有所下降，这体现了我国大力推进贸易升级，发展高技术、高附加值贸易的成果初现，我国工业化发展正从低级化生产转向高度加工化生产。

（c）加工贸易部门实现了高速度、跨越式发展。加工贸易部门中纺织业、木材加工品及家具制造业、造纸印刷及文教体育用品制造业、化学工业、金属制品业、通用设备、其他制造产品为中间产品型产业，其中间投入率和中间需求率都较高，符合制造业的产业特性。而一般贸易部门中，许多产业部门的产品用于消费的比例有所提升，这些部门对国民经济的影响呈现逐年上升的趋势。

第二，感应度系数。根据刘瑞翔等（2010）的定义，感应度系数通常被用来反映一个产业受其他产业的波及程度。一般情况下，感应度系数较大的产业部门对经济发展起着较大的制约作用，当经济快速增长时，这些部门会率先出现供不应求的局面。也就是说，感应度系数是指某个行业被国民经济体系中其他行业的发展所拉动的作用大小，若该值大于 1，说明该部门的被影响程度高于各部门的平均水平；反之，则低于平均水平（刘佳，2016）。设某行业 i，其感应度系数的公式可表示为：

$$\alpha_i = (n \times \sum_j b_{ij}^d)/(\sum_i \sum_j b_{ij}^d)$$

根据刘瑞翔等（2010）以及李娜等（2019）的研究，无论是基于 1997 年还是 2007 年国家统计局提供的投入产出表，化学工业、金属冶炼及压延加工业、电力、自来水及煤气的供应、农业、通信设备、计算机及其他电子设备制造业、交通运输及仓储业、设备制造业、纺织业、炼焦及核燃料加工业、石油和天然气开采业、食品制造及烟草加工业等行业感应度系数都是较为稳定的大于 1。十年间，排在前三位的依然是化学工业、金属冶炼及压延加工业及电力、自来水、煤气供应，农业、通信设备及计算机行业、石油加工等行业的感应度系数有显著下降。而融合进 2012 年的数据之后，十五年间化学工业部门的感应度系数位于第一且持续增长。其他一些加工贸易部门中，造纸印刷及文教体育用品制造业、金属制品业、通用专用设备制造业、交通运输设备制造业、电气机械及器材制造业感应度系数由大于 1 降至小于 1，说明这些加工贸易部门受国民经济其他部门的拉动作用从高于平均值降到平均值以下。

通常，感应度系数发生变化的主要原因是将价格波动和进口影响列入考虑造成的。如果不剔除价格波动的影响，以服务业为主的第三产业的生产指数价格在十年间的上涨幅度较为明显，而石油和天然气产品的价格上涨超过 3 倍，但考虑到价格波动的影响之后，石油和天然气行业的感应度系数从 1.17 降至 0.68。类似地，一个行业部门如果过于依赖进口来维持国民经济生产需求，那么忽略进口的影响必然会高估该行业的感应度系数。以通信设备、计算机及其他电子设备制造业为例，如果不考虑进口因素的影响，其感应度系数高达 1.66，剔除了进口因素的影响之后，感应度系数下降至 0.90，排位下降明显。因而，在研究感应度系数时，一定要消除这些干扰因素，才可以得到更为准确直观的计算结果。

第三，影响力系数。与感应度系数相反，影响力系数反映的是一个产业影响其他产业的程度，影响力系数较大的产业部门对社会生产具有较大的辐射能力，也就是说当经济增长快的时候，影响力系数大的部门对于其他部门的拉动作用显著。当一个产业部门的影响力系数和感应度系数都较大时，通常认为该产业部门在经济发展中具有举足轻重的地位。设某行业为 j，其影响力系数的公式可表示为：

$$\beta_j = (n^* \sum_i b_{ij}^d) / (\sum_i \sum_j b_{ij}^d)$$

有学者的研究结果表明，第二产业对于国民经济的影响最为显著，特别是以通信设备、计算机及其他电子制造业为代表的高新技术产业，影响力尤为明显，其中，通信设备，计算机及其他电子制造业，电气、机械及器材制造业，仪器仪表及文化办公机械制造业的影响力，在所有的行业中排名靠前。相比之下，农业和第三产业对国民经济的影响力较弱，农业、批发和零售贸易业以及金融保险业排名靠后。但是，在消除价格波动以及进口对国内产业关联结构的影响后，得出的结果则显著不同：其一，建筑业对于国民经济增长起着关键作用，其影响力系数排名较调整之前上升；其二，原来排名靠前的通信设备等行业被显著高估，排名下滑至靠后位置，其余相关高技术产业也有较大程度的下滑；其三，第三产业除了少数部门之外，影响力系数排名大部分从后列上升至前列，成为影响中国经济增长最为明显的部门。

究其原因，可以发现我国正处于对外贸易产业结构升级转型发展和政策调整期，轻工业和第三产业部门主要依赖国内生产，因而去除进口影响后，影响力系数得到较大提升。而我国的高技术产业中许多关键零部件依靠进口，没有形成核心竞争力，因而去除进口影响后就会发现这些产业对于国民经济的拉动作用是被高估的。

分析产业部门的发展情况，可以从侧面展示我国产品生产的蜕变。我国加工贸易产品以机电产品为主。电脑、手机、船舶等机电产品是加工贸易主要出口商品，机电产品在加工贸易出口中的比重从 2002 年的 65%提高到 2012 年的 76. 5%。而包括集成电路、生物医药等在内的高新技术产品在加工贸易出口中的占比也逐年提高，从 2002 年的 33. 7%提高到 2012 年的 50%。与此同时，纺织服装、家具、鞋类、塑料制品、箱包、玩具等传统劳动密集型产品占比则从22.7%降到了8.7%。

3.3.2 HS章别的贸易增加值核算

海关编码（HSCODE），为编码协调制度的简称。其全称为《商品名称及编码协调制度的国际公约》（International Convention for Harmonized Commodity Description and Coding System）简称“协调制度”（Harmonized System，HS）。中国海关进出口商品HS编码采用六位编码，把全部国际贸易商品分为22类，98章。中国海关进出口商品HS编码前六位是国际通用的，后面几位则是根据各个地区的产品类目性质而定。一般各个国家地区都有一定的差异，就中国的海关HS编码而言，也不是固定的，个别类目在某些情况下也会有变化。

中国全球价值链课题组（2014）依据协调制度（HS）章别分类商品的出口增加值，进行分析后得出的结论和按照产业分类进行分析后得出的结论类似：非加工贸易出口1000美元拉动的国内增加值远高于加工贸易出口；加工贸易出口量占比越大的部门每1000美元出口拉动的增加值就越低；单位出口的增加值含量较高的商品包括农产品、食品、零件制品、纺织皮革品等劳动密集型行业产品，单位出口的增加值含量较低的商品包括化工制品、机械金属制品等技术密集型行业产品。

编制非竞争性投入产出表来计算出口中的贸易增加值时，通常采用三种方法：一是将进口品按比例进行拆分，假设同一部门国内产品与进口产品同质；二是根据商品名称和编码协调制度（HS）分类数据，利用商品流量法和专家咨询法并结合调查资料，确定进口品在每个商品中的分配比例；三是根据HS编码与按大类经济类别分类对照表，把各产品部门的进口商品额分摊到中间投入和其他各项之中，确定进口品使用去向（苏明华，2017）。三种方法中，方法一由于误差较大往往很少使用，而方法二、方法三的精度都较高，工作量也相对较大。方法三更是需要特别注意进口商品在各产品部门中间消耗的内部分摊。后两种方法都需要应用HS编码作为指导，也是众多学者目前计算贸易增加值的主流方法。

Jun Zhang等（2012）提出，针对引起广泛热议的中国出口额中实际包含的国内价值测算问题，按照利用非竞争性投入产出表计算垂直专业化份额来确定中外合作内容比例的方式，可能会导致明显的计量偏差。这是由于中国在加工出口中占有很大份额，而加工出口使用的进口中间产品比例高得不成比例。他们指出，由于中国编制的投入产出表（I-O表）是竞争型的，因而直接采用Hummels D. 等（2001）的方法分析，*VS*在中国出口中所占的份额将被低估，而国内的增值份额将被高估。另外一个未能抓住的事实是中国加工出口产品中所包含的进口中间产品比例过高。因而他们将I-O表进行拆分，直接使用中国海关在2008年提供的统一进出口编码协调制度（HS）编纂的进出口数据，来估计出口中所包含的*VS*份额或国内增值。

Jun Zhang等参照Dean等（2007）的想法，直接利用中国海关贸易数据中提供的各种贸易模式的信息，并使用HS-GB/T索引表将HS code贸易数据转换为行业数据。但前者仍然使用贸易数据结合有关各种贸易模式的信息来处理中国的投入产出表。Upward等（2010）被认为是第一个使用HS编码制度来估计*VS*份额而不依赖于中国I-O表的，但他们集中于研究仅依赖中国出口公司的GB/T2索引表，而Jun Zhang等使用的是包含了所有行业的GB/T3索引表。

为了开发行业层面*VS*份额的估计数据集，需要寻找方法来从贸易数据中确定嵌入中国出口产品中的进口中间品的价值。在中国海关数据库中，每一笔记录的贸易（进出口）被划分为18种贸易模式中的1种，其中普通贸易模式和加工贸易模式所占比例最大。在此前提下，其他16种贸易模式可以省略，因此，只需要考虑上面提到的两种贸易模式来简化计量过程。

首先，在加工贸易模式下，所有进口材料都有明确的登记。属于加工出口的进口类别，并且应当专门用于出口产品的生产。进口物资加工成半成品或制成品时，需要全部按照加工出口的方式出口并经中国海关登记。因此，当涉及加工出口时，通过检测贸易模式可以很容易地确定进口中间产品的价值。其次，在普通贸易模式下，很难从所有进口产品中确定中间产品，这时根据联合国制定的BEC（UNSD，2003）提供的一个指导方针，将所有带有HS编码的进口产品都分为三类：资本品、中间品和消费品。Jun Zhang等利用BEC中的中间品分类并使用HS编码对进口数据进行逐项检测和识别，最终得到普通出口模式下进口中间品的价值。在亚洲投入产出表（Asia Input-Output Tables，AIOT）中，几个主要经济体的*VS*份额分别为：新加坡58%、中国台湾47%、韩国37%、泰国35%。由于AIOT数据库没有特别关注加工出口在中国占主导地位的事实，他们承认2008年中国的*VS*份额被低估了。通过整合中国出口区域的数据来修正结果，他们重新估计了中国的*VS*份额，从19.7%增加至37%。值得一提的是，美国和日本的*VS*份额非常接近，2008年约为15%。因此，同发达经济体相比，新兴市场经济体的国内增加值在出口中所占比重较低。

中国全球价值链课题组（2014）按照协调制度（HS）研究比对中国和主要贸易伙伴的商品贸易增加值时，也得到了类似的结果。该课题组的研究方法主要是考虑不同贸易类型的进口品去向差异问题，在海关协调制度章别（HS-8）编码货物进口数据基础上，结合联合国BEC分类，对进口品使用去向分别进行了判断和估算，并结合海关总署进口品使用去向调查数据进行校正，分别编制了一般贸易进口使用去向矩阵、进料加工进口使用去向矩阵、来料加工的进口使用去向矩阵。此外，利用国家外汇管理局国际收支数据及国际旅游外汇收入信息，编制了服务贸易进口使用去向矩阵。同时，依照海关贸易数据等确定我国的总产出、增加值、中间进口消耗等指标值。

以中美贸易为例，中国主要从美国进口农产品、电脑和电子产品、化学产品和机械产品。农产品主要为大豆、棉花和玉米等，其中大豆进口量占从美国进口农产品的70%以上。中国作为电子产品的主要组装地之一，从美国进口大量HS编码第84章、第85章商品（主要为处理器及控制器、存储器、其他集成电路等）核心零部件用于加工贸易生产，然后将电子制成品再出口到美国（如电脑整机等）。数据显示，中国向美国的出口中，加工贸易出口占比超过50%，有个别商品比重非常高，如2012年第84章、第85章商品出口中，加工贸易出口分别占78.2%和75.0%。

由于中国对美出口中加工贸易出口占比高，即使中国出口总量占优，实际上获得的国内增加值依然相对较低。2012年中美货物贸易顺差以总值统计为2189亿美元，而以增加值核算为1017亿美元，以总值统计相比减少了53.6%。分商品来看，中国向美国出口额最多的第84章和第85章商品，以贸易总值统计，中方顺差分别为712.2亿美元和631.2亿美元，而由于中国在这两章商品生产中绝大部分为加工贸易，所获得的增加值仅为244.3亿美元和292.4亿美元。另外，中美贸易顺差主要来源于纺织品和电子产品加工贸易出口，说明中国仍以劳动密集型产业出口为导向。而在单位出口增加值含量较高的商品如农产品（HS 编码第 12 章）等方面，中国则处于较大的逆差地位，按照 2012 年的数据计算，中方在这一章的增加值逆差达到 127.7 亿美元。

3.4　基于贸易增加值重新解释出口比较优势

一国的出口商品结构在一定程度上能反映出该国的比较优势。在国际分工问题的研究上，国际主流趋势是从一国的要素禀赋和比较优势出发，研究产品的比较优势。但随着国际分工层次的细化，各国参与分工的基础已经演变为生产环节的比较优势。中间品贸易的迅猛发展使各国以传统贸易统计方式度量的价值和通过参与生产环节创造的实际价值之间产生了极大背离，特别是以劳动力成本优势参与国际分工的国家（如中国和墨西哥），贸易利益分配变得日益模糊和复杂（郑丹青等，2016）。

在全球价值链背景下，基于贸易总额进行国际竞争力研究比较优势的缺陷逐渐凸显，显性比较优势指数（RCA）、净出口比较优势指数（NEPR）以及国际市场占有率（IMS）等传统指标可能已经完全不能适用于某些行业的分析。从贸易增加值核算角度出发分析我国的国际竞争力和比较优势，对于正确评估我国在全球价值链中的地位具有划时代的意义。

3.4.1　传统指标分析

在分析一国对外贸易的比较优势时，可以看到有很多影响因素，包括资源禀赋、技术条件、管理制度等，但它最终要体现在国际市场中的竞争优势上，所以一国的出口商品结构在一定程度上能反映出该国的比较优势。一国对外贸易的发展首先需要依靠比较优势，比较优势是产业发展的基础。Balassa（1965）提出的显性比较优势指数（RCA）已被证明在许多研究和政策应用中是有效的。在标准应用中，其定义为一国某商品出口额在一国总出口额中所占的比重与世界该类商品总出口在世界总出口中的比重之间的比值。当 RCA 值超过 1 时，该国家在该产品的生产上具有明显的比较优势；当 RCA 值低于 1 时，则表示该国家在该领域具有明显的相对劣势。

显性比较优势指数具有一定的局限性：一是由于官方贸易统计数据是根据贸易总额计算的，必然存在某些附加值成分的多重计算问题，因而传统的显性比较优势指数的计算可能存在误导；二是想要精确地寻找一国的比较优势需要确定完全竞争市场条件下的贸易前商品的相对价格，而实证分析中完全竞争市场很难满足，数据也多为贸易后商品的数据，因而也具有差异。

另一个指标是净出口比较优势指数（NEPR）是指一国纯出口中某类商品所占份额相对于该商品在世界贸易总额中所占比例的大小。张鸿（2006）认为，NEPR 是将 RCA 与一国的贸易竞争力结合起来衡量对外贸易比较优势的一个指标。它既可以弥补 RCA 只考虑出口的缺陷，又可以很容易地判断该国对外贸易在世界贸易中的位置，在分析对外贸易结构及比较优势方面是一个相对更好的综合指标。一般来说，若 NEPR 指数大于 1，则具有较强的竞争优势；若小于 1 但大于 0，则具有一定的竞争优势；指数小于 0，则说明该产品在国际市场上没有比较优势。

利用 RCA 和 NEPR 两个指标，张鸿（2006）分析了 2003 年前后我国对外贸易的现状及比较优势，得出了我国对外贸易结构基本符合比较优势原理，加工贸易为主流的结论。其研究结论中比较优势和比较劣势明显的产品类别如下：

（1）劳动密集型商品。我国作为典型的人口大国，劳动力资源占世界总量的 26.3%，再加上经济发展水平比较低，这种现状决定了在发展劳动密集型产业上我国具有天然的比较优势和竞争优势。在我国对外贸易中，低廉的劳动力成本是我国吸引成本驱动型的国外投资、承接国外公司加工制造环节向海外转移的一个重要参数。劳动密集型商品包括纺织服装、杂项制品和食品等，这些是中国最具竞争力的出口商品。2003 年我国服装 RCA 为 3.45，NEPR 为 3.35，均高于所有的出口商品，显示出很强的国际市场竞争优势，其出口量占到世界出口市场的 20%。另外，我国是一个农业大国，拥有较为丰富的农产品资源。这种要素禀赋在食品工业里得到了比较好的反映。食品 RCA 为 0.67，NEPR 为 0.43，具有一定的竞争优势。其中，原料食品 RCA 为 1.25，NEPR 为 1.03，但是由于我国加工水平有限，工业食品的两项指数并不高。

（2）资本密集型商品。这类商品主要包括机械、化学品和金属制品。

根据数据，这三类商品的NEPR均为负值，说明上述商品在国际市场上没有比较优势。也就是说，我国仍然是一个资本短缺、劳动力丰富的国家，资本密集型商品在国际贸易中处于比较劣势地位正是我国要素禀赋的反映。但是具体到产品上则有一定分化，机械制品在国际贸易中已经基本上处于产业内贸易状态。不仅如此，2003年我国机械制品出口总额达2005.50亿美元，几乎是纺织服装出口的3倍，稳居我国出口商品的龙头老大。其中，一般机械的RCA为1.36，NEPR为0.19，表现出一定的竞争优势。

（3）原材料、燃料等初级产品。这类商品主要包括动植物油脂和矿物燃料。动植物油脂的RCA为0.39，NEPR为-2.10；矿物燃料RCA为0.28，NEPR为-0.46，均显示为比较劣势。随着中国经济的快速发展，我国丧失原有比较优势转为依赖进口，能源、资源等初级产品将成为中国经济发展的制约因素，我国在原材料、能源方面对外依赖程度在不断加深。

（4）IT产品。我国在20世纪末抓住了第三次科技革命的机遇，涌现了一批互联网企业。这些企业依靠进口国外及我国台湾地区的零部件，在国内以组装出口的方式进行生产，在不考虑进口因素时，整个IT行业的RAC都大于1.25，表现为具有较强的竞争力；不过，在考虑进口加出口的NEPR中，情况就没有这么乐观了，零部件的NEPR为-0.94，表现为比较劣势；而成品的NEPR为1.04，表现为较强的竞争优势；而整个IT产品的NEPR指数为0.13，非常接近于0，表明其具有微弱的比较优势，基本是处于产业内贸易状态。

3.4.2 从贸易增加值角度分析比较优势

Koopman等（2010）提供了一个将一国出口总额按来源分解为增加值成分的概念框架和一个新的双边增值贸易数据库，提出了一系列的新应用思路，其中就包括如何重新计算显性比较优势和构建一个量化指数来界定一个国家的部门在全球价值链中的位置，其可能会重塑人们对全球贸易的理解。例如，如果使用官方贸易数据（总值数据）来计算显性比较优势的话，那么商业服务部门对印度来说就是一个比较优势部门。相反，如果在出口中使用附加值分析，同一行业对印度来说就会成为一个明显的相对劣势行业。一个例子是，增加值分解表明，中国对美国贸易顺差的很大一部分（按贸易总额计算）反映了中国代表日本、韩国和中国台湾对美国的间接增加值出口。

Koopman 等提供了一种出口增加值分解的方法，从而消除重复计算带来的数据失真问题。他们为数据库中的所有国家和部门重新计算了国家部门一级的 RCA 指数。由于空间的限制，此处选择两个行业，并使用出口总额和出口总额中的国内增加值比较国家排名。数据显示，如果根据出口总额数据计算，金属成品行业的 RCA 指数，中国和印度都显示出强大的显性比较优势（在数据库中，这两个国家分别排名第一和第四，RCA 的绝对值均超过 1）。然而，当考虑到该行业出口的国内增加值时，这两个国家在 RCA 中的排名分别大幅下滑至第七位和第十五位。印度的金属成品行业从相对优势部门直接变为了相对劣势部门。而其他一些国家的排名则有所上升，对美国来说，不仅其 RCA 排名从传统计算得出的第十位上升到新计算得出的第三位，金属成品行业也从被标记为比较劣势的行业转变为具有比较优势的行业。

另一个例子是“房地产和商业服务”部门。观察出口总额数据，印度在该部门显示出强大的显性比较优势，原因是其商业服务出口在其总出口中所占的比例异常高。然而，一旦利用出口国国内增加值来计算 RCA，同样的部门对印度来说就变成了一个相对劣势的部门。这种变化的一个关键原因是，发达国家的商业服务往往通过嵌入这些国家的制造业出口而实现间接出口。实际上，在美国、欧盟和日本，RCA 对这一领域的排名都是根据出口的国内增加值数据上升的。因此，与该部门在其他国家出口中所占的份额相比（考虑到间接增值出口），印度在该部门出口中所占的份额就不那么令人印象深刻了。

这些例子说明，一旦掌握了有关出口增加值的正确数据，对贸易模式和显性比较优势的理解可能会发生重大改变。

黎峰（2015）也指出，基于增加值的角度，按照出口产品的全球价值链定位（国内增加值含量），可以将一个国家（地区）的出口产品分为比较收益优势产品和比较收益劣势产品。构建出口优化度指标（EO 指数），可对出口国家行业层面、双边贸易、多边贸易层面的出口产品结构进行度量和比较。通过主要出口国家的 EO 指数核算，可以发现以电子及光电设备等产业为代表，区域贸易集团内部正形成明显的产业价值链分工。与其他制造部门相比，中国交通运输设备部门的出口优化度较高。同时也可以对中国和贸易伙伴之间的比较优势进行分析，比较可知在全球价值链分工中，日本、美国大多数部门的 EO 指数相对较高，而中国的出口产品结构与第一出口大国地位并不相称。

郭晶、刘菲菲（2015）从服务业的角度出发，总结了基于贸易增加值估算我国国际竞争力的重要性。他们认为，按照传统指标计算，中国服务业国际市场占有率仍在逐年上升，但实际上却表现出较大的比较劣势，而且服务业直接出口的比较劣势有增大的趋势；中国的资本、知识密集型服务业也具有很低的市场占有率和较大的比较劣势，如果不及时纠正这种错误的测算结果将对转型期的中国产生致命的影响。这主要是因为：一是传统的贸易总额中包含了大量的重复计算，这会造成对贸易利益和竞争力的错误估计。根据 UNCTAD 的测算，由于中间产品价值被计算多次，在 2010 年全球 19 万亿美元出口总值中，有约 5 万亿美元属于重复计算。从服务外包活动来看，也存在价值链分工地位决定贸易利益的问题。发展中国家承接国际服务外包，更多是为发达国家实现间接出口贸易。二是传统服务贸易总额统计忽略了物化在商品中的服务，低估了服务业在全球贸易中的作用。尽管全球服务业直接出口在出口贸易中的比重仅为 20%左右，但考虑到附加在制造业中的间接出口，服务业出口增加值占全球出口增加值的比重达到 46%（UNCTAD，2013）。

郭晶等（2015）基于贸易增加值对测量服务业国际竞争力的指标进行了修正。贸易增加值统计是根据国际投入产出模型的原理，把国民经济核算和国际贸易等数据结合起来，通过扣除一国（地区）商品和服务进出口中的国外增加值来核算一国（地区）的国内增加值，这更能评价一国服务业的真实竞争力；对贸易增加值进行分解，可以全面评价服务业整体的竞争力水平。修正后的国际市场占有率表示为：

$$IMS\text{-}SSDVA_{nm}=\frac{SSDVA_{nm}}{SSDVA_{nw}}$$

其中，*IMS* 为国际市场占有率，*SSDVA* 为服务行业出口中的本国服务国内增加值，m 表示国家，n 表示行业，w 表示世界。*SSDVA* 指标是对服务业自身真实出口竞争力的评价，该指标越大说明服务业自身的出口竞争力越强。

$$IMS\text{-}SDVA_{nm}=\frac{SDVA_{nm}}{SDVA_{nw}}$$

SDVA 表示服务业在服务业和制造业出口中的本国国内增加值总和，$SDVA=SSDVA+MSDVA$。该指标是指一国服务业国际竞争力的综合评价，反映了服务自身和通过附加在制造业中实现的真实出口。该指标越大说明服务业的国际竞争力越强。

根据修正后的国际市场占有率指标重新计算中国服务业国际市场占有率后得出，中国的服务业国际市场占有率从 1995 年的 1.80%上升到 2009 年的 531%。2009 年中国服务业国际市场占有率仅低于样本国家（地区）中的美国、英国、德国、法国，高于其他国家（地区）。综合来看，中国服务业国际市场占有率逐年上升，在样本国家（地区）中处于中上水平，但与几个发达国家相比差距依然很大。但是根据修正后的显性比较优势指数测算，2009 年中国显性比较优势指数为 0.38，在样本国家（地区）中是最低的。2009 年中国为 0.64，仅高于俄罗斯。相比于金砖国家，中国服务业呈现出极大的比较劣势，而且这种比较劣势有恶化的趋势。

Federica Cerina 等（2015）基于全球、区域和本地网络构建了世界投入产出网络（WION）。WION 的分析侧重中间交易，随着全球价值链的发展，这种分析方式比贸易网络方式更适合研究世界生产体系以及各国、各行业的比较优势。这是由于其具有以下特点：一是它是定向和加权的，即一个行业可以同时作为卖方和买方并且行业之间的货币流量变化很大；二是在同一经济体内，它比各经济体密集得多，即尽管全球经济不断融合，但大多数经济交易仍然发生在国家边界内，由于更精密的行业分类，国家层面的投入产出网络通常是密集和完整的；三是具有强大的自我循环，即一个行业可以从自身获得大量的投入，这也是由于聚合的行业分类。

Federica Cerina 等（2015）构建的 1995 年和 2011 年 WION“过滤”版如图 3-4 所示，每个节点代表某个经济体中的某个行业，节点的大小与其总程度成比例。边缘是直的，只存在强度大于 10 亿美元的边缘。最后，不同的颜色代表不同的经济。很明显，WION 随着时间的推移变得越来越密集，类似中国的一些国家已经转移到了网络的核心。

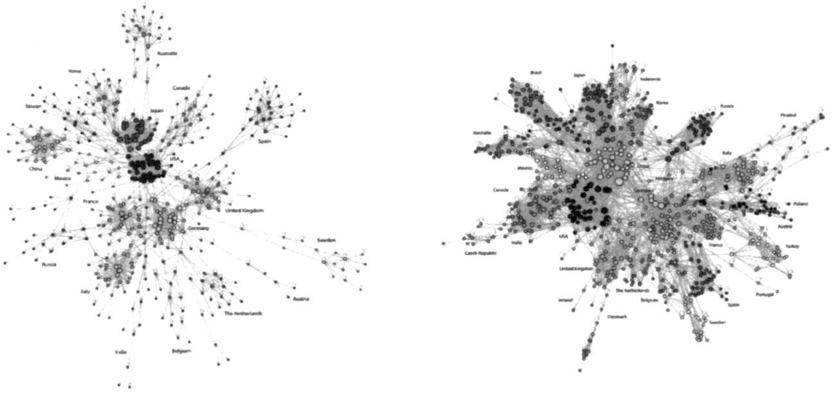

（A）　　　　　　　　　　　　（B）

图 3-4　1995 年和 2011 年 WION“过滤”版

3.5　总结与讨论

处于转型期的中国，加工贸易仍是重要的贸易方式之一，在这种贸易方式下，进口拉动的主要是进口来源地的增加值，因此，需要确定正确的贸易增加值核算方式，来研究中国出口贸易对国内增加值乃至就业的拉动效果。在国际产业转移不断加快的有利条件下，我国在几十年来的加工贸易中利用人口红利，发挥比较优势，保持了 20%以上的年均增速，规模扩张了近 800 倍，为经济社会发展做出了重大贡献。但发展中的问题也逐步积累并显现出来，如：加工制造环节附加值较低；不掌握核心技术，受制于人，自主创新能力不强；地区发展不平衡；管理机制和政策与转型升级的要求不相适应等。除此之外，当前加工贸易发展还面临着经营成本快速上升、环境资源压力不断加大、国际竞争愈加激烈等多重压力。珠三角和长三角等发达地区土地空间、能源资源、环境约束加大，特别是劳动力成本的不断上升使得发展加工贸易的国际竞争优势减弱，粗放型增长模式已难以为继。在这种背景下，我国大力推进贸易升级，发展高技术、高附加值贸易，使一般贸易模式比例逐年上升，国内产品附加值也呈现上升趋势。

一些专家和学者认为，2001 年中国“入市”以来签订的 12 年期限的特殊保障措施条款和 15 年期限的市场经济地位过渡期条款（以下简称“两反一保”）使得中国陷入了“进口高端产品并出口低端产品”和“出口实物产品换取美元纸片”的陷阱。但我国用劳动密集型产业起步，逐步发展高技术产业，努力培养核心竞争力，提升出口产品的附加值，这种模式在发展过程中也取得了一系列成效。

总之，无论是从中国或者其他发展中国家自身的发展需要出发，还是为了适应当前国际分工日益细化、要素价值频繁转移的全球化大背景，基于贸易增加值重新评估传统贸易指标、重新确定各国在国际竞争中的比较优势都具有重要的意义。目前，尽管学界已经从“贸易增加值”角度出发研究国际核算问题已经达成了共识，但是如何在生产联系日益紧密的今天采用更加完善的方式去处理和测算贸易增加值仍然是一个值得研究的课题。笔者希望能够通过对贸易增加值相关权威文献、理论的梳理，引入学者的研究数据，得出更为清晰的理论知识脉络。

第 4 章 全球价值链

Chapter Four

4.1 全球价值链的测度与描述

4.1.1 测度指标

1. 贸易增加值分解

随着国际贸易的不断发展，产品生产过程之间的联系越来越紧密，并由一条垂直的贸易链条贯穿，链条上的每一个国家都专注于一种产品生产过程的某个特定阶段。Balassa（1967）和 Findlay（1978）将这种现象称为垂直专业化。在此基础上，Hummels D. 等（2001）提出垂直专业化具备的三项特征：①一种产品的生产过程包含两个或两个以上的阶段；②在这种产品的生产过程中，两个或两个以上的国家提供了增加值；③至少一个国家在其特有的生产阶段一定会用到进口的投入品，并且部分产出一定会出口。鉴于前人仅进行过一些实证性的研究，缺乏用系统的方法定量分析垂直专业化的特征和发展，Hummels D. 等提出测度指标 *VS*，用以研究一国使用进口中间投入来生产出口商品的情况。对于国家 k 和商品或者部门 i，将 *VS* 定义为

$$VS_{ki}=\left(\frac{\text{进口中间产品}}{\text{总产出}}\right)\times\text{出口}$$
$$=\left(\frac{\text{出口}}{\text{总产出}}\right)\times\text{进口中间产品}$$

其中，VS_{ki}用来表示一国出口中进口自国外的中间产品；*VS*1 用来表示

供其他国家生产出口商品的中间产品。由于 Hummels D. 等的研究是基于单一国家的投入产出情况表，而测量 *VS*1 需要双边贸易数据和不同国家的投入产出情况表，因此他们并未给出 *VS*1 的计算公式。

Hummels D. 等的研究开创了定量分析国际贸易垂直专业化的先河，为后来贸易增加值分解的研究奠定了理论基础，具有开创性的意义。Daudin G. 等（2011）提出一个新的测度指标 $VS1^{*}$，用来表示一国出口至他国生产最终产品后由该国消费的中间产品的量。Johnson 等（2012）通过联系投入产出情况表与多国间双边贸易数据，提出了 VAX 比率的概念，用来表示一国总出口中增加值所占比重，为研究双边贸易增加值提供了一个新的视角。

2. 改善的全球价值链位置指标

全球价值链地位主要有两种：一种是可体现价值增值水平的经济地位；另一种是可度量生产分工环节的物理地位。通常认为，全球价值链地位指的是前者，而后者一般用全球价值链位置表示。但是，由于全球价值链位置指标在某种程度上能够反映不同生产环节的价值增值规律，因此可对其指标进行改善来测度全球价值链地位。

（1）全球价值链位置测度的主要指标

平均传递步长。Dietzenbacher 等（2005）较早对平均传递步长（Average Propagation Length，APL）进行了界定，主要用来测度生产网络体系中不同产业部门间的距离或复杂程度。Dietzenbacher 等（2007）进一步指出，平均传递步长指中间产品部门到最终产品部门所需经历的平均阶段数。Romero 等（2009）继而认为，平均传递步长存在后向和前向之分，可分别用来测度最终需求部门影响中间投入部门所需经历的平均阶段数和中间投入部门影响后续部门所需经历的平均阶段数。倪红福（2016）在平均传递步长理论基础上构建了广义平均传递步长（VAPL）的核算公式，认为其可囊括狭义平均传递步长、上游度、生产阶段数等价值链位置的各项测度指标。Johnson 对微观和宏观层面的全球价值链长度（APL）测算方法进行了总结，并对该指标在宏观经济、贸易、环境和产业等领域的应用进行了具体阐释。

上游度（Upstream）与下游度（Downstream）。Fally 认为，如果某一产业部门的产出更多流入生产网络的上游产业部门，则该部门位于该网络的偏上游位置。Antràs 等（2012）认为，可根据产业部门经不同中间部门到所有最终需求部门的距离来测度上游度。Antràs 等还把上游度进一步细分为行业上游度和出口上游度。其中，前者用来度量某一产业在封闭经济情况下无存货时与最终需求端的距离，后者用来测度各经济体在全球价值链中的分工位置，且需要根据前者进行计算。按照同样的思路，如果将参照点由最终需求替换为原始投入，则可得到下游度指标。Ye M. 等以各阶段引致的增加值与总增加值之比作为权重，对广义平均传递步长进行了重新定义，并以此作为产业部门的上游度测度指标。Antràs 等（2018）在对产业层面的上游度和下游度概念进行综述的基础上，利用全球投入产出表构建了一个一般均衡模型，以解释产业层面上游度和下游度的变化。

生产阶段数。Fally 将隐含在产品中的生产阶段数量定义为生产阶段数，可通过参与产品生产序列的工厂的加权和来度量，但生产阶段数仅建立在单国投入产出表的基础上。对此，倪红福等（2016）认为，可将之拓展到全球投入产出模型，拓展后的生产阶段数由两个部分构成，即国际生产阶段数和国内生产阶段数，而 Fally 定义的生产阶段数实际上是国内生产阶段数。

（2）用改善的上游度指数测度全球价值链地位

全球价值链位置测度的三个指标相互关联，上游度指数可看作平均传递步长的变体或特殊情况，而平均传递步长又是广义平均传递步长的特例。目前，上游度指数已经得到普遍应用。比如，唐（Tang）等计算出了我国各产业的上游度指数，但他们的研究仅限于单国投入产出表；Miller 等（2017）、Hagemejer 等（2017）基于 WIOD 数据库将这些指标用于跨国投入产出分析，可反映全球价值链分工中的上下游位置。

通常来讲，上游度指数只能说明某国某一产业的全球价值链嵌入位置，不能直接反映该产业的价值增值能力和全球价值链地位高低。为克服上游度指数无法严格对应全球价值链地位的缺陷，有学者对 Fally、Antràs 等提出的上游度测算公式进行了完善。张为付等（2017）采用 Johnson 等测度的出口国国内增加值替代 Antràs 等提出的出口上游度公式中的传统总值出口数据，并测算了我国制造业和服务业的全球价值链分工地位。王岚等（2015）在 Antràs 等研究的基础上，直接引入增加值系数指标，用以测度某个目标行业与其下一生产阶段所处行业的距离，改进了上游度指数需要假设各生产阶段之间距离为“1”的条件，并构建了一个可同时体现嵌入位置和增值能力的全球价值链地位指数。周华等（2016）遵循 Antràs 等构建等间距产业上游度与贸易上游度的基本原则，拓展推导出了非等间距产业上游度和贸易上游度的测算公式。在此基础上，王恕立等（2018）利用上述两类指标构建了等间距产业上游度、非等间距产业上游度、非等间距出口上游度等三个指标，用以反映全球价值链地位。尽管改善后的上游度指数既能反映各产业在全球生产链中的嵌入位置，也能较大程度地体现各产业嵌入位置的价值增值能力，但受其基于生产长度测度价值深度的固有缺陷的影响，导致测度得到的全球价值链地位较为粗略，很难精确反映全球价值链的真实位置，因此并不是全球价值链地位指数测度的首选方法。

3. 全球价值链地位指数

Koopman 等（2010）为了测度一国参与全球价值链分工的地位，在国家—产业层面构建了全球价值链分工地位指数，比较一国某产业生产的中间产品中被用于别国出口的部分和该国该企业的产出中所用到的进口中间产品。对于 r 国 i 产业来说，

$$GVC\_Position_{ir} = Ln(1+\frac{IV_{ir}}{E_{ir}}) - Ln(1+\frac{FV_{ir}}{E_{ir}})$$

其中，IV 表示间接增加值出口，FV 表示总出口中的国外增加值，E 表示 r 国 i 产业的总出口。

如果一国某产业处于供应链上游，分子就会比较大。反之，如果它处于供应链下游，那么分母就会比较大。例如，对于本土电子产业，如果日本专注于向中国的装配公司提供配件，那么对于日本来说，GVC_Position 指数值就会比较高，相反，中国的 GVC_Position 指数值就会比较低。

同时，Koopman 等指出，GVC_Position 指数的不足之处在于，即使两国在全球价值链中的参与度有很大差别，但在某一特定产业上，两国可能拥有完全相同的 GVC_Position 指数值。因此，Koopman 等又构建了全球价值链参与度指数，通过将两个指数结合起来共同测度一国某产业在全球供应链中的重要性。对于 r 国 i 产业来说：

$$GVC\_Participation_{ir} = \frac{IV_{ir}}{E_{ir}} + \frac{FV_{ir}}{E_{ir}}$$

尽管全球价值链地位指数得到了多数学者的认同，但其指标本身的科学性仍然值得商榷。Koopman 等的全球价值链地位指数构建思路实际上是以提供中间产品的上游产业链优于提供最终产品的下游产业链为前提的，这会导致资源富足的发展中国家的价值链地位高于发达国家的常识性悖论。而根据价值链微笑曲线，下游产业链物流配送、市场营销、售后服务等环节的价值增值率通常高于提供中间产品的上游产业链，即美国、日本、欧盟等发达经济体尽管处于价值链的末端，但它们的分工地位却很高，不过在 Koopman 等的全球价值链地位指数中并没有对这种情况加以考虑。

4. 出口复杂度指数

（1）出口复杂度指数的内涵及其构建

出口技术复杂度（以下简称“出口复杂度”）的概念由 Michaely M.（1984）率先提出，并经 Rodrik D.（2006）、Lall 等（2006）进行了丰富和完善。Hausmann R. 等（2007）在此基础上构建了国家层面的出口复杂度指数，其基本思路是：首先，通过显示性比较优势（Revealed Comparative Advantage，RCA）计算出某一可贸易商品的技术含量指标（prody）；其次，对各商品技术含量指标与该国不同商品出口额占该国总出口额的比重进行加权平均，即可计算得到一个国家的总体出口技术含量（expy）。Xu 等（2009）对 Hausmann R. 等的出口复杂度指标进行了修正，即将上述指标中的国家层面数据替换为某国地区层面的数据，从而可以测算得到一个国家各个地区产品的出口复杂度。

（2）基于贸易增加值分解的出口复杂度指数改善

由于显示性比较优势指数是出口复杂度指数的核心，加之全球价值链分工模式下中间产品贸易多次往返于多国投入产出活动，使得传统统计口径下的贸易出口额越来越难以准确反映一国的显示性比较优势，并进一步造成了出口复杂度指数测算的偏误。为有效剔除进口中间产品对最终产品技术含量的贡献，后续的研究用完全国内增值系数取代传统的显示性比较优势指数，并以此作为突破口。大体分两个阶段展开：

第一阶段：利用单国投入产出模型的完全国内增值系数剔除国外技术贡献。基于某一产品的全部技术含量由所在环节和中间投入品共同决定这一基本认识，姚洋等（2008）利用中国投入产出表和中间品进口比例，以直接消耗系数为权重构建某类产品的加权复合技术含量指标，以剔除国外进口品在最终产品技术含量中的贡献，从而得到产品的国内技术含量，即出口净技术含量。后续研究进一步融合贸易增加值分解的思想和原理，对姚洋等的思路进行了改进。杜传忠等（2013）利用贸易增加值分解的垂直专业化模型，通过引入非竞争型投入产出表计算得到完全国内增加值系数，对出口复杂度指数体系进行修正，构建贸易增加值视角下产品层次的净出口复杂度指数。其中，单位出口品的完全国内增加值系数等于 1 减去各部门的垂直专业化率。总体来看，利用直接消耗系数或完全国内增值系数剔除进口中间产品技术贡献的处理方法尽管在很大程度上改善了传统出口复杂度指数，但其基于单国投入产出模型的做法仍然无法测度从国外进口中间产品中返回的国内技术含量，且简单利用垂直专业化指数的做法可能存在统计偏误。

第二阶段：利用多国投入产出模型的完全国内增值系数剔除国外技术贡献。Koopman R. 等（2018）指出，传统官方贸易统计方法在价值增值上的重复计算会导致采用出口总额计算的显示性比较优势指数失真，从而使得出口复杂度指数产生偏误。而价值增加值测算原理及其分解方法可为显示性比较优势指数的重复计算问题提供新的解决途径。因此，利用多国投入产出模型，以在全球价值链上不同经济体和不同行业产生的增加值测算的显示性比较优势指数（完全国内增值系数）替代传统显示性比较优势指数，能够更加准确地测度一国的竞争力。在此基础上，王直等（2015）根据产业部门间的前向联系构建了新的显示性比较优势指数，即根据产业部门前向联系测度的本国总出口中隐含的该部门增加值（部门增加值出口 VAX_ F 与国内增加值 RDV 之和）占隐含的总国内增加值的比重与所有国家出口中隐含的该部门国内增加值占隐含的所有部门国内增加值比重的比较值。程大中等（2017）则进一步基于 Wang Z. 等（2013）、Koopman R. 等（2014）提出的后向关联视角下的贸易增加值分解原理及上述显示性比较优势指数的修正思想，利用 Timmer 等提出的出口国内增加值测算方法，通过构建贸易增加值矩阵对传统出口复杂度计算公式进行了改善，改善后的计算公式为：

$$PRODY_j = \sum_j \frac{VX_{j,i} / \sum_j VX_{j,i}}{(VX_{j,i} / \sum_j VX_{j,i})} Y_i$$

$$EXPY_i = \sum_j \left(\frac{VX_{j,\ i}}{\sum_j VX_{j,\ i}}\right) PRODY_j$$

其中，$PRODY_j$ 表示 j 行业的技术含量；$VX_{j,i}$ 为 i 国 j 行业的贸易增加值出口额，对应 Wang Z. 等分解法中的第 1 项至第 8 项或 Koopman R. 等分解法中的第 1 项至第 5 项；$EXPY_i$ 表示 i 国总体出口技术含量；Y_i 为 i 国人均收入水平，以人均 GDP 表示。

事实上，上述采用完全国内增值系数的测度方法与采用国内贸易增加值占比的做法本质上是一致的，理论上均能有效剔除进口中间产品对最终产品技术含量的贡献，只是在具体指标测度上存在差异。其中，前一种方法基于单国投入产出模型，并主要采用垂直专业化指数间接测度完全国内增值系数；后一种方法利用多国投入产出模型并基于贸易增加值分解思想直接测度完全国内增值系数，因而能够更加有效地剔除进口中间产品对最终产品技术含量的贡献。这两种方法都存在没有将不同价值链分工环节的异质性规律考虑进来的缺陷。

4.1.2　典型特征描述

1. 全球价值链条的驱动力

全球价值链理论中关于动力的研究，基本延续了 Gereffi G. （1999）在全球商品链研究中给出的全球商品链运行的生产者驱动和购买者驱动两种模式，认为全球价值链条的驱动力基本来自生产者和采购者两方面，即全球价值链各个环节在空间上的分离、重组和正常运行等是在生产者或者购买者的推动下完成的（张辉，2006）。生产者驱动，是指由生产者投资来推动市场需求，形成全球生产供应链的垂直分工体系，投资者可以是拥有技术优势、谋求市场扩张的跨国公司，也可以是力图推动地方经济发展、建立自主工业体系的本国政府。在生产者驱动的全球价值链中，跨国公司通过全球市场网络来组织商品或服务的销售、外包和海外投资等产业前后向联系，最终形成生产者主导的全球生产网络体系。生产者驱动的价值链条更有点类似传统的“进口替代”策略。采购者驱动，是指拥有强大品牌优势和国内销售渠道的经济体通过全球采购和 OEM 等生产组织起来的跨国商品流通网络，形成强大的市场需求，拉动奉行出口导向战略的发展中国家的工业化。采购者驱动的全球价值链条中成熟的大型零售商和品牌商是链条的核心和动力之源。采购者驱动的价值链条更有点类似“出口导向”和“生产体系的网络化”。

生产者驱动的价值链条大多是如同汽车、航空、计算机、半导体和装备制造等技术、资本密集型产业或一些新兴的现代制造业；购买者驱动的价值链条大多是如同鞋业、服装、自行车和玩具等劳动密集型的传统产业。生产者驱动的价值链核心环节对其下环节的控制一般都会通过海外直接投资的形式来完成；购买者驱动的价值链中生产环节则大多由位于发达国家的大型零售商、品牌商和代理商等通过外包网络关系将这些业务分包给发展中国家的合约商（张辉，2006）。通过购买者驱动的商品链条完成产业升级发展的成功案例有20世纪五六十年代的日本，20世纪七八十年代的韩国、中国台湾和东南亚等国家和地区，以及20世纪90年代以来的中国（Gereffi G.，1999）。

二元动力论是基于进入不同产品市场的进入门槛差异产生的（Dicken，P. 等，2001）。因此，其动力机制基本是按产业部门来划分。而在现实世界中，同一产业部门内两种动力机制是有可能共存的，甚至同一产业部门内部不同价值环节的动力机制有可能完全相悖，这也是导致同一行业内不同企业行为差异的一个重要原因（张辉，2006）。此“二元区分标准”在后续研究中所暴露出来的问题不但越来越严重，而且也越来越无法自圆其说。对此，Gereffi 本人也认为，将全球商品链划分为购买者驱动和生产者驱动的二分法并不能很好地与实际经济情况相吻合（Gereffi G.，2001）。

综上所述，在实际经济活动中，除了购买者驱动和生产者驱动的产业链条外，实际上还有许多产业链条处于两者之间，即同时具备了购买者驱动和生产者驱动的特征（张辉，2006）。从各方的研究来看，这一区分在理论上应该从价值增值序列过程的具体环节划分，而不应该按照部门划分。部门划分法应该是将理论应用到实践中的时候，根据具体情况所做的具体工作。这种研究思路也比较符合全球价值链和产业集群研究中一直倡导的具体问题具体分析的研究思路，而不是静态地套用模型来分析问题。在全球价值链的架构之下，我们知道价值链蕴含着地区间价值分工的不平等，价值链中利润最丰厚的两端——下游的市场营销和上游的关键零部件等，往往属于核心企业或地区，中间生产部分则是处于被压榨的状态。由此，全球价值链根据其价值形成过程可以划分为生产环节和流通环节。生产环节主要指全球价值链中生产加工、产品设计等过程；流通环节主要指全球价值链中品牌推广、市场销售、物流配送、售后服务等过程。

购买者驱动的全球价值链和生产者驱动的全球价值链在价值形成中并不是在生产环节到流通环节的过程中均匀或线性分布的。在购买者驱动的全球价值链中，主要价值增值份额都偏向于流通环节；从生产环节向流通环节转换过程中，价值增值率是边际递增的。而在生产者驱动的全球价值链中，主要价值增值份额都偏向于生产环节；从生产环节向流通环节转换过程中，价值增值率是边际递减的（张辉，2006）。部分产业链条的价值增值在生产环节和流通环节都有偏重；在生产环节向流通环节的转变过程中，先表现为价值的边际价值增值率递减变化，然后又表现为价值的边际价值增值率递增变化。即生产者和采购者二者兼具的全球价值链动力模式。

从全球价值链驱动力的区别来看，不同的价值链应该有着不同的游戏规则。以产业资本为原动力的全球价值链条更加强调技术的研究与发展、生产工艺的不断改进、产品的不断更新、通过产业的垂直一体化来强化规模经济效应和加强基础设施等硬件的建设等方面；而以商业资本为原动力的全球价值链则强调市场营销、拓展销售渠道获得范围经济，将制造业从产业链条中分离出去、加强信息等软环境的建设。由此看出，在参与全球竞争的产业发展过程中，如果该产业参与的是生产者驱动的全球价值链，那么以增强核心技术能力为中心的策略就是合乎全球竞争规则的正确路径；同样，那些参与采购者驱动的全球价值链的产业，就更应强调“销售渠道”等的拓展，来获取范围经济等方面的竞争优势（张辉，2004）。

2. 全球价值链的治理

全球价值链的治理从理论上根源于交易成本经济学、企业网络学说、企业技术和学习能力三个学说（Gereffi G. 等，2005）。起源于 20 世纪 30 年代的交易成本经济学着重研究了企业与市场之间的关系，即企业的边界是什么和为什么会有企业存在。发源于 20 世纪 80 年代的网络学说，一方面着重研究了企业是如何有条不紊地运作各类繁杂的专业化交易；另一方面则是企业如何在不诉诸业务垂直整合的情况下应付机会主义的问题。发源于 20 世纪 50 年代的企业技术和学习能力学说重点分析了企业为什么会宁可购买一些复杂的专业化产品或服务，而不是将其整合到企业内部的现象。由于以上三大学说在解释全球价值链治理中各有侧重，加之全球价值链实证研究的不断进展，因而才有了一个集各家所长的全球价值链治理学说。

根据全球价值链中行为主体之间协调能力的高低，全球价值链治理模式主要分为五种：市场型（Markets）、模块型（Modular value chains）、关系型（Relational value chains）、俘获型（Captive value chains）和等级制（Hierarchy）（Gereffi G. 等，2005）。五种治理模式中市场和等级制分别处于价值链中行为主体之间协调能力的最低端和最高端。在现实世界中全球价值链的治理模式的选择基本上是在动态平衡外部采购和纵向一体化之间的利益和风险中得出的，因而现实世界中五种治理模式不但总是相互交错存在的，而且之间存在着一个动态的转换机制。

五种治理模式中模块型、关系型和领导型同属于网络治理模式。模块型治理模式中厂商虽然会根据客户或简或繁的要求来提供产品和服务，不过厂商可以依托自身的加工技术和限制投资专用性来为客户提供关键性产品和服务。该模式中，交易过程中所需的监督和控制程度都很低。关系型治理模式中厂商一般都是通过声誉而相互集聚在一起，其一般会表现出很强的社会同构性、空间邻近性、家族和种族性等特性。该种治理模式最常见于第三意大利那样的产业区中（Piore 等，1984）。俘获型治理模式中众多中小厂商特别是小型厂商主要依附几个大型厂商。由于改变这种依附关系要付出很高的变更成本，因而中小厂商在这种模式中是被大型厂商所领导的，该种模式中大型厂商一般对中小型厂商有很强的监督和控制力。

4.1.3 全球价值链 GVC 诊断

近年来，各界学者相继提出了各类衡量指标以更好地认识与评估不同国家参与 GVC 分工的具体特征，如参与度、生产长度和位置等。利用上述指标，学界开始从不同角度研究中国参与 GVC 的情况。

制造业方面，周升起等（2014）基于经济合作与发展组织和世界贸易组织联合发布的 TiVA 统计数据，采用 Koopman 等提出的“GVC 地位指数”，测算分析了 1995—2009 年中国制造业及内部各部门在 GVC 中的国际分工地位及其演变情况，结果显示：目前中国制造业整体及内部各部门在GVC 中的国际分工地位仍处于较低水平；无论自身比较还是国际比较，中国劳动密集型制造业部门在 GVC 中的国际分工地位明显高于资本、技术密集型和资源密集型制造业部门；1995—2009 年，中国制造业及内部各部门在 GVC 中的分工地位呈现出“L”形变化特征，这一演变特征与中国的要素禀赋、工业化发展进程和经济发展战略变化有关。而王岚（2014）的研究表明，我国制造业的国际分工地位经历了先下降后上升的“V”形发展趋势。融入全球价值链的模式不同，导致参与全球价值链分工对我国不同技术层次行业国际分工地位的影响存在差异。中国低技术制造业在融入全球价值链的同时实现了国际分工地位的提升；而对于中高技术行业，参与全球价值链分工的“锁定”效应十分明显。刘琳（2015）利用 WIOD 数据库测度了中国整体及三类技术制造业行业参与全球价值链的程度及其在国际分工中的地位。研究结果表明，1995—2011 年中国参与全球价值链的程度逐年增强，加入世界贸易组织更是加速了中国融入全球价值链的进程。但是中国的 GVC 地位指数均为负，说明中国整体处于全球价值链的下游位置，在国际分工中的地位较低。但三类技术制造业却表现出不同的动态演变特征。其中，中技术及高技术制造业的国际分工地位在波动中下降，而低技术制造业的国际分工地位却稳步提升并向上游位置靠近。尹伟华（2016）基于世界投入产出表数据，通过构建后向和前向垂直专业化率及全球价值链地位指数，较全面地分析了中日两国制造业参与全球价值链的程度、模式和地位变化情况，认为中国制造业位于全球价值链下游位置，且有一定的攀升趋势。赖伟娟等（2017）则是通过将中国和欧盟、美国、日本与世界其他国家进行比较研究，构建投入产出的五国模型，用真实国内贸易增加值以及 GVC 地位指数对中国及其他三大经济体不同行业在GVC 全球价值链上的分工地位及竞争力进行深入分析，剖析四大经济体参与全球价值链的分工特征后发现：中国以单环节参与为主，处于全球价值链下游，但在技术密集型领域向上游移动趋势明显。

服务业方面，陈健等（2018）基于跨国、跨行业投入—产出框架，构建了广义增加值平均传递步长概念（Value - Add Propensity Length, VAPL），剖析了我国服务业在全球价值链分工中的地位、演变规律及其提升的影响因素与内在机制。定量分析表明，得益于生产服务业较高的

VAPL 水平和持续增长，中国整体服务业 VAPL 起点水平并不低，并且也呈现出稳定的增长特点。实证结果表明，劳动密集型服务业 VAPL 提升的多因素驱动性更强，技术密集型服务业则对制度环境、制造业需求关联和国内生产分割水平更敏感。国内价值链分工体系的拓展，有助于激发制度和市场规模正效应；国际价值链分工体系的拓展，则有助于释放创新能力正效应。王厚双等（2015）采用世界贸易组织和经济合作与发展组织联合发布的 TIVA 统计数据，选定 2009 年服务贸易前 6 名的国家——美国、英国、德国、法国、中国和日本以及其他金砖国家——印度、俄罗斯、巴西、南非，共 10 个国家，测算了这 10 个国家在 1995—2009 年的服务业整体和分行业的“全球价值链地位”（GVC_ Position）和“全球价值链参与度”（GVC_ participation）指数，以分析对比中国与其他 9 个国家的服务业在全球价值链分工中的地位和参与程度。结论显示：我国服务业整体的全球价值链地位指数呈先下降后上升的趋势，但与其他国家相比差距仍然较大。分行业看，各行业全球价值链地位指数和服务业整体一样，在“入世”5 年缓冲期之后呈上升趋势，但在考察期内服务业整体和各行业的全球价值链地位指数都低于 10 国的平均值。

对于高技术产业，黄先海等（2010）基于改进的非竞争型投入产出模型，提出了一个分析一国高技术产业国际分工地位的新框架，即通过编制区分高技术产业和传统产业的非竞争型投入产出表，计算“加权的增加值-生产率”指数并进行跨国比较分析。研究表明，中国的高技术产业国际分工地位从 1995 年以来因为劳动生产率的明显进步而快速提高，但与主要发达国家相比仍有较大差距，还不具备挑战世界高技术产业领先地位的实力。同时研究还发现，传统的出口总额统计法高估了中国高技术产业的国际分工地位。郭晶等（2012）运用非竞争型投入占用产出模型剔除进口中间产品的方法，构建高技术产业完全国内增加值率指标来衡量高技术产业的国际分工地位，并对高技术产业国际分工地位的影响因素进行跨国实证。结果表明，1995—2005 年，日本、美国的高技术产业始终处于领先地位，澳大利亚、法国、希腊、印度尼西亚等国高技术产业的国际分工地位快速提升，而中国、波兰、南非、土耳其等国则明显下降；高技术产业国际分工地位的提升主要依赖于人力资本要素尤其是创新型人力资本，研发经验和经济规模未对其国际分工地位产生积极影响。

廖泽芳等（2013）以世界贸易组织与经济合作与发展组织新推出的附加值贸易统计数据为基础，对中国在全球生产网络中的价值链地位进行分析。结果表明，中国在全球生产网络中处于“加工贸易”环节，与主要原材料和中间产品出口国之间存在附加值逆差，与欧美等最终产品进口国之间存在附加值顺差。与欧美发达国家相比，中国的附加值出口贸易具有较高的国外附加值、较低的国内附加值、服务附加值偏低等特点。国内自给能力较强的制造业和开放程度较低的服务业具有较高的国内附加值，而国外附加值较高的行业则集中在中间进口品占比较高的高技术密集型产业。闫云凤（2016）借鉴 KPWW 的测算框架，从增加值贸易角度将总出口进行分解，测度并比较亚太经济合作组织（APEC）九个主要经济体的增加值贸易竞争力，结果表明：按照增加值贸易统计，各成员国在世界贸易中的地位和贸易失衡情况基本没有改变，但出口对各成员国经济增长的贡献却下降了。各成员国增加值出口普遍小于传统贸易统计方法下的全值出口，其中韩国、墨西哥、中国、加拿大增加值出口比重相对较低，说明传统贸易统计夸大了这些国家在全球价值链中的贸易利益。“重复计算”部分分解的结果表明，中国、韩国、墨西哥、印度尼西亚、加拿大处于中间加工制造环节。同时指出，增加值贸易统计不仅能够真实反映各国在国际分工中的地位，还能更好地反映贸易利益分配格局，修正贸易差额对贸易利益的扭曲。赵玉焕等（2019）基于对外经济贸易大学全球价值链数据（UIBE GVC Index），从前向与后向联系的角度对 2000—2014 年中国整体及不同类型行业参与全球价值链（GVC）的程度、生产长度和位置进行测算，关注金融危机尤其是 2011 年后中国参与 GVC 分工的新特征；在此基础上，利用计量经济学方法分行业研究参与 GVC 分工对就业的影响。研究结果表明，参与 GVC 分工方面：中国整体行业后向参与度远高于前向参与度，两者均呈现“M”形演变趋势并于 2012 年之后下降；整体行业参与 GVC 分工的位置居于下游，呈“N”形变动趋势并在 2012 年后回升；制造业 GVC 参与度更深，而服务业 GVC 分工位置更高；高技术行业的 GVC 参与度和位置都高于中低技术行业，光电设备等高技术行业前向参与度有所提高。

4.2 全球价值链的决定因素

4.2.1 经济规模

在全球价值链区位配置的影响因素中，本土市场的消费需求无疑是其中重要的一种，因为市场规模的扩大会诱发价值链上其他生产环节和阶段向本土市场进行梯度转移。因此，本土市场规模扩张会通过影响价值链区位配置的作用机制而改变一国制造业在全球价值链分工中的地位。但这种影响具有异质性特征，也就是说，对于位于制造业全球价值链中不同地位的国家而言，其产生的影响是不同的。在全球价值链分工中占据主导地位的国家如美国，由于其已经处于制造业全球价值链的中高端，因此，其本土市场规模的进一步扩张，诱发梯度转移的价值链生产环节和阶段，与原本置于本土市场的生产环节和阶段相比，必然更具有低端特征，从而必然拉低其制造业全球价值链分工地位的平均水平，即表现为分工地位的下滑。以低端嵌入全球价值链分工体系的发展中国家诸如中国，由于所承接的制造业生产环节和阶段属于中低端，因此，其本土市场规模的进一步扩张，诱发梯度转移的价值链生产环节和阶段，与原有承接的生产环节和阶段相比，必然更具有高端特征，从而有助于提升其制造业全球价值链分工地位的平均水平，即表现为在全球价值链上的攀升。总之，本土市场规模扩大虽然能够改变一国制造业全球价值链分工的地位，但这种改变并非一定表现为在价值链上的攀升。

然而值得注意的是，虽然本土市场规模扩张对不同国家制造业全球价值链分工地位，可能会产生看似相左的影响，尤其是对于原本处于价值链高端的诸如美国而言，其整体价值链分工地位的“下滑”，绝不可以理解为其真实分工地位的下降。恰恰相反，从全球价值链区位配置的角度看，其他生产环节和阶段不断向其本土市场的“回流”，虽然表面上会降低其分工地位指数的平均水平，但实质上是对全球价值链控制能力的进一步强化。这是因为，一方面，从美国等经济体的本土角度看，价值链生产环节和阶段的回流，意味着其通过扩大本地市场规模不断实现对价值链由上至下的控制；另一方面，从全球价值链区位配置对其他国家和地区的影响看，更多生产环节和阶段向诸如美国等发达国家的回流，必然意味着原本已经承接了这一部分生产环节和阶段的国家和地区，现在由于面临着“再转出”问题从而被迫退守价值链生产环节的更低端环节，这不仅意味着其制造业全球价值链分工地位更低，同时还意味着其承接生产环节和阶段能力的弱化。因此，伴随本土市场规模的扩大，虽然对于诸如美国等这样的发达国家而言，并不表现为制造业在全球价值链上的攀升，但其自上而下控制能力的不断延伸，却恰恰说明了其分工地位的稳固和价值链主导和控制能力的增强。从这一意义上看，美国的“再工业化”和“制造业回流”有着异曲同工之妙。因此，无论是从已经占据全球价值链高端的国家来看，还是从全球价值链分工中处于中低端地位的国家来看，本土市场规模扩大对于夯实其参与全球价值链分工能力无疑都是具有重要意义的。

通过融入全球价值链分工体系，中国制造业虽然获得了长足发展和快速进步，但“大而不强”仍然是当前发展面临的现实问题，亟待从以往的“低端嵌入”向价值链中高端攀升。目前，中国已经成为世界第二大经济体，本土市场规模已经取得了一定的在位优势。这一规模优势不仅能够成为培育本土企业的重要土壤，也是据此诱发制造业全球价值链中高端环节和阶段向国内转移的重要引力因素。因此，如何充分利用本土市场规模的在位优势，将其转化为真正的竞争优势，从而诱发跨国公司将更高端的生产环节和阶段配置到国内来，不失为促进制造业攀升全球价值链的重要举措，也是实现党的十九大报告提出的“促进我国产业迈向全球价值链中高端”的有效途径之一。如果说依托本土市场规模优势而培育和支撑企业成长和发展是一种“慢变量”的话，诱发既有全球价值链生产环节和阶段的梯度转移则是一个相对的“快变量”。因此，利用这一优势和作用机制更加有利于在短期内加快实现中国制造业向全球价值链中高端攀升。当然，将潜在规模优势转化成现实竞争优势，仍然面临着诸如解决市场分割、完善消费体制机制等问题。

4.2.2 贸易投资壁垒与激励

全球价值链的本质是生产活动的跨国界分布。因此，在商品频繁跨国界流动的情况下，贸易壁垒成为参与全球价值链的主要阻碍，会影响贸易流量并增加参与全球价值链的成本。在中间产品不断进行跨国交易的贸易模式下，即使很低的关税也可能对参与全球价值链的经济体造成很大的影响（Wang X. 等，2019）。Koopman 等（2012）通过测算“关税累积效应”，指出在考虑价值链的全部阶段时，关税对于贸易的保护程度越发重要。Rouzet 和 Miroudot（2013）考察了世界主要经济体，明确指出关税造成的贸易保护效应对于全球价值链环境有着累积效应。

兰宜生等（2019）通过将一般制造业和高技术产业进行比较，分别就中间产品和最终产品的关税对行业在全球价值链中的地位和参与度产生的影响进行了实证研究，发现无论是对中间产品还是最终产品征收关税，都不利于行业参与全球价值链，并且高技术行业的全球价值链参与度所受到的不利影响要高于一般制造业。

魏悦羚等（2019）通过运用 Wang 等（2013）和王直等（2015）的国家—部门层面总出口完整核算框架，对中国的双边—部门层面出口国内增加值率（DVAR）进行测算，发现降低中间产品和原材料的进口关税——即实施进口自由化政策，有助于显著提升 DVAR，从而提升行业在全球价值链中的地位。

中国的对外贸易显示出两个不同的特征：中国企业参与全球价值链的程度不断加深。同时，来自中国的贸易伙伴国的贸易壁垒也日益增高。一方面，伴随着经济全球化的不断扩张、信息技术的不断发展和跨国公司引领的生产要素全球化分配，中国的对外贸易迅速发展，已经形成了全新的生产和贸易模式。全球范围内的分配提升了中国参与全球价值链的深度和广度，使得中国成为世界经济体系之中不可或缺的一部分。另一方面，中国的商品不断面临着来自全世界范围内的贸易壁垒。自 2000 年以来，针对中国的反倾销（AD）案件已经占到了全球该类案件的 1/5 以上，其中相当一部分案件最终导致了其他国家向中国征收反倾销关税（Wang X. 等，2019）。

Wang X. 等（2019）研究发现，2000—2014 年，中国总出口的外国增加值率（FVAR）在某种程度上增加了，但是并没有持续下去，而是不断地波动。最终商品的外国增加值率在这一期间先上升后下降，同期中间商品的外国增加值率取得了微弱的上升。这样的结果表明，中国的出口企业在不断从全球价值链的底端向顶部攀升，但是攀升的速度较为缓慢。中国的贸易伙伴国的反倾销诉求显著抑制了中国众多产业参与全球价值链的想法。反倾销案件对于三种类型的增加值率（总出口、最终商品和中间商品出口）和中国的产业在全球价值链中的地位产生了显著的负面影响。

闵剑等（2019）以 2001—2015 年进行跨国并购的 A 股上市中国制造业企业为研究样本，利用混合截面门槛模型实证分析融资约束对企业跨国并购绩效的非线性影响，并采用 Zhi Wang 等（2017）新近提出的全球价值链指标体系，研究行业全球价值链地位与嵌入度对企业融资约束与跨国并购绩效的影响。研究结果显示：融资约束对制造业企业跨国并购绩效的影响存在门槛效应，适度的融资约束有利于提高企业并购绩效；当前中国制造业的全球价值链地位抑制了企业跨国并购绩效，并对融资约束与并购绩效的关系有负向调节作用；中国制造业较高的全球价值链嵌入度促进了企业跨国并购绩效，并对融资约束与并购绩效的关系有正向调节作用。

郭飞等（2012）以及聂名华等（2016）的研究表明，对外直接投资可帮助母国获得逆向溢出技术，进而拓展其在全球价值链中的市场份额。马述忠和刘梦恒（2016）认为中国对外直接投资是推动全球价值链分工下国际生产网络形成的重要途径。李俊久和蔡琬琳（2016）、宋勇超（2017）的研究也发现中国的对外直接投资有助于其全球价值链分工地位升级。胡晓燕等（2019）认为，对外直接投资有效促进了中国各种类型全球价值链生产规模的扩张，且具有长期性和滞后效应；对外直接投资对不同类全球价值链生产规模的促进效应存在大小差异，其中对简单全球价值链生产规模的促进效应最大，进而不利于中国全球价值链生产结构的深化；短期内对外直接投资不利于全球价值链生产产业结构的内涵式优化，但长期来看有利于后期全球价值链生产产业结构的内涵式优化；短期内对外直接投资有利于全球价值链生产产业结构的外延式优化，但长期来看对全球价值链生产产业结构的外延式优化效用趋于弱化。

4.2.3　技术

Costinot 等（2019）提出，假设有任意数量的国家，一种生产要素，一系列中间产品和一种最终产品。最终产品的生产过程是有固定顺序的并且受制于生产过程中所出现的错误。假设在供应链中错误出现的概率服从一个恒定的泊松率，并将此视为一国的外生技术变量。当错误出现时，所需的中间产品将完全损失。由于生产过程的连续性，生产力水平的绝对差异将为某些国家带来比较优势。在自由贸易达到均衡的条件下，在所有生产步骤中出现错误的可能性较低的国家将会专注于生产过程的最后几个阶段。

4.3 全球价值链的影响

4.3.1 对贸易流量的影响

随着国际分工进一步细化，中间品贸易的迅速发展和全球价值链的形成对已有的贸易统计提出了新挑战，由此也影响了国际贸易对经济周期联动作用的估计。例如，在全球价值链背景下，双边贸易已经不再单纯反映两国之间的供求关系，实际上还包括隐含在最终品中的第三国增加值，而两国之间的真实贸易水平事实上需要进一步剔除隐含在商品内的第三国增加值，即第三国效应（Duval 等，2016）。以国内增加值作为贸易核算标准的增加值贸易统计方式，为剔除第三国效应提供了可能。一般而言，双边贸易对两国的经济周期联动的影响存在着两种不同的效应：一种表现为双边贸易产品之间存在的相互替代关系，使得两国的联动性减弱（Backus 等，1992）；另一种表现为中间产品贸易所形成的垂直或互补关系，使得两国之间的联动性加强（Ng，2010；Di Giovanni 和 Levchenko，2010；潘文卿等，2015）。唐宜红等（2018）利用行业层面双边出口的增加值分解数据，从增加值贸易视角研究了全球价值链嵌入对国际经济周期联动的影响。研究表明：从整体上看，GVC 嵌入对经济周期联动存在显著的正向影响；从产业层面看，在增加值贸易视角下，虽然同行业和跨行业的 GVC 嵌入对经济周期联动均存在显著影响，然而同行业的 GVC 嵌入对国内增加值存在挤出效应，不利于增强经济周期的联动，不同类型产业（服务业、制造业）的 GVC 相互嵌入对经济周期联动的正向影响均较明显，但服务业与制造业的相互嵌入对经济周期联动的促进作用更大；从区域层面看，GVC 嵌入程度主导了国际经济周期联动性。中国的跨行业 GVC 嵌入对促进经济周期联动较为明显，中国与欧盟、北美地区相互价值链嵌入对经济周期联动影响显著。随着中国加入世界贸易组织后，GVC 嵌入程度的加深，中国与世界的周期联动水平不断提高。

4.3.2　对就业与收入的影响

张桂梅等（2012）分析指出，价值链分工对发展中国家有创造就业岗位、改善就业结构和提升就业质量等作用。但同时，价值链分工也可能带来就业的挤出、人力资本争夺、低成本就业难以持续及就业的外部冲击等风险。单从就业数量来看，价值链分工对发展中国家就业的净效应是创造效应与挤出效应的差额，可能是正效应也可能是负效应。而决定价值链分工对发展中国家就业净效应大小的影响因素有外资的进入方式、出口加工企业在原材料、零部件使用中的国产化程度以及外资企业与国内企业的竞争方式和企业的资本构成等。如果遇到国际经济波动或者本国加工、外包优势丧失、本国经济政治波动时，本国会立刻面临外资撤走、加工或外包基地被转移的境地，由此可能带来产业萎缩甚或消亡，曾经就业创造的利益瞬间消失。

李强（2014）研究指出，我国企业以“贸易型”和“产业型”两种方式嵌入全球价值链能够显著提高企业雇用劳动力的数量、能够显著提高企业的工资水平和女性劳动力的雇用数量，但是对雇用高技能劳动力具有不同的影响。“贸易型”嵌入全球价值链对雇用高技能劳动力影响不显著，“产业型”嵌入全球价值链对雇用高技能劳动力具有明显的促进作用。

马风涛等（2015）利用世界投入产出表计算了 1995—2009 年中国制造业部门基于全球价值链分工的熟练劳动力相对就业水平，发现几乎所有部门都经历了熟练劳动力相对就业上升的过程。与此同时，中国制造业部门产品的国外增加值比例也呈增长态势，参与全球价值链分工的程度不断提高。回归结果表明，从总体上看，中国制造业部门参与全球价值链分工可以提升熟练劳动力的相对就业，改善国内的劳动力就业结构。

刘会政等（2017）在总贸易核算框架下构建了 GVC 就业效应分析模型，对中国参与 GVC 不同模式的就业拉动量进行测算，并通过结构分解法分析不同参与模式下拉动就业的影响因素。研究结果表明：中国整体后向参与率高于前向参与率，初级产品和资源产品及服务业主要以前向模式参与 GVC，制造业主要以后向模式参与 GVC；制造业是低技术劳动力就业的主要拉动行业；劳动密集型制造业及初级产品和资源产品对总体和低技术劳动力就业的拉动能力最强，技术密集型服务业对高技术劳动力的就业拉动能力最强；最终品和中间品出口是就业量变化的主要影响因素，技术密集型制造业就业量受技术水平提高的影响较小，后向参与模式中，国外增加值率是资本密集型行业就业量增加的主要影响因素。

杨继军等（2017）利用非竞争型投入产出模型构建了单位增加值的就业效应指标，开展了相应的部门分解，结合 WIOD 数据库，计算了 1995—2011 年中国制造业细分行业的完全增加值系数和完全就业系数。结果表明：传统的以产出为基准计算的就业量低估了国内真实边际产出对就业的拉动作用，即以单位增加值为基准计算的就业效应更大；虽然低端技术制造业在融入全球价值链中的就业创造效应最强，但其并不稳定，对外部冲击也十分敏感；低端制造业向全球价值链高端环节攀升过程中，增加值上涨与就业增长短期内呈现出此消彼长的关系；将制造业各行业的单位增加值的就业效应进行部门分解发现，中高端制造业与服务业耦合发展是未来国内就业增长的重要方向。

李磊等（2017）利用中国微观企业数据估计了企业的全球价值链参与情况，也研究了企业参与全球价值链对劳动力就业及其结构的影响。研究结果表明：企业参与全球价值链对劳动力就业具有显著正向的影响，这种正向影响不受全球价值链参与估计方法、控制变量范围的影响，企业参与全球价值链比出口更能促进劳动力就业；企业参与全球价值链对劳动力就业的影响呈“倒 U”形，当企业全球价值链参与度为 0.62 时，其对劳动力就业影响最大；企业参与全球价值链对不同行业劳动力就业的影响存在差异，其对轻工业企业劳动力就业的影响比重工业更大；企业参与全球价值链对就业结构也存在影响，企业参与全球价值链对低技能劳动力和女性劳动力群体的需求更大。

吴晓怡等（2019）运用 Rosenbaum 和 Rubin（1983）提出的倾向得分匹配方法，构建 Logit 模型，通过匹配 2000—2006 年中国工业企业数据与中国海关进出口数据，从多角度研究中国制造业企业在参与全球价值链的过程中，平均工资水平所受到的影响。总体上，参与全球价值链能够显著提升平均工资水平；其中，一般贸易企业所受到的促进作用更为显著，而加工贸易企业所受到的影响相对滞后；中东部地区平均工资水平的提升较西部地区更为明显；国有企业由于其薪酬制度和工资机制受市场化影响较小，因此其平均工资水平受到全球价值链的正向作用明显低于民营企业和外资企业；参与全球价值链对平均工资水平的影响与企业规模则呈现出负相关关系，即小型企业工资水平所获提升较多。

赵玉焕等（2019）研究表明：不同行业参与 GVC 分工对就业的影响存在显著差异；整体行业位置指数尤其是后向模式参与度的提高会对就业产生负面影响，一次跨境的简单 GVC 对就业的正向拉动作用最大，其次是前向模式参与度；与整体行业不同，相对于服务业与中低技术行业，制造业与高技术行业位置的提高将促进就业；服务业前向 GVC 复杂生产长度以及整体与细分行业的简单 GVC 都与就业呈正相关。

4.3.3　对技术与产业升级的影响

关于产业升级国际上主要分为两大学派。一是关注核心竞争力的研究（Hamel G. 和 Prahalad C.，1994），该学派所关注的企业核心能力主要表现为企业处理以下事务的能力：①为最终消费者提供所需价值的能力；②相对独特的竞争策略，即大多竞争者都无法掌控该策略；③难以复制，使得进入门槛很高。因此，创新的能力来源于：一方面是这些竞争优势的强化和积聚；另一方面将那些不符合这三类标准的经济活动从企业等级制中分离出去。二是关注动态能力的研究（Teece D. and Pisano G.，1994），该研究强调，企业利润从长期来看并不能通过控制市场来获得，而只有通过发展企业的动态能力来获取。该动态能力来源于：企业内部加工流程，该流程应该有利于学习效应的发挥，包括改进型学习过程；企业所处形势，即企业要进入的特别竞争领域要么在其内部，要么可以通过区域或国家创新系统获取；企业的发展路径即企业的发展轨迹，因为变化总是有路径依赖效应的。

这两个研究思路都是研究产业升级现象的良好素材。不过，由于两种研究思路不但都停留在企业层面，而且也无法解释价值链上众多相关联企业所带来的产业的系统升级过程，因而其弱点也是显而易见的。这一点对于企业核心竞争力的研究思路尤其是一个很大的缺陷，其明显忽略了产业沿着价值链升级过程中所应该包括的外部采购或产业分离现象。因此，为了抓住产业升级的核心，就必须通过一个更广阔的视角来检视升级问题。产业升级的中心可以包括价值环节内在属性和外在组合等两个方面的变动，这两个方面都连接在同一链条中或不同链条之间的相互关联中。全球价值链所关注的产业升级主要落实到以下四个具体方面：工艺流程升级、产品升级、产业功能升级和链条升级。工艺流程升级是通过提升价值链条中某环节的生产加工工艺流程的效益，由此达到超越竞争对手的目的。产品升级是通过引进新产品或改进已有产品来达到超越竞争对手的目的。产业功能升级是通过重新组合价值链中的环节来获取竞争优势的一种升级方式。价值链条升级是从一产业链条转换到另外产业链条的升级方式。例如，中国台湾企业从晶体管收音机生产转到计算机生产，从电视再到电脑监视器以至掌上电脑等的一系列过程。不过，这种转换一般都来源于突破性创新。对以上四种产业升级方式，众多研究表明其内部是有一定的规律可循（Gereffi，1999）。业界普遍认为，产业升级一般都遵循从工艺流程升级到产品升级，再到产业功能升级，最后到链条升级。这一升级规律基本上可以通过东亚众多国家或地区工业化进程来加以佐证。此外，产业升级过程中有一点是可以肯定的，就是产业升级的不断深化，也是参与价值链中属于实体经济活动的环节变得越来越稀少的一个过程。这从一个侧面说明了全球产业转移实际上是高低不同附加值的价值环节在空间上的一次优化调整和再配置。

余东华等（2019）选取 2001—2014 年的中国制造业行业面板数据，采用 KPWW 和全面 FGLS 方法实证检验了 13 个制造业行业嵌入全球价值链后的转型升级状况，发现嵌入全球价值链总体上能够推动中国制造业转型升级，由于“低端锁定”及“吸收门槛”效应的存在，嵌入全球价值链的地位与制造业转型升级程度之间存在“U”形关系，低端嵌入不利于制造业转型升级，迈过“拐点”后的中高端嵌入能够明显推动制造业转型升级。

Noble 等（2005）通过研究中国台湾产业升级政策发现，那些起初定位于 GVC 低端后来却转型为并行地构建根植于“国家价值链”（National Value Chain，NVC）体系的后进国家和地区的企业，却出现了逐步的产业升级，形成了一定的国际竞争力。据此，刘志彪等（2007）提出，构建与 GVC 并行的、相对独立的 NVC，可能是后进国家破解“增长与升级”两难选择问题的突破口，也是在 GVC 和 NVC 的交互关系中实现产业升级并最终取得国际竞争优势的必要路径。鉴于此，刘志彪等（2009）进一步提出，中国在下一个发展阶段上，要在战略层面上充分重视从被“俘获”与

“压榨”的 GVC 中突围的问题，加快构建以本土市场需求为基础的 NVC 网络体系和治理结构。

Kappel 等（2009）认为发展中国家从发达国家获得的技术溢出有助于提升其在全球价值链中的地位。

郭飞等（2012）通过研究华为技术有限公司，提出了 OFDI 逆向技术外溢效应的三角循环传导模型。OFDI 逆向技术外溢效应是指寻找投资机会的企业以技术寻求、技术增值为目的，通过组合绿地投资、跨国并购、战略联盟等方式与东道国企业、研发机构等关联方进行互动，实现产品、研发、管理、营销等多领域的综合竞争力提升。三角循环传导模型是指：投资企业通过绿地投资、跨国并购和战略性联盟与东道国企业、研发机构等发生技术互动，并通过研发成果与收益反馈机制、人员流动机制实现逆向技术在海外子公司与母公司之间的流动。随后，母公司对逆向技术进行吸收、消化与再创新，实现技术进步。企业技术水平的提升又进一步促进了海外子公司的技术互动，推动新一轮的逆向技术三角循环。

马述忠等（2017）从宏观层面和微观层面两个视角深入分析了中国 OFDI 的网络化趋势特点，他认为在宏观层面，中国 OFDI 从投资规模、行业分布和区域布局等方面表现出网络化趋势；在微观层面，中国企业已经初步形成了全球生产网络、全球营销网络和全球创新网络。OFDI 默会知识逆向外溢主要包括国家间转移和企业间转移两个维度。影响 OFDI 默会知识逆向外溢的因素主要包括网络成员信任程度、信息开放共享程度和共同解决问题程度等网络嵌入性因素，以及知识吸收能力和 OFDI 合作方式等默会知识外溢调节因素。

4.4　全球价值链的应用

4.4.1　全球价值链框架下企业组织生产决策

徐娜等（2016）基于最优生产决策动态模型，采用世界银行企业问卷调查的微观数据，对中国制造企业的全球价值链嵌入模式进行了实证分析。研究表明，当企业具有较强市场控制力时，上、下游投资呈替代关系，企业嵌入全球价值链中的位置越接近上游，股权模式生产的可能性越大；反之，当企业的控制能力较弱时，投资呈互补关系，企业嵌入全球价值链中的位置越接近上游，非股权模式生产的可能性越大。说明我国制造企业全球价值链的嵌入模式选择，与对全球价值链的嵌入位置和控制能力密切相关。

4.4.2 全球价值链与区域经济一体化

经济一体化的定义最早是由首届诺贝尔经济学奖获得者荷兰经济学家 Jan Tinbergen 提出。Tinbergen 认为经济一体化是将有关阻碍经济最有效运行的人为因素加以消除，通过相互协作与统一，创造最适宜的国际经济结构。Tinbergen 从政府促进经济一体化的措施方面，把经济一体化分为“消极一体化”和“积极一体化”。消极一体化是要消除各种规章制度，即消除各国的物质、资金和人员流动的壁垒；积极一体化是要建立新的规章制度以纠正自由市场发出的错误信号并强化正确信号的效果，从而加强自由市场的统一力量。Pinder J. （1969）指出，经济一体化是指两个或两个以上的国家，不仅商品在它们之间自由流动，而且还允许生产诸要素自由流动，为此必须消除各国在这些方面存在的各种歧视，做出一定程度的政策协调。1973 年，美国经济学家 Balassa 将经济一体化定义为既是一个过程，又是一种状态。就过程而言，包括消除各国经济单位之间差别的措施和行动；就状态而言，则是各国之间待遇差别的消灭。经济学家 Fritz Machlup 则提出，事实上经济一体化可以有一国之内各个地区的，也可以有各国之间的；后者又分为区域性的和次区域性的。之后又有众多学者从各个不同角度阐释经济一体化的内涵。综合前人的研究成果，我们可以把区域经济一体化理解为：不同的空间经济主体之间为了生产、消费、贸易等利益的获取，产生的市场一体化的过程，这一过程包括从产品市场、生产要素（劳动力、资本、技术、信息等）、市场到经济政策的一系列统一的逐步演化。区域经济一体化是状态与过程、手段与目的的统一。对于不同的区域背景（经济、社会、文化等），区域经济一体化模式与演化进程具有不同的规律（孟庆民，2001）。相比之下，经济全球化是指生产、贸易、投资、金融等经济行为在全球范围内的大规模活动，是生产要素的全球配置与重组，是世界各国经济高度相互依赖和配合的表现，是全球层次的国际分工与竞争。而区域经济一体化的发展经历着发达国家之间、发展中国家之间、相邻国家之间、不同发展水平国家之间、洲际国家之间的经济合作与竞争。所以，从发展的角度看，区域经济一体化是经济全球化的基础，并且影响着经济全球化的发展方向和模式。

区域经济一体化主要具有以下五种效应：

第一，贸易转移与贸易创造效应。贸易转移指一国参加关税同盟，使得原来从外部世界进口低成本的产品变为向同盟内成员国购买高成本的产品。贸易创造效应指关税同盟中一些国家的高成本产品被来自另一成员国低成本的进口品替代（Viner，1950）。

第二，生产转移和投资转移效应。Krugman 打破了传统新古典经济学研究经济现象时假定市场完全竞争以及规模收益不变或规模收益递减的框架，以规模收益递增和垄断竞争为主要理论基础，研究了经济活动的空间分布，从微观基础上探讨影响企业区位决策的因素，在宏观层次上揭示了现实中存在的各种经济活动的空间集中现象。克鲁格曼等分析了区域经济一体化所产生的效应及其对居民福利的影响，认为如果几个国家或者地区签订了自由贸易协定，则成员国之间贸易壁垒的降低扩大了所有成员国的本地市场，本地市场的扩大反过来使得集团内部区位更具有吸引力。换言之，贸易壁垒的降低提高了区内的贸易自由度，在本地市场效应（本地市场效应指的是生产分布的变化会引起区域相对市场规模的同向变化，而区域市场规模的变化又导致生产活动的进一步集中。也就是说，如果某种外生冲击改变原有需求的空间分布，扩大了某一区域的需求，则大量企业将改变原来的区位，向该区域集中）的作用下，劳动力和企业向自由贸易区集中，扩大了该区域的市场规模和该区域的供给能力，而以收益最大化为主要目标的企业将选择市场规模较大的区域作为生产区位。因此，所谓的生产转移效应就是随着自由贸易区的建立，在本地市场放大作用下，区外的产业向区内转移。除此之外，区内贸易壁垒的降低使区外的产业向区内转移，导致资本也由区外向区内转移，生产转移也就意味着投资的转移。自由贸易区内一体化的程度越高，则本地市场放大效应越大，边际生产转移效应也越大。

第三，规模经济效应。如果各国处于封闭状态，市场分得过细且缺乏弹性，则只能提供狭窄的市场，不能实现规模经济利益。一体化集团建立之后，孤立的小市场统一起来，组成一个大市场，从而实现规模经济利益。更为重要的是，这个统一的大市场相对比较稳定，降低了外部市场的不确定性。

第四，竞争效应。一体化经济集团形成以后，生产要素可以自由流动，贸易可以自由进行，各成员国的厂商面临的竞争空前激烈。市场竞争程度的加剧可以提高经济效率，使经济资源的分配也趋向于最优配置。

第五，交易成本效应和资源配置效应。在区域经济一体化没有形成之前，各个国家间在商品贸易上存在较高的贸易壁垒，加之相互之间对贸易、投资等活动实行管理而产生的行政成本，厂商也因必须了解这些烦琐的行政管理手续和程序而发生一定的信息搜寻成本，同时还要因履行这些手续而发生一定的费用并耗费一定的时间。在区域一体化形成之后，因不同程度地取消各种商品和要素流动壁垒以及实施了一定程度的经济协调政策，这些举措必将大大降低“交易成本”。成员国之间商品和要素壁垒的拆除，必然引起资源在区域内部市场的重新配置，并能够在总体上提高资源配置和使用效率。

随着全球价值链发展所引致的国际贸易格局的变化，传统的国际贸易规则已经不能满足世界各国对全球治理改革的利益诉求。全球价值链也不断对区域经济一体化提出新要求。具体来看：

第一，对于货物贸易来说，与传统的分工模式相比，全球价值链分工生产的产品会额外增加跨越国境的贸易成本，并且分工环节越细化、跨越国境的次数越多，贸易成本的增加幅度也就越大。通过削减中间产品的关税以及降低非关税贸易壁垒，能够有效降低中间产品在跨境流通环节的贸易成本，进而降低产成品的成本和价格，并提升产成品的市场竞争力；站在贸易便利化的角度，改善通关环境、提高流通效率，不但可以减少进出口贸易的时间成本和物流、通关费用，减轻进出口企业的库存压力，缩减国际市场供给对需求的反应时间，更重要的是，能够有效保障全球价值链各环节的衔接，为全球价值链的高效运转提供条件。

第二，对于服务贸易来说，服务贸易不但是联结全球价值链不同生产环节的重要纽带，而且是控制整条价值链的中枢。作为制造业的中间投入，生产性服务业能够有效提高生产过程的协调性，大幅度地提升制造业的附加值，增强制造业的国际竞争力。服务贸易自由化通过消除服务贸易壁垒、降低服务贸易成本，可以促进技术、知识、人力资本等高端要素的自由流动，对生产性服务业的发展具有积极的推动作用，进而能够提高制造业的生产效率，并最终实现对整个价值链的优化。因此，以促进服务贸易自由化为目的的贸易规则的制定，也就成为当前区域经济一体化的一项重要任务。

第三，对于投资来说，在全球价值链分工条件下，国际直接投资既是投资者在全球实现资源配置的有效方式，同时也为东道国提供了融入全球价值链、获取分工收益的途径，还能为东道国带来技术外溢、增加就业等好处。促进投资的自由化和便利化，消除资本要素流动障碍、提高资本要素流动效率，能有效增进国际贸易与国际直接投资的有益互动，推动全球价值链的发展。在投资层面上，降低投资壁垒、改善投资环境、建立有效的争端解决机制等，都是区域经济一体化需要解决的问题。

我国高度重视区域经济一体化建设。为适应经济全球化和区域经济一体化新趋势的客观要求，党的十七大将自由贸易区提升到了国家战略的高度，并于 2015 年发布了《国务院关于加快实施自由贸易区战略的若干意见》，为我国实施自由贸易区战略提供了指导。我国正在积极推进自由贸易协定的谈判进程，与瑞士、冰岛、韩国、澳大利亚等 22 个经济体签署了双边自由贸易协定，中日韩自由贸易协定、区域全面经济伙伴关系协定（RCEP）等区域贸易协定的谈判正在有序进行之中。在融入全球价值链分工体系的同时，如何由“被整合”向“整合”转变，实现我国国际分工地位的整体提升，是我国开放型经济迈入新阶段的重要目标。加快我国区域经济一体化进程，构建我国主导的自由贸易区网络，无疑是实现这一目标的有效手段（王原雪等，2016）。

第5章 贸易自由化与贸易协定

Chapter Five

5.1 贸易自由化

5.1.1 贸易自由化与收入分配及就业

1. 综述

最早形成的要素分配理论是以李嘉图为代表的古典学派和新古典经济学家的“功能性收入分配理论”，后续研究者在该框架下，将关注点聚焦在了“工资性收入占国民收入比例”上（Harrison，2002）。之后，凯恩斯新剑桥学派的“有效需求”要素收入分配理论也进一步阐明生产中的投资品比例与资本要素的收入利润比例呈正相关关系，与劳动力要素工资性收入比例呈负相关关系。据此，Kaldor（1961）提出了一个预想，即经济在长期内的稳态增长基于劳动力要素收入在国民收入中的稳定份额。但通过实证检验，发现研究数据与理论预期极不吻合，劳动力要素分配份额无论是在长期还是在短期都没有呈现出固定的规律性。

经济全球化和一体化引致了贸易自由化，而贸易自由化进一步显著影响了要素收入分配。H-O 理论与 S-S 理论都可以佐证，贸易自由化降低了发达国家劳动力收入份额，提高了发展中国家劳动力收入份额。异质性企业贸易理论（Melitz，2003）将模型预测的“出口企业存在工资溢价”理论进行了证实。该理论如果与传统国际贸易理论相融合，可推导出要素分配具有扩大效应（Bernard 等，2007）。此外，该理论还阐明，一国迅速扩张其出口贸易的原因是国内高生产率企业迅速增多，在这种情况下，出口贸易就可能和外国直接投资具有相同的效果，将降低劳动收入份额。作为补充，Rodrik（1997）提出“租金分享”理论，即资本要素与劳动力要素的收入高低取决于资本方与劳动方谈判力量的孰高孰低，出口贸易在一定程度上可以增加劳动力的谈判力量，进而提升其收入份额，而进口贸易则有利于资本方的收入提升。综合来看，无论是从理论角度还是从实证角度来说，贸易自由化对劳动力收入份额的影响路径尚未形成定论。

随着全球化程度逐步加深，发展中国家的收入差距在不断扩大，而全球化中的贸易自由化是收入差距扩大的重要因素，在贸易自由化过程中，垂直分工不断深化，全球生产网络已见雏形，更多企业倾向于采用离岸外包的方式进行生产，产品内分工贸易模式成为前沿热点，在此发展趋势中，传统贸易理论中有两种不能解释的现象：一是除了发展中国家的工薪差距上升之外，大部分发达国家的工薪差距同样出现了较大幅度的上升（Bin Xu，2007）；二是伴随着工薪差距上升，国内的产业技术密集度也逐步上升，这与传统贸易模型所预测的下降相悖。

为了统一理论与现实，国际经济学领域有关国际贸易与工薪差距的关注重点逐渐转向垂直专业化，并产生了众多基于他们各自不同视角的研究成果，总结起来主要涉及中间品贸易（Feenstra 和 Hanson，1996）、要素禀赋（Jones 和 Kierzkowski，2001）、就业关系（Karabay 和 McLaren，2009）等方面。

2. 国际垂直专业化影响工薪差距的理论研究

传统贸易模型主要研究产品间分工，用自由贸易条件下要素价格均等化约束来解释工薪差距，但分工逐步细化之后，传统贸易模型的理论并不能与现实数据所契合，为了探寻解决方案，学者们做了大量的研究工作（Dornbusch，Fisher 和 Samuelson，1980），最终将研究方向锁定在垂直专业化（Feenstra 和 Hanson，1996），因为其与现实贸易形式具有密切联系。理论上，垂直专业化影响工薪差距变动的原因路径有二：第一种为直接影响路径，即以中间品贸易、要素禀赋和要素异质性为基础的垂直专业化分工引致工薪差距变动；第二种为间接影响路径，是垂直专业化分工深化后的衍生因素变动扩大了工薪差距，如交易费用和就业关系等。

3. 中间品贸易、要素禀赋与工薪差距

Feenstra 和 Hanson（1996）使用 DFS 模型（Dombuseh，Fischer 和 Samuelson，1980）作为基础，以垂直专业化的视角分析贸易如何影响工薪差距，通过把中间品贸易增长和工薪差距扩大联系起来，建立了熟练劳动力、非熟练劳动力、资本三要素的连续中间品投入模型。在模型中，由于两国要素禀赋不同，发达国家会将中间投入品的生产链条以外国直接投资的方式转移至发展中国家，在资本不断流动的过程中，发展中国家由于获得投资而在该区段的生产成本不断降低；发达国家则相反，进一步改变了发达国家与发展中国家中间投入品的生产临界点，扩大了垂直专业化范围，提高了发达国家与发展中国家的平均熟练劳动力密集度，这种格局下两国对于熟练劳动力的相对需求必然会随之提高，相对于非熟练劳动力而言，熟练劳动力的工资会增加，工薪差距由此扩大。可以发现，发达国家向发展中国家转移生产环节带来了两个效应：两个国家制造业熟练劳动力相对工薪同时增加；发达国家和发展中国家产业技术密集度同时上升。这两个效应解释了传统贸易理论与实证数据的矛盾点。Sayek、Sener（2001）和 Beaulieu 等（2004）以异质人力资本视角分析研究的结果也较好地支持了这一观点。

与上述观点不同，Jones 和 Kierzkowski（2001B）等则认为国际垂直专业化对非熟练劳动力的影响并不能确定，两国的工薪差距缘于要素禀赋、产出模式、具体分工情况以及本国在特定生产阶段的要素密集度。在一国出口密集使用本国相对丰裕要素的产品，进口密集使用本国相对稀缺要素的产品时，贸易将拉升丰裕要素的报酬，进而促进要素价格均等化，但如果一国根据比较优势选择参加进口替代品的产品内分工，且此时国际商品比价保持不变，稀缺要素报酬反而会上升，从而削减要素价格均等化趋势。Kuang-Chung Hsu（2006）在此思路基础上，引入了新的影响因素，即高技能劳动力与低技能劳动力的要素比例，进行了深层次研究，他们发现如果发达国家高低技能劳动力的要素比例低于其生产中间投入品所要求的高低技能劳动力的要素比例，高技能劳动力的相对工资会上升，反之，则会下降。

4. 衍生因素与工薪差距

分工深化所带来的技术进步最早被作为垂直专业化衍生因素，用来研究其对工薪差距的影响，伴随研究的持续深入，交易费用和长期雇佣关系变动等市场及微观企业因素也进入学者们的视线。

（1）技术进步

学者从贸易开放视角出发尝试将技术内生化，通过技术进步考察工薪差距变动。Acemoglu（1998）探讨了技术进步对工薪差距的影响，他通过知识产权保护视角，认为技术进步对工薪差距的影响与技术进步偏向和要素偏向有相当大的关联性。在知识产权完全受保护的情况下，发展中国家的劳动力资源可以被发达国家充分利用，此时，垂直专业化分工会缩小工薪差距；在知识产权得不到有效保护的情况下，发达国家只能固守本国高技术的相对规模作为其技术开发动力，此时不会形成市场规模效应，但由于价格效应会提高高技术劳动力工资，收入差距最终会上升。同时由于发展中国家擅长模仿，也会增加对偏高技术劳动力的需求，因此发展中国家的工薪差距也会随之提高。

Glass 和 Saggi（2001）对垂直分工影响工薪差距的研究，主要基于技术进步引致产品创新的视角。通过研究，他们认为发展中国家垂直分工与工薪差距的关系与其技术补贴、产品补贴相似，发展中国家以垂直专业化方式参与国际分工，无疑会降低产品的边际成本，进而提高产品利润率，而且这种变革会给公司技术创新带来更为广阔的空间和更大的内生动力，最终其所创造的收益值足以弥补低技能工人收入水平的下降值，并拉低了相对工资，即有助于缩小工薪差距。

（2）交易费用

当信息技术开始变革，交通运输业有了显著进步后，进行垂直专业化所需的成本门槛逐渐降低，Grossman 和 Hansberg（2006）研究了交易费用下降与工薪差距的关系，他们表示当垂直专业化只存在于低技术任务阶段时，成本缩减将产生生产率效应、相对价格效应与劳动力供给效应。生产率效应是指由于交易费用的逐步降低，低技术任务外包的领域将会扩大，因此增加了对非熟练劳动力的相对需求，非熟练工人薪酬将增加；相对价格效应是指在非熟练劳动力密集型行业成本缩减产生的节约成本效应大于熟练劳动力密集型行业，进而导致非熟练劳动力密集型产品的相对价格降低，通过斯托—萨缪尔森效应使得非熟练工人薪酬降低，熟练工人薪酬提高；劳动力供给效应是指随着价值链低端分工成本进一步下降，低技术任务外包的领域将不断扩大，释放出原先一部分从事低技术任务的本国非熟练劳动力，扩大了非熟练劳动力的供给量，进而降低了非熟练工人薪酬。当垂直专业化存在于高技术任务阶段时，交易费用的减少将产生与低技术阶段相似的三种效应，但总影响取决于这三种效应的综合对比。

（3）长期雇佣关系变动

近年来，垂直专业化不断深化，全球一体化网络渐成蛛网，同质劳动力大幅增加，因此企业搜寻所需工人的成本降低，而工人获得一份工作不再是稳定的和永恒的，工作安全性的相对下降使得雇员与雇主之间的信任度下降，并引发员工薪酬大幅度波动。所以，学者们试图从就业关系层面探寻影响工人薪资的因素。Karabay 和 McLaren（2009）研究了全球一体化对长期雇佣关系的冲击，他们表明全球一体化有两种实现形式：以产品自由流动为基础的贸易自由化和以要素自由流动为基础的外包。他们通过建立并研究两个国家、两种商品、两种要素的模型，发现垂直专业化的确影响了发达国家的长期雇佣关系，且贸易自由化和外包对发达国家的工薪差距产生了相反的影响：贸易自由化降低了发达国家工人的薪酬，进而引起工薪差距的相应变动，而外包则提高了发达国家工人的薪酬。

由此可知，关于垂直专业化影响工薪差距的研究视角微观且细致，但是现有理论分析大多数以中间产品贸易模型为根基，要素禀赋、人力资本异质性仍然是研究出发点，市场结构层面也多以完全竞争市场来构建一般均衡模型，不适合直接应用于探究市场经济并未完善的发展中国家经济问题，亟待模型的修正与完善，但此领域的成果寥寥无几，需要学者进行深入研究。

5.1.2 贸易自由化对企业的影响

1. 进口贸易自由化与中国的企业创新

当前，学术界对于进口自由化对企业创新促进作用的研究思路是将进口产品划分成最终品和投入品两种，一般的代理变量是海关关税，以此来研究企业创新是如何受进口关税变动影响的。此外，许多学者认为最终品的进口会影响许多国外相同或相类似的产品流入国内市场，这样一来就会与本国企业产生直接竞争，于是国内企业为了提高自身竞争力增加研发投入（Bloom 等，2015）。Long（2011）通过异质性企业理论模型研究企业创新如何受贸易自由化影响，他认为从长远来看，企业的创新得益于贸易自由化的进程，但同时也受到交易成本的影响。Hombert（2015）则是分析美国高技术企业的创新行为与来自中国进口产品之间的关系，提出来自中国的最终品进口促进了高技术企业的发展与创新。与上述观点不同的学者则认为进口竞争一方面使得中国的高技术企业发展与创新缩小了与发达国家之间的差距，另一方面也阻碍了原本就落后世界先进水平的行业与企业创新。

与此同时，学者们也在研究中间品的进口对本国企业创新行为的促进作用，学界的普遍看法是中间品的进口自由化由于降低进口成本，从而提高了国外高技术中间品的需求量，促进了国外企业的自主研发。现有研究表明中间品进口的增加会促使企业降低成本，从而增加企业利润，为企业进一步的创新提供了动力。Esther AnnBøler（2015）认为由于中间品进口降低了企业创新的成本，与企业创新存在互补效应。此外，多种类、高质量的中间品和资本品进口相当于提高了技术转移，所以使得企业竞相吸收高技术，并进一步模仿和研发（Goldberg，2011）。Loecker（2014）则是通过研究比利时微观企业数据，证明了来自发展中国家的中间品进口提升了企业的利润以及生产率。田巍、余淼杰（2014）则是分析了中间品贸易自由化对企业研发的促进作用，他们认为企业的研发投入和新产品出口产值与贸易自由化的进程成正比，但同时新产品出口种类会减少。他们以加工贸易企业为控制组，研究了中间产品贸易自由化对企业研发的影响，发现贸易自由化促进了企业研发投入和新产品出口价值，减少了新产品出口类型，中间产品贸易对企业研发的影响较大。张杰（2015）从企业专利的角度研究了中间产品和资本货物进口对企业创新的影响，认为资本货物和中间产品的进口对一般贸易进口企业的创新具有促进作用，但抑制了加工品的创新。

现存文献从最终产品进口和中间产品进口两个方面研究了进口自由化对企业创新活动的影响，但忽略了行业层面的进口关税与企业自身相应投入的进口关系较弱的问题。林薛栋（2017）在现有文献的基础上，分析了进口自由化影响企业创新的路径、机制和调整因素，认为进口自由化对企业创新的影响可以分为最终产品进口带来的进口竞争效应和补充效应，中间产品进口带来的研发替代效应两部分。

在最终产品进口方面，由于竞争与创新之间的“U”形关系（Aghion等，2001，2013），进口自由化加剧了国内竞争，其特点是逃离竞争效应、熊彼特效应使不同行业和企业的不同技能水平在面临竞争时有不同的创新行为。就行业竞争程度而言，当行业竞争程度较低时，最终产品进口的自由化将导致逃离竞争效应，即企业将加大研发投入，重视新产品创新，以继续获得较高的垄断利润。然而，随着竞争水平的不断深化，最终产品进口的自由化将导致熊彼特效应，即竞争激烈，行业利润下降，这将使行业内企业没有更多的创新资源，抑制企业创新行为；就行业内企业的技术分布而言，当行业内企业的技术水平相当时，每个企业都有通过技术创新获得垄断利润的动机，竞争加剧将促进企业创新。但是，如果行业内企业的技术水平差距加大，落后企业即使创新也不能获得垄断利润，竞争加剧也会抑制技术落后企业的创新。针对上述分析，林薛栋等（2017）提出如下假设。

假设 1：产业竞争程度和企业技术在产业内的分布，对最终产品进口自由化带给企业创新的影响具有调节机制。

在中间产品和资本品进口方面，已有文献认为，自由化主要通过利润和技术转移两条路径影响企业创新（田巍等，2014）。田巍使用中国制造企业的生产和贸易数据，发现企业面临的中间产品关税的下降显著提高了企业的出口强度，主要原因在于更低的关税使得企业可以使用更多品种的进口中间品，这一方面提高了企业的利润，降低了企业进入出口市场的门槛；另一方面由于生产出口品的部门能够更有效率地使用进口投入品，其进口成本的下降就促进了生产出口品部门的扩张。

在此基础上，李平（2015）进一步细分影响机制，将利润路径划分为成本效应和市场扩张效应，并将技术外溢路径划分为技术外溢效应、研发互补效应和研发替代效应。成本效应是指自由化提高了中间产品和资本产品的可获得性。通过降低企业成本，优化资源配置，提高企业利润，增强了企业进行研发创新活动的能力和资金。李平将贸易自由化纳入国际研发溢出模型，分析了进口中间投入品对进口国技术创新的作用机理，运用中国 1998—2012 年的省际面板数据进行研究，其结果表明，进口中间投入品能够给我国带来显著的逆向技术外溢，促进我国技术创新水平的提高，进口中间投入品每增加 10%，中国技术创新提高 1.6%。贸易自由化激励效应为正，但进口中间品的贸易自由化每增加 10%，中国技术创新仅提高 0.3%。与此同时，研发效应中研发激励效应与研发挤出效应并存，虽然研发激励效应大于研发挤出效应，但研发挤出效应的负影响却不容忽视。另外，人力资本激励效应显著为正。可见，进口中间投入品对我国技术创新的促进作用不是一蹴而就的，而是一个长期不断完善的过程。

扩张效应是指中间产品的进口自由化有利于优质中间产品的进口，提高自身产品的质量，从而扩大国内外市场的规模。规模经济提高了创新的回报，促进了企业创新。技术溢出效应是指进口产品的高质量，其产品和资本品存在技术溢出效应，进口这些产品和资本品的企业可以消化吸收这些技术，提高生产质量和技术水平，为企业创新提供先进的技术支持。由于企业的技术创新需要建立在知识和技术积累的基础上，存在显著的技术门槛，而高质量的进口产品带来的技术溢出，可以让企业有能力克服技术门槛，提高创新能力。研发互补效应是指企业为了有效利用蕴含在进口中间品和资本品中的先进技术，必须要努力提高自身的研发水平，才能有效地消化吸收进口的中间品及资本品所含的国外先进生产技术的溢出。而使用优质进口产品本身就要求企业下游生产环节的技术升级，两者的协同作用促进了企业的研发投入。研发替代效应是指企业可以通过研发投入或引进中间产品来增强自身的竞争力，两者之间存在相互替代的可能性。进口优质中间品有可能会对企业创新产生抑制作用。为此，林薛栋等提出又一个假设。

假设 2：中间产品进口自由化通过成本路径、市场扩张效应、技术溢出效应、研发互补效应和研发替代效应影响企业创新。

基于上述认识，林薛栋等运用 2000—2006 年的工业企业数据库和海关数据库，检验进口自由化对企业创新行为的影响。其研究的可能贡献是将进口自由化量化为中间产品关税和最终产品关税，并将印度关税作为工具变量来处理可能存在的内生性问题，分析其对企业创新的影响；调整中间进口关税。在企业层面，从进口产品的属性和来源国的属性进一步研究进口自由化对企业创新的影响。梳理和论证了进口自由化对企业创新影响的相关调整和路径机制。

2. 贸易自由化、企业异质性与出口动态

近年来，有关贸易理论的研究已经从过去的产业层面细化到企业层面，尤其关注贸易行为与企业绩效（特别是生产率）之间的关系（Baldwin，2005）。易靖韬（2009）探讨企业异质性、市场进入成本和技术溢出与企业出口参与的关系，并基于浙江省企业的面板数据对企业出口参与的影响因素进行实证分析。研究结果表明，企业异质性对企业出口参与的影响非常显著，生产率高、规模大且具有公司制度安排的企业更容易出口。

理论研究上，Melitz（2003）基于 Hopenhayn（1992）垄断动态产业模型下的一般均衡框架，通过引入企业生产率异质性，进一步扩展了 Krugman（1980）的垄断竞争贸易模型。根据理论分析，只有生产能力最强的企业才会选择出口。生产率中等的企业只进入国内市场，生产率最低的企业退出市场。贸易自由化将导致资源向高生产率企业转移，从而提高行业的整体生产率水平。而 Bernard 等（2003）则将 Bertrand 竞争引入李嘉图模型的理论框架，将其扩展为不完全竞争、制度间因素差异、行业间因素差异和存在差异以及定性的贸易模式。理论分析表明，由于贸易成本的变动，只有生产率较高的企业才会选择出口。此后，Helpman 等（2008）在 Melitz（2003）理论框架的基础上，进一步研究了市场准入控制等贸易摩擦对企业出口行为的影响，其研究的主要贡献在于有效处理双边贸易关系的普遍性和零贸易问题。在实证研究方面，目前有大量的文献从生产率的角度来考察企业的出口行为。

这方面的文献大致可以包括两个分支：一是自我选择效应假说（生产效率更高的企业会选择出口）。如 Jensen 和 Musick（1996）对美国制造业企业 1987—1992 年的全要素生产率进行了研究，发现出口企业的全要素生产率显著地高于非出口企业，且生产率高的企业倾向于出口，自我选择效应明显。Aw 等（2000）分别对 1981—1991 年的中国台湾企业数据和 1983—1993 年韩国企业的企业数据进行了实证研究，发现中国台湾的出口企业在进入国际市场之前的劳动生产率比台湾地区本地企业的高，也支持自我选择效应。韩国出口企业的 TFP 并不比国内企业高，自我选择效应不显著。Clerides 等（1998）对哥伦比亚、墨西哥和摩洛哥等国家的微观企业数据考察后发现更有效率的企业选择出口市场的证据。Girma 等（2005）用英国超过 5000 多家企业数据进行验证，发现跨国公司生产率优于出口企业，出口企业生产率优于非出口企业。易靖韬和傅佳莎（2011）构建了企业最优出口参与和供给模型，基于浙江省企业面板数据，采用 Heckman 对出口参与方程和出口供给方程进行联合估计。研究结果表明，只有生产率较高的企业才能克服出口市场的沉没成本，通过自我选择进入出口市场，而生产率较低的企业会退出。赵伟等（2011）利用中国 2000—2003 年 27 万余家企业的非平行面板数据，通过对不同生产率指标下计量结果的对比分析，对自我选择效应假说在中国的适用性进行了更为全面的论证。研究认为，劳动生产率对企业出口决定具有显著的负向影响，与自我选择效应假说相悖，这种所谓的“悖论”主要由中国特有的加工贸易占主导的贸易模式所致，而 TFP 对企业出口决定却表现出稳健的正向影响，符合自我选择效应假说，这可能归因于出口企业具有相对较好的软环境。

二是关于对出口学习效应假说的检验（即出口将提高企业的生产率）。目前对发展中经济体的检验支持了出口学习效应假说，即发展中国家通过参与出口市场，能够有效降低企业的生产成本，提高企业的出口。如 Blalock 和 Gertler（2004）对印度尼西亚的研究、Biesebroeck（2005）研究非洲经济、Tucci（2005）对印度的研究、关于企业数据的检验，都发现了出口学习效应的存在。而对发达国家的研究发现出口学习效应一般都不太显著。Castellani（2002）对 1989—1994 年意大利企业数据开展实证研究，发现结果支持自我选择效应，但不支持出口学习效应。他认为生产率的增长不仅与出口有关，亦与企业的出口程度有关，只有当企业的出口程度达到 75% 时，才可能发生出口学习效应。就对中国的研究而言，张杰（2009）从出口与企业生产率的关系视角出发，通过采用企业层面微观数据，结合 OP 方法和 PSM 模型，采用多方面的生产率指标以及分行业视角，分析出口对我国本土制造业企业是否具有出口学习效应。验证了出口学习效应使中国本土制造业企业的全要素生产率获得了提高。而且，这种出口学习效应在企业新进入出口市场之前就存在。

最近，一些学者开始关注出口贸易的持续时间，Besedes 和 Prusa（2006a）采用 Kaplan-Meier 生存分析法考察美国进口发现，1972—1988 年其他国家出口商品到美国的持续时间中位数和平均数分别仅为 1 年和 2.7 年。Besedes 和 Prusa（2006b）、Nitsch（2009）、Obashi（2010）、Fugazza 和 Molina（2009）、Brenton 等（2009）、Hess 和 Persson（2011）、Esteve-Perez（2013）等利用不同的模型研究发现，产品特征、国家特征、贸易成本等变量影响贸易关系的持续时间。邵军（2011）和陈勇兵等（2012）研究发现，中国出口贸易持续时间也较短，初始贸易额、出口目的地市场规模、商品单位价值等会对中国出口贸易持续时间产生显著影响。杜运和王丽丽（2015）对中国出口贸易持续时间及其影响因素进行了实证分析。结果表明：中国出口贸易动态变化较为显著，持续时间的中位数只有2年，目的国经济规模、首次出口额、多元化等上升有利于降低出口贸易失败的概率，而地理距离、单位价值、人民币汇率等上升则会增加出口贸易中断风险。

这些文献的共性在于他们使用生存分析的方法来检验企业出口的持续时间。但上述文献均未考虑贸易自由化的作用。

另外一类文献是关于贸易政策变化（比如贸易自由化）与企业绩效（尤其是生产率）的关系的研究。例如，Pavcnik（2002）使用微观企业数据探讨了贸易自由化对智利制造业企业生产率的影响，发现贸易自由化显著促进了企业生产率进步。Schor（2004）利用巴西1986—1998年的制造业企业数据，分析得出产出关税减让与投入品关税减让均有利于企业生产率提高的结论。Amiti和Konings（2007）利用印度尼西亚1991—2001年的制造业数据考察了贸易自由化对企业生产率的影响，结果表明，最终品关税减让与中间投入品关税减让都促进了企业生产率增长，并且中间投入品关税减让的作用是最终品关税减让的两倍。Fernandes（2007）对哥伦比亚、Topalova（2007）对印度、余森杰（2010，2011）以及盛斌和毛其淋（2012）对中国的研究也都发现了贸易自由化提高企业生产率的经验证据。

3. 贸易自由化对多产品企业产品决策的影响

多产品出口企业的重要性已经引起了许多学者的关注和研究（Bernard等，2010）。产品范围选择是多产品企业在生产和销售中面临的重要决策，也是多产品异质企业贸易模型中需要解决的核心问题。不同目的国之间贸易流的差异反映了不同市场条件下的目的国多产品公司在产品决策上的差异（Bernard等，2009）。产品决策的差异与企业资源的最优配置有关。第一，因为贸易成本的存在，贸易开放后，企业的进出口行为将资源从低效企业转移到高效企业，优化和配置行业内不同企业之间的资源，提高行业和经济的生产率；第二，通过增加或减少产品种类来增加企业内部资源的再分配，提高企业、行业和整个经济的生产率（Bernard等，2011）。与单一产品异构企业贸易模型相比，多产品异构企业贸易模型能够较好地解释企业与企业之间的资源配置问题。因此，多产品出口企业的产品范围问题已成为新贸易理论的研究前沿。

近年来，随着国际环境的变化，企业间的异质性、出口关系以及企业自身的发展，国际贸易相关文献取得了长足的进步。学者们开始关注贸易自由化对多产品企业产品决策的影响。现有文献主要围绕以下三条主线讨论贸易自由化对产品范围的影响：第一，阈值效应。贸易自由化使企业能力和产品特征的阈值更高，低容量企业和低质量产品将被淘汰（Bernard等，2011）。第二，竞争效应。竞争对手数量的增加使得多产品企业的产品组合更加精练。在企业出口产品组合中，出口额最高的产品（出口第一大产品）被定义为企业核心产品。激烈的市场竞争会减少企业的利润，因此，企业应将资源集中于表现良好的核心产品范围（Mayer等，2014）。第三，成本效应。企业产品的边际成本随着产品种类的增加而增加（Nocke和Yeaple，2014），企业会减少产品种类，参与贸易自由化。此外，新产品导入成本的引入也会随着产品范围的扩大而增加公司的平均成本（Qiu和Zhou，2013），从而使得扩大产品范围的公司在贸易自由化的过程中退出市场。上述研究为贸易自由化促进企业内部资源的再配置提供了理论基础和实证支持。

可是，随着全球贸易自由化进程的进一步发展，仍有大量具有竞争力的多元化企业存在。钱学锋等（2013）研究表明，出口密集的边际极易受到外部冲击，导致贸易条件恶化，而扩张的边际可以带来更大的贸易效益。钱学锋基于多产品异质性企业贸易模型框架的分析研究发现，多产品出口企业主导了中国的出口贸易，中国出口的增长有超过40%来自企业内的扩展边际，颠覆了基于单一产品假定企业异质性贸易模型，明确指出在进行贸易结构调整时，不应仅仅关注企业间的扩展边际的重要性，更应高度重视企业内的扩展边际的贡献。一些学者在研究中都进一步引入了企业异质性，强调异质性企业在应对贸易自由化影响的产品范围调整上存在差异。例如Bernard等（2011）发现贸易自由化确实缩小了企业产品的范围，但是能力较高的企业可以提高企业生产的每一种产品的生产率，从而同时提高企业的密集利润率和扩大利润率。Nocke和Yeaple（2014）研究了企业如何根据自己的能力来权衡低利润成本、小产品范围和高边际成本产品范围。他们发现，继续出口的公司将在贸易自由化的过程中扩大产品范围。然而，非出口公司和从非出口到出口的公司将减少他们的产品范围，以应对贸易自由化。邱和余（2014）研究了不同贸易自由化冲击对不同经营效率企业的影响。他们发现管理效率的差异会导致整个产品决策的差异。Lopresti（2016）发现，出口导向型企业并没有因为贸易自由化的影响而缩小产品范围，而是增加了企业产品的多元化。这些研究为我们提供了一个新的视角，让我们更深入地了解异质性企业在贸易自由化冲击下对差异化产品的决策。

多产品异质性企业贸易模型是以企业的生产具有规模经济作为基本假设的（Bernard 等，2011）。由于企业生产中存在固定的成本，当企业增加一种产品时，平均成本会降低，企业可以获得更多的效益。但是，如果存在不经济的规模，产品种类的增加并没有导致平均成本的降低，那么公司将会专注最具竞争力的产品，放弃其他产品。Bernard 等（2011）和 Mayer 等（2014）提出了基于产品不对称的企业核心产品概念。企业的产品特征对应着企业不同的能力，核心产品体现出企业的核心生产能力，可以为企业争取最大的效益。企业只有增加生产具有零利润以上特征的产品才能获取利润，增加与核心产品特质越接近的产品，企业的利润越大。在其自身的核心产业内企业进行适度的多元化有利于提高企业的生存概率。一方面，公司的核心竞争力具有一定的延展性，能够支持相关领域产品的生产和销售；另一方面，产品在相关领域的生存可能需要类似的技术和生产设备，以实现规模经济，增加相关产品是十分有用的。相反，如果企业进行非相关多元化时，企业的多元化对企业的生存没有显著的影响。即使非相关多元化能够促进企业风险的多元化，有利于培育新的竞争优势，但跨行业生产难以实现规模经济。短期成本的增加、资源的分散配置、核心优势的弱化都将对企业的升级产生不良影响，降低企业的生存概率。

一般来说，企业需要在产品专业化和产品多样化战略上做出选择，以应对贸易自由化的影响。当外部市场条件恶化或竞争加剧时，一方面，企业可以通过优化资源配置实现生产专业化，提高企业生产率，从而提高生存概率；另一方面，适当的产品多元化，尤其是相关的产品多元化可以提高企业的竞争力，从而提高企业的长期生存概率。然而，企业应谨慎选择非相关多元化。虽然非相关多元化可能会给企业带来新的增长点，但由于成本的增加和核心竞争力的削弱，非相关多元化可能不会提高企业的生存概率。

企业的核心能力足够强时，企业可以开展不相关多元化，一方面，它可以培养新的核心竞争力，另一方面，高容量的企业有足够的空间承受负面影响多样化（如减少生产力）。出口企业的多元化发展应注重核心竞争力的培养，将有限的企业资源集中在有限的核心产品上，将核心竞争力的培养作为出口扩张和利润增长的基础，从而走出出口产品的多样化与专业化之间的两难困境。

基于异质性企业贸易理论的垄断竞争模型，易靖韬等（2018）构建了开放经济体中企业产品范围决策的一般均衡模型，研究了贸易自由化、企业异质性和多产品出口企业产品范围的内在关系，研究认为：

（1）多产品异质性企业贸易模型下贸易自由化的好处表现在：一是通过企业间的资源配置从而提高行业平均生产率。贸易自由化能扩大市场，企业预计的收入将上升，而市场竞争也愈演愈烈，幸存的企业在国内市场的临界值增加，能力较低的企业只能选择退出市场，中等企业和高能力企业分别选择供给国内市场和选择出口。二是通过企业内部资源的最优配置，致使企业生产率的提高，甚至行业平均生产率的提高。公司将调整产品结构，放弃产品特性较低的产品，致力于生产高品质的产品，提高公司的生产力。两种效应的存在都扩大了贸易的利益。

（2）异质性企业应根据自身特点采取不同的产品决策来应对贸易自由化。组织效率高、资本密度高、生产率高的企业产品范围受到的影响较小。贸易自由化的影响缩小了企业产品的范围，企业的异质性边界条件影响贸易自由化和产品决策之间的关系。

（3）企业需要在产品专业化和产品多样化战略中做出权衡和选择。当外部市场条件恶化或竞争加剧时，企业可以通过优化资源配置达到生产专业化的目的，提高企业的生产率和生存概率；此外，在规模经济下，适度进行相关多元化可以降低成本，增加收益，从而降低失败的风险。然而，企业需要谨慎选择非相关多元化。虽然非相关多元化可能给企业带来新的增长点，但由于成本增加、核心能力弱化等问题，非相关多元化直接影响企业的生存。只有核心竞争力强的公司才可以考虑采用非相关多元化战略。因此，异质性企业应当按照自身特点更加合理地应对外部市场的冲击，从而获得资源的优化配置和核心竞争力的培育与发展。

5.2 贸易协定

5.2.1 多边贸易体制与贸易自由化协定

多边主义（multilateralism）是指三个以上的国家之间，通过长期合作、制度性的方式，彼此设定普遍性的行为规范，以共同解决国际性的问题。多边主义的国际制度包含着两重含义：其一是参与国数量上的要求；其二是制度规范对参与国的普遍性约束。而多边制度则意指着多个国家（三个或三个以上）之间建立的国际制度。因此，并不是所有的多边制度都是多边主义制度（Institution of Multilateralism），前者仅需满足参与国数量为三个或三个以上的形式要求，后者除了需要具备与前者相同的形式要求外，还需要满足制度规范上的实质要求。

多边主义的国际制度的成员国必须在互动过程中表现出约翰·鲁杰（John Ruggie）所定义的三大特性，才符合多边主义的内在要求。多边主义的三大特性分别是：不可分割性、非歧视性或普遍性组织原则以及扩散性互惠。

1. 多边贸易体制

（1）多边贸易体制的含义

1929—1933 年的世界经济大萧条使得世界各国纷纷转向贸易保护政策，奖出限入，甚至采取以邻为壑的贸易手段，这不仅使各国贸易政策失去效力，也导致世界经济秩序陷入一片混乱。此时采取更高层次的国际贸易管理手段，即用多边贸易协定替代单边的贸易管理手段，乃是大势所趋。1948 年关税及贸易总协定正式生效，加速了多边贸易体制的诞生。

多边贸易体制是指由成员政府创立并处理政府间相互关系的贸易体制，它是一种制度安排，对各国（地区）之间采取的贸易政策进行国际协调。国际上有两种观点：其一认为“多边贸易体制”等同于“多边贸易法律体制”，即国际多边贸易的原则、规则与制度；其二则认为“多边贸易体制应该是国际贸易关系上的一种事实上的健康状态”。多边贸易体制曾经的载体是关税及贸易总协定，而现在的载体是正式的国际法人组织——世界贸易组织（Wolfe，1999）。

“多边”是限定“贸易体制”的形容词，其含义是在既定国际领域以基本规则来对成员国进行规范和约束，在普遍化行动原则的框架下协调三个或三个以上国家的行为，从而使多边主义与其他形式划清界限。“多边”并不是以特定的成员国数量为先决条件，多边意味着合作，是指统一体内的一个范围，并非所有合作都是多边的，但是所有的多边活动都涵盖了合作。

多边主义制度作为一种制度与其他制度安排相比，有三个独有的特征：不可分割性、普遍的行为准则和扩散的互惠性（Diffuse of Reciprocity）（Ruggie，1993）。不可分割是指一旦在多边主义框架内开始执行一项行动，其成本与收益在地理与功能上都会扩散；普遍的行为准则可以理解为通过规范的形式加深成员国之间的联系，而并非以个案的方式、以单独国家的偏好或者排他主义立场区别对待成员国之间的关系；扩散的互惠性则致力于遏制目光狭隘的功利主义者，使行为人能够关注长期收益，并非专注于眼前小利（Caporaso，1993）。由于国际贸易中成员国默契遵守最惠国待遇等非歧视原则，所以多边贸易体制使所有成员在总体上具备不可分割性。多边贸易体制的成功之处在于随着时间的推移它可以使所有成员获得大致平等的收益，相反，双边主义的前提是特定的互惠性，一成员与另一成员特定行动的收益始终处在不可预知的状态中。

有研究者赞同多边贸易体制为“附着的自由主义”（Embedded Liberalism）（Ruggie，1983），是规范性原则和现实性信念的混合产物，代表着开放国际市场与国内福利最大化之间的一种妥协，这为管理世界经济提供了一种可供选择的形式。在此规范框架里，非歧视、多边贸易自由化、给予发展中国家特殊和差别待遇等交织在一起，演绎出了有管理的自由化多边贸易体制。多边贸易体制的核心原则是最惠国待遇与国民待遇的非歧视原则，但遵守这些原则并非实现贸易自由化的必要条件（Woolcock，1999）。此外，关税及贸易总协定缔约方或者世界贸易组织成员利用“互惠原则”来分配各方的收益或达成协商和让步，所以多边贸易体制能够逐渐成为多边协约和贸易自由化谈判的场所（Winham，1998）。

（2）多边贸易体制的特征——规则基础上的贸易体制

多边贸易体制是一个基于规则的贸易体制（rule-based trading system），所有成员方通过协商一致原则制定多边贸易规则，并以此管理国际贸易。关税及贸易总协定的历史是一个持久历程，它为确立多边贸易体制中构造和发展规则奠定了基础，早期关税及贸易总协定受实用主义驱动，谈判方法由政治外交风格占据主导，此时多边贸易体制倾向于权力导向，但随着成员国数量增多以及政策覆盖领域扩大，在多轮回合中，多边贸易体制逐步倾向于规则导向。世界贸易组织延续了规则导向的多边贸易体制，使整个多边贸易体制具备稳定性、安全性、可靠性和可预见性。

为什么各成员国政府要耗费大把时间和金钱推进多边贸易谈判？如果像某些悲观者所预测的那样，加入多边贸易体制会导致各国主权的极大丧失，无异于坠入深渊，那么各成员国为何不放弃多边贸易体制？迄今为止没有任何成员国公开表示过要离开多边贸易体制，甚至还有些非世界贸易组织成员的主权国家迫切地想要加入世界贸易组织。政府支持多边贸易体制的原因在于其体制内的多边贸易规则具有可预见性与稳定性，各成员国家更愿意遵守多边贸易规则而不愿牺牲其利益服从政治或经济强权。虽然本国国际贸易在规则治理下并不一定顺风顺水，但至少避免了很多潜在的贸易冲突，它成为国家之间处理贸易关系的一种可行选择。即使加入多边贸易体制可能让渡部分国家权利，但是参加多边贸易体制下的国际合作所获收益足以弥补让渡部分经济主权所付出的代价。

多边贸易体制规则以准国际法治理包括世界上最强大国家的世界各国，防止世界经济受到政治独裁与狭隘局部利益的干预。多边贸易体制的决策机制相对民主，各国贸易谈判代表如果要同意制定新规则或者修改现行规则，要经过各国国内立法机构批准之后才能正式生效，大多数成员国的国内立法机构都积极、严格地监督着多边贸易体制的谈判过程。多边贸易体制的决策机制采取协商一致原则，如果协商不一致，则进行投票，以多数票通过结果为准。其中投票规则为一方一票，且任何成员都无否决权，这一体制从根本上确保了多边贸易体制决策不受少数国家意志尤其是大国意志的摆布。这一系列规则使多边贸易体制能够持续有效运行，并使其成为国际治理的成功典型。

Douglas Irwin（2000）认为，多边贸易体制的作用在于它将贸易自由化作为结果，从而变革了贸易政策的政治经济学。多边贸易体制可以提供非排他性、非竞争性的国际公共品，每个成员都可以享受这个国际公共品以及大规模世界市场带来的收益，这是单个成员国市场无法做到的，只有借助多边贸易体制才能实现。多边贸易体制规则渗透在各种贸易协定中，这些协定同时形成了多边贸易体制的法律基础。1994 年《乌拉圭回合最后文件》《建立世界贸易组织协定》及其附件，连同部长会议宣言一同构成了现行多边贸易规则的核心，包括 29 个单独法律文件，25 份以上的附加部长宣言、决定和谅解、长达 22500 页的关税减让表与新成员加入世界贸易组织的议定书。这些国际条约规定了各成员政府在制定与实施国际贸易政策、立法时享有的权利和应履行的义务，在各成员认可的框架下使各政府的贸易政策行为受到了一定约束，任何成员一旦做出承诺，就赋予了其他贸易伙伴一项权利。多边贸易体制只是要求各成员国遵守有关贸易政策的各种规则，并非受制于任何特定的贸易政策，所以多边贸易体制的精髓是“契约”，具体表现为国际贸易的参与者能够通过一系列多边贸易协定规则，在国外市场准入上获得平等待遇与权利。

多边贸易体制通过其规则明确了成员国应履行的义务，多边贸易任何谈判都需要通过这组规则来约束，贸易政策是否合理也由这组规则来裁定。制裁违反多边规则的行为可以保证在某一方破坏协议时多边贸易体制能够被及时修复。事实上，破坏贸易规则行为所受的约束不应被称为“制裁”，它实际上是针对破坏行为所采取的一种平衡措施。所以在多边贸易体制内，需要有一个决定机构，判断一个成员是否因另一个成员违反规则的行为而损失自身利益，这即是建立争端解决机制的初衷所在。多边贸易体制成员国在受到其他成员国不当贸易行为侵犯时，可以向争端解决机制寻求庇护，并以公正的程序作为合法依据，进而实行贸易报复。

多边贸易体制虽然不能消除发达国家与发展中国家经济实力的不平等，但它通过约束拥有广阔国内市场的发达成员，为其他发展中成员争取到了更多的市场准入承诺。多边贸易体制将各成员组织起来并要求它们遵守非歧视原则与各项规则，打造了一个规则制约的多边贸易体制，具有约束不平等差距进一步拉大的效力，各成员在不减损自身利益的前提下与体制内成员进行多边合作。

(3) 选择多边贸易体制的理由

传统贸易理论中，自由贸易政策是公认的最优政策选择，而关税政策仅仅是一种市场价格的扭曲因素。多边贸易体制以贸易条件外部性（terms-of-trade externality）为基石，在微观经济学领域研究关税政策。1953年Harry G. Johnson的《最优关税和报复》为关税政策研究奠定了基础，关税研究重点关注关税政策如何影响贸易条件，然而研究最优关税得出的结论与标准贸易理论主张的自由贸易政策并无根本矛盾。

多边贸易体制微观经济学分析框架中，最优关税组合显示为一条契约线，表示成员国各自实施自由贸易政策的组合点。目标函数依然是国民福利最大化，但达成目标的手段与策略有所变动，即各成员方利用本国关税政策改变各自贸易条件的方式。只要贸易条件改变的正效应超过价格扭曲的负效应，在非合作博弈中采用关税政策对本国而言就是明智之举。但在非合作的两国博弈过程中，两个国家会陷入囚徒困境，即二者都会选择提高关税以期达到非合作的纳什均衡，但这种均衡是无效率的，二者都会受损。多边贸易体制的规则约束可以确保两国同时降低关税，这就是其得以存在的根本原因。

选择多边贸易体制的原因有二：

第一，多边贸易协定有助于提高效率，增进福利，从而有效地避免了无效率的单边措施。单边贸易政策无效率的原因是贸易条件会产生外部性，继而促使一国寻求多边渠道。Dixit（1987）、McMillan（1986，1989）、Bagwell和Staiger（1990）也研究了贸易条件的外部性。当一国政府对他国商品征收进口关税时，该贸易政策就会带来他国同等甚至更高上升幅度的进口关税，这个成本此时便会转嫁给本国出口商，使出口成本提高。这种成本转嫁会引致恶性循环，最终结果是一国设置的关税水平必然远远高于有效率的关税水平。而多边贸易协定框架能够使各成员放下戒备，达成更有效的关税水平，规避了因采取单边政策而引致贸易条件驱动的约束。

第二，多边贸易体制能为一国带来更高福利，不仅可以增加国民收入，也能扩大其经济收益与政治收益。在多边贸易体制中，互惠的双边贸易协定可以应用MFN的非歧视原则，进而把自身纳入多边贸易协定的体系中。多边贸易体制能够将各成员国拉出采用单边贸易政策所陷入的“囚徒困境”，从无效率的纳什均衡点转向有效率的最优关税点，所以如果要想取代嫁祸于人的单边贸易管理制度，多边贸易体制是一种较好的选择。

（4）多边贸易体制的核心原则——MFN 基础上的非歧视原则

多边贸易体制建立在非歧视原则上，所以被称作一个开放体制。关税及贸易总协定除了第24条对优惠贸易协定（PTAs）免责外，几乎所有缔约方都必须遵守最惠国待遇原则。虽然关税及贸易总协定成员从未保证消除关税，但是关税及贸易总协定主持的每一轮多边谈判都会达成一定程度的关税减让，从而实现各缔约方的贸易利益。这种关税减让具有互惠性，且这种互惠能够让缔约国得到国内出口商利益集团的支持，此互惠行为与单边降低关税相比能够获得更广泛的政治认同感。正如在乌拉圭回合中，美国与其他发达国家赞成取消《多种纤维协定》，因此，此决议能使其他成员国在资本密集型产品的市场准入上也做出了一定让步，此举得到了国内资本密集型产品出口商的支持。按照传统贸易理论，单边降低关税可能更有利于推进贸易自由化，但按新贸易理论，不完全竞争市场中一国单边削减关税甚至可能损害本国利益，但多边合作可以促成关税的非合作均衡。

传统竞争均衡框架中最惠国待遇给了小国“搭便车”的机会，在多边贸易谈判中可从贸易大国达成的双边减让成果中分一杯羹。Baldwin 和 Murray（1977）曾研讨过小国“搭便车”的问题，最惠国待遇在非合作纳什均衡框架下也能够利用非歧视原则来约束贸易报复行为。多边贸易谈判的贸易政策是缔约国共同制定的，最惠国待遇改变了威胁点，进而改变了讨价还价的解（bargaining solution）。Ghosh 等（1998）构建了一个世界贸易标准化数量模型，利用数值模拟技术求出比较静态竞争均衡解、关税博弈的纳什均衡解、讨价还价解，且将最惠国待遇作为约束条件，此时任何讨价还价都是有效的多边谈判，其好处在于大国无法迫使小国在与大国双边讨价还价后作出减让。双边谈判中大国更易于靠近威胁点，从而逼迫小国做出不对称的贸易减让；而多边谈判中大国不容易靠近威胁点，无法获得小国的最大程度让步，所以最惠国待遇对大国而言涵盖着一定潜在成本。

（5）多边贸易体制的博弈论分析

从博弈论角度分析，国际贸易政策事实上是各国政策博弈的结果，而一国贸易干预程度事实上由各方利益的相互平衡点决定。任何一国在此平衡利益格局下试图推进单边自由化都具有很大难度，但如果双方均采取贸易保护政策，毋庸置疑会损害双方利益，甚至可能导致保护一步步升级，直至爆发贸易战。在动态重复博弈中，多边贸易体制能够提供法律保障体系与统一的博弈规则，这为成员国之间提供了可信任的承诺，各国贸易政策选择会倾向于贸易自由化方向，此时各博弈方都可以获得自由贸易的利益。

以多边协定取代双边协定，这种自由贸易协定形式的改变必然会大幅度加速国际贸易自由化的进程。如果博弈只能重复有限次数，那么成员国通常会选择背叛，但如果博弈允许循环无数次，则最终结果并不确定，长期合作中更多获益的可能性一定会压抑从短期背叛中获益的欲望。多边协定的机制特点使其成为一种承诺信号，远比双边协定更加可靠，进而大幅减少了缔约方因国内利益格局变动而违约的现象。任何在威胁点效用上占优的帕累托结果都可以作为一个重复博弈精练子博弈均衡，所以贸易政策博弈的均衡十分多样。

多边贸易体制运行是否顺利取决于是否遵守规则、执行协议义务，只要单个成员能够将贸易干预成本转嫁于他国，那么该成员国就有违反协议与规则的动机，为了避免这种可能性，需要建立一套强制实施的制度。关税及贸易总协定/世界贸易组织的规则只是“准法律”制度，而并非真正意义上的法律制度，多边贸易体制中并没有制裁违反协定行为的外部强制性制度，所以最好的约束办法就是其他成员国可以对一国违反协定的背叛行为进行惩罚报复，其威慑作用往往大于惩罚的实际执行效果。这种强制执行机制建立在对违约成员报复的威胁上，其实际运行状况取决于各成员的行为选择。在与贸易伙伴国的重复博弈中，各成员通过比较违约的短期收益与报复的长期成本来权衡利弊并进行行为决策。在两个实力相当的贸易国之间存在一个静态博弈的均衡解，即“最大合作关税”，它处于最优政治关税组合与纳什均衡组合之间，此时多边贸易体制的强制性执行机制能够规避贸易战。但如果两个贸易国的实力并不相当，那么可能出现一国单向依存另一国，其中依存于另一国的一方处于弱势地位，其博弈策略有限且会忌惮对被依存方的报复行为，而被依存方则无须担忧弱势国的报复行为，这种实力差距会引致利益分配不均衡，从而使强势一方有可能且有能力破坏多边贸易规则。

Maggi（1999）从贸易的政治经济学即关税内生化理论出发，从不同角度解释了关税存在的原因。他认为，多边强制实施机制推动的贸易合作水平高于双边协定网络所达成的合作水平，超出部分是各缔约国从多边贸易体制中获得的额外收益，其可分为两类：一是消除局部力量不平衡所带来的利益。拥有较大权利的成员国在贸易战中所受损失较小，双边程序下的关税水平也会更高，而在多边贸易体制下，强制执行交换所产生的关税低于双边安排下的关税，进而使成员国获得更多交换利益。二是强制行使权利积累的利益。在多边强制实施机制中，惩罚者可能是许多成员国，多边共同参与的惩罚力度远远高于双边强制实施程序的惩罚力度。

（6）多边贸易体制的政治经济学分析

传统政治经济学理论中的主要角色和分析单位即是国家，理性的一国政府追求自身权力最大化并通过成本收益分析为本国做出利益最大化选择。从国际关系角度分析贸易政策的变化时，各国的相互作用决定了其如何选择贸易政策，在追求本国利益最大化的同时，各国政府通常在选择自由贸易还是贸易保护时进退维谷，并经常由于政治经济等负面原因忽视效率原则，产生实施贸易保护政策的冲动。Hellenier 等（1987）用国际谈判模型阐释了战后达成多边贸易协议必然更易于单方面的贸易自由化行动，因为单方面减税政策通常会导致国内的强烈抗议，而众多因关税减让而受益的利益集团则会大力支持多边贸易协议的诞生；且多边贸易协议达成之后，各政府将各自承担并履行对应的国际义务，减少了贸易战发生的可能性。

20 世纪 70 年代，贸易政策的新政治经济学研究开始兴起，代表人物有 Krueger（1974）、Magee（1980）、Baldwin（1982，1985，1989）、Mayer（1984）、Feenstra 和 Bhagwati（1982）、Grossman 和 Helpman（1994）等。这些研究者在经济理论中引入了政治学研究范式，将制定与实施贸易政策作为公共政策选择的具体形式，将目光聚焦于国家非经济效率的目标或者社会利益的分配，进而探究贸易政策形成的政治过程，进而将现实中贸易政策扭曲的原因解释得更加到位。大多数研究集中在贸易保护主义尤其是关税上，通过将关税水平内生化，他们指出政治市场的各类参与者会分析贸易政策的需求与供给，使贸易政策“价格”在政治市场上出清并达到均衡状态，最终说明了现实中贸易干预政策比自由贸易政策更流行的原因。

多边贸易体制的政治经济学研究有一个前提假设，即各国实施单边政策会陷入囚徒困境。与众不同的是，政治经济分析则考虑了贸易政策的经济与政治效果，关税变动的效应被分解为成本转移效应和贸易条件改善效应，此时贸易政策的实施是通过分配利益来实现国民福利最大化。存在关税转移效应时，一国贸易政策的外部性会扭曲另一国的市场价格，而贸易政策的国际协调此时就必不可少。如果各国采取关税减让政策，就能够消除贸易政策外部性对他国造成的负面影响，但与此同时也会失去提高关税引致的贸易条件改善效应，所以多边贸易体制需要以互惠贸易作为基石，即贸易各方都需要减让对等的关税水平。同样的分析方法不仅适用于关税，也适用于其他贸易政策的外部性分析，因此多边贸易体制的政治经济分析具有一定的解释力。

2. 贸易自由化协定

（1）关税及贸易总协定

关税及贸易总协定是 1947 年由 23 个国家政府缔结的旨在降低关税，减少贸易壁垒的含有关税和贸易政策的多边国际贸易协定，目的是消除配额制度和削减关税。

根本原则是非歧视性原则。非歧视性原则指在国际贸易中，一缔约国在实行某种限制或禁止措施时不得对其他缔约国实行歧视待遇，包括最惠国待遇原则和国民待遇原则（其他条款如自由贸易区和普惠制都是其例外适用）。

最惠国待遇原则是一国通过协议给予另一国及其国民的待遇，不得低于其给予任何其他国家及其国民的待遇，关税及贸易总协定的最惠国待遇原则是一种无条件的多边最惠国待遇，它要求一成员给予另一成员的优惠待遇，除给自由贸易区伙伴的特殊照顾外，应立即、无条件地给予任何第三方成员。由于关税及贸易总协定的管辖范围仅限于贸易以及与贸易有关的领域，所以关税及贸易总协定的最惠国待遇也只能是一种有限度的最惠国待遇，但这并不影响其所具有的划时代意义，即它突破了传统的双边互惠形式，只需通过缔结多边贸易协定，关税及贸易总协定成员就可以自动和无条件地获得其他成员之间相互给予的各种优惠。

国民待遇原则原指一国给予外国人的待遇应不得低于其给予本国国民的待遇。关税及贸易总协定下的国民待遇有其特定的内涵，不是给予外国人的待遇，而是针对进口产品。它规定进口产品所应享受的待遇标准应不低于本国产品所享受的待遇标准，其意义不仅在于任何加入关税及贸易总协定的成员都将自动享受国民待遇而无须再订立双边协定，而且还将其范围由保护诉讼权利和人身权利等上升为多边贸易关系的准则。

例外适用：第一，自由贸易区。关税及贸易总协定允许各缔约方之间建立自由贸易区，自由贸易区成员国相互之间给予的优惠，其他缔约方不能自动获得，但不能提高对其他缔约方与自由贸易区之间的贸易限制，实际上是采取自由港政策的关税隔离区。第二，普惠制。1965 年关税及贸易总协定东京回合谈判规定发展中国家向发达国家出口制成品，将享有比最惠国待遇更优惠的待遇。

贸易争端解决机制：协商一致原则。缔约方之间的争端采用自愿为基础的解决办法，在协商一致原则约束下，各缔约方参与机制内的各项程序。贸易争端解决机制是关税及贸易总协定和世界贸易组织及其法律制度运作的一项基本准则，即只要出席会议的成员方对拟通过的决议不正式提出反对就视为同意，包括保持沉默、弃权或进行一般的评论等，均不能构成反对意见。

关税及贸易总协定的贡献与改革必要性。关税及贸易总协定的贡献是通过支持多回合的多边谈判降低了关税水平，促进了全球贸易的增长。但也存在以下亟待改革的问题：关税及贸易总协定仅限于货物贸易，不包括服务贸易和知识产权保护，而这两方面在各国的贸易中越来越重要；货物贸易中存在诸多需要改革的问题，如纺织品和农产品游离在关税及贸易总协定之外；缺乏有效的争端解决机制，争端解决机制周期长，实施力度不足，容易受到被起诉国干扰。

（2）世界贸易组织

世界贸易组织成立于 1995 年 1 月 1 日，取代关税及贸易总协定，是处理国家间（含单独关税区）贸易全球规则的唯一国际组织，是多边贸易体制的组织和法律基础。

主要内容：一是总协定，称为世界贸易组织协定；二是负责管理货物的国际贸易协议，称为关税及贸易总协定，但以 ATC 纺织品与服装协议取代 MFA 多种纤维协定，将纺织品和服装贸易分阶段地纳入多边贸易体制中；增加了农产品贸易协议，明确了农产品贸易的市场准入、国内支持、出口补贴和卫生检疫措施等具体原则，使传统的农业保护主义得到一定程度的遏制；三是一个负责管理服务的国际贸易协议，称为 GATS 服务贸易总协定；四是一个负责管理知识产权的国际贸易协议，称为 TRIPS 与贸易有关的知识产权协议；五是贸易争端解决机制采用反向协商一致原则，即在世界贸易组织争端解决机构表决时，只有当所有成员协商一致表示不同意通过某项议案时，该议案才能被否决，若有一个成员表示同意，该议案就通过。这样不仅提高了争端解决机制的工作效率，也使裁决的执行力度得到加强。《关于争端解决规则和程序的谅解》对反向协商一致原则规定了补救和完善的办法，使得"反向协商一致"原则产生的弊端得到有效克服。

多哈回合谈判。即多哈发展议程，2001 年 11 月在卡塔尔首都多哈举行的世界贸易组织第四次部长级会议启动的新一轮多边贸易谈判，致力于发达国家降低农业补贴以促进发展中国家的出口；削减关税特别是对发展中国家可以获益的行业进行减税；实施服务贸易自由化；加强知识产权保护。其中农业问题是核心问题，但并未得到很好解决。

2013 年世界贸易组织第九届部长级会议突破了多哈回合谈判的僵局，发表《巴厘部长宣言》，达成世界贸易组织成立以来首个全球贸易协定《巴厘一揽子协定》，涵盖了简化海关及口岸通关程序，允许发展中国家在粮食安全上有更多选择，协助最不发达国家发展贸易等内容。

世界贸易组织的贡献与面临的问题。世界贸易组织的贡献是强化了多边贸易体制，为世界市场竞争和合作提供了一个开放公平和无扭曲竞争的规则；但问题是发达国家在谈判中处于强势地位，享受权利和履行义务能力高于发展中国家，发展中国家不能充分享受权利，且世界贸易组织面临区域经济一体化的挑战，矛盾协调的难度大。

（3）多边协定与双边协定

多边协定。两个或两个以上国家或单独关税区签订的贸易条约和贸易协定。

双边协定。随着多边协定的破裂，双边协定兴起，它包括特惠贸易协定（Preferential Trade Agreement，PTA）和双边投资协定（Bilateral Investment Treaties，BIT）。特惠贸易协定是指成员国之间通过协定或其他形式，对全部商品或部分商品规定较为优惠的关税，但各成员国保持其独立的对非成员国的关税和其他贸易壁垒，是区域经济合作中最低级和最松散的组织形式；双边投资协定是指资本输出国与资本输入国之间签订的，以促进、鼓励、保护或保证国际私人投资为目的，并约定双方权利与义务关系的书面协议，是目前各国间保护私人外国投资的重要手段。

双边协定一个典型的形式是实力强的贸易国与新兴经济体之间的协议，对某些行业提供特惠待遇，但不包括农业等敏感问题。其缺陷在于存在不平等因素，实力强的国家会使协议条款倾斜于本国，实力较弱的国家被迫做出比在世界贸易组织框架下更多的让步，利益受到损害。

5.2.2　优惠贸易安排协定

1. 优惠贸易安排

（1）含义

优惠贸易安排是指在成员国之间通过签署优惠贸易协定或其他安排的形式，对其全部商品或部分商品互相提供特别的关税优惠，对非成员国之间的贸易则设置较高的贸易壁垒的一种区域经济安排。

优惠贸易安排是经济一体化最低级和最松散的一种形式，商品流动的障碍并没有完全消除。最典型的例子是英国与其自治领成员加拿大、澳大利亚等国在1932年建立的英联邦特惠制。另一个案例则是印度尼西亚、马来西亚、菲律宾、新加坡和泰国等东南亚国家联盟（ASEAN）成员从1977年起在成员国间实施的特惠贸易安排协议。

（2）动态发展路径

在区域贸易自由化与多边贸易自由化进程相互影响的前提下，现存的优惠贸易安排对多边贸易自由化进程而言是铺路石还是绊脚石？最近几年，大量学者对该问题进行了研究，但研究结果存在很大的分歧。部分研究者认为现存优惠贸易安排是贸易自由化进程的“绊脚石”，不利于多边贸易自由化进程；部分研究者则持相反观点，认为现存优惠贸易安排是多边贸易自由化进程的铺路石，可以促进多边贸易自由化进程实现。

第一，否定观点。

Levy、Panagariya、Findlay、Krishna、Cadot、deMelo、Olarreaga等主要从政治经济学，公共选择学等视角来进行研究，并得出结论：优惠贸易安排将增强其歧视性本质，进而偏离多边贸易自由化进程。Levy（1997）认为，在H-O框架下优惠贸易安排既不促进也不阻碍贸易自由化进程；但在规模报酬递增的情况下，优惠贸易安排将削弱对多边贸易自由化的政治支持。Panagariya 和 Findlay（1996）、Cadot、deMelo 和 Olarreaga（1996）经过研究认为，随着现存优惠贸易安排逐步深化，优惠贸易安排将推动内部成员不断通过游说来提高对非成员国进口商品的关税率，进一步使当前贸易体系偏离多边贸易体系。Krishna（1998）采用三国寡头垄断模型得出结论，建立自由贸易区将降低本国与其他国家实施互惠关税减让的意图。在贸易转移效应积累到一定值后，可行性多边贸易自由化进程将被迫停止。Richardson、Bhagwati、Panagariya、Findlay 等转向经济学视角，认为优惠贸易安排将提高对外关税率以及对非成员国的贸易壁垒，最终减缓多边贸易自由化进程。Bhagwati（1993）表明，由于内部保护水平持续提高，自由化进程可能会被替代，所以通过自由贸易区来实现贸易自由化并不现实。一方面，在实际关税低于关税及贸易总协定规定关税水平时，自由贸易区可以通过提高关税壁垒来提高保护水平；另一方面，当对外税率与限制关税一致时，自由贸易区可以采取反倾销等手段加强保护。此外，Bagwell 和 Staiger（1997a）进一步研究了自由贸易区对多边关税合作在转型时期产生的影响并表明自由贸易区不仅在短期会阻碍多边贸易自由化进程，长期而言也会提高多边关税率。

第二，肯定观点。

Wei、Frankel、Stain（1995）构建引力模型进行实证研究，并表示实现贸易自由化的最佳方式是以优惠贸易安排作为开端。具体演进路径为：从两国间的优惠贸易安排开始，逐渐拓展到洲内优惠贸易安排，然后到大洲之间，最终达成全球贸易自由化。此外，也有研究者表示优惠贸易安排有利于维持多边贸易体系并与其共存共荣。Cadot、deMelo 和 Olarreaga（1999）认为贸易自由化带来的损失可以通过有选择的自由化进程与原产地原则得到补偿，所以优惠贸易安排尤其是自由贸易区有利于维持多边贸易体系。Caroline Freund（2000）表示当多边关税率较低时，参与优惠贸易安排的福利水平将高于自由贸易阶段的福利水平。反之亦然，即如果短期内多边贸易自由化目标不能完全达成的话，那么各国可以把优惠贸易安排以及多边贸易自由化交错融和进行，也是一种现实可行的方案。因为在遇到关税水平较低的情况时，优惠贸易安排可使其成员同时获得多边贸易自由化收益和优惠贸易安排收益。

随着第二次区域贸易安排浪潮的持续繁荣发展，理论界开始广泛关注优惠贸易安排的本质、优惠贸易安排与多边贸易自由化关系等问题，但尚未形成统一观点。一些研究者对此问题仍持否定态度，认为区域贸易自由化将减缓多边贸易自由化进程，且其本身规模也难以保证会持续扩展，实现全球自由贸易尚无定数。然而优惠贸易安排已经是一种事实存在，各种理论研究有待于实证分析；所以如何规避优惠贸易安排的负面影响，引导其向合理方向发展，将是亟待解决的问题。事实上学者和政策制定者已经就优惠贸易安排引致的一部分问题达成一致，而其中的首要问题就是“相互交错发展的优惠贸易安排将对原产地不同的同一产品征收不同关税，从而发生混乱”。倡导自由贸易的研究者对此问题一致表示，最佳解决办法就是加速最惠国自由化进程，消除对外关税、关税优惠和“对原产地不同的同一产品征收不同关税”的现象。

我国也结合自身需要同周边国家以及其他一些国家建立优惠贸易安排，研究优惠贸易安排与多边贸易自由化的关联，探寻优惠贸易安排的本质及其带来的一系列问题，对我国而言至关重要。

2. 我国的一些优惠贸易安排

（1）《亚太贸易协定》及中国在亚太地区的战略选择

《亚太贸易协定》成员为中国、孟加拉国、印度、老挝、韩国和斯里兰卡等。自2006年9月1日起，我国已向其他成员的1717项8位税目产品提供优惠关税，平均减让幅度达27%。同时，我国可享受其他成员国所定税目14%~35.7%的优惠关税，主要受益产品为化工产品、家具、金属制品、机械电气产品、皮革、钢铁等。

此外，近年来亚太地区成为全球经济的新增长极，区域内自由贸易协定也迅速兴起，各成员经济体交叉重叠构成了复杂的“亚洲面碗”格局。特别是当前在亚太区域经济一体化的路径上形成了两条轨道：一是以“跨太平洋伙伴关系协议”（TPP）为载体的“亚太轨道”——“全面与进步跨太平洋伙伴关系协定”（CPTPP），该组织成立的标志是2017年11月11日，由启动TPP谈判的11个亚太国家共同发的一份联合声明，宣布“已经就新的协议达成了基础性的重要共识”；二是以“区域全面经济伙伴关系”（RCEP）为载体的“东亚轨道”，轨道上两个巨型自由贸易协定正在互相竞争与博弈。RCEP是东盟十国发起，邀请中国、日本、韩国、澳大利亚、新西兰共同参加（“10+5”），通过削减关税及非关税壁垒，建立15国统一市场的自由贸易协定。RCEP是中国为了应对地缘竞争和规则竞争，积极主动、灵活有效地适时调整立场与策略，做出的规划性战略选择，中国将继续与东盟携手共建“中国东盟命运共同体”，同时积极推动RCEP谈判以及亚太自贸区进程。2019年末以来，RCEP各成员克服新冠肺炎疫情带来的巨大困难，全面完成市场准入谈判，完成了1.4万多页法律文本审核工作。历经八年谈判，区域全面经济伙伴关系协定（RCEP）于2021年11月15日正式签署，并将于2022年1月生效。RCEP成员包括东盟10国与中国、日本、韩国、澳大利亚、新西兰。15个成员总人口、经济体量、贸易总额均占全球总量约30%，是全球约1/3的经济体量形成的一体化大市场，货物贸易零关税产品数整体上超过90%，服务贸易和投资开放水平显著高于原有的“10+1”自贸协定。除此之外，在亚太经合组织北京峰会的一系列预备会议上，构建亚太自由贸易区（FTAAP）的倡议也被激活，且进入分析研究与制订路线图等实体工作，这极大地激发了人们对亚太区域经济合作的憧憬。上述内容一方面传递了近年来亚太地区因经济增长与地缘政治而演变其区域格局的信号，尤其是中美关系的变化促使亚太经济体对各自的贸易以及商业国家联盟做出重整；另一方面，运输和通信技术的飞速发展对传统的生产模式与商业业态逐渐构成威胁，可能会被更加复杂、多样、专业的生产服务体系所取代，进化为新型的贸易模式和企业组织形式。基于世界贸易组织的传统“第一代”贸易规则已经不能与新的贸易模式相匹配，且由于多哈回合谈判长期陷入停滞状态，各国纷纷转向区域经济一体化，企图通过自由贸易协定的方式推进更深层次、更高质量、更新标准的合作，以适应全球价值链背景下“第二代”国际贸易规则的制度需求。

（2）中国—智利优惠贸易安排

中国—智利自贸协定为中国与南美洲国家之间架起了一座沟通的桥梁，为双方日后深化合作铺设了道路。商务部部长高虎城与智利外交部部长穆尼奥斯于2016年11月22日共同签署《中华人民共和国商务部和智利共和国外交部关于启动中国—智利自由贸易协定升级谈判的谅解备忘录》，宣布启动升级谈判，在这个节点研究中国、智利双边贸易效应以及优惠关税政策的实施效果具有举足轻重的现实意义，将有助于推动中国—智利自贸协定升级。

根据自贸协定，自 2006 年 10 月 1 日，两国占税目总数 97% 的产品关税将在 10 年内分阶段清零。目前经过两个阶段的关税减让，中国取消了 4753 种智利产品关税，智利也将我国 5891 种产品关税完全免除，其中主要包括化工产品、农产品、纺织服装、机电产品、车辆及零件、水产品、金属制品和矿产品等。

（3）中国—新西兰优惠贸易安排

1997—2008 年，中国和新西兰之间签署了一系列双边协议，密切了两国的关系。1997 年，在西方国家中新西兰率先与中国就加入世界贸易组织问题达成双边协议。1998 年，中新签署了一项双边投资促进与保护协议。2001 年 11 月，中国与新西兰签订谅解备忘录，构建了卫生及植物检疫、农业与林业对话与合作机制。2003 年两国一致赞同开始磋商“贸易与经济合作框架”（TECF），此外还签署了五项经贸安排和协议，其中包括两项涉及肉类市场准入的草案，一项涉及贸易技术壁垒咨询的安排，一项互相承认高等教育学历的安排以及一个更新的科学技术协议。2004 年 5 月，中国—新西兰正式签署“贸易与经济合作框架”，在该框架中，新西兰认可中国已经建立了市场经济体制。此外，合作框架致力于加强两国在农业、林业、科学、旅游、教育、环境保护与投资等领域的合作，并一致赞成建立联合研究小组来研究双边自由贸易区的可行性，为日后进行双边谈判做准备。2004 年 11 月，中新正式启动了双边自贸区谈判。

历时 3 年，经过长达 15 轮谈判后，中国与新西兰在平等、互信基础上于 2008 年 4 月 7 日正式签署了《中华人民共和国政府与新西兰政府自由贸易协定》。这不仅是中国与发达国家签订的第一个自由贸易协定，同时也是中国与其他国家签订的第一个涵盖货物与服务贸易、投资等多方面的自贸协定。协定共 18 章 214 条，于 2008 年 10 月 1 日正式生效，这份重要的法律文件证明了两国在世界贸易组织基础上相互开放了市场、深化了合作。2021 年 1 月 26 日，中国—新西兰两国通过视频签署了中新自贸协定升级议定书，升级议定书除对原协定的原产地规则、海关程序与贸易便利化、技术性贸易壁垒、服务贸易、合作等 5 个领域进行升级外，还新增加了电子商务、政府采购、竞争政策、环境与贸易等 4 个领域。

（4）中国—新加坡优惠贸易安排

2008 年 10 月，中国与新加坡签署了《中华人民共和国政府和新加坡共和国政府自由贸易协定》，该协定于2009年1月1日生效，代表着中国—新加坡合作进入了崭新的深度一体化的时代。中国—新加坡自贸区是中国与第二个发达国家签署的自贸区协议，是在中国与东盟签订自贸协定的基础上进一步与新加坡签署的，为世界上经济发达程度不同的国家与集团实施自贸区战略积累了宝贵经验。协定的签署能够使双方在服务贸易合作领域加深深度、拓宽广度，尤其是协定中包含新加坡参与中方区域经济发展与促进中方企业"走出去"的条款，预示了中方区域经济发展与中方企业"走出去"战略相结合的新趋势。

随着"一带一路"倡议的推进，中国—新加坡两国间的经贸合作也加速进入快车道。2018年双边货物贸易额828.8亿美元，同比增长4.6%。中国继续保持为新加坡第一大贸易伙伴、第一大出口市场和第一大进口来源国。投资方面，新加坡对华投资项目998个，同比增长41.4%，实际投资额52.1亿美元，同比增长9.4%，新加坡继续为中国第一大新增外资来源国。中国和新加坡两国政府关于升级《中华人民共和国政府与新加坡共和国政府关于升级〈自由贸易协定〉的议定书》（以下简称《升级议定书》）于2019年10月16日生效。《升级议定书》对原中国—新加坡自由贸易协定原产地规则、海关程序与贸易便利化、贸易救济、服务贸易、投资、经济合作等6个领域进行了升级，并新增了电子商务、竞争政策和环境等3个领域。双方商定，《升级议定书》涉及的原产地规则调整将于2020年1月1日起实施。双方还于2020年12月宣布启动升级后续谈判，致力于采用负面清单方式开展服务贸易和投资自由化谈判，进一步提升双边贸易投资自由化便利化水平。中国—新加坡经贸合作日益深化极大地推动了地区经济一体化的发展。

（5）中国—巴基斯坦优惠贸易安排

中巴自贸协定于2007年7月1日开始实施，在协定生效后5年内，双方对占各自税目总数85%的产品按照5种分类，以不同优惠幅度实施降税；自第6年起，逐步使双方零关税产品占税目数与贸易量的比例均达到90%。

印度学者Pravakar Sahoo分析认为，巴基斯坦之前对中国的进出口额仅仅略高于印度，但在中巴自由贸易区建立后其份额则远远大于印度，这种局面的形成原因自然离不开中巴自贸区的建立。巴方表示巴基斯坦出口中国的商品竞争力远远不及东盟国家，虽然中巴自贸区已经建立，但要求中巴在自贸协定的第二阶段对其内容进行修订，增强协定的优惠幅度。2019 年 12 月 1 日，《中华人民共和国政府和巴基斯坦伊斯兰共和国政府关于修订〈自由贸易协定〉的议定书》正式生效。相关降税安排于 2020 年 1 月 1 日起正式实施。根据该议定书的规定，降税安排实施后，中巴两国间相互实施零关税产品的税目数比例从此前的 35%逐步增加至 75%。双方还对占各自税目数比例 5%的其他产品实施 20%幅度的部分降税。2021 年 5 月，巴基斯坦总理商务与投资顾问达乌德（Abdul Razak Dawood）表示：过去 9 个月即 2020 年 7 月至 2021 年 4 月，巴基斯坦对中国的出口增长了 31%，这表明自贸协定正在发挥作用，我们鼓励出口商积极利用中巴自贸协定第二阶段议定书中的关税优惠政策，扩大对中国的出口。

（6）中国—秘鲁优惠贸易安排

《中国—秘鲁自由贸易协定》于 2010 年 3 月 1 日起实施，成为我国达成并实施的第 8 个自贸协定（包括内地与港澳的 CEPA）。中国和秘鲁在金融危机的背景下谈判并签署自贸协定，又在后危机时代经济恢复初期开始实施自贸协定，有力地促进两国经济增长和友好合作。中秘自贸协定覆盖领域广、开放水平高。在货物贸易方面，中秘双方将对各自 90%以上的产品分阶段实施零关税，可以说自贸协定实施后，中秘两国携手迈入了“零关税时代”。2019 年 8 月 23 日，中国—秘鲁自贸协定升级第三轮谈判顺利完成。双方在前期达成共识的基础上，围绕服务贸易、投资、海关程序与贸易便利化、原产地规则、卫生与植物卫生措施、知识产权、电子商务、竞争政策和全球供应链等议题展开全面深入磋商，谈判取得积极进展。

中秘自贸协定自生效之日至今已过去十多年，自贸协定实施的显著成果在于：现阶段中国和秘鲁间大多数原产地货物关税都已经大幅减让，有的甚至在自贸协定生效当时即取消关税。楼铖铖（2017）采用亚洲开发银行 ADB 评估自贸协定实施效果的方法对中秘 FTA 覆盖率与利用率进行测算，最终得出中国进口秘鲁的 FTA 覆盖率为 94.10%，高于中国出口秘鲁的 FTA 覆盖率的 83.05%；而中国出口秘鲁的 FTA 利用率只有 24.22%。利用“倍差法”设置了中国—秘鲁与中国—厄瓜多尔贸易流量的对比实验，对中秘自贸协定的贸易效应进行实证检验。结果显示在中秘签署自贸协定后，中国从秘鲁进口的贸易额变动较中国从厄瓜多尔进口年均提高

16.70%，中国出口秘鲁的贸易额变动较中国出口厄瓜多尔的年均提高了11.4%，进而有力证明了中秘自贸协定的贸易促进作用。

（7）内地与港澳优惠贸易安排

秉承推动内地与中国香港共同繁荣发展，加强双方与其他国家、地区经贸联系的目的，双方于2003年6月签署了《内地与香港关于建立更紧密经贸关系的安排》（CEPA），并在2004—2010年接连签订了7个补充协议。CEPA是内地对外首次建立并全面实施的自贸协定，其协定标准超出了世界贸易组织多边贸易自由化标准，以更高的开放水平和更大力度的优惠措施，致力于降低甚至消除双方贸易与投资等方面的制度性障碍，进而使两地资本、货物、人员、信息等要素流动更加自由化，在推动地区经济一体化进程等许多方面成果显著。按照CEPA规定，中国香港应对原产内地的所有进口货物继续实施零关税，相对应地，自2006年1月1日起内地也已经对香港原产货物全面清除了关税障碍。

当今全球自由贸易协定多数侧重削减货物贸易关税与非关税壁垒，与众不同的是，CEPA及其补充协议侧重服务业以及服务贸易开放，是最具特色且最为核心的政策安排。国内众多研究者做了大量有关CEPA本身及其经济影响的研究，研究内容也大部分集中在两地服务业发展和服务贸易开放与竞争等领域。华晓红、杨立强（2008）从两地货物贸易、服务贸易、投资三个方面对CEPA效益作了客观评价，以大量统计分析CEPA影响，同时利用GTAP模型，对CEPA的经济影响作了趋势预测。俞肇熊、王坤（2007）介绍了CEPA及其3个补充协议有关服务贸易的开放承诺，同时分析了CEPA服务贸易自由化对中国香港运输、金融与保险服务等方面的影响。骆念蓓（2006）通过对CEPA框架下中国内地、中国香港服务贸易对外开放度、总体显性比较优势指数、贸易专门化指数和分部门贸易专门化指数的比较测算了CEPA框架下内地和香港服务业开放水平，在对外贸易开放度指标进行系统总结的基础上，并就协议实施一段时期后双方整体和部分受到的影响进行了评价。陈广汉、曾奔（2005）通过建立完全竞争和规模报酬不变条件下的贸易自由化模型，以内地和香港的双边数据验证了CEPA生产者服务贸易自由化能够同时提高双方福利。蔡宏波、杨晗（2011）从内地与香港服务业与服务贸易发展现状入手，着重考察2004—2009年内地和香港对外和双边服务贸易发展水平与态势，剖析

CEPA 附件和 7 个补充协议有关服务贸易涉及领域和分阶段开放承诺，在此背景下利用修正后显性比较优势指数和贸易专门化指数比较分析内地与香港双边服务贸易整体和部分的竞争状况，借以评价 CEPA 实施对双方服务业合作与双边服务贸易深入发展产生的影响。

5.2.3　贸易优惠与促进

1. 区域经济一体化递进层次

（1）自由贸易区

自由贸易区是由若干个国家构成的群体，相互之间取消贸易壁垒，对非成员国仍保持不同的外部政策，比如 NAFTA。

自贸区本身对非成员国具有一定歧视性，不符合世界贸易组织的最惠国待遇。但考虑到其积极作用，世界贸易组织《关贸总协定》第 24 条对自贸区做出了例外规定，明确同意各成员方在其领土间结成自由贸易区。事实证明，自贸区许可并没有严重威胁到多边贸易体系；反之，由于自贸区在实施过程中可以率先让协定区域实现内部贸易自由化，所以在一定意义上可以与多边贸易体系形成互补，甚至还可以促进多边贸易体系的进一步发展，综上所述，自贸区与多边贸易体系有理由共生共存，且世界贸易组织的很多成员同时也是各自贸区的成员。

自由贸易区的诞生与迅速发展有其深刻的经济、政治、文化、历史原因：

第一，相对于多边贸易体制，区域内国家更容易就自贸区达成协议并产生实际效力。此外，现有自贸区大多成效卓著，出于获利动机，参与自贸区的国家逐步增多，热情高涨。

第二，自由贸易区的参与国成员大都坐落在邻近国家或地区，对应开展经贸合作而言具有得天独厚的地缘优势。

第三，各成员国在加入多边合作机制后继而缔结自贸区的行为有助于其改革国内的经济结构，因为此时存在更多的外部力量可以帮助各国推进国内改革。

第四，20 世纪 90 年代，地区性经济危机一再发生，给各成员带来了惨痛教训，这也让各成员加大了对地区经济合作制度化的重视程度。1997 年东南亚经济危机足以证明，危机在同一地区的国家之间蔓延扩张的速度往往更迅速，所带来的负面影响也通常更为剧烈。所以对区域经济合作制度问题予以关注不仅有利于吸取教训防范新的潜在危机，也能为世界经济的稳定发展贡献一份力量。

自由贸易区具有举足轻重的作用，对整个国际贸易和各成员经济发展的影响不可忽视。通常，在一定区域内建立自由贸易区可以促进成员内部贸易的增长，加速该区域内部国际分工的深化与合作进程，加深各成员方贸易自由化的程度，进而吸引大量外资涌入，强化成员在全球贸易中的地位，提升其话语权，最终促进经济大幅增长。综上，自由贸易区已经成为各国实现经济增长不可或缺的一种制度性安排。

美国与加拿大于 1989 年率先签订了《美加自由贸易协定》，这迫使墨西哥作为发展中国家在北美经济大格局中面临被边缘化的风险。为了不在激烈的竞争中落后，墨西哥从 1991 年 6 月开始加入艰苦的谈判，历经 14 个月，于 1992 年 8 月 12 日与美国、加拿大签订了《北美自由贸易协定》（North America Free Trade Agreement，NAFTA）。该协定于 1994 年 1 月 1 日正式生效，约定自协议生效之日起 15 年内三国应一步步削减相互之间的贸易壁垒，加速商品、劳务的自由流动，从而进化成全球最大的自由贸易集团。北美自由贸易区是一个野心勃勃的规划，它将自由贸易作为理论基石，通过构建自由贸易区的方式来解放贸易、投资等方面的束缚，最终促成整个北美地区的经贸进步。而对于身为发展中国家的墨西哥而言，参与这一协定既包含了新的机遇又包含了各方面的风险，对其本国政治、经济、社会等层面的影响是持久且深远的。

（2）关税同盟

关税同盟是自由贸易区的进一步发展。除自由贸易区的所有协议外，关税同盟对非成员方采取相同的关税税率和外部政策，比如 Benelux，是由比利时、荷兰、卢森堡三国组成的关税同盟。

1965 年 11 月，“比荷卢议会间协商委员会”批准了关于比荷卢联盟成员国设计和模型的公约和统一法草案。公约草案规定缔约各方有义务制定一项统一的比荷卢设计法，在其国家立法中进行示范，并建立一个设在海牙的共同行政当局，负责执行这条法律的规定。统一法草案详细说明了受该法管辖的产品设计和型号及其交存、转让和许可的情况。此外，草案还载有关于既得权利的过渡性条例以及确定法院在这方面的管辖权的规则。

该草案由比荷卢联盟的“部长会议”签署，与 1962 年签署但至今尚未生效的关于统一商标的比荷卢公约和法律一起，对工业产权法的区域协调做出了重大贡献。

（3）共同市场

共同市场整合了关税同盟的一切，共同市场内允许资本和劳动力的自由流动，今天的欧盟曾经就是一个共同市场。

巴西、阿根廷、乌拉圭与巴拉圭四国于 1991 年 3 月 26 日宣告建立南方共同市场。伴随着贸易金融领域不断开放，1990—1998 年南方共同市场地区内贸易额增长了 5 倍，占全世界贸易额的比例也从 11%增加至 23%。但是就在南方共同市场经济形势持续向好时，1999 年巴西雷亚尔危机与 2001 年阿根廷危机接连爆发，南方共同市场受到了沉重打击，地区经济在两次挫败后不断衰退，于 2003 年几乎进入停滞状态。但随着全球经济形势逐步好转，南方共同市场经济形势自 2004 年也进入复苏期，在此期间，长久以来无法达成共识认可的地区货币一体化进程也因为经济危机的历史教训有了一定进展。尤其是南方共同市场在 2008 年爆发的全球金融危机中受到严重影响之后，阿根廷和巴西开始试行在双边贸易中实施本币互换体系，取得了一定成果，两国由此希望本币互换体系在南方共同市场内部全面推行，以规避全球金融危机中美元贬值给集团经济发展带来的无法预测的风险与损失。

纵观南方共同市场经济一体化发展历史，可以发现南方共同市场的一体化战略别具一格，这归功于拉美“开放的地区主义”与经济全球化的时代大背景相契合，具体体现在：

第一，坚持建立深度的一体化。《亚松森条约》确定了南方共同市场从自贸区到关税同盟的具体发展步骤，不仅要促成商品自由化，而且要一步步实现资金自由化、服务自由化、劳动力流动自由化等。南方共同市场当前的货币一体化进程虽然并非一片坦途，但仍然在稳健地前进，也彰显了成员国期望达成深度一体化的坚定决心。

第二，经济一体化背后的政治性。由于国内经济并不稳定且关税壁垒高筑，各成员国只搭建自由贸易区的决策显得更加务实，但巴西与阿根廷经过相互协调最终仍然决定要建立共同市场。因此多数人认为建立南方共同市场不仅仅是出于成员国的经济利益考虑，很大程度上也是为了从本质上舒缓阿根廷与巴西长期敌对情绪的一个政治决定，且南方共同市场作为一个平台被赋予一定期望，即让成员国在全球经济舞台上拥有发言权。综上，南方共同市场倾向于通过“总统外交”（政府间谈判）来解决成员方争端，所以南方共同市场可能会轻易地因为成员方国内政治与政府更替而使其内部事务与决策受到影响。

第三，地区贸易的开放性。地区贸易开放性是20世纪90年代以来拉美经济一体化的首要特点，南方共同市场表现尤其明显。南方共同市场自诞生以来便积极与智利、玻利维亚、墨西哥、秘鲁、委内瑞拉、安第斯共同体、中美洲一体化体系等拉美国家与区域经济组织进行谈判或签订自贸协议，这不仅大力推动了南美地区一体化进程，而且为整个西半球经济一体化进程也贡献了力量。

第四，与美洲外国家和地区的自贸区谈判。1990年，美国提出创建美洲自由贸易区的构想，南方共同市场整体而言其实并不排斥该提案，但其与美国在农产品等敏感问题上的分歧让双方无法推进谈判，遂于2006年陷入停滞状态。除了与欧盟仍在进行谈判，南方共同市场当前还与韩国、印度、南非关税同盟等亚非国家和地区就建立自贸区进行谈判。2008年，中国成为美洲开发银行的成员之一，南方共同市场与中国的经贸往来也渐渐频繁。然而南方共同市场内部仍然存在贸易保护主义，且在全球经济形势恶化时显露无遗，这也影响了南方共同市场未来的开放程度。

（4）经济联盟

经济联盟整合了共同市场的一切，成员国需要调整和统一其经济政策，以便将其整合为一个单一的经济实体，今天的欧盟就是一个经济联盟。经济联盟一个可能的纬度就是建立一个货币联盟，这已经由19个欧盟成员方通过采用欧元而实现了。

欧盟在过去的几十年中所获成果不可忽视，欧盟的未来也不容小觑。一方面，欧洲一体化范围不断扩大：至2016年，其成员覆盖了欧洲绝大部分地区，欧盟是全球三大经济体之一；另一方面，欧洲一体化深度不断加深：经济方面加速了区域内商品、资本、人员和劳务要素的自由流动，通过引入单一货币统一了货币政策。在共同安全与外交方面，秉承“以一个声音说话”并在北约框架外积极加强欧洲防务与安全合作。共同司法与内部事务合作上鼓励成员国间进行跨境司法合作、规范共同内部安全机制。

欧盟作为全球其他地区区域一体化的榜样，是促进多极化发展、维护世界和平的中流砥柱。当下欧盟内有欧债危机、难民危机、恐怖袭击、欧洲认同危机、英国脱欧等影响，外有反全球化主义、老龄化加剧、民粹主义泛滥等问题和挑战。尽管欧洲一体化饱受重重危机的困扰，但也要认可，欧盟相比于过去几年各种危机集聚的至暗时刻，正一步步走出低谷，欧洲一体化曙光初现，前途尚存。

（5）政治联盟

政治联盟是一个地区政治和经济事件的整合。目前，欧盟还不是一个政治联盟。

表5-1 经济与政治同盟的异同

特点形式	取消贸易壁垒	共同的对外贸易壁垒	生产要素自由流动	宏观经济政策的协调	共同货币、财政政策
自由贸易区	有	无	无	无	无
关税同盟	有	有	无	无	无
共同市场	有	有	有	无	无
经济联盟	有	有	有	有	无
政治联盟	有	有	有	有	有

2. 其他贸易优惠与促进手段

（1）现代信息技术对进出口贸易的影响路径

针对线下国际贸易：即传统实体市场，进出口行为基本上是传统的国际贸易流程和交易方式，现代信息技术的影响反映的贸易形态和方式上的变化主要是无纸贸易。无纸贸易又称电子数据交换（EDI），是针对线下国际贸易的一种贸易方式，它按照贸易双方商定的协议，将商业文件标准化和格式化，并通过计算机网络，在贸易伙伴的计算机网络系统之间进行数据交换和自动处理，可以保证贸易数据的准确性和安全性，信息技术只对贸易的磋商和信息交换环节有影响，并不影响贸易的货款收付、货物交付等实质环节，只是给贸易提供了一个信息交换的平台，帮助买卖双方更好地获取交易资讯。

针对线上国际贸易：即网络虚拟市场，进出口行为基本上是通过网络方式达成。在线国际贸易是针对线上国际贸易的一种方式，是指通过信息技术，从交易的磋商到交易的达成以及交易的货物运输、货款支付等一系列贸易活动，都借由互联网来进行。在线国际贸易有金额小、批次多、走国际快递和邮包运输、使用在线支付的特点，是一个当今蓬勃发展，地位越来越重要的贸易方式。

（2）国际组织对新趋势的反应：推动贸易便利化

贸易便利化。通过简化程序、增强透明、统一标准、完善规范、减少限制等措施，降低国际贸易活动中的交易成本，从而促进货物、服务的自由流动。贸易便利化主要针对交易后阶段进出口程序的创新和改进，以往的创新和改进局限于政府监管机构。

单一窗口。单一窗口也是贸易便利化的一个基本目标和任务，是政府贸易监管机构在进出口流程中建立的，基于计算机系统的单一窗口系统，负责把相应的贸易数据分门别类地提供给各个政府贸易监管机构，以便让进出口商可以方便地在一个计算机系统中一次提交所有的贸易数据。平台的存在是基于其所提供的网络传输服务和整合增值服务。宗旨是提升贸易监管效率、优化流程、节省费用。

（3）私有部门对商务模式的创新：外贸第三方平台

利用外贸第三方平台渠道寻找贸易机会是近年流行起来的海外市场拓展方法。随着全球网络普及，在虚拟网络市场空间出现了很多提供贸易机会的第三方网络平台企业。企业注册并登录平台就可以把自己的企业信息、产品信息，以及交易主要条件发布在网站上，还可配以精美图片增加信息可信度。第三方网络平台企业所提供的搜索引擎服务可通过关键字的查找，让企业找到相匹配的交易对方。外贸第三方平台是中小企业低成本获取市场机会的重要手段。按交易流程分为三种：交易前、交易中和交易后。

交易前：在达成正式进出口合同前的准备和信息获取以及信息交流等活动的阶段。外贸第三方平台只提供撮合交易的空间和手段，达成交易的过程一般在线下。

交易中：网上实现交易的过程，也称跨境网上交易和线上国际贸易。一般是跨境的网络零售，主要是针对消费者的 B2C 或小额的 B2B 交易，成交金额小，批次多，走国际快递和邮报运输，用信用卡或第三方网络支付方式付款。

第三方平台提供网上达成合同的机制，实现交易。跨境支付结算和物流是制约这一模式的最大问题，虽然占总体进出口贸易的比例很小，但是这一模式仍有很大发展空间，特别是在跨境支付和物流比较发达的市场与经济互补性较强的市场，这一模式促进了生产制造企业与市场的信息沟通和互动，可能引发对传统出口流程和方式的创新。

交易后：进出口流程达成后的履约阶段，这一阶段对进出口商的挑战是与不同部门进行单证和数据交换，需要精简和优化流程，减轻进出口企业的成本和费用负担，主要措施是贸易便利化和单一窗口制度。

外贸第三方平台利用网络和信息技术平台将外贸业务流程标准化，最大程度整合业务流程和业务数据信息，并以此信息整合的平台与政府贸易监管机构和商业机构合作，为中小企业提供进出口交易后的外贸业务外包服务，还提供出口融资、国际物流、外汇货款收付和退税服务。

互联网普及下进出口的变化趋势。进出口活动呈现多样化，诞生了网络渠道；交易主体、内容、方式均发生变化；企业进出口战略选择也将调整；国际贸易从交易到流程，从服务到市场结构发生重大变化。

5.3　总结与讨论

本章主要对贸易自由化与贸易协定进行了展开分析，首先针对贸易自由化，通过梳理文献，分析贸易自由化对收入分配及就业以及对企业层面的影响。包括贸易自由化如何影响工薪差距的路径的原因分析，进口贸易自由化与中国的企业创新，贸易自由化、企业异质性与出口动态以及贸易自由化对多产品企业产品决策的影响等多方面。其次针对贸易协定方面，主要阐释了多边贸易体制与贸易自由化协定、优惠贸易安排协定以及贸易优惠与促进等，具体说明了多边贸易体制的由来与机制特点，分析了关税及贸易总协定、世界贸易组织等贸易自由化协定的演变过程，介绍了优惠贸易安排的概念以及我国参与的一些优惠贸易安排，最后通过剖析区域经济一体化递进层次以及其他贸易优惠与促进手段。评析了贸易自由化与贸易协定对全球经济的积极与消极影响，通过各国的经济发展状况分析贸易自由化与贸易协定的效果及作用，梳理各国政策选择来观察贸易自由化的趋势与进程。

第6章 国际贸易与空间地理（贸易与空间经济学）

Chapter Six

6.1 本地市场效应

6.1.1 影响本地市场效应的因素

对于规模收益理论最早的描述来源于林德（Linder，1961），他认为，“本地对某种产品的消费是使该种产品成为潜在出口产品的必要而非充分条件”。即在规模报酬递增情况下，如果一国对某产品具有极大的国内需求，则该国会成为该种产品的净出口国。保罗·克鲁格曼（Krugman，1980）将该假说以模型的形式表述出来，被命名为新经济地理（new economic geography）的最新规模递增模型，其主要内容就是“本地市场效应”（home-market effects）。“本地市场效应”是指在行业规模报酬递增和垄断竞争且存在运输成本的情况下，需求大国将成为差异化产品的净出口国。即当存在规模经济和运输成本时，企业会倾向于选择在产品市场规模最大的地方建厂生产，随着规模报酬递增，一个国家会更倾向于出口迎合本国需求的产品，即每个国家会选择出口国内市场需求较大的产品。

1. 运输成本

Davis 和 Weinstein（1996，1999，2003）通过建立模型证明了保罗·克鲁格曼模型中本地市场效应的存在。同时得出结论，厂商在存在贸易成本的情况下将离开需求较小的市场，转向需求较大的市场。贸易成本的存在阻碍了出口，厂商在寻求市场的过程中产生本地市场效应。但存在另一种情况，即由于贸易成本消失，外国会增加对本地的出口，这使得本地的超额需求由本地厂商的额外供给和外国的增加出口同时满足，这样就不会出现本地市场效应了。

但由于两人的模型中对于假设条件有严格限制，所以此种本地市场效应的现实普遍性不大，因此越来越多的经济学家开始关注本地市场效应带来的福利，并在更加宽松的假设下拓展模型。

Krugman（1980）及 Helpman 和 Krugman（1985）描述了一个单一生产要素、两国、两部门的模型，一个部门在完全竞争、规模报酬不变的新古典框架（CRS-PC）下生产同质产品，不存在运输成本。Davis 认为在分析中有关只考虑差异化产品存在运输费用的假设是有问题的，如果只考虑处理便利而放弃对同质化产品运输费用的假设是不全面的，加入同质化产品运输费用的假设将改变分析结果。因此他在 Krugman（1980）及 Helpman 和 Krugman（1985）模型的基础上修改了 CRS-PC 部门零运输成本的假设运输前提，增加了同质化产品存在与差异化产品相同的运输成本，结果否定了本地市场效应的存在。而使两种产品运输成本不等，如差异化产品运输成本远高于同质化产品运输成本，此时国内制造业生产份额会高于国内市场需求大小，本地市场效应重新出现。

Yu（2005）对 Davis（1998）的模型进行了进一步的拓展，假定同质化产品间不存在贸易，并使用 CES 效用函数使差异化产品的支出份额随着其价格指数而变化。结果证明，当差异产品和同质产品之间的替代弹性大于 1 时，国内制造业份额高于国内市场需求大小，存在本地市场效应；当替代弹性等于 1 时，不存在本地市场效应；当替代弹性小于 1 时，此时出现逆向本地市场效应。

2. 贸易成本

贸易成本是决定区域经济不平衡的重要变量之一，从而也成为影响本地市场效应强弱的重要因素之一。贸易障碍的降低会导致更强的“本地市场效应”。一体化程度的加深将强化“本地市场效应”的作用，导致产业集聚的倾向更加强烈，进而加剧区域间不平衡发展。可以看到，对外贸易、自由贸易协定对于减少贸易壁垒，降低对外贸易成本发挥着重要作用，能够营造更为客观和稳固的对外贸易环境，从而对于发挥本地市场效应起到了促进作用。

Head 和 Mayer（2004）在经典的本地市场效应中，假定劳动工资具有完全弹性，此时增大贸易成本将会发现本地市场效应弱化。随后，其考察了劳动工资不具有完全弹性时贸易成本对于本地市场效应的影响，发现较小的劳动工资弹性将导致大国市场出现过高的工资，进而弱化本地市场效应甚至出现逆向本地市场效应。因此得出结论，本地市场效应与贸易成本之间的反向关系仅在劳动工资具有完全弹性时才成立。

Crozet 和 Trionfetti（2006）放弃了 CRS-PC 部门，构建了一个新的两部门模型：一个 IRS-MC 部门（垄断竞争、规模报酬递增的新贸易理论框架），一个 CRS-PC-A 部门（国家产品差异化模型）。他们从另外一个角度考察了贸易成本变化对本地市场效应的影响。他们发现，IRS-MC 部门存在本地市场效应，但 CRS-PC-A 部门本地市场效应消失了。

3. 行业特征

“本地市场效应”随不同产业呈现不同强度上的差异，这里的行业特征主要考察的是运输成本和产品差异化程度。事实上，“本地市场效应”会随着产业间运输成本以及产品差异化程度的不同而表现出不同的强度，产品差异化程度高的产业会呈现更强的“本地市场效应”，从而能够体现出这些行业在空间上有着更高的集聚程度。所以本地市场效应的强度会随着特定产业特征的不同而呈现出差异。

Amiti（1998）用一个关于 IRS-MC 两种投入要素的模型，研究了一国市场的大小与其产品和贸易特征的关系，得到“本地市场效应”会随着产业间运输成本和替代弹性的不同而呈现强度上的差异，高运输成本、低的替代弹性（产品差异化程度高）的产业会呈现更强的“本地市场效应”，这也意味着这些行业存在更高的集聚程度的结论。Amiti 在假定两个产业具有相同的要素密集度和相同的产品替代弹性后，认为大国将从事相对更高的运输成本的产品的专业化生产，小国将从事相对更低的运输成本的产品的专业化生产。这样大国会成为高运输成本产品的净出口国，而小国会成为低运输成本产品的净出口国，这也说明在其他条件一样时，高运输成本的产业将呈现更强的“本地市场效应”和更高的集聚程度。同时 Amiti 也认为，在两个产业具有相同的要素密集度和运输成本时，替代弹性低（产品差异化程度高）的产品生产商会更多集中于大国，这样大国会成为低替代弹性产品的净出口国，小国会成为高替代弹性成品的净出口国。这说明行业有更高的运输成本和更高的产品差异化程度时，会呈现更加强烈的“本地市场效应”，从而使得产业集聚倾向更加强烈，加剧区域不平衡发展。

4. 多国情形下的本地市场效应

Behrens（2004）首次对多国经济下的本地市场效应进行了探讨。前提是要先区分动态本地市场效应和静态本地市场效应，进而得出结论，在多国情形下不存在动态本地市场效应，第三国的准入性受到控制后存在本地市场效应，即静态本地市场效应不受多国市场准入性限制。Suedekum（2006）认为，Behrens只是指出了在多国框架下动态本地市场效应被颠覆的理论可能性，但并没有总结出什么样的第三国效应将消除本地市场效应。Suedekum（2006）在三国模型中进一步证明，仅当国内需求份额外生增长时，动态本地市场效应能够满足三国条件；如果外部有一个较好准入性国家且出现转移，那么这将对本国产业份额产生负面影响；如果两个外部国家拥有相同的准入性条件时，那么外部需求转移并不会对本国产业份额造成影响；如果本国与其中一个外部国家存在同一产品的需求增加时，如果这个外部国家相较于本国具有更好的市场准入性时，本地市场效应将会消失。Suedekum（2006）的研究较好地阐明了第三国效应影响本地市场效应的机制，是对Behrens（2004）的进一步补充和完善。

5. 产业结构升级

产业结构升级从某种程度上来说是寻找新的经济增长点，以此作为比较优势来促进国内市场和国外市场。新的经济增长点不能仅停留在转换产业类型上，而是应升级产业结构，寻求原先产业结构能够继续发挥余热的部分，以此作为联结新产业经济增长点的关键之处，从而实现产业升级。以中国为例，改革开放以来，中国出口以劳动密集型产品为主，近年来资本密集型以及高技术产品出口逐渐积累了一定的优势。但我国的对外贸易比较优势仍停留在制造业，未来应加速制造业作为比较优势的资本积累，然后促进产业结构升级，从而发挥本地市场对出口的拉动作用。

6.1.2 本地市场效应对中国经济的影响

1. 本地市场效应对于中国制造业的影响

改革开放以来，中国经济实现了连续几十年的飞速增长。出口作为“三驾马车”中最强有力的一驾在几十年中为劳动力就业、整体经济环境的提升以及中国综合国力的强大做出了突出贡献。但是近几年来由于贸易保护主义抬头以及东南亚等地劳动力生产要素价格低廉等因素，中国以劳动密集型产品为主的制造业出口模式遇到了瓶颈，国内劳动力成本不断上升，遇到的国外贸易壁垒越来越多，中国的出口形势不容乐观，这一趋势尤其自 2008 年全球金融危机爆发后体现得更加明显。

Palley（2002）指出，发展中国家过度依赖出口作为经济增长动力有如下几个无法避免的缺陷：第一，产业结构没有升级动力会限制国内消费水平的提高，也会加剧拥有相同比较优势发展中国家之间的过度竞争，甚至可能会导致产品生产过剩；第二，由于制造业发展需要大量资金，而过度投资会使得金融市场环境出现动荡因素；第三，由于利用比较优势过度依靠出口，长期来看会导致贸易保护主义抬头，从而恶化贸易环境；第四，出口依赖外需，当国外市场面临经济发展困难从而出现缩减需求的情况时将会直接对出口依赖外需的国家带来毁灭性打击。从 2009 年开始，中国出口受全球金融危机影响增长放缓，以劳动密集型产业为主的制造业出口下降，也在一定程度上验证了过度依赖外需拉动出口不利于自身经济安全。发展中国家应转变拉动经济增长的方式，由利用外需来拉动转变为利用内需来拉动。虽然中国自 2008 年以来一直在进行由外需拉动经济增长向内需拉动经济增长的模式转变，但就目前中国的经济环境来说，需要一定的时间来实现经济增长方式的转变。这主要源于中国劳动力要素的特点以及国内收入分配结构的特点，难以实现完全依靠内需拉动经济增长并创造就业。所以在扩大内需的同时，中国要实现产业结构升级，寻找制造业的新优势，而不是相互替代。目前，中国的出口主要依赖制造业，而制造业的比较优势既体现在劳动力要素上也体现在市场规模上。制造业中有多种行业，不同行业的出口情况伴随内需的变化会有不同的反应，这取决于行业本身的特点。比如，扩大内需的过程最早刺激的就是与民生相关的劳动密集型产业，如食品、玩具、家具等，但由于技术含量附加值低，产业升级潜力小，这部分产业的内需扩大未必会带来出口的增加，甚至可能会出现同种产品出口下降的情况。而对于一些技术密集型和资本密集型产业来说，像电子、机械、交通等产业，由于存在规模经济效应，这部分产业的内需扩大将刺激出口，实现本地市场效应。所以就中国出口结构来说，改善出口结构，提升高附加值产业出口比例是必然选择。过分关注同质化产品的出口，长期来看势必会出现出口颓势，丧失占据市场的最佳时机，并且也会出现内需疲软，满足内需的高附加值产品反而要依靠进口，同时也失去了内需这一强劲的动力。所以中国应寻求差异化产品市场，实现产业结构升级，利用内需来促进差异化产品的出口，实现本地市场效应。

一般而言，对本地市场效应的存在性考察主要遵循两条路径：一是考察产业需求和产量的相关性（Amiti，1998；Davis 和 Weinstein，1996，1999，2003；Head 和 Ries，2001），即考察需求的增长是否会导致产量更大比例的增长，如果是，则说明本地市场效应存在；二是直接考察相对出口对于相对市场大小的弹性（Feenstra，2001；Schumacher，2003；Weder，2003；Hanson 和 Xiang，2004 等），如果弹性为正则说明本地市场效应存在。学者们关于本地市场效应的考察主要针对制造业部门，因为制造业较符合 Krugman（1980）关于本地市场效应存在性的一些假定，如规模报酬递增、垄断竞争和差异化产品等。钱学锋、黄云湖（2011）通过拓展的多国模型框架和经验估计方法，利用 1997—2007 年中国和 14 个主要贸易伙伴 ISIC 两位数制造业的贸易和产出数据，在控制市场准入效应后，对多国框架下的中国制造业本地市场效应进行了估计。结果表明，中国制造业总体上存在显著的本地市场效应。加工贸易等行业异质性并不能在实质上改变本地市场效应的存在性，但不同行业对外部市场准入性的依赖确实存在差异。祁飞、李慧中（2011）采用引力模型对中国制造业相关产品进行本地市场效应的检验，考察了中国制造业中出口额差别较大的产品。回归分析后发现，大多数产品均存在强弱不等的本地市场效应。如钢铁、无机化学和车辆等产品呈现较强的本地市场效应，而纺织品和精密仪器等产品则呈现较弱的本地市场效应。

2. 本地市场效应对中国服务业的影响

2008 年经济危机后，发达国家率先开始了贸易保护主义同时配合了调整进口结构等政策，这导致面对经济危机，我国出口行业多次受到贸易壁垒和外需不足的打击。在此情况下，扩大内需成为重要发展战略，中国政府在此过程中采取了多种方式刺激内需，如提高城乡居民收入、实行结构性减税并加速服务业的发展。其中，服务业作为未来拉动内需的重要力量得到了重点关注。服务业近年来在国民经济中起到越来越重要的作用，2013 年我国服务业增加值占 GDP 比重第一次超过制造业，跃身成为经济贡献率第一的行业。但同时形成鲜明对比的是，国外市场对于中国的第三产业需求并没有显著增强，也就是说，我国出口的大部分产品仍旧来自制造业，服务业的国际竞争力并没有得到国外认可。统计资料显示，近年来我国服务业国际贸易持续逆差，而且逆差额逐渐扩大，逆差速度也不断提高，服务业国际竞争力较弱，高端服务业如金融服务业国际竞争力则更加势弱。2007 年中国服务贸易逆差为 76 亿美元，2019 年达到 2146 亿美元，与集成电路、石油并列中国三大贸易逆差项目。反观美国，作为世界最大的服务贸易出口国，2019 年服务贸易顺差为 2492 亿美元，服务贸易中的商业和个人服务、知识产权费、金融服务是美国三大出口服务类型，均超过了 1000 亿美元。中国主要服务贸易出口为商业和个人服务、运输服务、旅行服务，二者在知识产权出口费用上差距较大。

新一轮的国际贸易竞争势必将越来越向高附加值产业转移，而服务业作为全球范围内需求越来越高的产业，对于参与世界市场竞争有着重要作用。加速参与服务业创造的分配，对于我国利用全球资源，提升我国综合国力和国际地位有着重大意义，提高服务业出口比例对于缓解现阶段我国出口面临的境况也有着深刻的意义，而提高服务业出口比例首先要做的是提升我国服务业的国际竞争力。由于服务业区别于制造业有其自身的贸易特征，它更多地依赖于本地市场需求，在实现转变经济发展动力的过程中，即由出口拉动转向内需拉动的过程中，服务业因为其自身特征将会刺激内需从而得到本地市场支持。在服务业刺激内需从而拉动经济增长的过程中，由于规模报酬递增效应，且内需刺激差异化产品的出现，服务业的出口会伴随内需增长，本地市场集聚扩大成熟而形成竞争优势，从而提升服务业出口比例，形成优势占据国外市场。这个过程就是服务业的本地市场效应。所以研究服务业是否满足本地市场效应从而实现出口产业结构的升级具有重要的实践意义。

虽然本地市场效应的研究更多地集中在制造业，但在城市经济增长理论中对于服务业也有相关假设（Henderson，1995）。Helpman 和 Krugman（1986）研究证实，当满足生产方程式位似函数以及国内消费者支出份额不变的假设时，与小国相比，大国将在服务业上拥有更大的市场规模和更丰富的多样性。Duranton 和 Puga（2001）、Holmes 和 Stevens（2005）运用"本地市场效应"理论的思路，研究发现商务服务、高端消费服务倾向于集中在大城市，而制造业和基本消费服务业则主要分布在普通城市与市场规模小的国家。而目前国内学者的研究结果显示，中国的服务业国际竞争力与发达国家相比存在一定的差距，处于中等水平，产品附加值较低，服务业行业内技术水平较低，具有比较优势的部门大多仍集中在劳动密集型产业或资源密集型服务业。所以对于"本地市场效应"在服务业方面如何发挥作用，以及从实践的角度给出如何通过扩张内需来提升服务业出口竞争力的指导意见仍需要深入研究。

目前，我国已有学者利用国内省际贸易数据进行了"本地市场效应"的验证，但没能就进一步研究国内内需与对外出口间产生的"本地市场效应"给出更明确的结论，而且就中国目前状况来说，研究制造业产生的本地市场效应对于中国有着深厚的现实意义。这对于明确中国进一步的发展战略能够起到有效的理论指导作用。中国虽然是经济大国，但内需拉动经济增长的能力仍然不够明显，对于分析制造业中具体哪些行业能够起到更有效的本地市场效应，寻找到真正能够通过内需带动出口这种模式的有效作用点具有非常大的实践意义。所以分析中国对外贸易制造业中的具体哪些行业能够产生强烈的本地市场效应是需要进一步研究的问题。

6.1.3　本地市场效应与区域不平衡、福利以及政策

1. 本地市场效应与区域不平衡

本地市场效应必然伴随着区域发展的不平衡，而影响区域不平衡的因素主要有以下几个。在微观经济环境中，贸易成本是重要的因素之一，Head 和 Ries 在产量和需求的线性模型中将贸易成本考虑在内，证明了在规模报酬递增和产品差异化情况下本地市场效应的存在，并且得出结论，即贸易成本的缩小伴随着区域一体化和"本地市场效应"增强，同时产业聚集加剧了区域间不平衡发展。产业间运输成本和产品差异化程度也会影响"本地市场效应"和区域不平衡程度。运输成本高，替代弹性小的行业

集聚程度高，也伴随着更强的“本地市场效应”；而运输成本低，产品差异化程度低的行业在分布上没有集聚的要求，也没有呈现出“本地市场效应”特征。Amiti 先假定两个产业具有相同的要素密集度和产品替代性，然后研究在此情况下运输成本和产业差异化程度对于大国和小国产业特征的影响，结论显示大国将倾向于从事运输成本更高、替代弹性更小的行业生产，而小国倾向于从事运输成本更低的专业化生产。长此以往，将加剧区域不平衡。关于规模经济程度与本地市场效应，Weder 以产品差异化程度作为衡量规模经济程度的逆指标来探讨在某一产业两国相对出口和产业规模经济程度之间的关系，得出结论，即相对出口和替代弹性之间反向相关，替代弹性越小，规模经济程度越高，相对出口水平越高，即规模经济程度高的产业向大国聚集。Holmes 和 Stevens 在此基础上提出一个多产业单要素模型，要求除规模经济以外，运输成本，产品差异化程度都是相同的，考察规模经济作用于贸易模式的方式。得到结论，在不同产业贸易成本相同的情况下，规模经济程度低的产业不存在贸易，贸易存在于规模经济程度中等或较高的产业，而大国则成为规模经济程度高的产业的净出口国，小国则成为中等规模经济行业的净出口国。这代表了规模经济程度的高低影响着“本地市场效应”发挥作用，规模经济程度越高，“本地市场效应”越强烈，产业聚集加剧区域不平衡水平。

区域不平衡的成因。Forslid 和 Wooton 认为即便劳动力自由流动，贸易自由化也会使产业在不同国家因比较优势的不同出现不同程度的集聚和分散。Epifani 认为要素密集程度对于产业区位决策的重要性也体现在不同生产要素间的纵向联系之间。Amiti 认为在不考虑贸易成本的情况下，不同地域会因各自具有的比较优势而从事完全专业化的生产。

所以，区域不平衡的成因究竟是源于外生比较优势，还是内生“本地市场效应”？要明确区分二者间的根本性区别，还需仔细分析鉴别。学术界主要通过两种方式进行研究，一是考察“本地市场效应”借此区别比较优势和规模报酬递增，这需要检验产业需求和产量间的关系（Krugman，1980）。二是将比较优势和影响区域不平衡的因素纳入区域收入函数，从而区分比较优势和“本地市场效应”。

2. 本地市场效应与福利

本地市场效应是指在规模报酬递增和垄断竞争且存在贸易成本的情况

下，需求大国将成为差异化产品的净出口国。背后的逻辑在于固定成本使差异化产品的生产厂商将生产集中于一国，而贸易成本的存在则使在大国生产成为最优选择。“本地市场效应”意味着大国的需求对出口的促进作用。Krugman 和 Venables（1990）把“本地市场效应”理论应用到解释欧盟南扩的动因中：即一个较大的市场会吸引更多生产差异化产品的企业，而与之进行贸易的小市场只能选择生产同质化的产品。此外，Krugman and Venables（1995）认为“本地市场效应”还会对消费者的福利产生重大的正效应。

Amiti 和 Javorcik 认为产业聚集会增加进口产品的种类，即贸易自由化会提高消费者福利。Broda 和 Weinstein（2006）通过构建加总价格指数将 Feenstra（1994）的模型扩展到多产品框架，并用以估计 1972—2001 年美国进口种类增长对于消费者福利的影响。沿用 Broda 和 Weinstein（2006）的方法，Minondo 和 Requena（2010）对西班牙、Mohler 和 Seitz（2010）对欧盟 27 个成员国以及 Cabral 和 Manteu（2010）对葡萄牙分别估算了来自进口种类增长的福利。国内学者陈勇兵、李伟、钱学锋（2011）考察了进口种类增长对传统价格指数向下的影响，估算中国进口种类增长引致的贸易利得，研究表明，中国消费者由于进口种类增长而获得的福利相当于中国 GDP 的 0.84%。其研究结论中蕴含了提高中国消费者福利水平、增进中国贸易利得的丰富政策含义。进口种类增长确实能够降低一国进口价格指数，提高消费者福利水平。我国长期以来的出口导向型发展模式使得进口贸易的作用被大大低估，“重出口、轻进口”的贸易格局以及进口贸易的从属地位应当得以转变，实行平衡发展的对外贸易战略。

但与此同时，“本地市场效应”对于资源配置效率的影响却很难估计。Venables 认为产业空间结构与经济增长相互影响，如果一国空间结构存在问题那么会影响产业回报率的增长使其低于均衡水平，从而损害一国经济的长期发展。目前来说，“本地市场效应”所带来的总体福利影响仍不易判断，尚未有明确结论来说明二者之间的关系。在区域经济一体化的过程中，产品差异化程度高的行业更倾向于向大国聚集，所以大国的工资水平提升明显，而小国生产产品差异化程度低，所以由此带来的福利低，甚至长期会因区域不平衡出现阻碍经济发展的情况。因此，“本地市场效应”对于福利的影响无论是从时间还是空间角度都需进行进一步研究。

3. 本地市场效应与政策

以“本地市场效应”角度分析区域不平衡首先要明确小国在此空间结构下处于一定的劣势地位，进而得到以下政策启示：①小国应着手于扩大内需，依靠内需来拉动经济增长，由于存在“本地市场效应”，小国想依靠出口异质性产品获得区位优势存在一定难度，所以应拉动内需，依靠内需来规避劣势；②小国应发展技术，依靠提高产品技术附加值来获得异质性优势；③挖掘自身比较优势，创造特色；④小国可以通过降低贸易成本和提供补贴来吸引产业聚集，比如暂时降低贸易成本能够吸引产业集聚，而产业集聚具有稳定性，即长期贸易成本政策的消失并不会太多地影响聚集的空间，即短期的政策吸引将带来长期的产业集聚结果，从而获得优势，同时，提供补贴也能够产生和降低贸易成本同样的政策效果。

在研究区域发展不平衡的问题上，内生和外生研究路径代表的是两种不同的解决方式，而找到内生性原因并与“本地市场效应”结合能够提供一种新的研究思路。借此来探讨影响区域不平衡的因素以及解决由此引发不平衡的不同方法有很大的现实意义。

6.1.4 本地市场效应展望

“本地市场效应”一直受到学者们的关注。第一，是否能从实证的角度在规模报酬递增、规模报酬不变和规模报酬递减三种情形下将“本地市场效应”区分开；第二，“本地市场效应”强调贸易平衡，在其引发中心—外围模式形成的过程中还有哪些因素参与作用；第三，“本地市场效应”下规模经济成为贸易的动因，同时也对行业出口有着促进作用，那么在此情况下能否在没有比较优势的情况下实现国内需求促进出口的目标?

利用“本地市场效应”能够实现经济发展的启示：一是扩大国内需求。“本地市场效应”的存在意味着内需能够促进出口。在劳动力成本上升，内外经济不平衡，宏观经济下行，比较优势逐渐消失的情况下，扩大内需以促进出口是必然选择。二是加快制造业资本积累，促进产业结构升级。例如将劳动力要素作为出口比较优势的国家，出口制造业产品大多是劳动密集型产品。但劳动力成本低这种比较优势必然会随着经济的发展而日渐消失，在其完全消失之前，这就要求一国实现制造业的资本积累，转变经济发展方式，促进产业结构升级，寻找新的比较优势，实现内外经济联动发展，形成良性循环。三是减少贸易壁垒，推进自由贸易协定的谈判。在一般情况下贸易壁垒使得贸易成本上升，而贸易壁垒的降低和消失减少了贸易成本，稳定了对外贸易环境，减少了扭曲成本因素，从而促进本地市场效应发挥作用。但在金融危机环境下，各国奉行贸易保护主义，传统的理论认为贸易保护主义在短期内可能会减弱经济危机对于一国经济的伤害，但从长期来看，贸易保护主义必然会导致双方的损失，从而损害整个世界的经济环境稳定，但传统理论并未对此做出有力的解释。本地市场效应认为从长远来看，在经济危机期间采取贸易保护主义对于该国经济是有积极影响的。

对于在经济危机爆发时，一国通过贸易保护来维护国内市场对本国经济的长远经济发展是否有利的问题，新经济地理学中的本地市场效应在这方面做了相应的说明。根据 Krugman（1980）和 Helpman，Krugman（1985）的研究，存在贸易成本和规模经济的条件下，企业将会把生产地置于产品生产规模最大的地方。此时，由于存在规模经济，国内需求最大的产品会被大量生产和出口，因此，在国内巨大需求的推动下，该国会成为产品的净出口国。新贸易理论指出，当存在规模报酬递增时，多样化的产品供给和需求是国际贸易得以产生和发展的重要原因，作为规模经济效应结果而出现的超额利润就构成了国际贸易的推动力。原因在于固定成本使企业集中在一国生产差异化的产品，而贸易成本则使得大国成为差异化产品生产地的最优选择。小国通常只进行同质化产品的生产，本地市场效应的存在会使国内市场的巨大需求对本国出口产生促进作用，而这在比较优势模型中是不存在的，对于国际贸易可持续发展来说，“本地市场效应”强调国内市场需求的扩大对于对外出口的促进有放大效应。在世界经济全球化与区域经济一体化趋势越发明显的今天，“本地市场效应”具有重要的现实意义。一国如果能够在出口产业和国内需求巨大的需求间寻求平衡点，利用新的经济增长点来驱动产业升级和经济发展，通过本地市场效应推进国内市场需求和国外市场开拓，这对于消费升级和产业升级都具有重大意义。同时配合相应的贸易政策以及内部市场培育计划，这样既稳定内部市场又能够分割海外市场份额。尤其对于贸易环境日益复杂多变的今天来说，内部市场的稳定如若能够成为对外贸易持续发展的推动力，将会对一国的经济产生更强的支撑作用。

对于国内市场稳定和产业结构升级来说，“本地市场效应”对于发现经济增长的新动力有着重要作用。发现新的经济增长点不应只着眼于海外市场，依靠内需拉动需求更能推动一国经济的可持续发展。一味将国内和国外两个市场割裂开，短时间内可能不会显示太大的弊端，但对于长期来说必将面临国内需求疲软，产业结构无法满足国外市场需求。从这个角度来说，“本地市场效应”对于拉动内需提供的新思路能够同时解决国内和国外两个市场的困境，实现双赢。依笔者看来，中国的国内国际双循环，以国内大循环为主体的战略能更好地提升本地市场效应，并促进中国的出口增长以及经济的长远发展，这也是国内学者未来可能的研究方向。

6.2 新经济地理学与产业结构升级

传统的新古典比较优势理论认为，在其他条件一致时，一国如果对某种产品具有极大的国内市场需求，那么该国将会成为该种产品的净进口国。然而新经济地理学理论却认为，极大的国内市场需求将会使一国成为该种产品的净出口国。

新古典增长理论更多地认为比较优势的存在会使每个国家都选择自身具有比较优势的行业，从而决定各自的出口优势，区域之间呈现人均收入的缓慢收敛。而现实中，经济发展却呈团块聚集，各区域间的差异高度不同且不断扩大而非收敛。从发展历程来看，无论是区域组织还是单个经济体，无论是发达国家还是发展中国家，都体现了上述现象。例如，欧盟作为区域组织一直致力于区内的协调发展，但并未得到理想的结果，而且越来越向中心—外围模式发展，即越靠近中心情况越乐观，而外围发展情况远远不如中心。而在以制造业出口为主的高速发展的发展中国家，这种特征体现得更为明显。例如中国东部沿海地区，自 20 世纪 80 年代沿海地区对外开放后，该地区与内地的发展不平衡越来越加剧，差别越来越大。在解释这种区域不平衡现象过程中，克鲁格曼把规模经济作为重要动因考虑在内，从而打开了分析区域经济不平衡的新局面，开创了新贸易理论和新经济地理学。探讨了规模经济和贸易成本两个动因相互作用形成的新空间经济理论：中心—外围模式（core-peripheral）。这就将空间经济学中厂商的区位决策用内生原因解决了，看成是两个动因相互作用产生的聚集能力扩大了区域间差距，导致了区域不平衡。

改革开放后我国经济发展一路向好，但就发展方式而言，依靠廉价劳动力要素、土地资源和以牺牲环境为代价的方式很难实现产品附加值的增加和产业结构的升级。目前中国经济进入新常态，产业结构升级已经成为必然趋势，而且借此带来的经济转型的机会也被各方所关注。

面对产业结构升级，传统比较优势理论和新经济地理学都提供了不同的思路，但就目前转型时期来看我们要看到传统比较优势的弊端以及利用好新经济地理学的理论优势。传统贸易理论强调要素禀赋，发挥比较优势来进行产业布局，但就目前的市场环境来说，我国一直以来的出口比较优势渐渐不再显著，将内生因素纳入产业结构升级可以帮助我国突破当前困境，即利用新经济地理学的相关理论和本地市场实现产业结构升级。

6.2.1　产业结构升级理论

原先的产业结构大多是以劳动力、土地、自然资源和生态环境等要素为主的发展方式，而产业结构升级则是将这些产业逐步淘汰，放弃落后产业，寻找新的有优势的产业进行培育和发展，将低附加值的劳动密集型产业逐渐更迭为高附加值的知识密集型、技术密集型和资本密集型等产业。这样有利于社会经济发展，带动发展方式的转变。寻求产业结构升级的机会，探索结构优化的空间，发展自身特色，拉动内外经济增长，这与现阶段我国经济发展规划不谋而合，因此，了解产业结构升级的相关理论，寻找理论支持以探索新的发展方式，能够提供新的解决思路。

Bristow（1960）提出将人类经济史按时间跨度分为六个阶段，通过研究不同阶段来总结规律。虽然不同国家在不同历史阶段的发展特征各有不同，但是存在一定的共性，比如无论何时都存在行业龙头来主导行业发展，也正是由于有主导性行业龙头的存在，进而推动了整个社会经济的不断发展。单一行业通过主导部门发挥自身的前向效应、回顾效应、旁侧效应以及产业结构关联作用，进而带动经济的发展。这种以时间轴为基线的经验研究能够在较长的时间范围内发现产业结构升级的相关特点，为后续空间范围内的产业结构研究打下基础。Bristow 在深入研究历史阶段内的经济运行后得出的主导行业部门通过所表现出的三种效应的产业结构关联作用，使其带动的作用远远超过其本身发展的作用，并能在整体上带动国家和地区经济的全面增长这一结论，其对产业结构优化升级的系统性总结研究，为产业结构优化升级奠定了坚实的理论基础。

Hirschman（1958）指出，由于资源的稀缺性、企业家缺乏和平衡增长的不可行性等原因，发展中国家在资本与资源有限的情况下，应尽可能地发挥其最大作用，重点发展一部分拳头品牌产业，即应该尽自己所能专攻具有比较优势的产业以在短期内获得利润，再对其他部门进行投资，带动关联产业结构的调整与发展，进而促使产业结构优化升级。虽然 Hirschaman 对产业结构间的关联进行了研究但并未得出如何升级产业结构的结论。至此，对于产业结构的存在以及产业结构的升级开始获得了各国的关注。

20 世纪 50 年代，日本经济学家筱原三代平对产业结构如何优化升级进行了研究，明确提出了“收入弹性基准”和“生产率上升率基准”两个条件。他认为，产业结构优化升级应率先在生产率上升快的主导产业中进行。同时在人们收入水平不断提高的过程中，应优化升级需求增长快的产业作为龙头产业或主导产业。筱原三代平对于如何进行产业结构升级给出了明确的结论，这为日本的产业结构升级提供了理论支持，有力地指导了日本产业结构升级并推动了经济发展。在这一过程中，日本政府的经济指导政策具有很强的借鉴性，当时日本政府主要将劳动力和生态环境两个要素放在考虑范围内。首先，产业结构升级以及产业的区位布局要避免以牺牲自然环境为代价，在这个基础上调整产业结构。其次，产业结构升级着重发展能够促进就业的产业。这种发展思路是长久且可持续的，不仅在短期内能够解决社会就业问题，从长期来看对于自然环境的保护、社会的长治久安都大有裨益。我国早在“九五”规划中就明确要求发展重工业和建筑业，在地方发展具体规划中也结合各地状况对于自身产业结构升级进行了研究。自此，我国产业结构升级开始结合地域，在空间范围内根据各地区的特点进行探讨和研究。

6.2.2 新经济地理学概述

新经济地理学区别于其他理论的主要特点是在空间地理的范围内以本地市场作为主要考虑对象来探讨各种经济主体进行的经济活动，这为寻求产业结构升级和转变经济发展方式的地区提供了新的理论支持。

20世纪90年代以来，关于贸易开放与国内经济地理的研究逐渐增加，并成为经济学研究的重要课题。对于对外贸易与国内产业地理的理论文献而言，多集中于贸易理论、新经济地理理论和城市经济学这三个领域。在主流经济学框架下对区位、地理、空间等问题的研究，一直都与贸易理论密切相关，体现贸易开放和经济一体化程度的“贸易成本”也被认为是新经济地理学的核心变量（Fujita，1999）。

产业地理是传统经济地理学的重要术语，指产业（主要是制造业）层面经济活动的空间组织，是经济地理学的一个重要子概念。在国外，从事产业地理方面的研究大多是地理学家。20世纪90年代以来，克鲁格曼及其合作者创立了新经济地理学（Krugman，1991b；Fujita，1999），把产业地理作为重要的研究对象。Krugman（1991）建立了“中心—外围”模型，假定运输成本、产品价格等变量来探讨发展过程。Fujita（1999）将空间下的经济活动细化并进行了特定区域的研究，研究了区域贸易、城市贸易和国际贸易等。Venables（1996）建立了纵向关联模型解释了在空间地理范围内要素对产业的影响，指出运输成本和要素价格决定两个不完全竞争产业在不同区位的分布，在要素价格保持不变的情况下，运输成本高低与两个产业的空间集聚程度呈正相关。

Krugman（1992）将空间经济学的传统理论总结为四个方面：第一，德国几何学。Alfred（1909）提出区位理论，通过建立模型研究厂商如何在既定条件下进行最优区位决策，但并未能给决策提供合理解释和进一步的理论支持。Walter和August提出中心地方理论，Walter（1944）提出“城市区位论”，即城市的大小和等级与区位间存在着特定关系——“正六边形模型”，进而用来指导产业在区位的最优分布；August（1940）提出“市场区位论”，即在大城市的周边分析不同竞争点的产业分布问题。第二，社会物理学。这种方法更多地依赖数据分析进行总结进而指导现实空间下的产业布局。但这种方法依靠的是描述，缺少有力的理论支持，而且对于规律的原因也并不能给出可靠的解释。第三，积累因果关系。主要是寻找因果间的相互作用关系，探讨预期在积累的过程中如何影响因果发挥作用。第四，当地外部经济。Alfred Marshall（1890）最早提出外部经济理论，后来有人将以技术为基础的溢出经济外部性和以资本为主线的金融市场外部性区分开。Krugman在此基础上认为比较优势与空间地理密切相关，区位优势吸引产业聚集带来产业分工，然后促进区域经济的发展。

传统的国际贸易中假定静态利益，进出口结构由内部的要素禀赋决定，而经济发展由劳动力、资本和自然资源等外部要素决定。Chamberlin（1933）提出垄断竞争理论后，对于国际贸易的研究方法开始集中在完全竞争与规模报酬递增的假设上。后来的新贸易学说和新增长学说为国际贸易提供了新的思路，对国际贸易中的经济活动进行了新的解释和研究，但一些情况下这种理论支持仍缺乏说服力。比如新增长学说局限在二维内对经济现象进行解释，并未将这种研究在空间范围内扩大，因而无法在三维范围内对空间经济地理规律进行预测。而新贸易理论在前提假设中默认不同地区市场规模不同，但并未给出假设的理论依据，这样就无法解释后来出现的不同地区在既定环境相同的情况下为何会出现发展差距越来越大的情况。两种理论都无法对各国进出口结构和发展方式做出可靠的说明。所以，新经济地理学通过不断完善先前理论的缺陷，不断对自身进行补充和完善。今天，世界经济不断发展，国际贸易领域出现了越来越多的新问题，因而对理论的要求也达到了新的水平。Dixit 和 Stiglitz（1977）合作发表的《垄断竞争和最优产品多样化》一文，借助特殊的恒定替代弹性效用函数描述消费者对差别化产品的需求，并以此为基础分析多样化消费与差别化产品垄断生产的报酬递增性之间的对立统一，首次以严格的数学模型（简称 D-S 模型）解析杨格的报酬递增思想的微观基础。Helpman（1985）提出国际贸易和不完全竞争对于空间经济地理的影响，Grossman（1991）考虑空间范围内影响经济地理的内生要素；Krugman（1991）则提出规模报酬递增假设下的空间经济地理研究方法，从而打开了新经济地理学研究的新局面。

传统经济地理学假设的基础是完全竞争模式以及静态利润，而新经济地理学则将规模报酬递增和不完全竞争两种重要因素考虑在内来研究区域范围内经济主体从事经济活动时的行为。依照传统经济地理学的假设，空间范围内不存在规模报酬的波动而且相同产业间不存在异质性差异，因而厂商在区域内会均匀分布。但在现实的区位选择中，厂商并不像描述的那样均匀分布，反而是在某一区域集中分布，这时传统经济地理学无法对这样的现象做出理论支持。在规模报酬不变的情况下，新古典经济学利用外部经济能够对产业聚集做出一定程度的描述，但仍无法详细解释二者之间的关系。

而后的一段时间内，对在这两个假设下发展中的经济现象都难以做出详细解释。直到 Dixit 和 Stiglitz 建立垄断竞争模型，由此为经济学打开了新的思路和局面。20 世纪 90 年代，报酬递增理论的浪潮扩展到经济地理研究领域，新经济地理模型则被称为 D-S 模型的空间动态版本。

研究发现，规模报酬对于产业分工的推进作用主要体现在两个方面：第一，异质性产品；第二，规模经济效应。但由于总体资源是有限的，因而要面临二者间的权衡。只有在资源增加或市场扩大的情形下，有足够的消费者需求且厂商都能获取利润，这样厂商才会进行最优产业分工的决策。除此之外，该模型还能够有效分析空间经济地理下的经济行为并做出合理的经济决策。假设某地区存在规模报酬递增以及不完全竞争，那么在产业聚集的分布上会表现出非线性。在某地区规模经济非常大时，产业会率先向该地区聚集，为该地区内部市场提供商品和服务。因此，内部市场的规模大小将直接影响厂商的区位决策，厂商会更倾向于向内部市场大、规模效应大的市场聚集，这样运输成本将会大大降低。然而正因为已经存在了产业聚集区才会有广阔的内部市场，这两种因素相互促进彼此推进，所以这种良性循环可以变成长期的优势，也就是路径依赖产生的产业聚集。历史上出现了许多这样的产业聚集，并且这样的产业聚集到现在仍发挥着其产生的区位优势。所以，在新经济地理学中，将规模报酬递增和不完全竞争作为前提假设是明智的，是更符合发展规律的，这种假设能够更好地解释当前的经济现象。

6.2.3 不同理论下的产业结构升级

1. 比较优势理论下的产业结构升级局限性

Ohlin 和 Heckscher 提出的要素禀赋理论（H-O 模型）指出一种产品的比较优势源于各自要素禀赋的异质性，这种异质性独立于要素禀赋的形式和地域。由此得出结论，本国应出口要素禀赋有优势的产品；进口要素禀赋优势不明显的产品。对于发达国家来说，资本和技术要素禀赋发达，所以在国际贸易中应该出口具有比较优势的技术附加值高的产品和资本密集型产品；对于发展中国家来说，劳动力、土地、环境等是具有比较优势的要素，所以出口的大多为低附加值的劳动力密集型产品，或者是以自然资源生态环境为消耗的产品。

要素禀赋理论在20世纪较好地解释了国际贸易中各国进出口结构的特点，但是伴随着世界范围内进出口贸易的发展，出现了诸多要素禀赋理论无法做出详细解释的局限之处。在要素禀赋理论中，倡导各国发挥其要素优势，对拥有土地、劳动力等要素禀赋的国家倡导充分利用这些要素出口劳动密集型产品，利用国内自然资源甚至以牺牲生态环境为代价来从事低附加值产业生产。虽然在一定时间段内来看这种出口模式能够带动经济发展，但这种发展的代价巨大，而且长期下来必然会面临瓶颈甚至停滞。在某种情况下过分依赖这种发展模式会错过产业结构升级和发展方式转型的最佳时机，忽略了高附加值产业带来的出口优势和良性的经济运作循环，从而使该国在未来的国际贸易竞争中处于被动地位，最终面临国际市场分割完毕，且面临丧失出口优势、技术受到牵制等困境。除此之外，比较优势理论忽略了非价格竞争因素，随着世界市场的发展，国际贸易市场的抢占越来越多地集中在高附加值产品领域，未来技术、资本等要素将是国际贸易竞争的关键因素，而且这些要素不仅对进出口结构，更对一国的发展起着至关重要的作用。依靠劳动力、土地和自然资源等要素发展经济的方式已经逐渐被国际贸易淘汰，这些低附加值产业越来越多地向新兴发展中国家转移，过多与新兴发展中国家争夺低附加值产品市场无论是从短期还是长期来看，都没有太多的经济价值。而且，伴随着对要素禀赋的严重依赖，贸易成本将会越来越高，因此越来越多的国家将设置贸易壁垒以制衡这种比较优势，这些壁垒不仅对产品出口产生巨大冲击，更会恶化对外贸易环境，使得出口过多地受外钳制。不仅对外出现贸易壁垒，对内也会出现利益集团来维护既得利益，为未来产业结构的升级埋下了隐患。

2. 新经济地理学理论为产业结构提供了理论支持

区别于传统的比较优势理论过多地依赖市场需求来解释国际贸易，新经济地理学认为市场规模、需求结构等是影响一国贸易结构的主要原因，同时以四种主要形式彼此作用，其表现在：第一，异质化产品，厂商倾向于生产差异化产品以吸引并满足消费者特定的需求；第二，规模报酬递增，区别于要素禀赋理论静态利益假设；第三，运输成本，厂商会寻找最佳区位以降低成本；第四，要素跨区域流动，厂商会向需求大的市场聚集并形成规模，然后因为聚集带来成本的降低使得成本高的地区要素跨区域向大规模市场流动。以上四种形式的彼此作用将影响厂商布局，进而影响各国进出口结构，影响国际贸易发展。

在比较优势理论中，生产者过多依赖发挥自身比较优势而忽视了市场需求以及产业结构布局，在这种模式下产业结构升级多考虑内在因素，即在原有比较优势的支持下寻找升级空间。而新经济地理学提供了另外一种思路，产业集聚会促进产业结构的布局，进而促进产业结构升级，而国际贸易在此过程中为产业结构升级提供必要条件，最终实现产业结构升级，实现一国贸易结构的重新布局，并且寻找新的经济发展方式。

在新经济地理学理论中，四种形式的相互作用也带来了新的发展思路，在规模报酬递增的假设下，国内市场的发展将会驱动一国的内外两个市场发展，规模经济效益将吸引产业聚集从而实现出口结构升级，“本地市场效应”（Home Market Effects）为发展中国家产业结构升级提供了理论支持。

6.3　本地市场效应与产业结构升级

6.3.1　本地市场效应模型与理论研究

Krugman（1980）指出，由于存在规模报酬递增以及有降低运输成本的需求，厂商倾向于向消费者需求大的区域集聚，消费者需求不会因为厂商聚集减少反而会因为这种聚集带来的良性循环而不断出现异质性需求从而形成区位优势。因而可以看作本地市场需求能够为产业升级带来动机，而规模报酬递增会为聚集提供动力。Krugman（1991）把这个理论向空间范围内扩展，在弥补传统空间经济地理的不足后创立了新经济地理学。原有传统空间经济理论无法解释当时产业聚集效应，新经济地理学克服了传统理论的假设很好地解释了产业间贸易和产业集聚现象。运输成本是产业聚集的重要影响因素，在运输成本下降的情况下为获得规模经济效益，厂商会在区域内聚集，进而用本地市场效应就能够很好地解释这一现象。

1. 本地市场效应模型的产生

在传统的经济学理论中，讨论国际贸易时围绕的是供给，因为“供给创造需求”，在运用超额供给来解释国际贸易的过程中逐渐出现了无法解释后来的国际贸易模式的情况。在历史过程中，国际贸易理论主要有以下五种：第一，亚当·斯密的绝对优势理论。亚当·斯密（1776）假设国内创造财富，在此基础上进行产业分工，由此带动经济发展。绝对优势理论的创造性在于将国内产业分工和发展与国际贸易关联起来，国际贸易的过程就是各地区进行资源流动的过程，将自己的“绝对优势”作为争取“分工”的关键。绝对优势理论将产业分布这一静态过程和国际贸易这一动态过程联系起来，虽然现在看来绝对优势理论并不能完美地解释国际贸易及产业布局，但在当时的确提供了解决产业布局的新思路。绝对优势理论过于绝对化，因为空间内要素分布并不均匀，所以并不是每一个国家都能够拥有绝对优势，对于那些没有绝对优势的国家面对世界市场的竞争如何寻找自身出路，亚当·斯密并没有给出明确的回答。第二，大卫·李嘉图的比较优势理论。在亚当·斯密“绝对优势”理论的基础上，大卫·李嘉图提出并不要求一定是“绝对优势”，国际贸易对象至少在两国之间，那么只要在贸易中存在“相对优势”就能够进行国际贸易并获取利润，这就是比较优势理论。二者的出发点都是以劳动成本作为比较对象来考虑优势，但区别于绝对优势理论，比较优势在国际贸易中联系两个甚至两个以上产业，即便一国多个产业劳动成本均高于贸易国的同一产业，但只要两个产业的劳动成本存在差异，那么其中必有比较优势。所以比较优势是在更广阔的范围内考虑国际贸易，绝对优势就成为比较优势下一种特殊的情况。但比较优势也有自己明显的缺陷，前面说到比较的是产业生产的劳动成本，这种假设是十分单一的，尤其是伴随着生产的发展和国际贸易的深化，越来越多的生产要素参与全球分工和生产。第三，H-O 要素禀赋理论。绝对优势理论和比较优势理论都把劳动成本即劳动生产率作为比较的基础，但二者都未能指出劳动成本产生差异的原因，而且随着越来越多的生产要素参与产品生产，衡量产品优势的“度”代表的范围越来越广阔。在现实经济中，劳动生产率的不同源于技术，但伴随着社会进步和经济发展，技术是可以互相学习且不断进步的，那么，随着各国技术的趋同是否劳动生产率也将呈现出无差异？衡量比较优势的“度”没有了差异，是否国际贸易就失去了必要？为解决这一问题，Heckscher 和 Ohlin 提出了要素禀赋理论，指出产品间的生产要素需求各不相同，同时贸易国间各自要素禀赋也不尽相同。也就是各国间由于具有不同的生产要素禀赋，生产产品因要素禀赋的不同而构成各自的比较优势，从而在世界范围内进行贸易交换各自具有要素禀赋的产品。传统的国际贸易理论都过多地依赖于“输出”，即过分重视对外贸易和出口的作用，强调寻找新兴海外市场大力生产具有比较优势的产品，不断扩张海外市场寻找低端市场输出商品以带动经济发展，这种思路忽视了贸易是“互来互往”的过程，单一的输出必然会固化贸易结构，而且新兴市场和其利润空间是有限的，随着越来越多的生产国加入海外市场的争夺中，渐渐就会失去自身比较优势，所以这种思路不利于国际贸易模式和产业结构升级。第四，林德假说。区别于传统理论从供给角度研究国际贸易，Linder（1961）从需求角度提出假说，区域间的需求结构越相似，越有可能进行贸易活动。他认为收入是影响需求的重要因素，如果收入水平差别不大，那么消费者的偏好不会有太大差别，各自市场需求也是相似的。所以，厂商最初是为了满足国内市场需求进行生产，在生产过程中满足内需后出现剩余，才开始寻找海外市场，通过出口来完成产品的销售。得出的结论是国家间的贸易更要注重生产水平差别不大的国家，因为彼此都可能存在生产剩余和消费者需求，而对于消费者来说，如果国内市场无法满足他们对于价格和质量的期望，进口产品也是一种很好的选择。第五，克鲁格曼的本地市场效应。林德假设并没有模型的支持，后来的垄断竞争模型为其提供了一个合理的支持。Krugman（1980）在 D-S 模型分析下得出结论，要素禀赋相似的国家贸易源于本地市场的规模效益，内需能够有力地促进出口，这就是“本地市场效应”。区别于传统的国际贸易理论，本地市场效应理论指出由于存在规模报酬递增，大国将倾力发展存在规模报酬递增的行业，而小国在这个过程中由于没有这一优势，所以只能从事规模报酬不变甚至规模报酬较小的产业，这就会使二者间的发展差距越来越大。本地市场效应不仅能够合理地解释国际贸易中各国的产业结构布局，而且能够解释产业的区位选择，帮助厂商寻找到最优区位，所以，本地市场效应越来越成为各国进行国际贸易和区位选择时的理论依据。

2. 本地市场效应的理论研究

国际贸易理论经历了绝对优势理论、比较优势理论和要素禀赋学说后，Krugman（1980）提出了“本地市场效应”。Justman（1994）较早地强调了区位需求对于本地生产的重要性，侧重检验本地需求和生产之间的相关性，他通过研究美国大城市工业产业分布后发现本地需求规模与产业聚集有着紧密的关系，需求规模越大越会出现产业聚集，而这一聚集不局限于运输成本高的行业。Davis 和 Weistein（1996）开始对 Krugman（1980）的本地市场效应概念进行经验检验，他们检验了经济合作与发展组织中国家的制造业生产结构，发现结果并不支持本地市场效应。Davis（1998）提出交易成本过大将影响本地市场效应的存在，而这种现象的出现与产品种类无关。Davis 和 Weinstein（1999）考察了日本的区域生产结构，发现 19 个制造业部门中有 8 个支持本地市场效应。他们基于要素自由流动及贸易成本的存在对本地市场效应进行研究，发现地域范围内地理单位小的区域反而会比大的区域出现更强的本地市场效应。于志浩（2005）指出即便异质化产品和同质化产品存在一样的交易成本，本地市场效应与产业结构依旧有密切的关联。Siliverstovs（2007）指出同质化产品无法形成本地市场效应，而对异质化产品，本地市场效应也只是偶尔以微小程度出现，不具有规律性。Thomas（2005）将假设放宽至不同行业可以有不同的规模报酬形式。Robert（1998）指出，本地市场效应存在的前提是要素和产品具有流动性且产品运输成本是可以计算的。Crozet 指出在 IRS（规模效益不变）部门代替 CRS（规模效益递增）部门时，可以得出结论，贸易成本越高，异质化产业的本地市场效应越弱。Melitz（2003）指出要考虑经济个体的差异性；Meijer（2002）指出不同模型的选取也会影响研究效果，同时指出 Krugman 所提出的假设中产品异质性并不是必要条件。Davis（1998）指出由于存在本地市场效应，市场规模的大小会影响区域内的福利；Mayer（2002）指出了逆本地市场效应。在国内也有一批学者对本地市场效应有着深入的研究，虽然较国外起步晚，但随着研究的深化开始将本地市场效应向实践指导不断靠近。

3. 本地市场效应的实证研究

对于实证研究，学者们大都利用比较优势来分析贸易现象，分析寻找产业布局与产品需求间的关系。Davis 和 Weinstein（1999）将要素禀赋与规模报酬融合在一个模型下，直接探讨本地市场效应的现实存在性，结果发现异质性产品具有本地市场效应，而同质性则相反。Schumacher（2003）指出，要将消费者需求、收入水平共同考虑在本地市场效应的框架下，进而通过数据验证了本地市场效应的存在。引力模型在本地市场效应的研究过程中优点明显，可以考虑不同情形下出口结构的选择，还能够将一些变量排除在外。对引力模型的研究证实了本地市场效应更多地出现在运输成本高、替代弹性低的商品中，而这些产品大多聚集在大国的贸易结构中。同时，假定生产转变弹性固定不变来分析数据，再次证实了本地市场效应的存在，而且在不同产业中存在不同的情形。在资本密集型、技术密集型等替代弹性低的产业中，本地市场效应更明显；在劳动密集型等附加值低的产业中，本地市场效应不明显且无法发挥作用。国内对于本地市场效应的研究虽然晚于国外，但不断取得突破性进展。如国内学者张帆、潘佐红（2006）直接从 Fujita，Krugman 和 Venables（2000）一文中推导出经验检验模型，并把该模型与 Davis 和 Weinstein（1996，1999）中的经验检验模型联系起来，使用这两个模型和中国 1997 年 31 个省（区、市）19 个产业的生产、需求和资源禀赋资料，检验了中国各省生产和贸易类型到底是由比较优势决定还是由本土市场效应决定的问题。结果发现，本土市场效应在决定中国地区间生产和贸易的类型上起着显著的作用。即我国区域间的生产和贸易存在显著的本地市场效应，要素禀赋和本地市场效应决定部分产业的产出，但仅本地市场效应决定了我国各地间的生产和贸易类型。钱学锋（2013）对中国与 14 个主要贸易伙伴 ISIC 两位数制造业贸易中的 HME 进行了经验研究，在分别控制外部市场准入性和国内需求偏向后都发现了 HME 存在。杨汝岱（2008）认为本地市场效应显著存在于工业制成品的出口增长中，其主要依据是 HS 两位数分类标准、国民经济行业两位数分类标准和 SITC 三位数分类标准建立面板数据，对全国工业加工品的出口情况进行深入调查后，发现行业产品的出口与其在国内的规模有密切关系，同时出口增长受到行业的发展现状和前景的正向影响。刘亚东（2010）利用我国 1994—2007 年的工业行业数据，通过计量经济模型，对贸易结构进行分析，验证了我国工业加工品贸易中具有本地市场效应。还通过建立不同产业的分类标准，证明不同的产业类型也具有本地市场效应，只是在劳动密集型产业和加工型产业中不太明显。

6.3.2 产业结构升级内涵与动力

近年来，国际经济竞争环境发生变化，我国的经济发展面临着巨大压力，对产业结构进行升级已成为有关部门的重要议题，但升级的前景却不容乐观。自20世纪中期开始，全世界的产业结构升级始终为欧美主导，对我国当下的产业结构升级来说，主要存在两大方面的挑战：一是欧美的老牌工业化国家，出于自身已获得的利益，对我国时刻防范，并利用其有利地位对我国进行打压；二是从整体上看，我国一些企业的技术水平比对手落后，在产业竞争中处于不利地位。在产业经济学领域，产业结构升级是一个持久的议题。

1. 产业结构升级的内涵界定

在经济全球化的浪潮下，世界各国产业结构的调整都受到新的国际分工模式转变的深刻影响。随着新的产业分工模式与分工体系逐渐建立，延伸传统的产业结构升级内涵已经变得迫切，除了需要关注各次产业的比例变化外，更要注重产业结构层次的演进与产业内部质量的提高。产业结构升级是指在特定时期的国内外经济环境和资源条件下，遵循产业结构升级的一般规律及其内在要求，使用一系列方法，提高国内产业的水平，优化产业结构，保证国民经济稳定、快速、持续发展的经济行为。产业结构升级一般有两层含义：一是在经济增长过程中，第一产业农业的比例显著下降，第二产业工业的比例显著上升，服务业的比例稍有上升；二是工业产业内部高级化，附加值增高，劳动生产率提升，劳动密集型产业不断减少，技术密集型产业不断增多。李国学、张宇燕等（2010）指出，在新的国际化生产模式下，国际产业结构梯度转移向价值增值环节进行演变，产业结构的升级主要表现为：逐渐脱离产业链中低附加值的组装生产部分，而转到高附加值的设计开发部分；从低层级供应商，逐渐上升为高层级供应商甚至领导厂商。产业结构升级被胡春力（2009）界定为：产业结构升级的本质就是生产迂回化使新技术部门不断产生和繁衍，从而提高深加工产业的比重。产业结构升级虽然表现为一个宏观经济现象，但其推动力却是由一个个微观的企业个体所组成，是微观的企业和宏观的产业共同演变与进化的结果。张国胜（2011）认为，虽然既有文献普遍认为产业结构升级可表现为多种形式，但从产业链的低附加值区向高附加值区迁移，不仅可以表现为行业内部的技术水平、产品质量、管理流程和营销水平的升级，也可表现为多产业的共同升级。

2. 产业结构升级的动力来源

（1）外国直接投资与产业结构升级

通过实证分析，易先桥（2009）发现武汉第三产业的增加值明显地受到了外国直接投资的影响。这个过程大致为：外国直接投资以跨国公司为载体，为增强竞争优势，不断强化配套企业的管理和技术水平，并在供应链上推广其先进的技术和管理经验。通过这种方式的技术外溢，提高了整个行业的企业经营管理水平和技术研发创新能力。并沿着价值链，扩散到各个节点，促进整个产业链的技术升级，进而全面推动该区域的产业结构优化升级。

从外资的资本供给和技术转移角度，黄日福、陈晓红（2007）分析了外资促进东道国经济增长和产业结构升级的作用原理，发现在促进中部地区产业结构升级的过程中，虽然人力资本存量巨大，但并未产生显著功效。宋大勇（2008）指出，国外资本的介入，通过产业环境优化效应、资本缺口弥补效应、市场示范效应、技术外溢效应、产业关联效应等，对我国产业结构升级产生巨大作用。在经过大量的实证分析后发现，外资的引入明显促进了我国东南沿海省市的产业结构升级，但对东北和中西部的作用效果不太明显。

（2）技术创新与产业结构升级

辜胜阻、刘传江（1998）指出，引起产业结构变动的重要因素是技术创新。技术创新不但对某一产业的发展方向起决定作用，更影响了整个产业结构的演进方向。其通过三种机制进行影响：第一，技术创新的性质决定着单个产业的发展水平；第二，技术创新的极化使产业的更替更加有序；第三，技术创新及其扩展效应决定了整个产业的演进方向。从企业应对外部风险的角度，陈英（2007）指出，在供求关系不稳定的情况下，企业要在竞争中生存和发展，只有依靠技术创新，才能助力区域经济实现产业结构升级。张国胜、胡建军（2012）认为，产业结构升级过程也是一个价值增值的过程，其动力就源自各企业锲而不舍的利润追求。其本质可用市场的供需关系来描绘，因为这种对利润的追逐，正是由在位企业的技术能力和市场所能提供的产品需求决定的。

（3）居民收入及需求与产业结构升级

王佳菲（2010）指出，由于劳动者的薪资水平素来偏低，无形之中使企业采用先进技术设备来降低人力成本的临界值被抬高，使微观主体被“低技术陷阱”困住，无法脱身。基于该原因，应当适当提高最低工资标准，合理上调工资指导线，完善薪资待遇的集体协商制度，在基本社会生活保障方面加大投入，为产业结构升级创造良好条件。姜涛（2009）在研究了中国城乡居民转型时期消费水平提升的产业结构效应后，对其作用机制进行了分析。指出居民消费水平提升首先会使最终产品相关产业的生产发生变动，引发直接产业结构效应；随后，最终产品的产出变动，又会通过投资需求使相关生产资料的产出受到影响，进而引发间接产业结构效应。Mike（1995）验证产业升级逻辑上的起点是企业新老技术的更替，考察对象为日本和韩国。张国胜（2011）认为每个产业升级不仅依赖于企业的开发、生产能力，还取决于市场消费者对产品的认可程度，其消费需求正是产业升级的原发驱动力。满足消费者群体特定需求的技术创新产生的垄断利润，就是技术创新产生的价值增值。

（4）产业融合与产业结构升级

吴福象等（2009）通过统计分析和计量检验上海市的六大支柱产业，发现产业融合主要能够通过嵌入信息技术和改造传统产业，显著提升产业结构升级。吴义杰（2010）也指出，产业融合能够提高生产效率，强化协作，合理分配资源，加速产业结构升级。通过产业内及各产业企业间的模仿扩散，来带动产业结构升级。

（5）制度与产业结构升级

在全面分析了中国产业结构升级受各类制度的影响后，姚德文（2008）指出，为了促进我国的产业结构升级，需要一个便于劳动力流动的人口流动制度、便于资源流动的投融资体制、能够突破分权的制度改革、相对宽松的户籍制度等。

6.3.3 本地市场效应下的产业结构升级

1. 本地市场效应与产业结构升级研究综述

长期以来，产业升级的重要基础是劳动力、生产资本、生产技术的

“比较优势”。中国、俄罗斯、印度、巴西是金砖国家成员，在经济发展中崭露头角，尤其是中国，经济发展速度较快，引起了国际关注；金砖国家的人口规模庞大，经济规模巨大，拥有较强的成长空间，其经济增长速度快，内需市场潜力巨大。尽管四国的发展过程迥异，但市场规模相似，表明各国国内产业发展与升级都受到了本地市场规模的影响。在四国的相互比较中，我国的人口基数、本地市场需求、经济发展潜力都是遥遥领先的，这种优势在发展中国家里几乎是独一无二的。尤其是本地市场的需求，发展非常迅速，如果找到本地市场效应对产业结构升级的影响机制，可为我们提供新的研究视角，创造具有中国特色的产业结构升级模式，以便正确考量市场规模的价值所在。针对本地市场规模对区域产业结构升级的影响，Krugman（1980）提出了本地市场效应理论，即如果存在国际贸易成本且规模报酬递增，国内市场规模大的国家最容易发展为净出口国。之后一些经济学家进行了许多实证研究，验证了该假说的成立。Brunner（2005）认为，如果内部市场需求足够大，甚至可自给自足，可以激励本地企业自觉创新，这被称为“需求引导的创新”。Michael Porter（2002）则通过“钻石理论”指出，借助内需市场的强大力量，可提高整个国家产业的市场竞争力。中国台湾学者瞿宛文（2007）提出，中国台湾的产业升级需要借助大陆广阔的市场与强大的需求。刘志彪等（2009）认为，我国在战略层面上要充分重视从被“俘获”与“压榨”的全球价值链中突围的问题，可借助自身大国市场的优势，加快构建以本土市场需求为基础的国内价值链，替代既有的国际价值链，以此推动产业升级。黄玖立和黄俊立（2008）分析了20世纪90年代中国各省份的细分产业数据后，发现各区域产业分布呈明显的“中心—外围”趋势，出现这种趋势的主要原因，是在以出口经济为主的省区中，依靠国外市场需求的相关产业增长速度更快。

在验证本地市场效应存在性的基础上，范剑勇和谢强强（2010）进一步分析了我国区域产业受本地市场效应的影响，得出了区域间的收入水平差距并不会无休止地随相关产业集聚而扩大的结论。冯伟（2011）放松了范剑勇和谢强强（2010）的有关市场规模的假设条件，更加稳健地论证了本地市场效应对产业集聚不仅不会阻碍，更会起到促进作用。徐康宁等（2010）构建了一个简要模型，对较多的实际案例进行了分析，对比研究不同的技术创新模式，提出借助本地市场规模效应对产业聚集的促进作用来引导技术创新的新模式。这种模式萌发于本地市场，通过与国外企业深度合作，借鉴和吸收经验技术，结合中国的基本国情，发展成独树一帜的创新能力。这种创新模式主要适用于大规模制造产业，是当前我国进行产业结构升级的备选之策。冯伟（2012）利用我国31个省区市22个制造业细分行业在2004—2009年的面板数据，检验了我国产业发展中本地市场效应的存在性及其特点。在细化的分省层面上，研究结果支持本地市场效应的存在性，主要集中于华东和华中地区，大都涉及了技术和资本密集型产业。这说明我国可以利用规模效应，以此加快产业结构升级。

孙军和梁东黎（2010）使用异质性企业模型，对发展中国家或地区如何在当前国际价值链之下实现产业升级的问题进行了理论分析。分析表明，除了要边干边学以获取经验，更要发掘内需市场对国内企业创新的引导力，从而实现发展中国家或地区企业的技术进步。综上可知，国内文献主要是研究本地市场效应是否在国内存在，角度多是从出口贸易和产业的空间分布本身出发，较少从本地市场效应和产业结构升级的角度进行考察，而且分析宏观理论的居多，从微观分析实际企业案例的较少。

从国内外文献研究进展的比较中可以看出，国内的研究与国外的研究方法和研究成果还存在一定的差距。我国的国内市场一体化自1992年以后不断加速，东、中、西部地区的市场规模随着经济加速发展差距也在逐渐缩小，由产业集聚进而形成的大量的县域块状产业集群，为我国的产业结构升级不断提供大量且丰富的新经济地理研究案例。

2. 我国产业结构升级中存在的问题

就我国面临的现实来看，尽管改革开放以来产业结构提升明显，但依旧以粗加工、低技术、低附加值产品为主要出口产品，在当今的全球价值链中处于下游低端部分。进入21世纪后，我国的产业结构在经济发展的推动下不断优化升级。就增长速度来看，第一产业较为缓慢，第二产业较快，第三产业最快。而从就业比重来看，第一产业降幅较大，第二产业稍有增加，第三产业最大，我国的产业结构已然过渡到“三二一”的基本格局，而且还在不断地优化，但这些并不能掩盖我国产业结构存在的问题，具体表现在如下几个方面：

（1）产业结构构成不合理，内部结构发展不均衡

我国经过多年的经济发展，产业结构已经得到了一定的优化和升级，但是，从三次产业结构的构成来看，分布不尽合理。以发达国家的经验来看，经济发展到一定程度之后，服务业尤其是现代服务业高度发达，比例大约在70%，2013年我国的服务业产值比重还不到50%，尤其是金融保险、物流、信息咨询、科技等生产性服务业发展速度相对缓慢，对先进制造业的推动和发展极为不利。首先，第一产业效率仍然不高，产业贡献率逐年下降，说明第一产业的生产方式落后，自动化程度差、科技投入不足，发展薄弱。其次，第二产业在经济发展中虽然占据主导地位，但传统的重工业占比较高，产业贡献率增幅趋缓，新兴工业发展与发达国家相比有一定差距。细化到产业结构内部，其发展也不均衡。首先，第一产业内部以农业为主，农林牧渔业仍以小规模生产经济为主，农业基础设施虽然有所改善，但农业生产力水平总体偏低，升级缓慢。其次，第二产业总量扩张明显，但是内部结构发展失衡的现象依然存在，传统的高能耗、低技术含量、低附加值的加工业务比重较大，高科技产业虽然发展较快，但规模相对偏小，远低于发达国家高技术产业。最后，第三产业总量不高，2013年第三产业增加值在我国GDP总量的比重不到50%，虽然近年来我国第三产业发展较快，2020年第三产业增加值比重达到54%，但从第三产业内部结构来看，批发零售、房地产和交通运输等传统服务业仍占据举足轻重的位置，而如科学研究技术服务、通信、金融等现代新型的服务行业发展迟缓，有的占比不增反降。近年来，第三产业中科技服务业的细分行业发展较快，但从服务业整体来看，发展存在一定的失衡现象，市场化程度不高，服务质量和技术水平不高，亟待升级。在我国区域产业结构布局中，东部地区占有绝对优势，水平最高，中部次之，西部最差，形成明显的中心—外围模式，东部是经济发展中心，中西部是外围。加工贸易和外商投资企业主要集中在东部地区，而广大的中西部地区则为其提供资源和劳动力。从各自的主导产业来看，东部地区重点发展的是加工工业、高科技产业和服务业，而中西部地区则以能源、原材料、一般机械工业和农副产品加工业为发展重点，这种倾斜必将导致区域产业结构差距进一步扩大。

（2）服务业发展存在一定的滞后

我国产业结构的突出问题，是服务业与同等发展水平的国家相比明显落后。2013 年，我国服务业占当年 GDP 的比重为 46.9%，比其他国家要低 10.8%，为倒数第五；服务业的就业人数占社会总就业人数的 38.5%，比其他国家要低 14.6%，为倒数第四。根据美国商务部公布的数据，2020 年美国第三产业（即服务业）创造的 GDP 高达 17.065 万亿美元，占 GDP 比重上涨至 81.5%，比中国服务业增加值占比高 27%。当然，产业结构升级也要规避"产业空心化"的现象。此外我国服务业的发展还存在一定的问题，比如服务质量和供给水平不高。我国的制造业起步较早，产品价廉物美，在国际上久负盛名，与之相比，许多服务产品的"量"和"质"都无法满足市场需求，我国的服务贸易逆差情况比较明显，竞争优势不足。在我国，大多数服务业都"供不应求"，价格较高，质量与消费者的要求存在差距。一些行业的需求得不到满足，普遍存在对应的服务产品开发不够、价格高、质量不稳定等现象。这些问题抑制了服务业本身的发展，更阻碍了服务业促进其他行业发展和提高民众生活水平。我国服务业发展滞后的原因有多个方面：第一，改革滞后。某些发展潜力较大的服务业存在垄断和限入问题，限制了其自身的发展和最终需求。第二，就业压力。我国许多的企事业单位都面临冗余职工的安置压力，使得本来可以交给外部专业化团队的服务活动往往被内部消化。第三，产业性质定位。某些产业具有一些公共服务的职能，如医院、教育等；一些产业需要强调安全性，如通信、金融等；一些产业则需要有意识形态方面的考虑，如新闻出版、广播电视等。由于这些行业的特殊性质，对它们的发展关乎民生和国家安全，需要格外慎重。第四，较低的消费率。大众的消费需求和消费率过低，必然使服务业发展慢且比重低。第五，较低的开放程度。与工业相比，我国服务业受对外开放的促进作用偏低。

（3）产业自主创新能力存在一定程度的欠缺

近年来，通过扩大经济开放的广度和深度，引入国外的技术和资金，同时重视国际市场和国内市场，不断地获得产业结构升级的动力。在科技全球化进程中，跨国企业为获得最大的利润，将其生产和技术在其遍布全球的结构体系中推广，使许多先进的技术得到跨国转移。在这种环境之下，发展中国家可以通过开放的姿态，来获得先进的技术。不过，也正是这个原因，国内企业往往会形成一种依赖，创新力不足。尽管我国在不断地对产业结构进行升级，大力发展高新技术产业，但自主创新的能力和意识依然存在欠缺。在针对科技创新能力的调查中，2020年在世界知识产权组织的全球创新指数排名中，中国名列全球第14位，比2013年的第29位上升了15个位次，中国也是位列前30位中唯一中等收入的经济体，应该说我国的创新能力逐年提升，世界创新核心区域在逐渐向东迁移。但与发达国家相比，中国在科技发展水平上仍有差距。自我掌握的关键技术少，2013年对外的技术依赖度达到了40%以上，而美、日两国只有不到5%，普通的发达国家也都低于30%，我国有50%以上的设备投资需要依靠进口，一些核心技术更是单纯依靠进口来满足。虽然近年来随着经济发展，技术对外依赖度有所下降，但在一些关键技术上仍然受制于人。中国工程院（2019）发布的对26类制造业产业开展的产业链安全性评估结果显示，中国制造业产业链60%安全可控，部分产业对国外依赖程度大。其中，6类产业自主可控占比23%，10类产业安全可控占比38.5%，2类产业对外依赖度占比0.77%，有8类产业对外依赖度极高，占比30.8%。部分产业链存在严重的“卡脖子”短板，包括集成电路产业的光刻机、通信装备产业的高端芯片、轨道交通装备产业的轴承和运行控制系统、电力装备产业的燃气轮机热部件，以及飞机、汽车等行业的设计和仿真软件等，这些产业基础能力弱，部分领域核心关键技术受制于人，存在隐患。

在现代的国际竞争中，技术专利往往能体现一个国家在经济利益上的话语权，而我国的累计专利授予量处于世界中低水平。从研发经费的投入来看，2003年开始的十年间，我国研发经费累计投入约为7894亿美元，只有日本的1/4、不到美国的1/6。2013年，中国研发经费投入为1912.1亿美元，比上年大幅增长15.6%，虽然研发经费投入总量已经跃居全球第二位，但仍然不到美国的一半，而且人均数更是差距巨大。程如烟（2018）对中美两国的研发经费的总量、强度、来源结构、执行结构等进行对比分析，结果显示中国的研发经费累计从1991—2016年的投入较美国低很多，研发强度在较长一段时间内难以追上美国，研发经费来源结构不如美国多元和均衡，中国基础研究经费需要加大投入力度，而且中国研发经费中人力成本所占比例偏低。从企业执行研发的主要领域来看，美国主要集中于服务业、制药业、计算机、电子和光学等高技术产业，2015年这几个高技术行业所占的份额分别为32%、16%和20%，而中国这几个产业2012年所占的份额分别为6%、4%、16%。从数据可以看出，除计算机、电子和光学产业外，中国的服务业和制药业与美国存在较大的差距，这一定程度上说明了中国服务业和制药业的研发投入强度较低，影响了产业的升级优化。

（4）结构优化升级的成本上升

在过去较长的时间里，我国的产业结构不断地利用低成本优势进行升级。在不断利用低成本的土地与劳动力时，也导致了成本扭曲。部分城市的地方政府不断压低土地价格，甚至出现了零地价的现象；企业缺少环境保护意识，且相关部门监督不力，或者执法力度不足，使得企业的治污成本几乎为零；广大的劳动者，尤其是农民工的工作生活条件较差、社会保障制度需要进一步完善。靠透支来实现的低成本，无法长期持续下去。最近几年来，劳动报酬约占我国GDP的50%，2013年为46.2%占比上升，劳动力成本有了较大幅度的上升，价格总水平也随之产生了明显的变化。另外，如果采取严格的管理制度，规范合理利用土地资源，土地价格可能会上涨，进而提高了投资和生产的成本。另外，我国的经济发展需要处理好的一个问题，就是日益严重的就业问题。我们在大量人口未完成城镇化的同时，就进入了以制造业为代表的非农产业持续升级的过程。新主导产业与以往的产业相比，资金更为密集，劳动力需求更少，就业压力随之加重。“高增长低就业”问题是我国经济增长以及产业结构升级中必须要重视并处理好的问题。

（5）外向型经济处于全球价值链的中低端

改革开放以来，我国的对外贸易保持了持续的高速增长态势，绝对出口额增长迅猛。但本地产业内生化升级却并没有实现。一直以来，我国的产业发展东西部不平衡，许多生产要素向东部地区倾斜，形成了规模化的产业聚集，并凭借出口导向的发展模式，慢慢融入了全球价值链。在我国国际竞争力不断提高的同时，国内企业产生了某种依赖性，自身的创新能力和研发能力欠缺，劳动密集型产业依然在国际市场上作为主角。中国的加工贸易在国际上处于一种典型的代工地位，加工贸易企业的六大环节，包括产品构思、材料购置、订单计划、产品输送、产品销售等缺乏竞争力，技术不够创新，缺乏国际品牌效益，严重依赖发达国家供应商的信息和营销渠道。低端产品为主的制造企业处于价值链中游，但是此类制造业的技术含量不高，产品的增值率受到限制。据相关部门统计，制造业的产业链的一个明显现象就是“两端在外”，导致在国际化产业分工中，我国企业大多扮演组装和代工的角色，利润率仅为5%，而发达国家厂商基本控制了研发和市场，处于“U形”曲线的两端，利润率高达20%~25%。国务院发展研究中心发布的《二十国集团国家创新竞争力黄皮书》中指出，我国的关键核心技术对外依赖度高，自身几乎没有相应的产品进行对外贸易，例如，百分之八十的芯片都要靠进口。据调查，中国近年来的电子设备产量巨大，手机、电脑、彩电等设备产量均为全球第一。但嵌入其中的芯片及软件所支付的高额专利费用，使我国企业只能获得蝇头小利，绝大部分利润都被国际厂商所攫取，这也导致了我国产业的附加值不断降低。随着改革的深入和经济的发展，今后很难再有填补空白式的产业结构升级那样的提升空间，使用简单引入新事物的方式，来实现产业升级的道路会越来越窄。近几年来，我国通过不断地引入消化吸收国外先进的生产技术，在此基础上创新发展，很多产业的技术能力都堪比发达国家，今后我国需要的不再是发达国家的低端技术，而是真正前沿的高科技。但拥有这些高技术的欧美发达国家从国家战略出发，或者从地缘政治以及遏制中国崛起的角度出发，限制掌握先进技术的企业转移或者转让这些技术，尤其是在很多尖端领域，如超大规模的集成电路制造技术、前沿的材料技术等，我国一直受到西方的技术封锁，乃至于一些军民两用性质的技术，如半导体产品、电脑软件、超导技术等，欧美国家也常常以国家安全为由进行干预。开放带来的升级空间越来越小，在这种态势下，唯一的出路只能是依托国内价值链，借助于本地市场规模，打造产业集聚区，延伸国内上下游产业链，推动产业结构升级。

3. 本地市场效应对我国产业结构演变的影响分析

随着经济全球化深入发展，世界经济越来越呈现出多极化的特征，北美、西欧和东亚已经确定性地成为全球经济的中心。而在东亚，中国的经济地位已经超越日本，日益成为东亚的核心区域。在中国改革开放以来承接世界产业转移的四十年发展历程中，块状经济的特征也是越发明显，块状经济（Massive Economic）是指在一定的区域范围内形成的一种产业集中、专业化极强，同时又具有明显地方特色的区域性产业群体的经济组织形式。中国的经济体制在改革开放前以计划经济体制为主导，改革开放初期国内市场还未得到有效开发，因而我国的对外开放采取了由国际化切入的战略路径，对外贸易与引进外资超常发展，时值国际产业转移的第三次和第四次浪潮，随着经济开放程度的增加和对外贸易成本的降低，制造业向沿海地区集聚的程度增强。空间经济学的大量研究显示，特定产业的空间集聚会产生规模经济效应，规模经济是产业效率提升的重要源泉，因而也是经济增长、产业结构升级的重要动力。

4. *本地市场效应下我国产业结构变动的影响因素*

自从本地市场效应被证实与产业结构存在紧密关联后，产业结构变动理论以及影响产业结构变动的因素，成为经济学家们的研究重点。产业结构的变动受到许多经济及非经济因素的综合作用，换句话说，经济发展中出现的任何因素，都可能直接或者间接、推动或制约产业结构的变动。依托产业结构变动的相关理论，以及大量相关研究文献，可以发现改革开放以来影响我国产业结构变动的因素有五种：市场需求、自然禀赋、全球贸易、生态环境、技术进步。

第一，市场需求。产业结构存在于社会生产之中，而社会生产的最终落脚点是社会需求，从而影响产业结构变动的重要因素是市场需求状况及其变化，包括消费需求与投资需求。下面主要从这两方面分析产业结构变动受到需求因素的影响。首先从消费需求分析，在产业经济学中从分析总量的角度看，人口的增加会导致社会消费需求的增加，而人均收入水平的提高，也会使消费的层次更加多样化。从分析结构的角度，消费需求的结构变化，会引起生产及供给结构发生相应变化，而生产及供给结构的变化又会进一步促使产业结构变化。学界普遍认为，有三个层次上的需求；一是生理层次，主要为了满足基本的衣食住行问题；二是初级心理层次，主要是为了追求产品的质量；三是高级心理层次，时尚和个性成为关注热点。以上三个层次对应到产业结构，是轻工业、农业向基础工业、重工业转变，随后向高附加值工业、服务业转变的发展轨迹。自改革开放以来，我国人均年收入从一开始的 381 元人民币提高到 2014 年的 45385 元人民币，远远超出了消费升级的临界值，社会消费需求的“量变”导致了产业结构的“质变”，使国内社会消费结构加速升级，进而促进产业结构变动。1978—2014 年，我国居民的生活水平日新月异，农村人均年净收入从 134

元上升到9892元，增加了约74倍；城镇人均年净收入从343元增加到28844元，增长了约84倍。收入水平增加后，自然而然会促进消费规模的扩张。从1990年到2014年，农村人均消费性支出从585元增加到8382元，增长了14.3倍；城镇人均消费性支出从1279元增加到19968元，增长了15.6倍。从投资需求分析的角度来说，企业扩张的重要条件之一是投资，资金往往会被企业投向不同的产业，因此形成一定的投资结构。多样化的投资方向可以促进产业结构不断变化，具体表现在：若将资金投向新兴领域，会促使新产业产生；若将资金投向已有产业的一部分，会使这部分产业发展速度变快；若将资金以不同的比例投向全部产业，会使各产业发展速度迥异，形成产业差异。基于以上原因，政府往往利用投资政策作为调节产业结构的手段。现有的产业结构便是以往的投资及分配比例关系在一定程度上形成的，因此，现有产业结构的优化升级同样也会被今后的投资及分配比例关系所影响。

第二，自然禀赋。产业结构形成与变化的重要影响因素还有自然条件和资源禀赋。一个地区的自然条件好且资源丰富，该地区可以形成资源开发型产业结构，若政府再能用政策积极引导，使产业结构优化升级，资源开发、深加工并重，就可以全面促进该地区的经济发展。反之，若一个地区自然资源匮乏，产业结构便只能往其他方向发展。尽管自然禀赋状况无法被人为改变，而且在一定时期内产业结构还受其影响很大，但随着科学技术不断进步，对资源的开发和利用能力的不断增强，产业变动受到自然禀赋的影响会不断变小。例如新材料、新技术的出现，对传统材料、技术的使用必然会减少。

第三，全球贸易。在经济全球化的今天，国与国之间的贸易非常频繁，使一国产业结构的变动深受国际贸易的影响。国内紧缺的生产要素如资源、技术等可以通过国际贸易引进，以促进本国的产业结构优化和升级，加速经济发展；本国过剩的生产力也可以通过国际贸易转移到其他国家来消化，从而创造发展本国出口产业的有利条件。国际投资与国际贸易相生相伴，使技术、资本、人才等在国际转移，进而引发国际的产业转移，影响产业结构在一国的变动。我们可以通过改革开放以来的进出口商品结构及贸易额的变化，来说明我国产业结构受到国际贸易的影响程度。从1978年到2014年，我国的进出口货物贸易飞速发展，从206.4亿美元增加到43030亿美元。虽然2010年的国际金融危机，使我国同年的进出口额略有下降，但总体来看仍然呈上升态势。从进出口贸易差额来看，我国在1990年前为逆差，之后变为顺差，并呈连年扩大的趋势，2014年已经达到3825亿美元。由逆差变为顺差并持续扩大，有力地促进了我国的产业结构升级。在社会分工突破国家界限后，便会产生国际贸易，使各国不断交换技术、资源、劳务、产品等，而使双方的产业结构发生变化。通过资源、劳务、商品等出口的增加，可以促进我国相关产业的发展；同样通过高新技术、稀缺资源、尖端设备等进口的增加，可以弥补相关产业的不足，不断发展壮大我国的新兴产业，推动我国的产业结构升级。

第四，生态环境。在发展过程中，社会经济结构日趋复杂，影响产业结构的因素也日渐增多，一些之前并未考虑的因素甚至起到了至关重要的作用，比如生态环境。如果一个产业结构一开始便考虑到了对环境的影响，合理开发，充分利用可再生资源，以此为基础形成的特色产业具有生态环境的比较优势，随着这些产业的持续发展，将会推动该地区的产业结构升级。反之，如果该产业结构只注重眼前的利益，任意挥霍自然资源，肆意破坏生态环境，那么经过短暂的繁荣后，必将迎来长期的衰落，大量的矿产经济发展模式便是最好的例证。由此可见，与自然和谐共处，实现可持续的经济发展，才能有助于产业结构的优化和升级。近年来，产业结构与生态环境的依存关系也越来越明显。人们逐渐重视生态因素对产业结构变动的影响。2007年的全球二氧化碳排放总量中，我国占21%，高达60多亿吨，居世界第一。为了体现国际责任，我国政府勇于面对现实，向全世界承诺，十年后将单位GDP的二氧化碳排放量减少一半。在科学发展观的指导下，为了引导我国的产业结构健康发展，国务院一般每年都会出台相关的政策，抑制耗能与污染型的产业，激励节约和环保型的产业。2011年底，工业和信息化部公布了第十二个五年计划中19个需要重点淘汰的目标产业，与上一个五年计划相比，新增了铜、铅和锌冶炼以及印刷染制、化工纤维、皮革制造、铅蓄电池等多个落后产能的淘汰任务。增加了平极玻璃、电解铝、炼钢、水泥、电石、造纸等六个落后产能淘汰任务，平均增幅达98.3%，这体现了政府的巨大决心，务必要摆脱以牺牲环境为代价的发展模式，实现经济更好更快地持续发展。2020年9月22日，我国在第七十五届联合国大会上郑重宣布：中国将提高国家自主贡献力度，采取更加有力的政策和措施，二氧化碳排放争取于 2030 年前达到峰值，努力争取 2060 年前实现碳中和。由此可见，对生态环境的重视，已经是高层的共识，稳住短期的经济压力，实现长久的经济繁荣。

第五，技术进步。只有进行产业结构升级，才能转变我国的经济发展方式，进一步提高核心竞争力，而升级的重要手段便是技术进步。因为技术进步能够使不同产业的生产率产生差异，低生产率的行业逐渐失去生产要素而被淘汰，高生产率的行业逐渐吸引生产要素而得到发展。这是因为不同产业所具有的技术特点迥异，创造、采用和吸收新技术的能力也不尽相同，故而使得不同产业的效率和扩张速度也不同。技术进步提高社会生产率的方法是引入新的生产技术，促使进一步细化产业分工，导致传统产业的没落以及新兴产业出现，进而促进产业结构优化升级。从我国的科技发展现状和发展趋势来看，我国的产业发展具有较大的潜在科技创新力，进行合理发掘后，能够对产业结构优化升级产生明显的促进作用。

21 世纪以来，高新技术产业在我国如雨后春笋般涌现，各地兴建了大量的高新技术产业园，使高新技术保持了长期的快速增长，不断提升产业效益，技术密集型产业的比重日益加大，逐渐出现经济增长的正效应，加快了我国产业结构向更加合理的方向发展，也加速了我国经济发展方式的转变。

第7章 数字贸易的现状与发展

Chapter Seven

习近平主席在2020年中国国际服务贸易交易会全球服务贸易峰会上致辞时指出："我们要顺应数字化、网络化、智能化发展趋势，共同致力于消除'数字鸿沟'，助推服务贸易数字化进程。"数字贸易已经成为现阶段我国贸易领域的重点发展的贸易形式，而作为一个新兴概念，其正需要学界专业而充分的研究，从而为政策执行和企业发展提供理论支持。

传统的经济发展正在放缓，而以移动互联网、云计算、大数据分析和人工智能（AI）等新一代技术为代表的数字经济却蓬勃发展（Fourcade 和 Kluttz，2020）。数字贸易是在数字经济的基础上发展而来的，在很多外国学者研究中甚至并不将其和数字经济加以区分，这是由其概念本身诞生的区域性和创新性决定的。因此，接下来笔者将首先介绍数字经济的产生、定义、内涵及其特征，从学术研究的角度说明数字经济发展到今天，学界有哪些共识，简要介绍数字经济的特点与概念，而数字贸易脱胎于数字经济，其分类、概念和特点在很大程度上与数学经济是共通的。第二节将介绍数字贸易概念的提出与发展，内涵与特征，在这一部分着力突出数字贸易不同于数字经济或者说数字经济层面上新的发展内容，不同学者所划分的发展阶段以及不同标准下的数字贸易的分类等。总体上数字贸易属于数字经济，但在内容上，数字贸易，涵盖的内容更加具体。第三节集中于更为具体的当前世界的数字贸易情况，由如何测算数字贸易出发，扩展到亚洲乃至世界的数字贸易现状，数字经济战略以及国际数字规则的落实制定，以及国际数字贸易引发的税收问题等具体事宜。在第四节则集中描述数字贸易当前存在的问题和其发展前景、政策指导及未来展望。

研究数字贸易，不单单是研究一个经济学领域，而是要把握住未来的轨迹和时代的脉搏，在这场科技革命中，哪个国家忽略了数字贸易的重要性，沉溺于传统贸易的比较优势，闭关自守，那么这个国家就必然会在未来的国际贸易竞争中受制于人，进而可能会影响到国力国运。

7.1　数字经济

7.1.1　数字经济的产生

纵观人类文明，每一次科学技术革命都会显著地影响人们的生产和生活方式。在几千年人类文明中，科学技术革命大体上可以分为四个过程：第一次工业革命发生在 18 世纪中叶到 19 世纪，这次革命用蒸汽机解放了工人的手工劳作，是人类社会进入资本主义的第一次技术上的变革；第二次工业革命发生在 19 世纪中叶以后，以新式炼钢法和电力的应用为主要标志，相较于第一次技术革命，电力的应用使得生产力极大地提高，并涌现出了一大批新兴的工业部门，企业规模的扩大也促进了生产和资本的集中；第三次科技革命发生在第二次世界大战以后，主要以核能、电子计算机和自动化技术为主要标志，这次革命在 20 世纪 40 年代末从美国开始，以后逐步扩展到西欧、日本等国家，并在60 年代达到技术革命的高潮；第四次技术革命主要以移动互联网、大数据、云计算、5G 通信等电子科技技术为主要标志，这次革命极大地提高了人们生产和生活的效率，对经济的发展起到了巨大的推动作用，本部分所要研究的数字经济便是第四次科技革命的成果。

7.1.2　数字经济的定义

数字经济的发展与互联网技术的演进密不可分，随着互联网技术的发展，人们开始利用互联网进行商品和服务的交换，从而产生了电子商务的概念，电子商务属于数字经济，是数字经济的一种形式，也被认为是数字经济最原始的方式。

目前关于数字经济尚无准确的定义。1996 年，“数字经济之父”Tapscott 出版了《数字经济》一书，首次把数字经济概念学术化，定义为新经济或知识经济。然而由于主导技术群的巨大差异，Don Tapscott 所提出的“数字经济”与当前的数字经济存在明显的不同。马述忠在其《数字贸易与其时代价值与研究展望》一文中认为 Tapscott（1996）作为首次详细论述了互联网会如何改变我们商务模式的人，被认为是最早提出“数字经济”概念的学者。

夏杰长（2020）在他的《数字贸易的起源、国际经验与发展策略》中指出最早洞悉数字经济时代秘密并关注数字贸易国际规则制定的国家是美国，并且在 1997 年美国公布的《全球电子商务纲要》中，对刚刚萌芽的网络零售进行了分析。在此之后的 1998 年，美国商务部发布的研究报告《浮现中的数字经济》中，对人类社会从工业经济走向数字经济的发展趋势做出了轮廓性的描述，这次描述也引起了全球性的关注。这里所说的电子商务其实是数字经济最原始的形态，数字经济里也包含了电子商务。提起数字经济，人们自然又会联想到数字产品，数字产品是组成数字经济的重要部分，而不同于数字经济的是，数字产品在美国被严格地定义，在美国的双边贸易协定中，数字产品被定义为以数字化编码存在的计算机程序、文本、视频、图像、音频和其他产品，而不管它们是否固定在有形载体还是以电子形式传输。这些产品既可能是货物的组成部分，也可能以提供服务的形式使用或者单独存在，但不包括用以支付或者转账所使用的金融工具。刘淑春（2019）在《中国数字经济高质量发展的靶向路径与政策供给》中对数字经济做出了这样的总结：使用数字化的知识和信息作为关键生产要素，以现代信息网络作为重要载体，以通信技术的有效使用作为效率提升和经济结构优化的关键动力，数字经济已成为驱动全球经济社会发展和技术变革的主导力量的一种新的经济形态。文中主要将经济运行的动态过程作为出发点对数字经济进行定义。《中国数字经济发展白皮书 2017》中对数字经济做了一个比较学术的定义：数字经济是以数字化的知识和信息为关键生产要素，以数字技术创新为核心驱动力，以现代信息网络为重要载体，通过数字技术与实体经济深度融合，不断提高传统产业数字化、智能化水平，加速重构经济发展与政府治理模式的新型经济形态，从《中国数字经济发展白皮书 2017》中可以看出，这种定义和上面部分的定义已经非常的相似。

除以上定义外，目前中国国内接受程度比较高的数字经济定义也是将数字经济作为经济学的一个概念出发，主要分为狭义的数字经济和广义的数字经济。狭义的数字经济是指通过大数据即数字化的信息与知识的识别、选择、过滤、存储、使用和引导，实现资源的快速优化配置与再生，实现经济高质量发展的经济形态。广义的数字经济认为，凡是直接或者间接利用数据来引导资源发挥作用，推动生产力发展的经济形态都可以纳入数字经济的范畴。从技术层面上来看，数字经济可以包含云计算、大数据、物联网、区块链、5G 通信技术、人工智能等领域，从应用层面上来看，运用数字技术进行的“新零售”“新制造”都属于数字经济的范畴。

以上关于数字经济学的定义都是较为学术的定义，简要地说数字经济包含了两个部分，第一部分是数字产业化，也是数字经济的核心部分所在，主要包括电子信息制造业、信息通信业、软件服务业等信息产业；第二部分是产业数字化，也被称为数字经济融合部分，是指传统的产业之后所带来的生产数量和生产效率提升，其新增产出构成数字经济的重要组成部分，如智能化工厂和数字化农业。

7.1.3　数字经济的内涵

数字经济是一种新的经济范畴，它起源于数字技术的飞速发展以及人们对于提升经济效率的需求，任何新技术从产生到应用都需要一个漫长的过程，在新技术被人们广泛应用于生产生活之前，对新技术的认知和快速投入使用往往显得很重要。数字化也影响着企业在全球价值链中的竞争力和地位。贸易数字化可以重构产业链和企业价值链，优化传统货物贸易全链条，畅通信息交换渠道，推动外贸产业数字化发展，最终助推中国实现贸易高质量发展。对于外贸企业来说，通过贸易数字化的方式，可以扩大市场、降低库存、加快周转、降低劳动力等要素的成本。在全球生产分工中，单位劳动力成本已成为决定一个行业竞争格局的主要因素（Sandeep 和 Ravishankar，2018）。

作为新技术应用的数字经济同样有着丰富的内涵。中国通信院发布的《中国数字经济发展白皮书 2017》中对数字经济的内涵做了很好的总结：第一，数字经济包含了数字产业化和产业数字化两个部分。数字产业化可以理解为实体的信息产业，这也是数字经济的主要部分，产业数字化即数字化技术应用于原始产业并带来效率和生产力的提高，包括制造业数字化、农业数字化和服务业数字化。第二，数字经济超越了信息产业部门的范畴。即只把数字经济看成一个新兴产业是远远不够的，数字技术本身的发展可以带动其他产业的发展，这里和第一点说的产业数字化其实是一个道理，数字技术的目的是将数字技术应用到我们的生产和实践当中，应用到我们生产的各个环节，从而让各产业生产出超过原生产值的经济效果。第三，数字经济是一种经济范式。数字技术具有基础性、广泛性、外溢性和互补性的特点，数字技术带来的将是整个产业的发展，各个产业都将受到数字技术外部性的影响，通过数字技术的应用，整个社会的生产效率将大大地提升。第四，数字经济是一种新的经济社会形态。这里是从更为宏观的角度去把握数字经济的特征，将数字经济放在整个人类社会的发展史上进行分析，将数字经济与之前所说的农业经济和工业经济放在一个维度上去看，将它看作继农业经济和工业经济后新的一种经济社会形态。第五，数字经济是信息经济，是信息化发展的高级阶段。信息经济包括以数字化的知识和信息驱动的经济，数字经济是信息经济发展的高级阶段，也是信息时代人们对于提高效率需求下发展的必然产物，数字经济是信息经济发展的未来趋势。

经过几年的数字经济发展，中国通信院发布的《中国数字经济发展白皮书 2020》，已经将之前的数字经济内涵做了扩充并对之前数字经济发展情况做了印证。其中，将数字经济内涵的“两化”变成了“四化”，在数字产业化和产业数字化的基础上又增加了数字治理化和数据价值化。数字治理化是对数字经济健康发展的重要保障，是新时代推进国家治理体系和治理能力现代化的重要保障，法律相对于新事物具有相对的滞后性，但法律对于新事物的发展具有保障作用，通过制定数字经济法律法规可以更好地完善数字经济治理体系，不断推进数字经济向着更加健康的方向发展。数据价值化是强调数据在数字经济发展中的重要作用。

党的十九届四中全会首次明确数据可作为生产要素按贡献参与分配。2020 年 4 月 9 日，中共中央、国务院印发《关于构建更加完善的要素市场化配置体制机制的意见》明确提出，要“加快培育数据要素市场”，注重数据在生产生活中的重要价值，包括但不限于数据采集、数据标准、数据确权、数据标注、数据定价、数据交易、数据流转、数据保护等。通过对数字经济内涵的了解可以增强我们对数字经济的认知。

7.1.4　数字经济的特征

作为数字技术发展的产物，数字经济是一个新的经济概念，对于数字经济的特征，不同的人会从不同的方面对数字经济的特征进行阐述，中国信息通信研究院发布的《中国数字经济发展白皮书2017》中对数字经济的特征做了归纳，主要从数字经济在发展过程中的特点进行归纳，在七个方面列出了数字经济的特征，主要包括：第一，数据成为新的关键生产要素；第二，数字技术创新为经济发展提供源源不断的动力；第三，信息产业的基础性先导作用突出；第四，产业融合是推动数字经济的主引擎；第五，平台化、生态化成为产业组织的显著特征；第六，线上线下一体化成为产业发展的新方向；第七，多元共治成为数字经济的核心治理方式。

张新红（2019）在《数字经济与中国发展》一文中肯定了数字经济将为中国经济的发展注入强大动能的同时，提出了数字经济的一个重要特征就是共享性。共享性即全民共享和全面共享，从微观角度来看，特别是移动互联网的出现，人们利用数字技术在移动端分享自己所见所闻所思所想，从无形产品到有形产品，从生产要素到最终产品，都可以进行分享，个人购买到了新的产品可以分享，企业有好的渠道可以分享，个人闲置的时间、资金、技能，公司闲置的生产厂房、设备、研发团队、专业人员都可以利用数字技术进行分享：从宏观角度来说，数字经济的共享可以满足广大人民群众对社会公平的新要求，共享社会主义现代化的劳动成果，利用数字经济进行精准扶贫可以更有针对性地进行扶贫工作，共享性也是社会主义现代化过程中数字经济一个显著的特征。

荆文君和孙宝文（2019）在《数字经济促进经济高质量发展：一个理论分析框架》中提到，随着云计算、大数据、互联网、5G通信技术的发展，新时代数字经济的一个显著特征是它的融合性，即数字经济与传统经济的深度融合，这主要表现在三个方面：第一个方面是微观主体应用互联网参与到经济交换当中，许多中小企业应用数字化技术改进生产流程，减少库存，节约运输成本等，降低了不必要的成本，提高了企业的生产效率。第二个方面是数字经济作为一种新的经济形态对传统经济产生的影响。这种影响在零售部门显得格外明显，电子商务等新零售模式的出现颠覆了对于传统零售的认知，互联网零售店占社会消费品零售总额的比重呈逐年上升趋势并逐步加强。第三个方面是随着数字经济和传统经济融合的不断加深，传统经济的服务模式和经济形态也不断创新，出现了效率更高成本更低的经济新模式，例如通过大数据、云计算和电子商务相融合的B2B商业模式，根据有针对性地分析消费者的需求偏好，更好地为消费者提供有针对性的和差异化的产品，从而满足消费者个性化的需求。数字经济作为一个新的概念，最开始的时候人们只能通过对它的初步认知对其特征进行概括，而随着数字经济的发展，人们对它的认知也逐步由浅显往深入发展。

7.2 数字贸易

7.2.1 数字贸易的提出

数字贸易起源于数字经济，是数字经济发展到一定阶段的产物，和其他行业贸易产生与演进类似，各国数字经济发展的阶段性不同和生产成本的差异推动了数字贸易的产生。目前仅有美国将数字贸易从数字经济中分离出来，并率先在全球发布了首部关于数字贸易的调研报告《美国和全球经济中的数字贸易》，美国是数字贸易发展最好的国家，是数字贸易发展在全球的领跑者，数字贸易对其经济发展起着强劲的推动作用。

关于数字贸易的提出，Weber（2010）在其研究数字经济时代国际贸易规则的文章中提出，一般意义上，数字贸易是指通过互联网等电子化手段传输有价值产品或服务的商业活动，数字产品或服务的内容是数字贸易的核心。这是关于数字贸易最早的定义。在世界范围内，很多人认为数字贸易的正式提出应该是在2013年7月，美国国际贸易委员会（USITC）在《美国与全球经济中的数字贸易Ⅰ》中正式提出了“数字贸易”定义，即通过互联网传输产品和服务的国内商务及国际贸易活动。国内关于数字贸易的最早提出是厦门大学的陈筠（2003），他认为数字信息产品在发达国家国际贸易中的比重越来越大，贸易的方式和途径也因信息数字技术而改变。但受时代所限，其对数字贸易的界定仅仅限定在电子贸易方面。以上便是国内和国外关于数字贸易提出的最早认定。

7.2.2　数字贸易的演进

数字贸易是由数字技术发展而来的，数字技术最早在经济领域的应用是电子商务的出现，电子商务也被认为是数字经济最原始的阶段，是数字经济最早的形式，数字经济发展到一定阶段以后又产生了各国之间的贸易，这种关于数字经济的贸易被称为数字贸易。关于数字贸易的演进，不同学者依据各自的标准给出了不同的划分。

马述忠（2018）在《数字贸易及其时代价值与研究展望》一文中，根据数字贸易的发展进程将数字贸易的演进分为两个阶段。第一阶段：2010—2013 年，将数字贸易视为数字产品与服务贸易的阶段。他将这个阶段的数字贸易看作数字产品与服务阶段，这一阶段是数字贸易发展的初级阶段，对数字贸易的定义具有相对的片面性，并不能全面反映数字贸易这种经济形态，数字贸易标的范围狭窄，与经济现状存在一定的脱节，这一定义很快被后来的新定义所取代。第二阶段：2014—2017 年，将其视为实体货物、数字产品与服务贸易的阶段。在这一阶段，实体货物被纳入数字贸易的交易标的中，强调数字贸易是由数字技术实现的贸易。数字贸易的交易标的具体包括：使用数字技术订购的产品与服务，如电子商务平台上购买的实体货物；利用数字技术生产的产品与服务，如存储软件、音乐、电影的 CD 和 DVD 等；基于数字技术递送的产品与服务。2017 年，美国贸易代表办公室（USTR）发布的《数字贸易的主要障碍》报告认为数字贸易应当是一个广泛的概念，不仅包括个人消费品在互联网上的销售以及在线服务的提供，还包括实现全球价值链的数据流、实现智能制造的服务以及无数其他平台和应用。这两个阶段划分的主要依据是实体货物是否应该划分到数字贸易当中，显然第二阶段是对第一阶段的扩展，关于数字贸易的定义更加宽泛，涵盖的内容也越来越丰富，数字贸易开始作为一个大的贸易概念被人们所研究和关注。

蓝庆新和窦凯（2019）在《美欧日数字贸易的内涵演变、发展趋势及中国策略》一文中将数字贸易的演进分为三个阶段。第一阶段为 1998—2012 年，将数字贸易视为电子商务阶段。这一阶段数字贸易尚未被明确提出，主要数字经济发展国家对数字贸易的认识还停留在电子商务阶段，人们将电子商务看作数字贸易，在这一阶段的数字贸易发展经历了数字贸易的 1.0 和 2.0 版本，1998—2003 年是电子商务的 1.0 版本，主要形式是线上展示和线下交易，互联网主要被当作一个展示平台，主要的活动还是在线下完成的。2004—2012 年是电子商务的 2.0 版本，这一版本突破了前一版本的纯信息黄页展示行为，将交易、物流、结算等阶段都放在网上进行，这种网上交易平台的形成实现了整个流程的电子化，大大提高了交易效率，节约了交易成本。2013—2014 年是数字贸易的第二阶段，是数字贸易的数字产品和服务贸易阶段，这一阶段主要是以美国为首的数字贸易大国对数字贸易的内涵进行限定的阶段，2013 年在《美国和全球经济中的数字贸易》第一次报告中首次提出了数字贸易这一概念，USITC 把数字贸易细分成数字内容、社会媒介、搜索引擎、其他数字产品和服务等四类，但是把商业活动中的物理产品排除在外，具备数字特性的物理产品也不例外。这一阶段的数字贸易标的限制非常严格，甚至和实体经济相脱离，显然这种定义不符合数字贸易的本质特征也必然会被后面的定义所取代。数字贸易的第三阶段发生在 2014 年以后，是数字贸易被视为实体货物以及数字产品和服务贸易的阶段。实体货物被纳入数字贸易的定义之中，这一阶段的数字贸易定义被极大地扩展，不仅在互联网上销售的产品被纳入数字贸易当中，还将实现全球价值链生产的数据流、实现智能制造业的服务、数字贸易的相关平台和应用也都被纳入数字贸易的概念中，数字贸易的概念被极大地扩展了，涵盖的内容越来越完整，这不仅让数字贸易越来越被人们所了解，而且是数字经济的发展被越来越多地结合到传统的行业当中的原因。

上面关于数字贸易演进的两种分类非常类似，三阶段分类主要是在两阶段的前面加上了电子商务的这一阶段，两阶段演进分类并没有把电子商务阶段算进去，电子商务是数字经济的起始阶段，也应算在数字贸易当中，所以数字贸易的三阶段分类更为全面地总结了数字贸易的演进过程。除此之外，还有将法律规则的出台作为数字贸易演进阶段划分的依据，也反映了数字贸易逐步完善的这样一个过程。

7.2.3 数字贸易的内涵

数字贸易是以数字技术为支撑的贸易活动，截至目前，对于数字贸易尚未有一个权威且准确的定义，2013 年 7 月美国贸易委员会在《美国和全球经济中的数字贸易》一书中首次提出了数字贸易的概念，即通过互联网的传输而实现的商品和服务的商业活动，既包括通过互联网传输而产生的商品和服务的商业活动，也包括通过互联网传输而实现的商品和服务的国际贸易活动，在经过几年的发展过程中又将物理实物产品增加到了数字贸易当中，即通过互联网实现的实物产品转移也属于数字贸易，从而丰富了数字贸易的概念，扩展了数字贸易的范围。

马述忠从 G20 杭州峰会后对数字贸易的权威解读出发，结合美欧等发达国家对于数字贸易的定义，对于数字贸易给出了他的定义并发表在《数字贸易及其时代价值与研究展望》一文中，他认为数字贸易是以现代信息网络为载体，通过信息通信技术的有效使用实现传统实体货物、数字产品与服务、数字化知识与信息的高效交换，进而推动消费互联网向产业互联网转型并最终实现制造业智能化的新型贸易活动，是传统贸易在数字经济时代的拓展与延伸，即利用现代通信网络和通信技术实现贸易活动的一种新型贸易活动。而夏杰长认为，目前数字贸易接受程度比较高的一种定义应为：基于互联网和互联网技术的国内商业和国际贸易活动。其中，互联网和互联网技术在组织协调、生产或者传递产品、服务方面扮演着重要的角色。其产业划分为以下四类：数字内容服务、数字搜索引擎服务、网络社交媒介和基于云计算的互联网服务提供商。以上是不同学者对于数字贸易发展阶段上的不同定义，数字贸易在经过数年的发展以后，对于数字贸易的界定逐步趋于完善，目前美国对于数字贸易的界定中数字贸易涉及范围更加广泛，分类复杂。

美国将数字贸易分为四类，分别是数字内容、社会媒介、搜索引擎、其他产品和服务。数字内容包括数字音乐、数字游戏（包括完整格式的手机游戏、附加内容下载、游戏订阅、社交网络游戏、在线多人游戏）、数字视频（包括互联网电视、电影、其他视频）、数字图书（电子图书、数字课程教材和音频书籍）。社会媒介包括社交网站、用户评论网站。搜索引擎分为通用搜索引擎和专业搜索引擎。其他产品和服务包括软件服务（包括云计算提供的移动应用和软件），通过云计算提供的数据服务（包括数据处理和数据储存），通过互联网提供的通信服务（包括电子邮件、即时通信、通过互联网协议的语音），通过云计算的计算平台服务。

中国目前对于数字贸易比较权威的界定出现在中国信通院发表的

《2019数字贸易发展与影响白皮书》中做出的界定。白皮书中认为数字贸易是信息技术对贸易影响进一步深化所产生的概念。白皮书将数字贸易定义为信息通信技术发挥重要作用的贸易形式，其不仅包括基于信息通信技术开展的线上宣传、交易、结算等促成的实物商品贸易，还包括通过信息通信网络（语音和数据网络等）传输的数字服务贸易，如数据、数字产品、数字化服务等贸易形式。

数字贸易的内涵丰富，主要包括四个方面。第一个方面：数字贸易的突出特征包括贸易方式的数字化和贸易对象的数字化。贸易方式的数字化是指通过数字化技术和传统的行业各个环节相结合从而提升贸易效率，降低贸易成本，如电子商务、线上物流、智慧海关、线上广告等新的经济模式，贸易对象的数字化是指相互贸易以数据和以数据形式存在的产品和服务为特点，包括电子图书、影像、软件等数字产品，线上提供教育、医疗、咨询、社交媒体、云计算和人工智能等数字服务。第二个方面：数字贸易的产生源于数字经济的发展和全球化分工。数字经济的飞速发展使得有些国家的数字技术在满足国内需要的同时可以向其他国家出口数字化产品，使得数字贸易成为可能。另外，数字贸易也是贸易的一种形式，只是贸易的对象变成了数字化的产品，是贸易对象在数字化时代的一种转变，全球化分工是国际贸易产生的原因，同样全球化分工也会产生全球的数字贸易，因此，数字贸易的产生源于数字经济的发展和全球分工。第三个方面：数字贸易的认识可根据数字贸易商品的类别分为三个层次。第一层次以货物贸易为主，认为数字贸易等同于电子商务；第二层次开始转向服务贸易领域，认识到数字贸易不仅包含着实体货物，常见的电子图书、软件、电影也属于数字贸易的范围；第三层次加入了数字赋能服务，伴随着数字通信技术的发展，人们认识到数字贸易应该涵盖可以起到赋能作用的数字技术，如电信、互联网、大数据、云计算等数字经济的新时代产业，三个层次很鲜明地对数字贸易进行了清晰的划分。第四个方面：数字贸易可能打破现有的国际贸易平衡，并对国际贸易监管模式提出新的挑战。随着数字技术的发展，数字经济涉及传统行业的各个方面，与传统行业进行了深度的融合，面对新兴的数字化技术，如何对数字化技术进行监管成为当前的一大难题，相较于传统行业，数字化经济的监管难度更大，法律发展的速度相对滞后于数字贸易，对数额巨大的资金和数据资源的跨境流动往往很难进行全面的监管，数字贸易对于有些发展相对滞后的国家还属于新概念，更不用说对于数字贸易的监管和立法保护了，目前中国尚未建立完整的数字贸易法律体系，要想成为数字贸易强国依然任重而道远。

7.2.4　数字贸易的特征

数字贸易的特征可以分为内在特征和外在特征（马述忠，2018）《数字贸易及其时代价值与研究展望》。内在特征包括：虚拟化、平台化、集约化、普惠化、个性化、生态化。首先，虚拟化包括数字经济在生产过程中使用的电子信息通信和移动互联网等数字化技术，即投入的生产要素虚拟化，交易大多集中在互联网平台上即交易的虚拟化，交易的产品和服务通过数字化进行传输，即传输数字化。其次，平台化如今已成为很多互联网企业主要的商业模式，通过互联网搭建自己的平台，不仅可以有针对性地为客户提供专业化的产品，而且可以提升企业自身的知名度，企业通过互联网平台在客户间合理配置资源，平台成为企业实现自身价值的核心。集约化是数字化时代的一个显著特征，通过数字技术可以降低市场交易过程中的信息不对称，通过智能化企业的生产过程可以合理配置企业生产过程中技术、资本、劳动力等生产要素，防止企业生产过程中由于资源配比不合理而造成的浪费。同样，数字化技术也可以应用到企业技术开发、产品设计、市场营销，货物运输的各个环节，使企业在各个环节提高效率和降低成本。普惠化主要是指在数字贸易可以让贸易方的各个主体都能够从数字贸易中获利，无关企业规模的大小，数字化平台可以让无数中小企业在进行数字贸易时获利。数字化经济时代，人们的需求也越来越具有个性化，中小企业在生产个性化产品中反而能有自己的优势，利用“船小好掉头”的特点向顾客提供差异化的产品。个性化是指随着经济的发展，人们的需求逐渐变得个性化，越来越多的个人消费者加入数字贸易当中，让数字贸易出现个性化的特征。亚马逊海外购数据显示人们的选择越来越丰富，个性化产品的销量呈现出逐年增加的趋势。数字贸易最后一个内部特征是其具有生态化，生态化可以从两个方面来理解，第一个方面是随着数字经济的发展，消费者、供应商，物流公司和政府在长期的数字贸易过程中逐步形成了一种相互制约的关系，并且各方共同遵守这种契约精神，从而形成了一种良性互动的生态；第二个方面是指数字技术的发展使得传统贸易过程中的一些程序得以简化，一些纸质文件逐步被电子单据所替代，不必要的中间程序得以简化使得交易更加具有生态化的特点。

外在特征包括两个方面：一方面数字贸易需要通过外部的信息通信技术作为支撑，特别是云计算、移动互联网、大数据等新型信息通信技术的出现进一步推动数字贸易的发展，提高了数字贸易的效率。另一方面数字贸易以制造业智能化作为历史使命，在现今发展阶段，数字贸易的目标不仅是推动货物、服务和生产要素的高效转换，更重要的目标是要实现制造业智能化，制造业智能化不仅能有针对性地为不同顾客提供不同的产品，而且能最大限度地提高企业效率，降低企业运营成本。

李忠民（2014）在他的《数字贸易：发展态势、影响及对策》一文中，通过数字贸易与传统贸易的对比，对数字贸易的特征做了三点总结。首先是数字贸易依托互联网技术，显著提高了贸易效率，这点与前文中的数字贸易的特征总结基本相同。其次是数字贸易多为知识产权密集型产品和服务，具有高技术、高知识、高互动和高创新的特点，这也是数字贸易需要立法作为保障的原因所在，通过立法对这些知识密集型产品和服务进行保护。最后是随着云计算、大数据、移动互联网、社交媒体等新技术的不断涌现，数字贸易形式不断增加，数字产品和服务的范围逐渐扩展，数字贸易的发展将更好地满足消费者多样化的需求。

7.2.5 数字贸易与传统贸易的异同

国际贸易随着技术的发展也不断地变换着形式，刘洪愧（2020）根据贸易方式、发展动力、贸易产品和贸易政策重点的不同，把国际贸易分为三个发展阶段：传统的最终产品贸易、全球价值链（GVC）贸易、数字贸易。传统的最终产品贸易阶段是20世纪70年代之前的最终产品贸易阶段，主要特征是国际运输技术的进步和运输成本的下降使得国家之间的最终品贸易得到空前发展。全球价值链贸易阶段是20世纪70年代以来的GVC贸易阶段，主要特征是跨国生产分工成本下降使得同一产品的不同生产工序可以在多个国家进行，相应的中间产品和零部件贸易占据主导地位，使得全球贸易额和增速远高于全球GDP增速。未来的第三个阶段将是数字贸易阶段，其主要特征是数字技术进步使得数字产品和服务不断涌现，例如社交媒体、3D 打印、云计算、在线支付等。有形产品贸易也越来越依赖电子商务来实现，产品越来越规模化、个性化、数字化，产品和服务的界限也越来越模糊。对于数字贸易的内涵和特征，不同的学者给出了自己的定义，学者们给出的定义是相似的，为了使数字贸易的含义更加清晰，除了定义数学贸易的内涵和特征，有部分学者对于数字贸易和传统贸易的异同也做了研究。

1. 数字贸易与传统贸易的相同点

数字贸易与传统贸易有着许多的相同点。盛斌和高疆（2020）、马述忠、房超和梁银锋（2019）、刘洪愧（2020）均认为与传统贸易相比，数字贸易发生的行为本质、贸易的内在动因以及贸易的经济意义并没有发生改变。他们认为，首先，不管是数字贸易还是传统贸易，贸易的本质都是生产要素及最终产品（服务）在不同主体之间的转移；即使贸易实现的方式存在差异，但实现方式并没有改变贸易作为交换活动的本质。其次，数字贸易和传统贸易内在动因是相同的，动因均是贸易国之间存在的技术水平的绝对或相对差异进而带来的贸易成本绝对或相对的差异，使得一国应当专注生产本国具有绝对优势或相对优势的产品，这样的贸易使得双方达成共赢的局面。最后，数字贸易和传统贸易的经济意义也是相同的，他们克服了各种资源在各个区域之间流动的障碍，使得各区域间的经济联系更加紧密，进一步弱化了信息不对称的情况，调整了各区域内的资源价格与供求关系，可以让各个区域都能发挥自己的优势，激发各个区域的创新活力，实现共赢的局面。此外，刘洪愧（2020）还认为数字贸易与传统贸易适用的经济学理论也是相似的。

2. 数字贸易与传统贸易的不同点

在研究数字贸易与传统贸易的相同点的同时，这些学者也指出了数字贸易与传统贸易所存在的不同点。学者们普遍认为数字贸易和传统贸易在贸易时代背景、贸易对象、贸易方式、贸易主体、贸易监管体系等方面存在不同。在时代背景方面，马述忠、房超、梁银锋（2019）、刘洪愧（2020）指出，第一、第二次工业革命使得人们的生产生活方式产生了巨大的变革，能够进行贸易的商品也随之大幅度地增加，在这种时代背景下，传统贸易得以繁荣发展。而数字贸易则是在第三、第四次工业革命的背景下，数字技术使得原有的通信、传输方式发生了巨大的变革，数据成为生产资料，于是产生了新型的贸易活动——数字贸易。

在贸易对象方面，马述忠、房超、梁银锋（2019）指出，传统贸易的贸易对象主要是货物、服务和生产要素，而数字贸易的对象相对更加复杂，数字贸易强调数字技术在订购、生产或递送等环节发挥的关键性作用。例如，电商平台交易的传统货物、通过互联网等数字化手段传输的数字产品与服务和作为重要生产要素的数字化知识与信息等。盛斌、高疆（2020）认为，数字贸易改变了传统货物贸易的结构。数字技术的变革直接带动信息技术部门的跨越式发展，信息技术产品出口成为世界贸易增长最快的部门之一。

在贸易方式方面，盛斌、高疆（2020），马述忠、房超、梁银锋（2019）指出，传统贸易需要固定的经营场所和常设机构，依靠代理商、批发商、零售商等中间环节，通过证明材料、纸质单据等实体文件完成交易。而在数字贸易中，数字平台替代了传统贸易中间商，连接供给和需求，数字平台通过为供应商和消费者提供设施和服务，收取佣金和服务费，并通过不断优化用户界面和用户体验，为供应商和消费者提供便捷访问与对接，降低了信息的非对称性和碎片化。张群、周丹、吴石磊（2020）认为，数字贸易极大地提高了效率，数字技术的应用降低了贸易时间的不确定性，贸易双方不再受商品价格的波动、货币汇率的变动及区域、地理、自然因素等的限制，拥有绝对的空间自由。

在贸易主体方面，盛斌、高疆（2020），马述忠、房超、梁银锋（2019），张群、周丹、吴石磊（2020）指出，传统贸易主体一般为大型跨国公司，交易过程存在许多中间机构。而数字贸易则使得贸易主体向个人扩张，电子商务 B2C、C2C 等商业模式的普及使得个人消费者在贸易活动中扮演着越来越重要的角色。

在贸易监管体系方面，马述忠、房超、梁银锋（2019）指出，传统贸易往往依靠各国海关、商务监管部门、世界贸易组织等国际组织进行监管，各国国内的贸易制度、国际贸易协定是约束贸易行为的主要法律规范。当然这些法律规范也适用于数字贸易，但数字贸易的监管体系还强调对数字贸易中的关键要素——数据进行监管。盛斌、高疆（2020）认为，数字贸易对“边界后措施”一体化程度的要求更高，与此同时，数字产品的准入、流动以及网络安全等新型的贸易壁垒也不断地出现，这也成为当前的焦点议题。

此外，盛斌、高疆（2020）还指出在数字贸易时代，服务贸易在国际贸易中的地位显著提升。世界贸易组织（World Trade Report 2018）的统计显示，1995年国际贸易中服务贸易占的比重为18%，而目前所占的比重达到了23%。

7.2.6　数字贸易与跨境电子商务的关系

学术界普遍认为跨境电子商务产生于20世纪90年代，随着亚马逊、eBay进入欧洲市场，跨境电子商务便逐渐兴起。而数字贸易、数字经济的概念则是在近几年才开始兴起的。陈维涛、朱柿颖（2019）在研究早期各个国家机构对数字贸易所阐述的定义之后，指出早期各个国家其实是将数字贸易等同于电子商务。随后，作者又提出了自己的观点，他们认为数字经济的兴起促使跨境电子商务的产生与发展，电子商务的进一步发展为数字贸易的产生提供了条件。学者们普遍认为数字贸易是电子商务的进一步发展，跨境电子商务是全球数字贸易的主要方式，是数字贸易的重要组成部分。马述忠、潘钢健（2020），陈维涛、朱柿颖（2019）在研究中指出，电子商务主要是依赖互联网的贸易活动，以信息网络作为载体，而数字贸易的重点是数字化内容及服务，核心是数据，以数字化平台为载体。张夏恒（2020）则从时代背景、交易媒介、参与企业、商品类别、交易速度、交易范围、依托技术多个层面对电子商务与数字贸易进行了对比。吴益晶、曾海鹰（2020）则是从数字贸易的发展进而对跨境电子商务产生的影响来描述两者之间密不可分的关系，同时也提出了数字贸易给跨境电子商务所带来的困难，最后给出了在这些难题的背景下跨境电商应该采取的措施。

目前来看，对于数字贸易和跨境电子商务关系的研究都比较浅显，缺少对两者之间深层次的内在联系的研究，尤其是对数字贸易和跨境电子商务迭代关系的研究更是寥寥无几，期待未来能有更多的学者深挖数字贸易与跨境电子商务的内在联系，更好地剖析两者之间的关系。

7.3 当前世界的数字贸易

7.3.1 数字贸易的测度方法

由于数字贸易的定义至今没有准确的说法，所以对于数字贸易的测度方式也没有准确的方式。早在2013年，美国国际贸易委员会就按照美国经济分析局的分类方法对本国的数字贸易进行了测算。2014年由于数字贸易内涵的扩大，美国国际贸易委员会再次对本国的数字贸易进行了测算。2017年经济合作与发展组织抽调人员组成专家组，研究数字贸易规模的测度方式，并于2019年发布《数字贸易测度手册》，为世界各国测度数字经济提供了指导。

国内对于数字贸易测度方法的研究较少。早在2018年贾怀勤教授（2018）就在《第一财经日报》上发表文章，呼吁学者们对数字贸易进行测度，他推荐将服务贸易分为数字技术可融合服务和不可融合服务然后进行测算。同时提出对重点企业服务贸易统计监测，借用中国信息通信研究院发布的服务业各行业数字经济对全行业增加值占比和构建数学模型三种方式测算各项数字技术可融合服务中已融合的贸易额。贾怀勤、刘楠（2019）研读国内外关于数字贸易测度的论文，归纳观点，梳理现状，作者在文中提出支持以美国国际贸易委员会2013年的定义为研究出发点，研究测度跨境数字贸易的方法，并再次对数字贸易测度提出建议：学术界从数字贸易规则和数字贸易测度两个角度开展研究，当下重要的是开发测度方法，政府要积极组织数字贸易对策研究小组开展研究并与国际组织保持联系。

近两年来，我国学者也对数字贸易测度方法进行了研究。温湖炜、舒斯哲、郑淑芳（2021）通过产业识别法测度得到的单一国家数字服务出口和数字服务进口的数据，对数字服务贸易进行统计测度后，得到贸易流量矩阵，使用UCINET6软件分析中国在数字服务贸易网络中地位的变化。由于贸易网络具有异质性、复杂性和动态性，作者采用社会网络模型揭示全球数字服务贸易网络的空间特征及中国在全球网络中的地位，即从社会网络的角度出发，将数字服务贸易主体记为节点，节点之间的流动贸易关系作为节点间的连边，那么数字服务贸易网 N 可以用一个有序四元组表示，作者基于此构建了 2012—2018 年的数字服务进出口贸易矩阵，绘制全球数字服务网络图对全球数字服务贸易的格局进行分析。此外，作者还采用了 Tinbergen（1962）提出的贸易引力模型对影响中国数字服务贸易发展的因素进行了分析。

吕延方、方若楠、王冬（2020）基于服务贸易数字化视角，通过构建数字全球价值链的方式，从路径分解、双向数字关联和双边联系三个层面全面分析，进而测度并揭示中国数字服务贸易的相关特征。首先，作者将中国融入数字全球价值链的特征按照国内需求和国外需求进行路径分解以及按简单生产活动和复杂生产活动进行路径分解，得到中国服务业数字化增加值的动态变化结果。其次，作者给出了中国在数字全球价值链中双向数字关联指数的变化，并分析我国的数字服务贸易特征。最后，基于双边贸易分解层面，深入考察中国与主要经济体在数字全球价值链中的联系。

除了对我国数字贸易进行测度，也有学者对“一带一路”国家的数字贸易水平进行测度。李轩、李珮萍（2021）首先梳理了数字贸易对贸易成本的作用，构建了数字贸易竞争力指数体系，其次采用层次分析法对数字贸易竞争力指数体系中的各个指标进行赋权，最后得到各个国际数字贸易竞争力的评分。作者同时也对双边贸易成本进行了测算，他们在阿布来提·依明的“结构引力模型”的基础上推算了双边贸易成本方程，测算了中国与“一带一路”主要国家的贸易成本。此外，作者还在文中构建了扩展的引力模型研究数字贸易对贸易成本的影响，并给出实证分析。

王智新（2020）对“一带一路”国家的数字贸易营商环境进行了统计测度。他通过构建数字贸易营商环境评价指标体系，采用灰色模糊综合评价模型，选取 2010—2016 年的数据，对“一带一路”沿线国家的数字贸易营商环境进行了测算。

王爱华、王艳真（2021）对中日跨境数字贸易的规模进行了测度，他们首先对跨境数字贸易进行限定，其次确定跨境数字贸易的测度按照“跨境数字订购贸易—跨境数字交付贸易”框架进行分析，最后根据经济合作与发展组织、世界贸易组织和 IMF（2019）的建议对中日数字贸易的规模进行了测度。

国外学者 Alexis（2016）针对数字贸易分类尚不明晰的情况，提出用现有的国际收支平衡表中的服务项目核算数字贸易进、出口额和贸易平衡，以便构建数字贸易的统计框架。

目前来看，国内学者对于数字贸易的测度研究存在一定程度的不足，最主要的原因应该是对于数字贸易的定义还没达成一致，应当早日确定数字贸易的定义，这样关于数字贸易的研究才能更上一层楼。

7.3.2 亚洲繁荣的数字贸易

在世界范围内，数字经济在总体经济份额中取得了越来越重要的地位，随着国际数字化和信息化，由于跨界创新和加速发展而进入一个创新和信息驱动的更充分渗透时代，数字经济成为经济增长的新引擎（Curran，2018；Gomber 等，2018；Brynjolfsson 和 Collis，2019）。对于引擎推动的路径，也有学者在宏观和微观不同的层面做出了逻辑解释，强调互联网对信息不对称的经济问题的解决作用，同时通过引入“索洛模型”，指出数据在新要素引入和资源配置上起到的作用（荆文君、孙宝文，2019）。虽然数字经济起源于发达国家，但从近些年的发展成果来看，数字经济在亚洲国家取得了巨大的进步，在数字技术与传统经济活动的融合方面具有很大的开创性（Ali 等，2018；Taglioni 和 Winkler，2016）。其中，中国、印度等发展中国家的表现比韩国、日本更为亮眼。在电子平台方面，许多中国人出国旅游都会想到便捷安全的微信支付、支付宝等支付工具，还有更为专业化的打车软件，吃喝玩乐评价与购买为一体的点评平台等，中国便捷的数字平台展现了中国人的想象力与创造力，也给中国经济的腾飞带来了软件支持。报告显示，近年来，数字经济成为我国国民经济高质量发展的新动力，数字经济增加值从 2005 年的 2.6 万亿元增长到 2019 年的 35.8 万亿元。同时，数字经济在 GDP 中的比重逐年上升，从 2005 年的 14.2%上升到 2019 年的 36.2%（前瞻产业研究院《2020 年中国数字经济发展报告》）。

东亚的中国大陆、韩国、中国台湾和日本以及一些南亚和东南亚国家已经成为“世界工厂”（如服装和纺织品、机床和汽车零部件、电子和计算机部件），也是“全球价值链”的重要组成部分（Frederick，2017），但其一直处于制造业附加值的底端，即“微笑曲线”的中间部位，通过数字贸易，这些国家有可能改善这一局面。根据世界经济论坛（2015）和波士顿咨询报告（联合国贸易和发展会议，2015），2015年，全球数字经济以两位数的速度增长，特别是在亚洲。联合国贸易和发展会议的报告中还称，2013年全球企业对企业的销售额超过15万亿美元，约3/4的销售额发生在以下国家：中国、日本、美国和英国。同年的企业对客户（B2C）销售总额为1.2万亿美元，而亚洲和大洋洲是最突出的地区，二者全球B2C销售额份额从2013年的28%上升到2018年的37%。这种区域增长的根本原因显然是技术创新，但亚洲国家政府强大经济和政策激励亦不容忽视（Curran，2018）。可以说，亚洲在数字化革命中获益匪浅，即便在亚洲内存在很大的区域分散性，但考虑到不同政体和经济实力，这是合理的，而在许多亚洲经济体，数字经济在国内生产总值中所占的份额——即便是最狭隘的比较指标：信息和通信技术（ICT）部门所占份额——都相对较大，其中电子商务和数字化金融的表现都越发出众（席睿德，2018）。从数据上来看，亚洲的经济表现符合数字经济对总体经济推动的逻辑。另外，对数字经济具体分类后的助推作用——比如电子平台发展对总体经济的助推作用的量化分析比较少，这可能是由于数字经济数据统计上的困难：是否应该把只要利用电商平台，或者数字支付的贸易行为都列入数字贸易的考量（在技术逐渐发展的今天，纯粹的传统贸易越发稀少），如果标准太过严格，最后的研究结果可能和实际情况大相径庭，标准太过松散，则进一步加深了统计上的困难。作为新兴的研究领域，这些都将是学者未来的研究方向。

一份关于中国经济发展的白皮书显示，2018年中国数字经济达到了31.3万亿人民币，占GDP的34.8%（中国网络空间委员会，2019）。在这个基础上，中国政府进一步在国家战略层面上提出了“中国制造2025”，这一“工业4.0”战略主要内容是针对新一轮科技革命和产业变革，立足我国转变经济发展方式实际需要，围绕创新驱动、智能转型、强化基础、绿色发展、人才为本等关键环节，以及先进制造、高端装备等重点领域，提出了加快制造业转型升级、提升增效的重大战略任务和重大政策举措，力争到2025年让我国从制造业大国迈入制造业强国行列。中国对数字经济的相关政策文件和规模增长如图7-1所示。

时间	政策/会议名称	相关内容
2015年11月	《中华人民共和国国民经济和社会发展第十三个五年规划纲要》	实施国家大数据战略，推进数据资源开放共享
2017年10月	党的十九大报告	加强应用基础研究，为建设科技强国、质量强国、航天强国、网络强国、交通强国、数字中国、智慧社会提供有力支撑
2017年12月	中共中央政治局第二次集体学习	推动实施国家大数据战略，加快完善数字基础设施，推进数据资源整合和开放共享，保障数据安全，加快建设数字中国
2019年11月	党的十九届四中全会	推进数字政府建设，加强数据有序共享，依法保护个人信息
2019年11月	《国家数字经济创新发展试验区实施方案》	在河北省（雄安新区）、浙江省、福建省、广东省、重庆市、四川省等启动国家数字经济创新发展试验区创建工作。通过3年左右的探索，数字产业化和产业数字化取得显著成效
2020年04月	《关于构建更加完善的要素市场化配置体制机制的意见》	明确将数据作为一种新型生产要素写入政策文件。提出加快培育数据要素市场，推进政府数据开放共享，提升社会数据资源价值，加强数据资源整合和安全保护
2020年04月	《关于推进"上云用数赋智"行动，培育新经济发展实施方案》	大力培育数字经济新业态，深入推进企业数字化转型，打造数据供应链，以数据流引领物资流、人才流、技术流、资金流，形成产业链上下游和跨行业融合的数字化生态体系
2020年07月	《关于支持新业态新模式健康发展激活消费市场带动扩大就业的意见》	积极探索线上服务新模式，激活消费新市场；加快推进产业数字化转型，壮大实体经济新动能；鼓励发展新个体经济，开辟消费和就业新空间；培育发展共享经济新业态，创造生产要素供给新方式

图 7-1　截至 2020 年中国数字经济重要政策汇总

资料来源：前瞻产业研究院。

21 世纪早期，亚洲其他国家通过战略定位以期找到创新之路，以期获得更多的经济发展动力并扩大其数字经济。一个主要的例子是"印度制造计划"（Make In India. com），该计划是 2014 年印度新总理纳伦德拉·莫迪当选后开始的。莫迪一上台便推出雄心勃勃的"印度制造计划"，誓要解决印度制造业长期的失衡发展，将制造业在国民经济的比重由 15%提升至 25%，把印度打造成新的全球制造业中心。2015 年以来，印度通过对手机整机和零部件加征进口关税，成功使得众多手机厂商赴印度投资建厂。此后，印度将这一策略扩大至电子产品、玩具和家具等多个领域，大幅提高这些产品的进口关税，政府期望以“高关税壁垒+大规模的产业政策”模式来培育本国制造业，但缺乏外来竞争压力，企业始终在政府的保护下存活，使得印度制造业难以具备真正的国际竞争力。

亚洲国家和地区的数字经济发展战略还包括日本的“新机器人战略”（日本振兴总部、日本机器人协会，2015）。日本机器人的发展方向有五个：一是大规模的应用性。在通用平台下，能够满足多种需求的模块化机器人的大规模应用。未来机器人应用将从汽车、电子制造产业领域扩展到食品、化妆品、医药等产业以及更广泛的制造和服务领域。未来要研发体积更小、应用更广泛、性价比较高的机器人。二是发展能够满足柔性制造的，可频繁切换工作部件的机器人。三是机器人供应商、系统集成商和用户之间的关系要重新调整。四是研制世界领先的自主化、信息化和网络化的机器人。五是机器人概念要素从要具备传感器、智能控制系统、驱动系统等三个要素向可能仅有基于人工智能技术的智能控制系统发展。日本的新机器人战略目的在于以提升日本制造业的国际竞争力，获取大数据时代的全球化竞争优势。

此外，2016年泰国政府也提出了“泰国4.0”战略，旨在通过创新和技术手段发展高附加值产业，促进泰国产业转型升级和新经济模式发展，增强国家竞争力。而韩国政府继《人工智能国家战略》（2019）、“数字新政”（2020）等国家级数字创新政策后，于2020年10月12日发布了《人工智能半导体产业发展战略》，意在绘制韩国人工智能半导体产业蓝图，旨在到2030年实现“人工智能半导体强国”目标。可以看出，亚洲国家认为将数字经济的功能纳入传统制造业对制造业部门的发展至关重要。

7.3.3　亚洲之外的数字贸易

1. 美国与美洲

美国是数字贸易的倡导者与提出者，早在1997年美国就颁布了《全球电子商务纲要》描述和分析当时通过互联网进行的全球商务活动，1998年又发布了《浮现中的数字经济》，有预见性地提出了人类工业革命进入了新的革命阶段的萌芽。2013年美国国际贸易委员会发布了第一份数字贸易报告，该报告研究并判断了数字贸易的发展趋势，认为数字贸易是促进其他行业贸易的重要途径，并提出了一种估算潜力的方法，来测算数字贸易对美国经济的影响。美国多年来连续颁布《大数据研究和发展计划》《联邦云计算战略》和《支持数据驱动型创新的技术与政策》等官方文件，引领世界数字革命的浪潮。

数字贸易方兴未艾，在全球贸易中处于越来越重要的地位，贸易必须有相应的规则和限制作为边界，在这方面美国提出了大量的国际规则，以此作为依据来进行与其他国家的数字贸易。美国通过一系列的谈判和国际会议，要求他国遵守美国的数字贸易规则。截至 2015 年，美国已与 20 个国家和地区达成了 15 项自由贸易协定。除较早的《美国以色列自由贸易协定》和《北美自由贸易协定》外，自由贸易协定的其余部分均涉及独立的电子商务章节或电子商务条款，以规范跨国数字贸易（陈靓，2015），美国同时在世界贸易组织中也始终秉持数字贸易商品应适用于货物贸易的协定（General Agreement on Tariffs and Trade，GATT）。

美国是世界上最大的数字经济体，而加拿大、墨西哥、巴西则是聚集在美洲的大型数字经济体。2018 年美国数字经济规模达到 12. 34 万亿美元（《全球数字经济新图景》，2019 年），2018 年全球主要国家数字经济规模如图 7-2 所示：

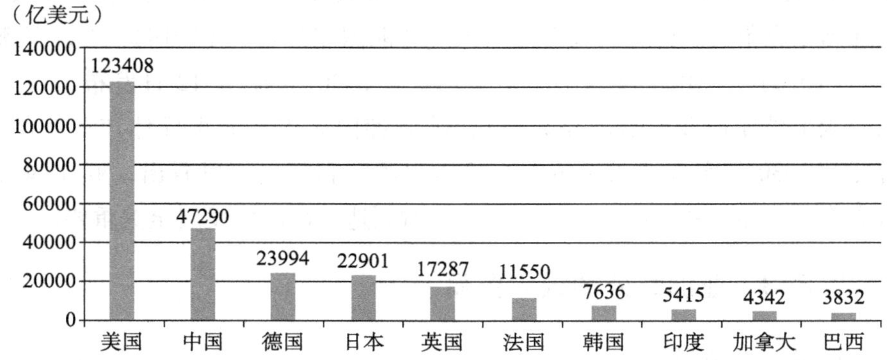

图 7-2　2018 年全球主要国家数字经济规模

资料来源：前瞻产业研究院。

相比较而言，发达国家广泛分布的欧美数字经济规模最大，占 GDP 的比例更高，而在发展中国家和地区广泛分布的亚非区域数字经济规模最小，其中，中国占据了亚洲国家和地区数字经济规模的主力，2018 年各大洲数字经济发展情况如图 7-3 所示。

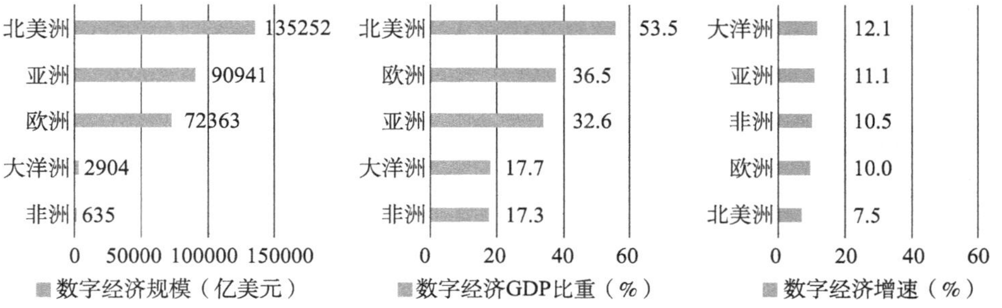

图 7-3　2018 年各大洲数字经济发展情况

资料来源：前瞻产业研究院。

2. 英国与欧盟

英国直到 2020 年都是欧盟的一分子，所以其数字贸易在很长一段时间内和欧盟是分不开的，二者相互联系，息息相关。2010 年《欧洲 2020 战略》由欧盟委员会正式推出，本项战略文件主要集中于接下来十年整个欧盟的发展路径与经济增长推动点，在这之中，数字经济成为重要的计划方向和指标之一，可以看出，这时整个欧洲数字经济的布局已经开始，从量级上看，虽然欧盟的数字经济规模小于亚洲和北美，但是从布局的时间来看欧洲并不落后。

2012 年，欧盟宣布了 2013—2014 年欧洲数字经济的优先发展计划。随后多年，包括英国在内的欧洲国家都会定期发布接下来数年以数字经济为中心的经济发展计划，其中包括英国政府 2015 年颁布的《数字经济战略（2015—2018）》，德国的《数字经济 2025》等，各国纷纷跟进，体现了数字经济已经逐步成为国家经济战略不可分割的一部分。值得一提的是，在 2015 年，欧盟同样发布了《数字单一市场战略》，在提高数字贸易地位的同时，更为具体细致地讨论了数字经济该怎么发展，如何布局的问题，并在此基础上罗列了 16 条具体的实施方式，从而达到为个人和企业提供更好的数字产品与支撑的目的，并将数字贸易形式在不影响发展的前提下规范化。

2017 年，英国颁布《数字英国战略 2017》可以看作当时欧洲对数字经济看待方式和工作指导的典范。其具体内容包括：建立世界一流的网络基础架构，在硬件条件上大力发展，达到世界领先水平，从而为未来进一步的发展提供支撑；使公众能够获得所需的数字技能（这里要提到数字鸿沟的概念，数字鸿沟一般指的是发达国家或地区与落后国家或地区之间存在的，利用和使用数字技术上的巨大差距），解决数字鸿沟，政府和私人机构应精诚合作，使落后地区的民众有同样的机会接触和使用数字技术；使英国成为数字业务发展的好地方，当前整个国家数字化部门的经济估值可以达到2000亿英镑。英国政府在当时已有的数字经济规模下，进一步提出支持创新，扩大数字采购，政策补贴等方式来给予英国数字经济发展的政策支持，帮助英国企业顺利实现数字化转型。如前文提到过的，数字经济包括产业数字化和数字产业化两种。英国主要侧重为传统产业进行数字化赋能，以产业数字化的方式来进一步提高已有的生产力，为此英国政府拨款1300万英镑成立了委员会进行这方面的工作，致力于提供世界上最安全的网络空间环境。近些年来，数字安全问题备受关注，不管是欧盟对谷歌开出的巨额罚款，还是美国以此为借口对美国版抖音TiKToK的巧取豪夺，网络空间个人隐私的数据安全都是数字经济发展的前提，但目前的网络安全远远称不上完善，英国对此的应对是加大投入对相关人才的进一步的培训工作，保持英国数字政务的领先地位。联合国曾发布《2016联合国电子政务调查报告》，将英国的电子政务水平排在世界第一位，对此，英国将继续在数字支付、数字身份证和在线通知上持续发展，并提高水平。

除此之外，包括英国在内的欧盟（即便后来英国脱欧）先后发布甚至逐年发布不同的数字经济战略报告，可见欧洲的数字经济发展势头是上升的。需要注意的是，虽然美国是数字经济的提出者和领头羊，但欧盟并不是美国政策和战略的跟风者，事实上，欧盟和美国在这方面存在很大的分歧，比如欧盟更为注重个人数据隐私的安全，对跨境数据的保护持谨慎态度等。

为了促进欧盟数字贸易的发展，欧盟与其他国家签订了许多协议，构建了一系列国际数字贸易规则，从而成为维护世界数字贸易的框架和准则。2010年10月6日，欧盟在布鲁塞尔与韩国正式签署了《韩国自由贸易协定》；2013年10月，欧盟和加拿大就全面经济贸易协定（CETA）的数字贸易条款达成共识；2015年12月2日，欧盟同越南签署了越南—欧盟自由贸易协定。截至目前，欧盟仍在与马来西亚和泰国，东盟的另外两个成员以及日本进行谈判，探讨数字贸易的起源、国际经验和发展战略，以期达成类似的协议。

3. 数字贸易的国际规则

经济合作与发展组织早在 1980 年就发布了《关于隐私保护和跨境个人数据流动的指南》，以确保其成员国在数字贸易中保证数据的安全性，该指南在 2013 年再一次更新，扩大了其适用范围和具体条款，目前不管是公共场景还是个人场合，只要涉及个人数据的安全，则都使用该《指南》。《指南》中表示，《指南》条款不能被断章取义，应该结合起来以应对具体情况，不得实行歧视，对不同个人数据实施差异化保护；《指南》秉持安全保护原则、公开原则、限制收集原则、数据质量原则、目的限制原则、个人原则、用途限定原则。此外，还有个人数据参与者的标准和各国的具体实施方式等，《指南》强调其是跨境成员数字贸易安全保护的最低原则，各成员可以在此基础上自行增加符合各自本土化情况的其他数字保护政策与措施。

世界贸易组织是当前世界影响力最大的国际组织之一，在其许多相关的协定中都存在涉及数字贸易的内容，比如 1995 年生效的《服务贸易总协定》中，就对电信附件进行了如下规定："各成员应确保任何其他成员的服务提供商可以使用公共电信传输网络和服务在境内或跨境传输信息"。但在其他条款中又申明各国可以出于数据保护的目的，采取其他的措施。

《跨太平洋伙伴关系协定》（TPP）虽然由于美国的退出实力大幅度衰弱，但由日本牵头签订的《全面与进步跨太平洋伙伴关系协定》（CPTPP），使其数字贸易规则仍旧在世界上有很大的影响力。其将数字贸易划分为数据本土化、服务本土化和设施本土化，在三个不同的方面给了细致的条款与规定，目前其关于"跨境电子信息传输"的相关条款仍被广泛认可和遵从。

此外，亚洲太平洋经济合作组织（APEC）也有相应的条款，其跨境隐私规则体系也在数据跨境的安全方面对各国予以限制，但主要限制各个成员国的相关企业，而不对政府设限。《区域全面经济伙伴关系协定》（RCEP）也同样有数据贸易的相关条款，其第十二章"电子商务"在数据本土化的保存等方面做出了相应规定，同时规范了电子文件、电子邮箱、电子认证、电子签名等新形式的数字技术。

可以看到，随着数字技术的不断发展，世界各国、各个贸易组织与协定都在不同程度或有所偏重地制定并规范数字贸易的发起、执行流程和安全保护条款，由于全球的数字贸易主要分布在北美、亚洲和欧洲，这里不再讨论其他地区数字贸易的发展，但需要注意的是，其他地区也同样在发展，并不断推进对数字贸易的接受和新一轮的数字革命，既是数字产品化的推进，也是传统产业通过数字技术赋能进而推进总体经济的发展。

7.3.4 数字贸易推动经济发展的内在逻辑

1. 减少交易成本，降低市场摩擦

数字技术革命大幅度降低了贸易成本，这是通过交易磋商、合同制定讨论、物流跟进等方面节省下来的时间精力和费用起作用的，陈红娜（2020）认为数字贸易行业在交易成本方面获得了有别于其他行业的竞争优势。Elder-Vass（2016）认为采用先进的生产技术能提高效率或节约成本。通过数字技术，跨国贸易可以利用实时通信加快磋商进度，合同谈判可以通过网络技术提供的参考从而加以完善，物流可以经由数字技术赋能，变得更为便捷可靠；此外，数字贸易可以减少中间环节，减少渠道长度，从而实现点对点的直接贸易，或者通过数字技术充分了解市场信息，进一步降低市场摩擦。王娟（2019）以经济发展的新常态和经济增长的放缓为背景，从要素分配的演化差异，演化的三个方面分别阐述了数字经济对高质量经济发展的影响，产业升级与经济质量增长的关系。

交易成本的降低也反向地推动了数字技术的发展，在竞争中充分利用技术的数字贸易会不断挤占传统贸易的市场份额，进而最终在竞争中成为当下贸易形势的主流。

2. 优化资源配置，降低市场门槛

数字贸易有效降低了市场信息不对称的程度，因此可以优化资源配置，同时通过信息的透明度降低市场门槛，促进市场的竞争。马述忠（2019）认为数字平台可以通过价值创造和价值汇聚，将贸易环节智能化，形成一个完整的数字贸易有机系统；谭洪波、夏杰长（2020）从全球价值链的角度分析了数字贸易重塑和创新的各类经济活力，为市场经济的发展提供了新动力。

数字贸易也促进了中小企业的市场参与度，一定程度上推动了经济全球化的进程。宗良、林静慧、吴丹（2019）认为数字贸易将重塑全球价值链，在国际合作中蓬勃发展，这要借助数字货币和公正合理的数字贸易国际规则体系，从而完成世界经济的稳定增长。Gereffi 和 Fernandez-Stark（2016）指出，全球价值链中经济升级的主要挑战是确定发展中国家和发达国家及其企业能够“爬上价值链”的条件，这涉及从基于廉价和非熟练劳动力的基本装配活动升级，转向更先进、全合一的供应和综合制造。

全球价值链的升级，以中国为代表的发展中国家的价值攀升离不开对数字技术的挖掘和对数字贸易的广泛使用和推进，这很可能是很多发展中国家战胜微笑曲线，在越发固化的全球分工中改变自身生产附加值的最好机会。

3. 促进创新，为各产业赋能

数字技术从诞生的那一天起，就不断被人强调其对创新的促进作用，当一个人或组织可以充分了解甚至利用地球另一边产生的科学技术之时，我们无法想象这种脑力的融合将创造出怎样的成就。杨东、裴梦亚、史会斌、董明（2021）通过实证分析，将不同的数字化产业分类归纳，分别探讨分析了它们对创新的推进程度，集中研究了商业模式创新的前景。刘洋、董久钰、魏江（2020）在具体的数字管理实践上探讨了数字对创新的影响和意义，总结得到了“创新支撑—创新流程—创新产出”的管理框架，从而促进数字创新。

数字贸易最初和电子商务是同义词，而电子商务就是传统的商业贸易通过数字贸易进行数字转型，得到全新发展的代表。数字贸易通过对传统产业赋能，进一步促进了产业发展。周蓉蓉（2020）研究发现数字经济通过虚拟人格，增加人的创造能力，同时在战略意义上给予了我国产业数字化转型等数字贸易发展路径的可能情况。产业数字化日益成为各个传统产业发展的必由之路，在这个基础上数字贸易逐渐扩大的范围边界符合世界经济的发展情况，促进了创新和世界供应链的发展。

4. 平台经济，数字贸易的新方向

在数字贸易的发展路径上，由于淘宝、京东等电子平台在国内的巨大成功，不乏企业家想要将这种成功复制在国际上，很多学者都有这样的共识，平台经济是数字经济的未来。不论国内还是国外，通过平台掌控渠道都是最核心的业务形式。在这之中，平台涉及各方之间的频繁互动，以及参与企业之间的激烈竞争和许多业务流程、服务和技术的创新（Codagnone等，2018），而互联网平台聚集了许多买家、卖家和其他电子商务服务提供商，形成了一个充满活力的商业生态系统（Ivanova 和 Sceulovs，2018）。

平台经济有利于规范和保证当前世界的数字贸易行为，为新兴的商业模式托底，跨全球数字平台可能会逐渐增长成为庞然大物。实际上，亚马逊、e Bay 等平台虽然还没有遍布全世界，但从世界数字经济规模的分布来看，它们已经抢占先机。

7.3.5 数字贸易与税收

随着数字经济的兴起，数字贸易在税收方面面临着许多的难题，尤其是多边的数字贸易，在税收上更是存在许多难题。廖益新（2015）指出随着数字经济和电子商务的急速发展，国际税收面临较大挑战，他分析了国际社会面临这些挑战时的应对方式，分析了现有文献在按照电子商务所得课税及其国际协调问题研究、电子商务的消费课税问题研究，以及电子商务的税收征管问题研究方面取得的成果，最后提出了解决数字经济诱发的税基侵蚀和利润转移问题以及对解决数字经济国际税收问题基本准则的思考。

张丽婷（2018）认为随着数字技术的兴起，数字贸易迎来了新的商业模式，传统税收规则已经不能适应这种发展，文章以案例分析法、实证分析法、文献研究法和比较分析法等研究了我国数字贸易发展对税收的影响，以及数字贸易中的税收政策，进而对我国数字贸易税收存在的问题和国外应对数字贸易税收问题采取的措施进行分析，最后给出我国应对数字贸易税收问题的建议。由于相关数据获取困难，作者没有对数字贸易的税收流失进行准确的实证分析，只进行了估算。

张泽平（2015）认为数字经济条件下企业的运营模式和价值形成机理发生了根本性的改变，对传统的国际税收规则带来挑战，进而导致征税权分配格局的重新调整。他在文章中提出了自己对于改革国际税收管辖权的划分规则的见解。针对电子商务的税收改革思路可以分为三类：一是要维持传统的常设机构标准；二是借鉴阿尔维达 · A. 斯卡尔和卢 · 希内肯斯等提出的增加虚拟常设机构；三是预提税方案。针对数字经济的税收管辖权的改革，他在文中评述了“税基侵蚀和利润转移”行动计划的成果之一《应对数字经济的税收挑战》。作者认为改革税收管辖权的难度极大，但也给出了自己对于重构经济关联原则的具体路径的想法。

李斌、白树强和冯路（2016）通过对数字化产品对传统关税征税体系的冲击和对跨境数字产品免征关税的影响等分析，挖掘出跨境数字化产品征税的问题难点：一是数字化产品的归类；二是《世界贸易组织海关估价协议》对解决跨境数字化产品估价征税问题的法律具有局限性。然后作者根据国际社会的改革实践，提出了我国解决关税问题的建议，他们认为根本途径是对现行的世界贸易组织规则进行重构，同时作者也给出了我国海关解决跨境数字化产品估价征税问题的建议：一是积极参与国际谈判；二是改革海关关税征管体系。

数字贸易税收问题是一个极其棘手的问题，国内目前关于数字经济税收和跨境电商税收的研究有很多，可谓是百花齐放，而笔者在检索数字贸易税收问题时发现的研究文献比较少。数字贸易税收涉及很多问题，关系到我国数字贸易的发展，研究数字贸易税收问题有助于我国在全球数字贸易规则的制定中把握话语权，其重要性自然不言而喻。

7.3.6　数字贸易与立法

有关数字贸易的法律法规目前已经在世界上广泛存在，它们的共同点有：限制电子信息过境，要求数据本土储存，保护个人信息隐私安全；等等。例如：韩国《信息通信网的促进利用与信息保护法》（2012）就对信息服务商利用个人信息，并将其应用于韩国之外的情况，做出了限制与规定；印度《公共记录法》（1993）中约定除非出于公共利益并经批准，否则公共记录的电子信息不得流出国境；欧盟足足用了五年多的时间完善出台了《通用数据保护条例》（GDPR），集中于对信息安全的保护工作。除了保护性法案，也有竞争性法案出台，美国于 2015 年推出《访问法案》（ACCESS Act），允许大公司打包消费者数据云上传，这加强了对消费者的锁定，很难说这是好是坏，但立法者认为这将通过提高市场竞争侧面增强对个人信息隐私的保护。

国内对数字贸易的立法是有章可循的，2016 年我国颁布《网络安全法》，在许多方面做出了与他国类似的规定，例如，限制数据出境，必须得到有关部门的批准才能开展跨国数据传输，保护个人数据隐私，供应商收集用户信息有义务保证数据隐私安全等。2013 年颁布的《征信业管理条例》、2015 年颁布的《地图管理条例》中也有相关条款要求数据必须保存在中国境内，不允许跨国流动。

在世界范围内，针对数据、电子平台和网络贸易的法律和条款都在不断完善中，但其仍存在一定的滞后性，具体来说，数据技术日新月异的发展速度，数字金融，电商平台高速发展的商业模式和衍生手段，都和立法的慎重与缓慢形成了鲜明的对比，这也是当前世界各个国家和地区所面临和需要解决的数字贸易问题之一。

7.4 数字贸易存在的问题和政策指导

7.4.1 数字贸易的发展趋势

数字贸易作为新兴的贸易形式，短短几年发展得如火如荼，对于数字贸易未来的发展，学术界也对其作了一定的研究。首先，梅冠群（2020）通过对全球数字服务贸易发展现状以及特点的研究，展示了各个国家数字贸易的综合表现以及贸易规模，整理出各个国家为发展数字贸易而实行的政策措施，根据对过往发展情况的分析，对数字贸易未来的发展趋势做出了推断，他认为新一轮的科技革命带来的计算能力的提升、存储领域的扩张、数据传输速度的提升以及万物互联和区块链技术的升级，会对传统服务贸易、数字服务贸易进行改造，同时数字技术与传统产业结合，极大提升了传统产业的精益性和敏捷性，也会使数字贸易的形式和业态发生巨大的改变。其次，数字服务贸易作为新兴的产业，其中蕴含着巨大的商机，各国一定会把数字贸易作为经济增长点和发展机遇，大力发展数字贸易，全球化经济格局会因此再次重塑，在此过程中，大国在数字服务贸易领域上的竞争和博弈会越来越激烈。最后，作者指出全球数字服务贸易的保护主义开始凸显，主要原因是目前没有统一的、全球公认的数字贸易规则，各国的数字经济发展水平不同以及各国的安全观不同。

学者也对数字贸易的发展趋势持非常积极的态度。马述忠、房超、梁银锋（2019）在研究中指出数字贸易呈现出的旺盛生命力，未来的发展趋势是健康稳定的，他们认为数字贸易的贸易成本将会普遍降低，数字贸易的中间环节也将大幅减少，生态系统智能互联的趋势会日益凸显，弱势群体也将广泛参与数字贸易，而且随着互联网技术的迅速发展，消费者的个性化偏好也将凸显。郑伟、钊阳（2020）也认为数字贸易的范围会不断地扩大，涉及的领域将会更广。他们提出集约化平台会创造出全新的商业环境，“云—网—端”会成为全新的基础设施这一结论。由于数据的特殊性，他们认为数据贸易将会成为数字贸易的核心并且数据将会是数字贸易扩张和创新的驱动因素。作者还指出了中小微企业更容易利用平台技术，实现精准合作，消费者也能更好地得到自己想要的服务。张夏恒（2020）对于全球数字贸易的发展趋势做了如下判断：他认为全球数字贸易有着旺盛的生命力，发展前景良好。他在论文中提出未来数字贸易将会从流量经济转变为赋能经济，借助大数据、云计算、人工智能等技术对目标人群进行分析引导，满足用户的需求。数字贸易会从平台化转变为去中心化，使平台下沉，驱动平台专注基础建设，提供更加优质的服务。他也对中国的数字贸易做了一定的猜想，他认为会有越来越多的中国企业和中国卖家转变为全球企业和全球卖家，中国企业的合作伙伴会越来越多，来自非洲、拉丁美洲、东南亚等国的企业的合作需求将会更加强烈。货物贸易将会转变为贸易标的多元化，在数字贸易时代，几乎所有物品和服务都可以进行贸易。他还提出未来的数字贸易将会从信息、互联网技术转变为更多、更新的数字技术，从多种业态共生的局面转变为全球数字贸易。

互联网用户数量的大幅度增长也会使得跨境数据的流动性极大增强，沈玉良、李海英、李墨丝（2018）根据数据流动的量级对各地区和国家划分了层级，排名前三位的分别为美国、欧盟和亚洲，同时提供了多个国家的数字化指数（由世界银行提出，分为商业、政务以及个人数字化指数），按照科尔尼管理公司对于互联网价值链的划分，从数值方面对数字贸易的在线服务销售额进行了预估。在对全球数字贸易发展趋势进行预估的同时，也有学者对美欧日的数字贸易的发展态势进行了研究。蓝庆新、窦凯（2019）首先对美欧日给出的数字贸易内涵的演变过程进行了解释，每一次数字贸易内涵的演变都是数字贸易发展的一个新阶段。他们指出，数字经济时代的到来，使世界经济处于动能转换期，各个国家都会加快关于数字经济的战略部署，美欧日本身就注重数字经济发展，其必将出台一系列战略来推动数字经济的发展。其次由于美欧日本身就是数字经济的领跑者，未来依靠自身坚实的基础，也将会继续领先世界。最后他们预测美欧日会联手促进数字贸易的发展，主导关于数字贸易的国际规则的制定。李忠民、周维颖（2014）通过对美国近年来数字贸易发展的研究，概述了美国数字贸易的概况，他们认为美国数字贸易的蓬勃发展的原因是把握住了机遇，并且构建了良好的制度保障，同时提出了美国数字贸易的发展机遇巨大，互联网技术、数字交换技术快速发展会极大地促进数字贸易的发展，数字产品和服务内涵的扩大使得数字贸易不断拓展，国内和国际市场也会进一步扩大，数字贸易保障体系的建设也会促使数字贸易更好地发展。同时作者还提出了未来美国可能会遇到的挑战和威胁：首先，数字贸易本土化措施会阻碍数字贸易市场的开放；其次，美国采取的数据隐私保护措施可能会形成贸易壁垒，非中性的审查措施可能也会带来数字贸易市场的准入壁垒；最后，边境和移民的限制措施也会影响数字贸易产业的发展。

7.4.2　我国数字贸易面临的问题以及应当采取的策略

目前来看，对我国数字贸易发展趋势的研究较少，并且大多数都是在研究全球数字贸易发展趋势的基础上对我国数字贸易发展的趋势做出简单的预判。学者们在研究全球数字贸易发展的趋势时不可避免地都提到了我国将会面临的机遇与困难，同时对于我国应当采取的策略给出了自己的见解。

1. 我国数字贸易面临的问题

我国目前虽然是当今世界的数字经济大国，但面对多变的国际形势，未来面临的问题与挑战还有很多。学术界普遍认为我国目前面临的问题是：数字贸易的立法缓慢，相关的法律法制体系不健全，并且监管体系滞后，存在极大的风险。此外，曹淼孙（2020）指出，我国目前的数据开放程度不足，数据价值的利用率和使用率比较低，这是对数字资源的一种浪费。张群、周丹、吴石磊（2020）认为我国目前的中小型数字贸易企业的竞争力不足，受资金、人才、技术等方面的限制；国内的网络基础设施不完善，相对薄弱；数字贸易统计数据划分不清，统计制度不健全，同时国内的安全保密建设也相对滞后，并且在经济全球化的过程中可能会面临贸易壁垒。李忠民、周维颖（2014）指出我国的数字贸易水平低，竞争力比较弱，并且数字贸易的支持性要素供给不足，没能形成良好的发展环境，支持力度不够。蓝庆新、窦凯（2019）则根据对美欧日未来数字贸易发展趋势的推断，指出美欧日三方可能会达成密切的关联，从而拉大与其他国家的数字贸易差距，而且美欧日与中国在数字贸易规则上的分歧较大，也会阻碍中国融入全球的数字贸易；我国的经济贸易数字化转型比较困难，也面临着极大的挑战。

对于我国面临的问题与挑战学者们的研究还是很透彻的，看到了问题的本质，对我国内部存在的问题以及国际趋势给我国带来的挑战都有了一定的研究，由现象入手，找到问题的本质。

2. 我国应当采取的策略

学者们提出的我国数字贸易面临的问题十分严峻，很多问题都到了必须解决的地步，一定要尽快着手解决，避免更大的风险产生，进而阻碍我国数字贸易的发展。

当然，学者们提出了这些问题以后，也给出了相应的解决策略。例如，曹淼孙（2020）提出应从两方面入手：一是改进与完善内部制度，包括加快数字技术以及相关规制的体系建设，加强国内信息化基础设施建设，消除地域信息化的鸿沟，加强顶层设计，建设数字贸易集群中心；二是优化和提升外部环境，包括推动经济全球化战略，建立健全信用体系和纠纷解决机制，积极参与数字贸易国际规则的制定，提升国际话语权。郑淑伟（2019）则从国内、国际的数字贸易发展现状着手，提出首先要将数字贸易提升至战略高度，其次也要加强国际数字贸易及其规则的研究，最后要推动构建符合发展中国家利益的数字贸易规则。张群、周丹、吴石磊（2020）在研究中指出国家要大力扶持中小数字贸易企业的发展，加快信息通信基础设施的建设，完善数字贸易的数据统计制度，建立起数据跨境传输规则，要加强信息安全的建设，完善监管机制，积极参与数字贸易国际规则的制定。郑伟、钊阳（2020）还提出国家要加快促进产业数字化的转型升级，为数字贸易增添活力。蓝庆新、窦凯（2019）提出了要推动数字贸易支持性要素资源的可持续发展，形成动态的竞争优势。

研读专家学者们提出的我国数字贸易应当采取的策略，不难发现学者们都强调了国家要加强数字贸易法律法规和监管体制的建设，因为这方面的欠缺所带来的危害是极大的，会严重阻碍我国数字贸易的发展。也都再次强调我国应当积极参与国际数字贸易规则的建设，目前全球并没有公认的数字贸易规则，参与数字贸易规则的建设，可以避免我国在参与全球贸易时遭遇不公与刁难，掌握话语权更利于我国未来数字贸易的发展。

专家学者们给出的策略大多数是宏观的措施，对于具体如何实施和落实这些策略提得较少，后续的研究可针对具体的策略给出详细的做法，让这些策略落到实处。

第 8 章
国际贸易前沿研究展望
Chapter Eight

8.1 对企业异质性的拓展

8.1.1 企业异质性与 OFDI

1. 企业异质性与对外直接投资行为

新新经济地理学（New New Economic Geography）是指融合了异质性企业理论的新经济地理学。以 Melitz（2003）为代表的异质性企业贸易理论，为新经济地理学的发展提供了新视角和新思路。由新新经济地理学可知，微观异质性和企业的集聚行为受到经济学家更加广泛的关注。该学说引入了企业间的生产率差异，以考察异质性企业的生产成本、市场规模的差异，从而进一步探索异质性企业的策略选择的差异。通过对 Melitz 异质性企业模型进行拓展，考察地理距离因素对不同生产率企业跨国投资行为的影响，可以发现：地理距离与企业进入东道国进行对外直接投资的生产率门槛成正比，即地理距离越远，企业进入该国的生产率门槛就越高，这意味着未达到生产率门槛的企业难以在该东道国市场中存活下来。进而通过实证研究可知，进行对外直接投资的企业的生产率与市场需求呈负相关，与地理距离呈正相关，即生产率较高的企业更有可能投资需求较小、地理距离较远的东道国，并且在东道国成立更多境外子公司，地理分布也更为广阔；而生产率较低的企业则会投资于邻近的、需求较大的市场。

此外，企业异质性会对企业进行对外直接投资的模式选择产生重要影响：生产率较高的企业倾向于选择创建投资模式，因为生产率较高的企业相对而言具有更大的竞争力，可以通过创建投资等方式进一步拓展市场；而生产率较低的企业则更倾向于选择海外并购的方式，原因是生产率较低的企业更青睐以海外并购的方式获取境外企业的资源和技术，从而开拓国际市场。除此之外，企业规模、资产负债率、资本密集度以及所有权性质等其他维度的企业异质性特质会对母国企业的对外投资决策造成显著影响。即企业规模较小、资产负债率较高、资本密集度较低的非国有企业，选择创建投资模式的可能性较大；而企业规模较大、资产负债率较低、资本密集度较高的国有企业则更倾向于采用海外并购模式。

就企业异质性本身而言，主要包括企业的生产率、资本密集度、企业规模、R&D 投入等要素，学者们经过实证检验分析可以得知：

一是企业进行对外直接投资行为中存在自我选择效应，企业生产率的提高能够推动企业更倾向于进行对外直接投资的战略决策。而且，企业生产率和对外直接投资的东道国数量呈正相关，企业的生产率越高，其进行 OFDI 的东道国数目越多。因此，可以得出，母国政府应当提高对于企业进行对外直接投资的扩展边际的重视程度。对于实施“走出去”战略的国家来说，注重提高对外直接投资的数额固然重要，然而对于扩展企业的投资区位也应该加以重视。母国政府应该重视以提升企业生产率这一方式来提高母国对外直接投资的扩展边际，避免盲目投资。这对于母国企业进行对外直接投资时在东道国努力保持稳定协调的发展具有非常积极的作用。

二是企业的资本密集度、企业规模、R&D 投入等对企业进行对外直接投资决策具有显著的正向作用，即随着企业资本密集度的显著提高、企业规模进一步扩大，R&D 投入也随之扩大，企业进行对外直接投资的动力会显著提高，更愿意以 OFDI 的方式开拓国际市场。有学者以中国企业的数据为样本进行研究，经稳健性检验后印证了上述结论，即中国生产率较高、资本密集度、规模较大且研发水平较高的企业更倾向于选择对外直接投资的方式推进国际化战略。

此外，从企业所有制性质来看，私营企业进行对外直接投资的战略决策时对以上因素更加敏感。研究表明，异质性较强的企业与异质性较弱的企业相比较而言，拥有更加突出的竞争优势。异质性的特质越显著、企业实力越强，则该企业进行对外直接投资过程中越能超过其他企业，从而占据更加领先的地位。

企业应以自身异质性特质为基础，深入剖析自身的异质性特征，根据实际情况，选择适合的进入东道国的对外直接投资模式。企业异质性特征的差异会在某种程度上影响企业 OFDI 进入的模式选择。因此，中国企业进行对外直接投资时，应该选择合理的对外直接投资进入模式。

2. 不同产业性质的异质性企业对对外直接投资的影响

第一种划分方式是根据联合国使用的分类方法将产业分为服务业和制造业。

针对服务业的研究，现有文献的实证研究发现，服务业企业的全要素生产率、资产规模等企业异质性特征是影响服务企业选择对外直接投资的重要因素，异质性企业贸易理论同样适用于对服务企业的研究。将服务业细分为以下行业分别进行实证分析，可得到结果如下：

对世界前 50 强中非金融类服务业跨国公司的 OFDI 进行回归分析，发现企业资产规模的大小对其海外投资决策有重要影响，二者呈正相关关系；零售、通信以及公用事业等行业的跨国公司进行对外直接投资的行为主要受全要素生产率影响，同时其作用方向与理论预期相符，即这些行业的企业进行海外投资的行为与劳动生产率呈正相关，这说明异质性企业贸易理论的结论适用于零售、通信以及公用事业等服务行业的跨国公司。进一步观察不难发现，批发、零售、公用事业等服务业基本属于生产和消费不可分离的行业，具有这种特点的行业想要开拓国际市场、建立海外子公司会更倾向于选择 OFDI 的投资模式，这表明在此类行业中的企业相较于其他行业的企业，其海外投资行为受生产率水平的影响更为显著。

学者对世界前 50 强中金融类跨国公司进行分析，检验这类企业时在已有变量的基础上引入跨国公司的海外直接投资经验这一变量，得到的结论是：跨国公司进行对外直接投资时投资的东道国数量越多，表明其海外直接投资的经验越丰富，消费者对这种跨国公司的信任程度越高，则对于企业进一步拓展海外业务越有益处，从而表明跨国公司的海外投资经验是其进一步进行 OFDI 的影响因素。

综上所述，通过考查生产率、企业规模、海外投资经验等企业异质性特质对企业进行对外直接投资的影响，可以发现，服务业企业的生产率水平与服务企业对外直接投资呈显著正相关，表明服务业生产率是影响企业对外直接投资规模的重要因素仍然成立，从而基于全要素生产率证实了异质性企业贸易理论确实适用于对服务业的研究。

通过对制造业的实证研究发现，制造业企业的生产率水平等企业异质性特征是影响服务企业选择对外直接投资作为进入东道国市场方式的重要因素，生产率相对较高的企业更倾向于选择对外直接投资的方式进入东道国，建立海外子公司，这表明异质性企业贸易理论也适用于制造业企业。不少学者认为，影响一个行业中企业选择以对外直接投资的方式进行海外扩张的主要因素是生产率、贸易成本、固定成本等。

通过对制造业数据（以中国制造业企业数据为例）进行的实证分析，证实了影响企业进入国际市场方式的因素中最重要的不仅是生产率水平，还应当将贸易成本、固定成本等因素包括在内。综上所述，企业选择以何种方式（对外直接投资、出口、许可证等）进入国际市场，是多重因素共同作用的结果，体现了企业异质性的多样性，但主要影响因素是生产率，从而证实了异质性企业贸易理论确实适用于对于制造业的研究。

第二种划分方式是根据生产要素的投入程度细分服务业，分为劳动密集型和人力资本型产业，能源、资本密集型产业以及知识、技术密集型产业。

不少学者通过理论分析，得出的结论是：企业的异质性来源于不同的产业和行业，企业异质性来源于分为可流动能力的行业和非可流动能力的行业，异质性来源的差异导致企业对创建投资与海外并购选择的差异。在企业异质性源于可流动能力的行业，生产率相对较高的企业更倾向于采取海外并购的方式，而生产率相对较低的企业则倾向于创建投资；企业异质性源自非可流动能力的行业中，生产率相对较高的企业倾向于创建投资，而生产率相对较低的企业更倾向于选择海外并购的方式。

对于劳动密集型和人力资本型产业来说，劳动密集型产业如餐饮、建筑等企业应更多选择对外直接投资中的创建投资方式以开拓国际市场。在这一产业中对外直接投资中的创建投资方式比海外并购方式具有的优势更显著，所以这些行业中的跨国公司更倾向于选择创建投资方式进行国际化经营。原因是这些企业在进行对外直接投资时，其拥有的人力和经验优势难以在国家之间进行转移，因而该行业是企业异质性来源于非可流动能力的产业，根据上文提及的理论研究，在这样的产业中生产率非常高的领导企业可能更倾向于采取创建投资的方式进行对外直接投资。

对于能源、资本密集型产业来说，能源、资本密集型产业如燃气、电力等企业应更多选择对外直接投资中的海外并购方式以开拓国际市场。在这一产业中对外直接投资中的海外并购方式比创建投资方式具有的优势更显著，所以，这些行业中的跨国公司更倾向于选择海外并购方式进行国际化经营。原因是这些企业在进行对外直接投资时，其拥有的资本、能源等优势可以在国家之间进行转移，因而该产业属于企业异质性来源于可流动能力的行业，根据上文提及的理论研究，在这样的产业中生产率非常高的领导企业可能更倾向于采取海外并购方式进行对外直接投资。

对于知识、技术密集型产业来说，其中生产率较高的企业会选择跨国并购，生产率较低的企业会选择绿地投资。如商务服务、金融等行业应该更多选择对外直接投资中的创建投资方式以开拓国际市场。在这一产业，对外直接投资中的创建投资方式比海外并购方式具有的优势更显著，所以，这些行业中的跨国公司更倾向于选择创建投资方式进行国际化经营。原因是这些企业在进行对外直接投资时，其拥有的知识和经验优势难以在国家之间进行转移，因而该行业是企业异质性来源于非可流动能力的产业，根据上文提及的理论研究，在这样的产业中生产率非常高的领导企业可能更倾向于采取创建投资方式进行对外直接投资。

3. 基于生产率和非生产率异质性分析企业异质性对 OFDI 的影响

基于生产率异质性的角度，生产率较高的企业相对于生产率较低的企业更有可能进入市场条件较差的东道国进行对外直接投资。原因是尽管市场条件较差的国家对于计划以对外直接投资方式进军外国市场的跨国公司而言有着更高的生产率门槛，但生产率高能有效抵消东道国较差的市场条件对跨国公司在东道国进行对外直接投资的负面作用。也就是说，和生产率较低的企业相比，生产率更高的企业进入一些市场条件较差的东道国进行 OFDI 的进入成本更低。因此，生产率较高的企业相对于生产率较低的企业更有可能进入市场条件较差的东道国进行对外直接投资。

基于非生产率异质性的角度，大部分研究企业异质性对企业进行对外直接投资的影响的国内成果主要是基于生产率异质性的角度，也就是大多数学者认为生产率异质性是跨国公司进行对外直接投资的主要影响因素。而基于非生产率异质性的角度这一部分的研究成果相对较少，且缺乏理论化、系统化，大体上可归为两类：一类是基于跨国公司非生产率异质性的角度解释跨国公司开展国际化投资的“邻近—集中权衡”现象；另一类是在“邻近—集中权衡”现象中引入其他因素，基于企业异质性的假设前提来探究企业在出口与OFDI间的选择。具体而言：

有国内学者构建了一个开放经济下古诺竞争市场中的企业国际化方式选择的理论分析框架，研究了位于两个不同国家的两个不同跨国公司间的成本差异引起的企业“事后”生产率选择和国际化方式选择。结果发现，如果两个跨国公司“事前”的成本差异较大的话，企业会更倾向于选择OFDI的国际化路径，且“事后”的生产率差异也较大；而“事前”成本差异处于中等水平的两个跨国公司会使它们更有可能选择出口模式，并且“事后”的生产率差异也处于中等水平。除此之外，有国外学者认为同一行业内企业生产率的异质性是由于企业规模的差异引起的，但这种企业规模差异取决于同一行业内大规模企业的数目，通过实证研究可以发现，同一行业内大规模企业的数量越多，企业越倾向于以OFDI的方式进行国际化，开拓海外市场。

也有国外学者放松了企业异质性模型中的生产率异质性以及垄断竞争市场等假设，把研究框架建立在寡头垄断市场的前提下，在更多的关注企业分销成本（包括开发成本、维持成本等）基础上，从跨国公司实行国际性战略联盟的动机角度对企业实行国际化战略的方式选择进行了解释，结果发现：国际性战略联盟有助于推动更多的跨国公司以对外直接投资的方式实行国际化战略，原因是国际性战略联盟会给联盟的企业带来较高的联盟协同效应、学习效应以及较低的分销成本，这大大增强了国际化路径中对外直接投资相对于出口方式的吸引力。此外，研究还发现，金融约束对于企业进行国际化的路径选择也存在一定影响，金融约束偏高或者存在来自外部的金融成本不仅可能对企业进行国际化经营的路径选择造成负面效应，而且可能对企业进行对外直接投资造成更显著的负面影响。

4. 企业异质性对OFDI就业效应的影响

企业异质性对企业进行对外直接投资的就业效应有着不容忽视的影响，具体而言，企业的异质性特征导致大中型企业可以通过对外直接投资影响母国小微企业的发展，从而对母国的就业规模和就业结构产生间接影响，然而这种影响存在不确定性，因为大中型企业进行OFDI既会带来积极作用，又会引致负面影响，因此取决于两种影响之和。

8.1.2　企业异质性与新新经济地理学

1. 产生背景

新新经济地理学和新经济地理学相比“新”的部分就在于前者是在新经济地理学的理论基础上融合了异质性企业理论。

异质性企业理论以 Melitz（2003）为代表，Melitz 基于多年来众多经济学者对国际贸易的实际观察与实证研究，对基于同质性企业来解释产业内贸易的新贸易理论提出了质疑，即现实中企业间都存在大大小小的差异，完全同质的企业是不存在的。此外，同一产业内由于竞争激烈，只有其中一部分企业得以在激烈的国际贸易竞争中生存下来，剩余企业则仅为国内市场服务。由此导致产业内市场份额与生产资源的重新配置强度，要远超因比较优势格局变化导致的产业间市场与资源的再配置水平。因此，Melitz 将基于生产率差异的企业作为贸易模型的内生因素，进而将传统的研究对象由宏观的国家层面拓展至微观的企业层面，从而得到突破性结论：生产率最高的企业不仅服务国内市场而且以出口的方式服务国外市场，生产率中等的企业仅服务于国内市场，而生产率最低的企业将被服务于国内市场的产业内竞争企业淘汰。此外，当其他条件不变（如技术水平不变）时，仅以贸易的方式同样可以促使产业生产率提高，原因是国际贸易可以淘汰生产率最低的企业，导致市场资源重新配置，更多市场份额向生产率高的企业转移，从而提高整个产业的生产率水平。

另外，新经济地理学也具有一定的局限性，它忽视了经济活动空间分布的一些重要问题。这一理论框架忽视了区域在社会、文化机构及制度等方面的差异，甚至区域间产业结构的差异也被认为是次要的，以上局限性使新经济地理学难以对空间经济的异质性做出明确解释，因此亟待创新性的理论框架从微观视角深入剖析集聚经济的作用机制。

事实上，企业具备对变幻莫测的复杂市场的灵活驾驭能力已经成为在激烈的市场竞争中占据先机的必备能力。因此，企业除了要提高劳动生产率水平，还需具备选择最优区位的前瞻性战略眼光以实现尽可能地增强其核心竞争力、拓展其市场份额。然而，企业进行最佳区位选择时往往并非一帆风顺，时常会遭遇各种因素的制约，例如，一些区域内的企业，会对来自其他国家或区域产业内企业的激烈竞争进行积极抵御；跨区域企业的组织结构可能还会受到不同区域的文化、人力资本差异等因素的影响；劳动力市场摩擦以及劳动者技能不匹配，不仅妨碍跨区域企业对本地化人才的有效管理，还会在区域一体化进程中制约企业的人力资本需求。这表明，在竞争愈加激烈的区域经济一体化进程中，只有核心竞争力强的异质性企业才能顽强生存和长久发展。

2. 企业异质性在新新经济地理学中的意义

异质性企业理论以存在生产率差异的企业为研究对象，在新贸易理论的基础上引入了企业生产率的异质性和固定成本因素，对于此类存在生产率差异的企业在贸易模式、投资行为以及生产组织方式等方面进行研究，异质性企业理论一方面对于存在不同特征的企业的贸易模式和投资方式都进行了合理的解释，从而促使新国际贸易理论发展为以企业异质性为基本特征的“新”新贸易理论；另一方面阐述了因企业异质性所引致的分类效应和选择效应。长久以来，新经济地理学与新贸易理论遵循着共同的研究框架，而异质性企业理论得以给新经济地理学的发展提供了全新思路和独特视角。新经济地理学融入 Melitz 的异质性企业贸易理论后便产生了新新经济地理学。

3. 新新经济地理学的分析框架

新新经济地理学的假设前提是规模经济和垄断竞争，然而和新经济地理学有所区别的是这一理论框架更关注企业、居民等微观主体的异质性引致的一般性的空间行为。基于垄断竞争的假设前提，所有企业在进行地理区位决策时都要考虑将市场因素和成本因素考虑在内（不管该企业和其他企业是不是进行相互作用的关系）。较高的生产效率以及相对较低的生产成本是企业得以获取规模经济溢出效益的前提，规模经济使得企业倾向于布局在接近消费市场的区域，同时，还要顾及其他企业的竞争因素。企业之间在成本和效率等方面存在的异质性直接决定了企业的市场竞争力状况，企业的成本、效率差异成为企业选择区位以及集聚经济异质性空间分布的重要微观因素。目前，新新经济地理学以企业异质性与集聚经济关系为切入点，从企业成本、效率差异视角，分析异质性企业的区位选择机制以及集聚经济的微观机理。在此基础上，有国外学者提出了两企业两区位的“新”新经济地理模型。目前，这些开拓性研究在空间经济学和经济地理学等相关领域已经产生了较大的反响。

4. 两企业两区位“新”新经济地理模型

国外学者重点关注异质性企业的区位选择机制以及此类企业对集聚经济的微观作用机理，其首先分析了具有同质性的两企业两区位空间选择模型，以此为基础将异质性企业特质内生于两企业两区位空间选择模型，从而建立起“新”新经济地理模型最初的基本框架。

第一，同质性两企业两区位空间选择模型。

当市场中存在其他竞争者时，对于单个企业来说，企业进行区位决策的过程会更为复杂，因为各个竞争者都会采取在争取减少竞争压力的同时增强对市场的控制能力的区位选择行为。为解释这一现象，同质性两企业两区位空间选择模型假设仅存在两个相互竞争的企业 A 和企业 B，两个企业均可向市场提供功能相似的差异化产品；假设存在两个区位 P 和 Q，P 区的优势是具有较低的生产成本，以及更广阔的本地市场。基于简化模型的考虑，假设每个企业仅有一家工厂，以船运作为区位 P 和 Q 之间的唯一运输方式，这也是贸易障碍。船运价格十分昂贵，即空间距离成本较高，而对于垄断企业来说该种成本是影响区位决策的主要因素之一。贸易成本仅仅涉及区位 P 和 Q 之间的运输成本，而企业 A 和企业 B 都会基于市场份额和运输成本等因素来进行最有利的区位选择。

如果两个区位 P 和 Q 具有相同的生产成本、市场规模，则当两个同质性企业选择相同的区位 P 时，这和选择布局在区位 P、Q 相比竞争更为激烈，因为之后其中一企业往往会改变区位选择到区位 Q 设立工厂，来回避恶性竞争。如果竞争过于激烈的话，分别选择在 P、Q 布局的两个企业的产品替代性越强，对于企业在另一区位进行销售的贸易阻碍就越大。由此看来，竞争因素特别是在运输成本相对较高且产品同质化程度较高的情况下的竞争，是开拓经济活动空间的重要影响因素。而通过实证研究，学者发现区位之间的市场规模变动幅度以及生产成本差异程度也是决定企业迁移的重要因素。

第二，异质性两企业两区位空间选择模型

理想情况下，两个企业以博弈方式寻求利益最大化，最终形成的空间布局有两种：一种是两个企业 A、B 生产率相近甚至相同时，这两个企业都将会选择运输成本较低且市场空间较为广阔的区位 P；另一种是两个企业的生产率差异较大时，具有成本较低且生产率较高的企业 A 选择在优势区位 P 进行生产销售，而成本较高且生产率相对较低的企业 B 为了避免过度竞争，可能会选择在相对劣势的区位 Q 布局。

所以，当我们将企业内生的生产率异质性与区域外生的成本异质性之间的相互关系纳入考虑范围之内时，生产率相对较低的 B 企业为了回避关于选择优势区位 P 的问题和 A 企业间的竞争，将选择在相对劣势的区位 Q 进行布局。此时，企业异质性就成为促进企业经济活动空间开拓的重要引擎，当贸易成本较高且各企业产品的可替代程度较高时，B 企业的竞争劣势就更为突出。因此，企业空间分布的结构往往会依照其生产率差异而呈现某些规律，也就是“高生产率企业——相对优势区位、低生产率企业——相对劣势区位”的模式。

综上表明，在水平方向上的异质性推动了企业空间上的集聚，而产品在垂直方向上的异质性则推动企业在空间上的开拓。所以，企业之间生产率异质性和产品的替代程度是宏观层面影响集聚经济异质性的核心微观因素。

5. *新新经济地理学的主要内容*

新新经济地理学的研究内容主要可分为三类：一是涵盖企业异质性的区位选择和空间集聚；二是研究企业异质性与区域政策的关系；三是基于微观视角的企业异质性分析。第一类研究内容的主要结论是异质性企业具有主动选择效应，这种效应是一种全新的重要作用因素，能够显著影响企业的经济活动以及空间布局。

国外学者把企业异质性融入新经济地理学中的 FC 模型，研究具有生产率差异的企业异质性对企业的区位选择和空间集聚的作用机制，认为由于存在企业异质性，企业的空间布局会产生两种效应：选择效应和分类效应。前者指在市场规模相对较大的区域存在更为激烈的竞争，因为生产率较高的企业拥有较低的边际成本，从而能够在竞争激烈的市场中生存，削减更多运输成本，销售更多产品，因此生产率较高的企业选择布局在优势区位来获得更多市场份额；而生产率较低的企业为了避免激烈竞争，选择布局在劣势区位以维持已有的市场份额。此外，异质性企业的区位选择并非突发的随机企业行为，而是企业主动选择的渐进式行动，生产率较高的企业往往更倾向于向规模较大的市场集聚，且按照企业生产率由高至低的顺序依次迁移。因此，企业异质性实际上是一种非常重要的分散动力，并且这种动力会随着贸易自由度的减弱以及产品差异化程度的降低而增大。而后者（分类效应）是基于区域政策层面，大部分的区域政策主要是为了缩小区域间的差距，也就是说，为了吸引更多的企业迁至边缘地带，而在企业异质性的前提下，生产补贴等区域性政策仅仅能吸引生产率较低的企业，原因是这类企业迁移至边缘区域的机会成本相对较低，而生产率较高的企业迁移至相对劣势区域的损失更大。因此，分类效应是指为了扩大相对劣势区域产业份额的一般效力的政策，往往会促使生产率异质性的企业产生分类，也就是说生产率较高的企业处于优势区域而生产率较低企业迁至相对劣势区域。不少学者进一步研究发现，当企业异质性存在的时候，贸易自由化对企业经济活动的空间布局会产生更加复杂的影响。此外，新新经济地理学还关注了企业生产率等“质”的差异，存在“二重性”。同时我们可以看到，众多学者得出的结论各有不同，有些甚至是完全相悖。这是由于现实经济的复杂性，不同的模型适用的情况不同，在不同的假设下企业异质性对空间经济活动的影响也各异。

第二类研究内容得到的主要结论是，企业异质性带来的选择效应以及分类效应，减弱了新经济地理模型推断的区域政策适用性，在分类效应存在的情况下，那些温和的旨在吸引企业迁移至边缘区的政策只能吸引低生产率企业，从而导致区域生产率差异进一步放大，区域政策效果大打折扣。而微观异质性的引入使得理论模型更加贴近现实，并能够使政策制定部门制定更加具有针对性和实效性的政策，因此需要在“新”新经济地理模型下重新讨论区域政策对地区经济发展和福利的影响，研究如何达到区域政策的预期效果。目前这一领域的研究主要集中在税收政策和补贴政策两大部分。

关于税收政策对企业区位选择的影响。目前新新经济地理学关注的企业异质性综合体现在企业生产率上，也就是企业的成本上。而税收会直接影响企业的生产成本，从而影响异质性企业的区位选择。此外，税收是政府收入的主要来源，直接关系到本地区居民的社会福利，因而税收竞争是政策制定者关注的焦点问题之一。然而税率的高低会影响企业数量的多少，直接影响到税收收入，所以政府进行税收竞争时如何制定合理的税收政策显得尤为重要。国外学者通过将企业异质性融入标准国际税收模型分析了税收对异质性企业区位选择的影响。指出税收对规模不同企业的影响是不同的，税率较高时大企业更倾向于迁移，并且生产率最高的企业最先迁移，因为文中的税收是针对企业利润的固定比例征收的，而大企业的利润更高，所以税率较高时大企业被征收了更多的税。而当税收中有固定部分可以减免时会导致企业的空间分类效应，即高生产率的企业都从核心的征税区域逃离，低生产率的企业都留在了征税区域，从而核心区的平均生产率降低，边缘区的平均生产率上升。文章最后指出了一种不会导致企业迁出而增加税收收入的改革方法，即降低税率来吸引更多的企业，从而扩大税收基数，最终使税收收入增加。此外，还有学者研究了异质性企业下的税收竞争，指出了过度竞争的弊端并指明了解决方向。文章构建了一个企业税收竞争模型。作者指出，因为税收竞争影响企业的分布，进而影响国家之间的均衡工资和均衡价格，反过来进一步影响均衡企业数量。模型中存在不同的均衡税率，然而就像一般税收竞争模型那样，纳什均衡时税率往往是无效率偏低的，因为政府进行过度竞争而带来的低税率和高工资导致了过多的企业进入，进而使公共物品的供给不足。所以政府不能一味地进行低税率的税收竞争，而应该设定协调的税率，既吸引最优数量的企业，又能实现税收收入在私人和公共消费上的有效分配。

关于补贴政策与区域协调发展。补贴政策是落后地区和中央政府实现区域协调发展的重要措施。一般认为补贴能够吸引企业迁移，然而在企业存在生产率差异的情况下，补贴政策的效果如何，补贴政策能否吸引高生产率企业，补贴政策能否缩小区域差异，这些问题的答案并不明确，需要进一步地探讨。有学者着重研究了企业异质性下产业转移补贴政策对区域协调发展的影响。模型显示产业转移补贴政策会吸引低生产率企业迁移至边缘区，并加大核心区和边缘区的生产率差距。作者进一步使用日本产业转移补贴政策下不同区域的企业数据对模型进行了实证检验，发现目标区域的企业平均生产率的确很低，印证了模型的预测。此外有国外学者分析了不同的补贴政策对边缘区发展效果与社会福利的影响，结论是与企业利润成正比的财政补贴才能够吸引高生产率的企业迁移至边缘区，从而达到合意的政策效果。国内学者分析了对异质性跨国公司进行对外直接补贴的政策效果，结果发现对外直接补贴能够给东道国带来更多福利，首先吸引更多的跨国公司而带来的税收增加能够抵消补贴成本，其次对外直接补贴政策也会产生企业选择效应，与国内的补贴政策产生的选择效应不同，对外直接补贴会导致生产率最高的企业由出口转向对外直接，所以带来的福利也更多。作者进一步指出，在补贴总额固定的情况下，对可变成本补贴带来的福利比对固定成本补贴要多，因为可变成本补贴能够提高产出。

第三类研究内容得到的主要结论是将企业异质性引入新经济地理学模型中，可以得出许多突破性发现。新新经济地理学需要重新检验企业异质性、国际贸易和集聚效应的内在关系与作用，基于众多理论模型，新新经济地理学还需要获得实证研究的检验，以验证这一理论框架的研究。不过目前，由于准确的微观数据难以获得，实证研究相对较少。有学者发现生产率较低的企业较难在激烈的市场竞争中生存，因此该类企业更倾向于向外迁移；在检验区域政策的分类效应时，发现其实证检验的结果与理论模型的结论趋于一致。无论是从企业数量还是份额来看，产业转移政策对企业来说都是有效的，但是这些企业大多数都是生产率较低的企业，特别是工业转移补贴计划所吸引的企业，这也加大了地区生产率的差异。有学者基于智利企业的数据实证检验了高生产率企业自选择位于大市场的假说，结果发现高生产率企业确实选择位于产业结构多元化和市场规模较大的区域，并且在增加区域整体生产率方面，企业自选择效应所起的作用比集聚经济更大。即企业自选择效应导致了大市场区域的平均生产率更高。有些学者则对异质性企业的选择效应对区域生产率的影响提出了质疑。一般统计事实显示，位于大城市的企业的生产率更高，目前主要有两种理论可用于解释这一事实：一种是大城市集聚经济的存在能够显著提升企业的生产率，包括通常所说的金钱和技术外部性；另一种是新新经济地理学提出来的企业选择效应，即大城市的激烈竞争使得只有高生产率的企业才能生存。国内学者采用我国工业企业的数据进行检验，结果发现：我国企业显著存在空间的选择效应，这是影响我国地区生产率差异的重要微观机制。结合国外学者的结论则表明我国市场一体化程度相对较低，因此企业空间选择效应能够显著影响地区生产率差异。除了企业异质性的选择效应与分类效应，相关学者还检验了企业异质性在区域经济增长和差异中的作用。总体来说，这一理论框架近年来才成为众多学者关注的焦点，并且企业维度的数据难以获得，使得现有文献大多倾向于建模与理论分析，实证研究较少。但现有实证研究基本验证了选择效应与分类效应的确存在，且会对区域发展产生重要影响，有力推动了新新经济地理学的进一步发展。

8.1.3 企业异质性与贸易增加值

纳入企业异质性的贸易增加值核算。基于企业异质性的增加值贸易研究，既有助于部分克服“同比例假设”的弊端以提高进口使用矩阵的准确性，也有利于认识增加值贸易企业层面的驱动因素。基于企业异质性的增加值贸易研究，主要是针对垂直专业化中的第二和第三假设予以放松和修正。具体可以分为两类：一类是将企业异质性纳入投入产出模型，对投入产出表进一步拆分从而测算不同类型企业的增加值贸易，另一类是直接利用微观数据从企业层面进行测算。但是，这类研究仅对垂直专业化的第二和第三假设给予了部分放松，而在同一企业类型内部仍然假设企业是同质的并且“同比例”地使用进口中间投入。此外，这类研究也无法回避基于投入产出表进行测算的共同缺陷，即只能进行产业水平上和特定年份的估计，不能研究来自企业内部的驱动因素。

在全球价值链已成为当前全球经济重要特征的背景下，增加值贸易核算有助于纠正传统贸易统计扭曲，是当前国际贸易统计体系的重要补充。基于企业异质性的增加值贸易研究，既有助于部分克服“同比例假设”的弊端以提高进口使用矩阵的准确性，也有助于深入分析增加值贸易国内部分的微观基础性工作，对于认识 GVC 活动中企业的异质性和驱动因素具有重要意义。此方面的研究主要分为两类：一类是将企业异质性纳入投入产出模型，对投入产出表进一步拆分从而测算增加值贸易，另一类是直接利用微观数据从企业层面进行测算。总体来看，以上两种测算方法各有优劣，不同的方法适合于讨论不同的问题。

未来的研究可在以下方面进一步深化和拓展：第一，理论研究需要开拓。现有的增加值贸易研究仍以测度比较和应用分析为主，缺乏对增加值贸易背后的原理和机制的分析，特别是从企业层面对增加值贸易的微观机制的研究仍很少见。虽然异质性企业贸易理论对出口、进口、出口产品数量选择（扩展边际和集约边际）、出口产品价格和质量选择、出口产品种类选择等现象进行了大量研究，但是极少有涉及增加值贸易的研究。因此，理论上仍需要开拓性的研究。第二，微观数据质量有待提高，需要以企业调查作为补充数据。当前增加值贸易核算在思路和方法上已较为成熟，问题出在数据不足。经济合作与发展组织和世界贸易组织认为近期面临的主要技术难题在于：提高相关贸易统计数据的质量和改善关于进口品中间使用和最终消费比例的各种假设。这需要通过企业调查采集补充数据。第三，全球价值链政策应更注重微观基础。从宏观和中观层面推进到微观层面的增加值贸易研究，为详细刻画企业在全球生产网络中的动态演进和升级，以及企业全球价值链升级的微观机制提供有效的工具和方法，对于制定全球价值链政策具有指导意义。

8.2　贸易（政策）的福利分析

2019 年，从全球的整体经济局势来看，世界主要发达经济体的市场需求总体上保持增长态势，世界贸易有望持续复苏之势，然而由于全球贸易摩擦日益剧烈，大多数发达国家纷纷收紧货币政策、地区冲突加剧，世界政治局势日趋紧张。2020 年，新冠肺炎疫情蔓延，全球经济下行压力加大，美国对中国在贸易、科技等方面进行极限打压，我国的对外贸易发展面临着巨大的不确定风险，外部经济政治形势十分严峻。

8.2.1　分工方式与贸易福利

如今，垂直专业化分工已成为主流的国际贸易模式，这一分工方式的流行为发展中国家带来了不可多得的良机，因为只要掌握某一产品价值链的某一环节的比较优势便能参与全球化生产网络，以获得贸易带来的相应利益。与传统的贸易分工方式相比，垂直化分工有着显著区别，粗略测算贸易条件、规模等指标已经不能如实反映一国在国际分工中的地位以及其在贸易中所获利益状况。本部分主要对垂直一体化的分工模式下的贸易福利效应进行系统介绍，分为经济福利效应和环境福利效应。

1. 经济福利效应

各国学者对于怎样如实衡量一国在出口中获得的本国价值增值进行了深入研究，HIY 法最早出现，具体指以出口产品中的进口中间产品价值来测算某国的垂直专业化水平，这一方法以全新的视角来测度一国贸易利益。之后有学者采用 KPWW 法借助全球投入产出表对各国在全球贸易增加值中的贡献率进行估算，得出中国出口总额中超过 50%是国外价值增值。之后国内学者利用 KPWW 法进行贸易福利领域的研究，发现中国通过制造业出口获得的国内增加值占比相对较小；虽然中国出口规模非常大，但从中得到的实际贸易利益较少。

综上所述，当前有关垂直专业化分工下贸易福利的研究方向主要聚焦于国内增加值上，并以此为衡量国家经济福利的重要尺度；然而这仍存在局限性：因为其关注点依旧保持在对国内增加值进行总量测度上，而对于其助力经济增长的作用机制和影响方式并未进行深入分析。

2. 环境福利效应

有国外学者通过构建一般均衡模型对中国出口品的环境影响进行了分析，结果发现，中国加入全球垂直专业化分工，有利于降低出口产品的污染密集程度，进而减轻环境恶化。而国内学者有的基于对中国工业的面板数据的分析，发现全球性外包业务有效减轻了我国排放污染物的强度。有的学者基于省级面板数据，发现加工贸易虽然有助于推动我国经济发展，但也加剧了环境污染使得环境进一步恶化。学者以环境污染指数为指标，对于全球性外包业务对我国制造业的排污量的影响进行测度，结果表明全球性外包有利于促进我国制造业的可持续发展，这意味着我国通过参与垂直专业化生产能在某种程度上推动环境改善。然而有些学者则持否定态度，认为垂直专业化对其并无明显影响，即并未引致显著的环境福利正效应。因此，垂直专业化分工的环境福利效应在我国仍具有很大争议。

8.2.2 自贸区对贸易福利的影响

基于贸易理论研究，建设自贸区有利于扩大区内成员的贸易总额，增加成员的贸易福利，促进其经济增长。扩大贸易总额的方式分为贸易转移以及贸易创造两种：一方面，传统的关税同盟理论认为贸易转移不利于同盟中进口成员国的福利水平的提高，然而该理论却忽略了它的积极作用，即有助于增加同盟内部的总体贸易流量和贸易总量，从而推动经济增长。而贸易创造方面囊括了供给和需求两个维度，这体现为区内成员国能够减少本国具有比较劣势的、生产成本相对较高的产品的生产和销售，同时进口自贸区内成员国具有比较优势的、生产成本相对较低的产品，以满足本国居民的消费需求，从而自贸区内各成员国在其各自具备相对优势的产品上均可通过扩大生产规模、增加出口产品数量以获得更高的市场份额。另一方面，区内产品供给大幅增加，促使产品价格下降，有利于刺激消费需求，从而推动进口增加。因此，自贸区会带动区内成员国消费增长、区内贸易规模扩大，从而推动经济增长。而基于贸易自由化的视角，自贸区一般实行的降低关税、削减非关税壁垒等优惠措施，推动自贸区内成员间贸易自由化、便利化。这种自由化、便利化有利于切实削减货物、服务、投资贸易等贸易方式的交易成本，简而言之，有利于消除贸易障碍，进一步使生产要素和产品的流通速度加快，创造友好的贸易环境，促进贸易总额的增长，从而助力经济增长。

综上所述，自贸区有利于增加区内成员的贸易福利，从而推动经济发展。具体而言，自贸区正式运行带来的贸易福利效应可以刺激经济增长，但由于随之产生的生产者剩余、消费者剩余、贸易转移、贸易创造等效应，这一系列效应有正有负且会相互抵消，因此最终得到的总福利效应是否为正难以确定，还需根据具体的实证研究进行分析。基于理论模型对作用机制进行的推导后发现，自贸区会通过产生贸易红利进而驱动经济增长，这里的贸易红利具体包含贸易转移效应和创造效应，以及消除贸易障碍两方面，但不论是贸易转移效应还是消除贸易障碍，均会通过促进贸易增长进而刺激经济增长。通过消费者剩余和生产者剩余变化、贸易商品种类多样性变动两种衡量福利水平变动方法的研究结果表明，局部均衡分析方法下自贸区能够通过获得生产利得和消费利得进而驱动经济增长。克鲁格曼新贸易理论分析方法下自贸区也能通过增加贸易商品的多样性从而提高福利水平并最终有利于经济增长。

8.2.3　产品质量与贸易福利

传统异质性企业理论认为，降低产品价格有利于刺激消费；然而现实生活中，有许多产品价格偏高，但其需求依然旺盛。而质量异质性企业模型基于质量的维度对这一问题进行了解答，这一模型建立了生产率和质量因素的实证关系，不仅阐明了取决于生产率水平的产品质量维度对贸易成本、贸易分工等贸易模式产生的影响；而且重新测评了基于质量视角下的贸易福利效应，是对传统结论的纠正与发展。

关于质量异质性企业模型在贸易中的应用，国内外多位学者基于质量视角对贸易价格和数量与地理因素的多元关系进行分析，对不同行业和国家进行出口产品价格和出口产品质量间的关系进行分析，证明了出口高质量产品的企业或者产业能够有更强的实力占领更广阔的国外市场，获得更多贸易份额，从而进一步提高其收入水平。将质量要素引入贸易福利，能够强化企业的选择效应，推动贸易自由化对行业生产率的驱动作用。有的学者基于行业生产率状况研究质量选择的作用；有的则基于劳动力市场的视角论证质量选择有哪些影响。而有关消费支出的变化，学界需要将质量维度内生到模型中后，重新估算质量差异引致的国家和行业上的贸易差异；此外，将质量维度内生化后，贸易自由化的影响除了有产品类别的变动，值得注意的是质量选择也有变动，所以贸易自由化所产生的福利效应的增加极有可能被低估，但贸易类别对贸易福利的作用影响则可能被高估。可以预见，将质量维度作为内生因素进行贸易福利估算将成为未来受关注度较高的重要研究趋势。

8.2.4 外资自由化与贸易福利

1. 基于质量视角

国内学者就外资自由化给贸易福利带来的影响进行了理论和实证研究。首先，在一般均衡的贸易福利模型里增加外资自由化因素，经理论研究后发现由于对外资的管制逐渐放宽，企业可以采购更多种类的具有高质量的外资中间品，进而促使生产率提高，产品整体市场价格降低，贸易数量增加，从而有利于提高贸易总额和总体福利水平。其次，学者根据贸易福利的理论公式，利用中国 2003—2013 年的海关数据进行测算并分析数十个细分行业的贸易福利规模，研究外资自由化与贸易福利的关系。结果发现：由于对产业链上游的外资管制减少，我国贸易福利规模大幅扩张。再次，对产业链上游制造业以及服务业的外资自由化加以区分，研究结果显示，产业链上游制造业的外资管制的缩减和服务业相比，可以进一步提高这一产业的贸易福利水平。最后，产业链上游外资管制的缩减对贸易福利的积极影响和贸易方式关系密切，上游外资管制的减少对于以普通贸易方式得到的贸易福利具有明显的增加作用，但是其对加工贸易带来的福利影响相对较弱。

2. 基于个体异质性

有学者基于个体具有异质性以及个体能够自由地进行职业选择的假设前提创建了一个国际贸易的一般均衡理论模型。在该模型中，假设个体企业家作为创始人创建企业，并且认为所有企业都会雇佣所有技能类型的劳动力。不同技能水平个体的工资由该技能的劳动力市场出清条件决定，因而不同技能水平个体的工资水平不同。该模型克服了现有异质企业贸易模型事先预设企业的问题以及事前进入行业的企业数由事后结果推定的困境。在个体技能服从 Pareto 分布的假设下，其分析结果表明，贸易自由化将通过选择效应导致个体选择，当企业家的临界技能水平上升，从而使更多的高技能劳动力进入劳动力市场，将推升劳动力市场的整体技能水平和企业家的平均技能水平。这与高技能劳动力在企业生产中边际产出更高的结论一致，使经济中的总产出更大，企业平均生产率更高，进而推动了所有个体福利的改善。贸易自由化也带来了个体收入不平等的变化。一方面，贸易自由化会导致工人内部收入不平等扩大、国内企业家内部收入不平等缩小以及出口企业家内部收入不平等扩大。这些结论与现有文献既有相合之处，也有不同之处。另一方面，尽管研究无法得到贸易自由化究竟会如何影响社会总体收入不平等的变化，但数值模拟结果表明，贸易自由化会导致社会总体收入不平等下降。这从另一个角度证明了贸易自由化带来了福利改善。

这一结论的政策含义明显。在个体异质的情况下，贸易自由化通过改变个体的职业选择和出口行为，会产生新的福利来源。由于贸易自由化促使劳动力市场技能水平和技能种类增加，进而改进劳动力市场的配置效率，因此为进一步提高贸易的福利效应和应对贸易自由化对个体创业的影响，政府应通过各种技能培训，提高劳动力市场整体技能水平，提高个体创业的能力。贸易自由化会降低企业出口临界生产率，因此有助于本国企业利用国外市场，获得更多收益。由于贸易自由化还会导致经济中总体收入不平等下降，国家可通过进一步的对外开放政策来改善本国的收入分配。

8.3 提高与拓展数据的使用

8.3.1 基于大数据的商业银行国际贸易融资

1. 国际贸易融资风险类型

第一种风险是内部风险及外部事件。大数据时代下的风险，很多业务都需要利用计算机操作，运用网络技术等完成相关的工作，这使得融资具有一定的开放性，但由于一些商业银行员工风险意识相对较差，信息科技系统存在漏洞，或者内部程序不完善都可能会使其重要数据丢失或受损，另外外部事件的冲击也会增加商业银行国际贸易融资风险。

第二种风险是政策风险。大数据的出现，对很多领域都造成了严重影响。不同时期，国家出台的关于商业银行的融资政策也有所不同，而该政策是存在一定风险的。因此，在进行国际贸易融资过程中根据政策发展方向，对自身发展策略进行合理调整，以便为国际贸易融资提供有利条件。

第三种风险是人才缺乏风险。在大数据时代下，商业银行国际贸易融资之所以面临着巨大的挑战，其中有很大一部分原因是其相关融资业务人员的专业素质不强，人才知识结构单一，难以满足当前多元化的融资业务要求。因此，人才缺乏的风险已经成为商业银行主要风险之一。

第四种风险是信用风险。在大数据时代背景下，很多交易都是在网上进行的，对其信用是很难进行判断的。一旦一方没有履行义务，就可能给另一方造成严重的损失，这就是信用风险。在新时期，其风险也不断加大，严重的情况下，商业银行的贷款资金是难以收回的，会降低其经济利益。

2. 基于大数据应对金融风险的措施

一是有效地进行业务流程风险控制。为了有效规避国际贸易融资风险，必须要对其业务流程进行严格的控制，这样才能对海量的数据进行有效的处理，减少错误发生。相关工作人员必须要提升对风险流程管理的重视度，对不合理的地方及时进行调整。尤其是在进行授信业务时，必须要对相关信息和数据的真实性按照相关流程进行严格审查，只有确保其真实、可靠，才能更准确地判断其贸易用途，降低融资风险。在进行国际贸易融资时，要按照业务流程进行全面的资产抵押，这样即使出现风险，也可以将损失降到最低。在大数据时代背景下，数据的种类多种多样，因此涉及的岗位也越来越多，为了确保每个岗位都能对重要的数据进行保护，还需要健全岗位制衡制度，进而使不同岗位之间能够有效地制衡，提升流程的透明度，促使各个岗位能够按照相关流程处理数据，进而更好地完成业务，以免因为一个岗位的原因而引发风险，给商业银行带来经济损失。

二是全面提升融资业务管理者的素质。融资业务管理者作为商业银行进行国际贸易融资的重要主体之一，其综合素质的高低，不仅关系着融资的整体效果，而且对其风险防范工作也具有重要的影响。为了有效规避国际贸易融资风险，就必须要对管理者综合素质与综合能力的提升加以重视。首先，要科学合理地把控入职关口，积极引进高质量人才，不仅要求其具有丰富的专业知识，而且还要有较强的风险防范意识和防范能力，同时对大数据技术的掌握也是必要的，这样才能充分利用大数据带来的机遇。其次，对当前的融资业务管理人员还需要进行定期的教育和培训，使其能够更好地了解大数据相关知识，并且对其带来的风险有一个正确的认识，以便对国际贸易融资业务管理工作进行有针对性的完善，对风险进行有效的规避。在培训过程中，需要重点对外汇政策、外汇业务管理内容进行培训，进而使其了解现阶段融资状况。同时，通过对政策的全面了解，掌握政策方向，对商业银行进行正确地引导，降低政策风险。最后，大数据时代下，融资风险越来越大，必须增强全体员工的风险意识，进而使其始终保持严谨、慎重的工作态度，减少错误发生，为银行发展创造安全、健康的环境，推动其逐渐朝着科学的方向发展。

三是加强进口企业的资信审查力度。在大数据环境下，出现了一些伪造数据的现象，严重影响了商业银行判断与决策的科学性。尤其是在国际贸易融资中，一旦在数据方面出现了问题，就可能引发重大的风险，因此必须要对进口企业进行全面的审查。首先，要对其贸易双方进行严格审查，确保其相关信息的真实性、可靠性，同时还要保证其资信达到相关标准与要求。其次，由于贷款业务存在的风险是最大的，因此还需要对信用证下的各项贸易的业务进行全面的审查。最后，在对进口企业审查过程中，资信审查是重中之重，因此必须要提升资信审查力度，不仅要查看和了解客户业务往来记录，而且还要对其职业道德素质、业务能力进行分析和判断，进而做出相应的防范措施。

四是建立大数据背景下国际贸易融资的风险管理制度。首先，必须要建立并完善有效的事前风险控制制度。商业银行在进行国际贸易融资中，存在的不稳定性因素越来越多，为了更好地应对这些风险，就需要做好事前风险控制工作，对可能发生的风险进行分析，采取有效方法进行规避。同时，还要制定相应的风险防范措施，一旦出现风险，可以在第一时间对其进行有效控制。而且还要抓住大数据带来的机遇，利用大数据技术，在事前就要获得交易方的基本信息，如资金方面、诚信方面，确保信息的对称性，可以提升自身决策的科学性。其次，在新时期，不仅需要对远期货融资合格性进行审查，还需要对相关数据进行分析，对其真实性进行衡量，以免弄虚作假的现象发生。最后，大数据技术的融入，拓宽了资金流动渠道，给其资金管理加大了难度，还增加了资金的风险性。针对这种情况，必须要利用现代化技术，对资金发放的动态进行实时关注，对资金流向进行动态监控，避免出现资金流向不明的问题。

五是建立健全国际贸易融资相关的法律制度。法律制度是商业银行进行国际贸易融资最有力的保障，也是防范风险最重要的途径之一，因此必须要完善相关的法律制度，这样就可以对银行的财务会计、审计等有关部门产生一定的约束作用，促使所有融资业务都能够在法律制度的基础上开展。与此同时完善的法律制度还能对商业银行的正当行为与合法权益进行保护，减少其损失。

8.3.2　大数据对国际贸易的影响

伴随着现代数据信息技术的研发及推广，人们分析及利用数据的属性日渐增多，主要体现在数据来源、类型和规模的不断增多，数据价值的不断凸显等方面。大数据已经影响到我们生活中的诸多方面，比如军事、科技、医疗卫生、教育等。更有学者称大数据的出现将意味着又一次科技革命。对于国际经济贸易，大数据将对其产生以下几方面不同程度的影响。

积极影响如下：

一是大数据是国际经济贸易的新动力。深层次剖析国际贸易理论，我们可以发现，不管是基于何种发展层次的理论，促进经济贸易发展的主要动力都是贸易主体间的比较优势。目前已存在的理论均是从技术、要素禀赋等角度阐述贸易主体的优势来源。然而，数据作为极为重要的信息载体，是企业创造利润和价值的主要源泉。上升到国家层面，巨大的数据资源是每个国家的战略新高度，它构建了国家的综合竞争力。从各行各业来说，大数据为企业带来了新的发展机遇和商机，同时提升了企业的核心竞争力。这些都将成为国际经济贸易的新动力，从而推动世界贸易的进程。

二是大数据可以简化国际经济贸易。大数据可以优化物流，在全球经济贸易市场上，在销售商品之前，很少有国家能够制订从端到端的制造解决方案，它们通常是先向其他国家出售相关的半成品，然后其他国家的公司在将这些半成品出口到其他地区的客户之前实施增值流程。全球供应链中的每一家公司都需要了解大数据的作用，并开发出一个模式，采取更快捷的步骤利用大数据来改善物流。

三是大数据是对国际经济贸易的补充。以往的国际贸易主要涉及流动要素、商品贸易和服务贸易等，它只是将三者放在同一层次上，对其进行表面研究。而进入大数据时代，数字贸易和信息贸易对信息流通的重要性越发凸显，衍生出的数字贸易、信息贸易将市场环境分析以及供应关系等放在比实体商品更加重要的位置。各企业只有对上述信息全面掌握，才能对市场有精准的预测，有利于实现企业的规模经济，从而促进产业化发展。

四是大数据使国际经济贸易方式呈多样化。根据相关的调查可知，以往的传统国际贸易都是以实体贸易为主，商品在经过长期的流通后达到指定地点，双方进行面对面的沟通协商，这就加大了国际经济贸易的风险和投资成本。在大数据时代到来后，就彻底突破了以往传统的交易对时间、空间的限制，无论是商品参数的可传递性还是交易货币的电子化程度都发生了巨大变化，这促使国际贸易更加快捷方便，同时也是对实体贸易的补充与优化。

五是大数据为世界经济贸易格局的改变提供了机遇。自“二战”之始，国际经济贸易利益格局就形成了南北两极分化的形式。发达国家凭借自身先进的技术优势在国际贸易中长期占据主导地位。近些年，诸多发展中国家通过改善贸易条件，促进贸易额增长而进行多方面的改革，但是效果不显著。大数据的出现为发展中国家提供了新机会，它的广泛传播与应用改变了传统的贸易方式，它不强调参与国际贸易国家的绝对优势，而是以大数据信息技术的开发应用于传导机制，这种传导机制为实现对外贸易增长提供了可能。它可以帮助发展中国家利用数据信息在国际市场上对供需进行合理的定位和估计，降低供需不均衡，减少成本，实现资源配置的优化，从而提高发展中国家的国际竞争力，进而改变世界经济贸易格局，促进世界经济的多元化发展。

六是消极影响，大数据也给国际经济贸易带来了新风险。大数据是一种传播信号，它不仅有大量科学识别符号的优点，也存在致命的隐患和漏洞。大数据运用是即时的，作为快速的信息传输工具，具有高速流动性，也正因为大量数据信息的高速流动，加大了贸易信息无序传播或被交易对方恶意窃取的风险，这些都将带来不可预测的经济贸易损失。更重要的是，贸易数据信息中包括大量的关乎国防、民生和国家安全的信息。若信息被恶意破解，将会对国家造成严重的危害和损失。因此，贸易安全应当在国际贸易中优先考虑，更要加强安全意识的培训与防范，做好预防措施。

8.3.3 贸易对一国福利的影响——基于跨国面板数据

有学者基于跨国面板数据从综合意义上实证考察贸易的福利效应，尤其是这种福利效应在国家间的差异。主要结论如下：

一是贸易对综合福利具有显著正向影响。这说明即使考虑福利的非经济因素及发展贸易所付出的代价，贸易仍然可以通过全球范围内的资源优化配置把“福利蛋糕”做大，从平均意义上促进各国福利发展，但与传统基于收入视角的研究结论相比，这种效应已大打折扣。贸易通过提高居民收入水平从而促进消费增长的福利正向效应在很大程度上被闲暇、环境与健康、社会公平等方面的牺牲所抵消。

二是贸易的综合福利效应在不同国家间存在较大差异。即分工地位越高、规模越小的国家，参与贸易所带来的福利效应越大；而分工地位较低、规模较大的国家其贸易福利效应相对较小。发展中国家尤其发展中大国不但在贸易收益分配中处于不利地位，而且在闲暇、环境与健康、社会公平等方面付出了更多的代价，而发达国家则利用其有利的分工地位以更少的代价获取了更多的贸易利益，贸易“福利蛋糕”在发达国家和发展中国家之间的分配表现出较大的不公平。

三是在所考察的样本国家中，贸易的综合福利效应与其福利水平之间呈单调递增趋势并存在显著的正相关关系。福利水平越高的国家其贸易的福利效应也越大，反之亦然，即贸易会进一步拉大不同国家之间业已存在的福利水平差距，“贸易福利相对恶化效应”是一种普遍现象。发展中国家想要在所谓“自由的分工与贸易”框架下，仅仅通过对外贸易实现“福利赶超”似乎并不现实。

四是贸易的综合福利促进作用存在“门槛效应”。即如果一国处于“分工地位——国家规模联合门槛”之下，其贸易福利效应可能在绝对意义上也是负向的，参与贸易反而不利于其福利发展，即存在所谓的“贸易福利绝对恶化效应”。尽管基于已有的数据和所采用的分析方法，尚无法准确断言这种现象是否一定会发生，但“贸易的绝对福利恶化效应在一些国家尤其是发展中大国有可能发生”仍是可以得出的一个确切结论。

8.3.4　海关数据与国际贸易

在信息化普及的今天，海关数据在中国的发展进程迅速，而推动海关数据行业发展的背后力量却不仅是海关数据从业者的兢兢业业，也不仅是外贸企业对新鲜事物的好奇与接纳，而是中国外贸经济发展的必然。

改革开放以来，在国家“走出去”政策的指引下，中国以“制造业大国”的物美价廉以及庞大消费市场的优势创造了中国外贸经济史上举世瞩目的奇迹。中国已经是 120 多个国家和地区最大的贸易伙伴，2018 年进出口首次突破 2 万亿美元，为全球贸易伙伴创造了大量就业岗位和投资机会，而早在 2013 年中国的进出口贸易总额就超过美国成为世界第一。

众所周知，决定国家 GDP 的因素主要有三个，分别是消费、投资和外贸，中国近年来进出口总额与 GDP 的比值较高，进出口对于我国的经济建设起到重要的支柱作用。2010 年，商务部就颁布了《后危机时代中国外贸发展战略研究报告》，提出到 2020 年实现对外货物贸易进出口总额 4. 5 万亿美元的“外贸倍增计划”。2014 年商务部又提出中国对外贸易进出口实现全年增长 7. 5%的目标。据海关总署统计，2020 年 12 月，我国以集成电路、钢材为首的资本品或中间品出口加速改善，其中集成电路出口同比增长 39. 4%。机电产品出口占比的提升，也反映出国内产业结构升级的趋势。在全球贸易和跨境投资大幅萎缩的情况下，2020 年我国货物进出口总额创历史新高，比上年增长 1.9%。但新冠肺炎疫情的暴发和外部环境存在的诸多不确定性，使我国的外贸发展依然面临困难和挑战，未来，中国外贸的发展更需进一步努力。

由此可见，对于高效外贸工具的探索，不仅是海关数据从业者和外贸企业自身的发展使然，也是我国外贸经济建设的必由之路。因此，海关数据在外贸领域受到推崇无可厚非。伴随着海关数据在外贸市场中卓有成效的实践和应用，海关数据也逐步演变成我国信息产业的重要组成部分，信息产业作为我国国民经济战略性、基础性和先导性支柱产业，对其他产业尤其是外贸行业有着非常重要的支撑和拉动作用。正是看到了信息产业在外贸经济发展中起到的不可忽视的作用，政府层面对海关数据的普及应用做了一系列亲民举措。青岛、宁波、天津、深圳等地的商务局已做过多场次海关数据普及应用的推介会，在更多地区，政府对于海关数据的普及应用已不只是提供政策支持，在资金上也给予了大量补贴，山东、上海、长三角、珠三角等地区的外贸补贴高达 50%。政府通过多方努力，以期为需要海关数据的企业提供保障、树立信心，让所有外向型企业都能轻装上阵，为各地对外经济的发展注入新的活力。

8.4 强调制度因素作为比较优势的重要性

8.4.1 基于制度视角研究比较优势

一直以来，基于制度视角研究比较优势是深受国内外学者关注的热门研究方向，然而绝大多数学者主要分析的是比较优势受到正式制度影响的作用机制。有国外学者基于不完全契约理论研究后得出，在机会主义更盛行、信息不对称程度更高、资产专用性更强的行业，其对制度的依赖程度也相对较高；而制度完善有利于增强行业的比较优势。有国外学者经过实证研究发现，制度质量更好的国家中产品复杂程度更高或者制度依赖性更强的行业，其出口贸易额更多，因此制度质量的差异性是比较优势的重要来源。而国内学者研究发现，中国制度的完善有利于推动技术密集度较高且制度依赖程度较高行业的出口增长，并进一步增强该行业的比较优势。

基于工业企业数据，国内学者将企业的全要素生产率和出口数量作为比较优势的测评维度，从资产专用性以及产品复杂性两个视角，检验了诚信的市场环境给企业比较优势带来的影响。结果发现，市场环境的诚信度的提高能够让资产专用性以及产品复杂性都相对较高的企业，得到全要素生产率的进一步提高和更多出口数量的增加。这表明诚信的市场环境可以为制度依赖程度高的企业带来更多比较优势。即便将正式制度例如司法环境的影响纳入控制范围，这个结论依然成立，这表明诚信的市场环境能够在非正式制度下发挥保证交易顺利完成的作用。通过进一步检验诚信的市场环境与司法环境间的关系，作者发现两者间呈明显的互补关系，这说明二者能够增强对方在完善企业交易环境上的作用。对于正处在转型期的发展中国家如中国，不仅要完善正式制度，也要重视非正式制度的作用，二者是相辅相成的关系。在经济转型时期，非正式制度会随着正式制度的调整而变化，即诚信环境会随着市场程度的提高而增强，因此，未来非正式制度的改善不仅会促进我国经济社会环境的改善，而且对于我国培养新的动态比较优势行业具有至关重要的作用。通过有针对性地出台和实施一些相关的政策措施，比如更加强调某些行业的信用监督体制和责任追查机制以及建立信用背书等，可以促进这些动态比较优势的发展。

8.4.2　交易成本与制度比较优势

通过对国际贸易中交易成本的分析可知，交易成本广泛且大量地存在于国际贸易活动中。交易成本的大小决定着不同国家间贸易开展的可能性，同时也成为各国对外贸易竞争的有效工具。交易成本越低，在竞争中越有优势，如何降低交易成本就是扩大对外贸易的关键问题。新制度经济学认为，制度的作用在于降低交易成本，也就是说，制度的优劣将决定交易成本的大小，良好的制度安排可以减少信息不对称，降低不确定性，完善契约关系，防止机会主义行为的发生。从交易成本的角度来说，基于新古典传统范式的贸易理论大多只考虑不同国家间的技术、资源禀赋以及生产成本方面的差异，而忽视了制度因素的影响。引入交易成本分析的意义在于，它扩充了传统理论关于比较优势的来源，表明对外贸易的交易成本的减小同样可以形成一个国家的比较优势，而这种比较优势来源于该国内生的制度因素，即制度比较优势。

制度的优劣决定交易成本的大小，它不仅会影响一国对外贸易的规模，还会影响贸易利益的分配。低效的对外贸易制度会增加交易成本，进而减少贸易利益，甚至阻碍贸易的发展；此外，低效的制度还会阻碍生产率的提高，使分工生产的成本较高，减小获利空间。因此，两国间贸易的发生在很多情况下取决于制度比较优势，而不是由要素禀赋、生产技术和生产成本形成的比较优势决定的。这就可以解释为何一些发展中国家在资源禀赋和要素价格方面存在比较优势，而实际的对外贸易规模却很小，原因就在于这些国家对外贸易制度不完善，使得交易成本居高不下，从而阻碍了对外贸易的扩大，压缩了获利空间。因此，注重对外贸易制度建设，加快对外贸易制度创新是发展对外贸易的关键。

而引入交易成本分析方法后，就会发现交易成本大小对对外贸易的开展和规模具有很大影响。同要素禀赋、技术差异以及生产成本差异一样，低交易成本也被视为比较优势的来源，甚至在很多时候，由交易成本差异构成的制度比较优势成了影响潜在对外贸易发生与否的重要决定因素。而制度的优劣决定着交易成本的大小，因此，节约交易成本，促进对外贸易发展最重要的途径是不断进行对外贸易制度创新，中国的对外贸易制度变迁恰恰证明了这一点。因此，为了更好地发展对外贸易，在对外贸易中获得更多的收益，中国必须不断进行制度创新，减少对外贸易的交易成本，培育及发挥对外贸易制度的比较优势。

8.4.3 制度对农产品比较优势的影响

1. 制度影响生产效率

产权清晰明确了农民在生产中的权利和义务，减少了活动中的不确定性，激励了农业生产的顺利开展。20 世纪 80 年代我国实施的家庭联产承包责任制，是继“土地改革”之后又一次农业制度的创新，虽然土地仍为国家所有，但是农民生产出的劳动成果由农民自己拥有并自行支配。产权确定成果归属的激励效应，是激发农民勤劳致富、实现共同富裕的重要保障。得益于对成果的稳定预期，农民在生产过程中投入充足的劳动力和资本，带来了农产品产量及质量的大幅提高。生产过程中农业技术革新，部分地区采取专业化生产，大大提高了农产品的生产效率，促进了早期农产品比较优势的形成。

2. 制度影响交易成本

有国内学者提出“全成本”概念，这从构成上决定了交易成本能在直观的量上对成本优势产生影响。影响农产品交易成本主要表现在农产品生产、交易过程的监督费用及加工的复杂程度上。与工业制成品不同，农产品是最基础的产品，主要用来维持人类劳动所需的体能。简单的农产品可以直接食用，相较于工业制成品，农产品的加工程度普遍较低。但是农产品间仍然存在差异性，如谷物类产品，加工程序简单、监督环节较少，涉及的交易成本较低。但饮料、酒类的农产品，其生产过程相对谷物来说更复杂。这类农产品在生产过程中，加工程度加深、监督费用增加，涉及的交易成本较高。对于农产品而言，生产、交易过程存在低、中、高交易成本之分，且交易成本的大小受不确定性的影响难以恒定。对于交易成本较低的农产品来说，因其生产成本固定，构成“全成本”较低，从而有利于比较优势的形成。就影响交易成本而言，制度直接影响比较优势的大小；就影响技术选择与生产效率而言则是间接的。农产品的生产与制度密切相关，当制度缺失时，就会出现农产品质量低劣等问题。

参考文献

[1] AMITI M. KONINGS J. Trade Liberalization, Intermediate Inputs, and Productivity: Evidence from Indonesia [J]. The American Economic Review, 2007, 97 (5): 1611-1638.

[2] ANTRÀS P. Firms, Contracts, and Trade Structure [J]. The Quarterly Journal of Economics, 2003, 118 (4): 1375-1418.

[3] ANTRÀS P. HELPMAN, E. Global Sourcing [J]. Journal of Political Economy, 2004, 112 (3): 552-580.

[4] ANTRÀS P. Incomplete Contracts and the Product Cycle [J]. American Economic Review, 2005, 95 (4): 1054-1073.

[5] ANTRÀS P. Gmssman-Hart (1986) Goes Global: Incomplete Contracts, Property Rights, and The International Organization of Production, Journal Goes Global Contracts [J]. Journal of Law, Economics, and Organization, 2014, 30 (1): 118-175.

[6] AZMEH S. Transient Global Value Chains and preferential Trade Agreements: Rules of Origin in US Trade Agreements with Jordan and Egypt [J]. Cambridge Journal of Regions, Economy and Society, 2015, 8 (3): 475-490.

[7] BALASSA B. Trade Liberalization and Revealed Comparative Advantage [J]. The Manchester School, 1965, 33 (2): 99-123.

[8] BALDWIN R., FORSLID R., MARTIN P, et al. Economic Geography and Public Policy [M]. Princeton University Press, 2003.

[9] BALDWIN R. FORSLID R. Trade Liberalization with Heterogeneous Firms [R]. CEFR Dicussion Paper No. 4635, 2004.

[10] BEHRENS [M]. K. and MURATA Y. Trade, Competition, and Efficiency [J]. Journal of International Economics, 2012, 87 (1): 1-17.

[11] BERNARD A. B. and JENSEN, J. B. Exporters, Jobs, and Wages in US Manufacturing: 1976—1987, Brookings Papers on Economic Activity [J]. Microeconomics, 1995: 67-112.

[12] BERNARD A. B. and JENSEN J. B. Exporting and Productivity in the USA, Oxford Review of Economic Policy [J]. Oxford University Press, 2004, 20 (3): 343-357.

[13] BERNARD A. B., REDDING S. J. and SCHOTT, P. K. Multi-Product Firms and Trade Liberalization [J]. SSRN Electronic Journal, 2009, 126 (3): 1271-1318.

[14] BERNARD A. B., JENSEN J. B. and SCHOTT, P. K. Trade Costs, Firms and Productivity [J]. Journal of Monetary Economics, 2006, 53 (5): 917-937

[15] BERNARD A. B., JENSEN J. B. and SCHOTT, P. K. Survival of the Best Fit: Exposure to Low-Wage Countries and the (Uneven) Growth of US Manufacturing Plants [J]. Journal of International Economics, 2006 (68): 219-237.

[16] BERNARD A. B., REDDING S. J. and SCHOTT, P. K. Comparative Advantage and Heterogeneous Firms Review of Economic Studies [J]. Blackwell Publishing, 2007, 74 (1): 31-66.

[17] BERNARD A. B., REDDING S. J. and SCHOTT, P. K. Multi-product Firms and Trade Liberalization, The Quarterly Journal of Economics [J]. Oxford University Press, 2011 (126): 1271-1318.

[18] CHICHILNISKY G. North-South Trade and the Global Environment [J]. American Economic Review, 1994 (84): 112-137.

[19] COPELAND B. R. and TAYLOR, M. S. North-South Trade and the Environment [J]. Quarterly Journal of Economics, 1994, 109 (3): 755-787.

[20] PAVCNIK N. Trade Liberalization, Exit, and Productivity Improvement: Evidence from Chilean Plants [J]. Review of Economic Studies, 2002, 69 (1): 245-76.

[21] DAVIS D. R. Trade Liberalization and Income Distribution [R]. NBER Working Paper, No. 5693, 1996.

[22] EDMOND C. , MIDRIGIN V. and XU, D. Y. Competition, Markups, and the Gains From International Trade [R]. NBER Working Paper No. 18041, 2012.

[23] FALVEY R. , GREENAWAY D. and YU, Z. Efficiency Differentials and Intra-industry Trade, GEP Research Paper, Leverhulme Centre for Research on Globalisiation and Economic Policy [R]. University of f Nottingham, 2003.

[24] FEENSTRA R. C. and WEINSTEIN D. Globalization, Markups, and the U. S. Welfare [R]. NBER Working Paper No. 15749, 2010.

[25] FEENSTRA. Restoring the Product Variety and Pro - Competitive Gains from Trade with Heterogeneous Firms and Bounded Productivity [R]. NBER Working Papers No. 19833, 2014.

[26] FUJITA M MORI T. Frontiers of the New Economic Geography [R]. Papers in Reginal Science, 2005 (84): 377-405.

[27] FUJITA M. , KRUGMAN P. The New Economic Geography : Past, Present and Future [J]. Papers in Reginal Science, 2005 (83): 139-164.

[28] FUJITA M. Towards the New Economic Geography in the Brain Power Society [J]. Regional Science and Urban Economics, 2007, 37 (4): 482-490.

[29] FORSLID R. , GIANMARCO I. P. Ottaviano. An Analytically Solvable Core - pcriphcry Model [J]. Journal of Economic Geography, 2003 (3): 229-240.

[30] Noel Gaston, Daniel Trefler. The Role of International Trade and Trade Policy in the Labor Markets of Canada and the United States [J]. World Economy, 1994 (17): 45-62.

[31] GEREFFI G. A Commodity Chains Framework for Analyzing Global Industries [M]. Duke University Working Paper, 1999.

[32] GIISGAARD L. , HAMMER N. Prospects for Labour in Global Value Chains: Labour Standards in the Cut Flower and Banana Industries [J]. British Journal of Industrial Relations, 2011, 49 (1): 168-190.

[33] GROSSMAN G. M. and KRUEGER, A. B. Environmental impacts of a north American free trade agreement [R]. NBER Working Papers No. 3914, 1991.

[34] GROSAMAN G. M. and HELPMAN, E. Outsourcing in A Global Econ-

omy, The Review of Economae Studies, 2005, 72 (1): 135-159.

[35] GROSSMAN G. M., HELPMAN, E. and SZEIDL, A. Optimal Integration Strategies For The Multinational Firm, Journal of International Economics [R]. 2006, 70 (1), 216-238.

[36] HALPERN L., KOREN M., SZEIDL A. Imported Inputs and Productivity [J]. American Economic Review, 2015, 105 (12): 3660-3703.

[37] HELPMAN E., MELITZ M. J, AND S. R. Yeaple. Export Versus FDI with Heterogeneous Firms [J]. American Economic Review, 2004, 94 (1): 300-316.

[38] HOTELLING H. Stability in Competition [J]. The Economic Journal, 1929 (3): 41-57.

[39] TYBOUT, JAMES. Plant and Firm-Level Evidence on "New" Trade Theories, Handbook of International Trade [R]. Blackwell, Oxford, 2003.

[40] Paolo Crestanello, Giuseppe Tattara. Industrial Clusters and the Governance of the Global Value Chain: The Romania-Veneto Network in Footwear and Clothing [J]. Regional Studies, 2011, 45 (2).

[41] KASAHARA H. and LAPHAM B. Productivity and the Decision to Import and Export: Theory and Evidence [R]. Journal of International Economics, 2013, 89 (2): 297-316.

[42] KOOPMAN R., WANG Z., WEI S. J. Tracing Value-added and Double Counting in Gross Exports [R]. American Economic Review, 2014, 104 (2): 459-494.

[43] KOOPMAN R., POWERS W., WANG Z. et a1. Give Credit Where Credit is due: Tracing Value Added in Global Production Chains [R]. NBER Working Papers No. 16426, 2011.

[44] KOGUT B. Designing Global Strategies: Comparative and Competitive Value-added Chains [R]. Sloan Management Review, 1985, 26 (4): 15-28.

[45] KRUGMAN P. R. Increasing Returns, Monopolistic Competition, and international Trade [R]. Journal of lnternational Economics, 1979, 9 (4): 469-479.

[46] KRUGMAN P. Scale Economies, Product Differentiation, and the Pattern of Trade [R]. American Economic Review, 1980, 70 (5): 950-959.

[47] KRUGMAN P. R. Intraindustry Specialization and the Gains From Trade [R]. The Journal of Political Economy, 1981, 89 (5): 959-973.

[48] KRUGMAN P. A. J. Venables. Globalization and the Inequality of Nations [R]. Quarterly Journal of Economics, 1995, 110 (4): 857-880.

[49] KRUGMAN P. On the Number and Location of Cities [J]. European Economic Review, 1993, 37 (2-3): 293-298.

[50] ANNE O. KRUEGER, HAL B. Lary, Terry Monson, Narongchai Akrasanee (Eds.) Trade and Employment in Developing Countries 1: Individual Studies Chicago: University of Chicago Press, 1981.

[51] LEE J., GEREFFI G, BEAUVAIS J. Global Value Chains and Agrifood Standards: Challenges and Possibilities for Smallholders in Developing Countries [J]. PNAS, 2012, 109 (31): 12326-12331.

[52] LILEEVA A. Trade Liberalization and Productivity Dynamics: Evidence From Canada [J]. Canadian Journal of Economics, 2008, 41 (2): 360-390.

[53] LOS, BART, MARCEL P. TIMMER, and GAAITZEN J. DE VRIES. Tracing value-added and Double Counting in Gross Experts : Comment, American Economic Review, 2016, 106 (7): 1958-1966.

[54] MA Y., TANG, H. and ZHANG, Y. Faotor Intensity Product Switching, and Productivity: Evidence From Chinese Exporters [J]. Journal of International Economics, 2014, 92 (2): 349-362.

[55] MAUREEN KILKENNY, JACQUES FRANCOIS THISSE. Economics of Location: A Selective Survey [J]. Computers & Operations Research, 1999 (26): 1369-1394.

[56] MARTIN P., ROGERS C. A. Industrial Location and Public Infrastructure [J]. Journal of International Economics, 1995 (39): 335-351.

[57] MATUSZ. International Trade Policy in a Model of Unemployment and Wage Differentials [J]. Canadian Journal of Economics, 1994 (27): 939-949.

[58] MELITZ M. J. The Impact of Trade on Intra-Industry Reallocations and Aggregate Industry Productivity [J]. Econometrica, 2003, 71 (6):

1695-1725.

[59] MELITZ, M. J. and GIANMARCO I. P. Ottaviano. Market Size, Trade, and Productivity [J]. The Review of Economic Studies, 2008, 75 (1): 295-316.

[60] MELITZ M. J. and REDDING, S. J. Heterogeneous Firms and Trade [R]. NBER Working Paper No. 18652, 2012.

[61] MELITZ M. J. and REDDING, S. J. Firm Heterogeneity and the Welfare Gains From Trade [R]. NBER Working Paper No. 18919, 2013.

[62] MICHAEL E. PORTER. The Competitive Advantage [M]. New York: The Free Press, 1985.

[63] NADVI K., RAJ-REICHERT G. Governing Health and Safety at Lower Tiers of the Computer Industry Global Value Chain [J]. Regulation and Governance, 2015, 9 (3): 243-258.

[64] GIANMARCO I. P. Ottaviano. Models of New Economic Geography: Factor Mobility vs. Vertical Linkages [M]. Graduate Institute of International Studies, 2002.

[65] PAVCNIK N. Trade Liberalization, Exit, and Productivity Improvement: Evidence from Chilean Plants [M]. Review of Economic Studies, 2002 (69): 245-276.

[66] PUGA D., Venables A J. Preferential Trading Arrangements and Industrial Location [M]. Journal of International Economics, 1997 (43): 347-368.

[67] PIETROBELLI C., RABELLOTTI R. Global Value Chains Meet Innovation Systems: Are There Learning Opportunities for Developing Countries [M]. World Development, 2011, 39 (7): 1261-1269.

[68] RIVERA-BATIZ, L. A. and ROMER, P. M. Economic Integration and Endogenous Growth [R]. NBER Working Paper No. 3528, 1990.

[69] ROBERTS M. J. and J. TYBOUT. The Decision to Export in Colombia: An Empirical Model of Entry with Sunk Costs [R]. American Economic Review, 1997, 87 (4): 545-564.

[70] ROBERT-NICOUD F. A Simple Geography Model with Vertical Linkages and Capital Mobility [D]. London School of Economics, 2002.

[71] SCHOR A. Heterogeneous Productivity Response to Tariff Reduction: Evidence From Brazilian Manufacturing Firms [D]. Journal of Development Economics, 2004, 75 (2): 373-396.

[72] SELDEN T. M., SONG D. Environmental Quality and Development: Is there a Kuznets Curve for Air Pollution Emissions? [D]. Journal of Environmental Economics and Management, 1994, 27 (2): 147-162.

[73] SHAPIRO C. and STIGILITZ. Equilibrium Unemployment as a Worker Discipline Device [D]. American Economic Review, 1984, 74 (3): 433-444.

[74] STEHRER R. Trade in Value Added and the Valued Added in Trade [R]. Wiiw Working Papers No. 2012/06, 2012.

[75] TIMMER M. P, ERUMBAN. A. A, GOUMA. R, et al. The World Input-Output Database (WIOD): Content [R]. Sources and Methods IIDE Discussion Papers No. 2012/04, 2012.

[76] WANG Z., WEI S., YU X. etal. Characterizing Global Value Chains: Production Length and Upstreamness [R]. NBER Working Paper No. 23261, 2017.

[77] WANGZ, WEI S. J., ZHU K. Quantifying International Production Sharing at the Bilateral and Sector Levels [R]. NBER Working Paper No. 19677, 2013

[78] MAYER T., M. J. MELITZ & GIANMARCO I. P. OTTAVIANO. Market size, competition, and the Product Mix of Exporters [J]. American Economic Review, 2014, 104 (2): 495-536.

[79] MAYER T., M. J. MELITZ & GIANMARCO I. P. Ottaviano. Product Mix and firm Productivity Responses to Trade Competition [R]. CEPR Discussion Papers No. 11389, 2016.

[80] MELITZ M. J. The Impact of Trade on Intra-industry Reallocation and Aggregate Industrial Productivity [R]. Econometrica, 2003, 71 (6): 1695-1725.

[81] MELITZ M. J. & GIANMARCO I. P. OTTAVIANO. Market Size, Trade, and Productivity [R]. Review of Economic Studies, 2008, 75 (1): 295-316.

[82] MELITZ M. J. & S. J. REDDING. Missing Gains from Trade? [R]. American Economic Review, 2014, 104 (5): 317-321.

[83] MELITZ M. J. & S. J. REDDING. New Trade Models, New Welfare Implications [R]. American Economic Review, 2015, 105 (3): 1105-1146.

[84] MELITZ M. J. & S. POLANEC. Dynamic Olley - Pakes Productivity Decomposition with Entry and Exit [R]. RAND Journal of Economics, 2015, 46 (2): 362-375.

[85] MELITZ M. J. &D. TREFLER. Gains from Trade When Firms Matter [R]. Journal of Economic Perspectives, 2012, 26 (2): 91-118.

[86] ANTRÀS, POL. Firms, Contracts, and Trade Structure [R]. Quarterly Journal of Economics, 2003, 118 (4): 1375-1418.

[87] ANTRÀS, POL. International Trade and Organizations [R]. NBER Reporter No. 2, 2010.

[88] ANTRÀS, POL. and E. HELPMAN. Global Sourcing, Journal of Political Economy [J]. University of Chicago Press, 2004, 112 (3): 552-580.

[89] ANTRÀS, POL. and E. HELPMAN. Contractual Frictions and Global Sourcing [R]. NBER Working Paper No. 12747. 2006.

[90] ANTRÀS, Pol and Esteban Rossi-Hansberg. Organizations and Trade [R]. NBER Working Paper No. 14262, 2008.

[91] BALDWIN R. and T. OKUBO. Agglomeration, Off shoring and Heterogeneous Firms [R]. CEPR Discussion Paper No. 5663, 2006.

[92] BERNARD, ANDREW B. and J. BRADFORD JENSEN. 1995. Exporters, Jobs, and Wages in US Manufacturing: 1976—1987, Brookings Papers on Economic Activity [M]. Microeconomics, 1995: 67-119.

[93] BERNARD, ANDREW B. and J. BRADFORD JENSEN. Exceptional Exporter Performance: Cause, Effect, or Both? [J]. Journal of International Economics, 1999, 47 (1): 1-26.

[94] BERNARD, ANDREW B. and J. BRADFORD JENSEN. Exporting and Productivity: Importance of Reallocation, NBER Working Paper No. 7135 [R]. 1999.

[95] BERNARD, ANDREWB. and J. BRADFORD JENSEN. Why Some Firms Export [R]. NBER Working Paper No. 8349, 2001.

[96] BERNARD, ANDREW B. and J. BRADFORD JENSEN. The Deaths

of Manufacturing Plants [R]. NBER Working Paper No. 9026, 2002.

[97] BERNARD, ANDREWB. and J. WAGNER. Export Entry and Exit By German Firms [R]. NBER Working Paper No. 6538, 1998.

[98] BERNARD, ANDREW B., STEPHENJ. Redding and Peter K. Schott. Product Choice and Product Switching [R]. NBER Working Paper No. 9789, 2003.

[99] BERNARD, ANDREW B., STEPHENJ. REDDING and PETER K. SCHOTT. Comparative Advantage and Heterogeneous Firms, Review of Economic Studies [J]. Blackwell Publishing, 2007, 74 (1): 31-66.

[100] BERNARD, ANDREW B., STEPHEN J. REDDING and PETER K. SCHOTT. Products and Productivity, Scandinavian Journal of Economics [J]. Blackwell Publishing, 2009, 111 (4): 681-709.

[101] BERNARD, ANDREW B., STEPHEN J. REDDING and PETER K. SCHOTT. Multiple-Product Firms and Product Switching [J]. American Economic Review, 2010 (100): 70-97.

[102] BERNARD, ANDREW B., STEPHEN J. REDDING and PETER K. SCHOTT. Multi-Product Firms and Trade Liberalization [R]. NBER Working Paper No. 12782, 2006.

[103] YEAPLE S. R. The Complex Integration Strategies of Multinationals and Cross Country Dependencies in the Structure of Foreign Direct Investment [J]. Journal of International Economics, 2003, 60 (2): 293-314

[104] YEAPLE S. R. A Simple Model of Firm Heterogeneity, International Trade, and Wages [J]. Journal of International Economics, 2005, 65 (1): 1-20.

[105] YEAPLE S. R. Offshoring, Foreign Direct Investment, and the Structure of U. S. Trade [J]. Journal of the European Economic Association, 2006, 4 (2-3): 602-611.

[106] KRUGMAN P. Scale Economies, Product Differentiation, and the Pattern of Trade [J]. American Economic Review, 1980, 70 (5): 950-959.

[107] MARC J. MELITZ. The Impact of Trade on Intra-industry Reallocation and Aggregate Industry Productivity [J]. Econometrica, 2003, 71 (6): 1695-1725.

[108] MARC J. MELITZ, GIANMARCO I. P. OTTAVIANO. Market Size, Trade and Productivity [J]. Review of Economic Studies, 2008, 75 (1): 295-316.

[109] MARC J. MELITZ, STEPHEN J. REDDING. New Trade Models, New Welfare Implications [R]. NBER Working Paper No. 18919, 2013.

[110] MARCUS ASPLUND, VOLKER NOCKE. Firm Turnover in Imperfectly Competitive Markets [J]. Review of Economic Studies, 2006, 73 (2): 295-327.

[111] STEPHEN J. REDDING. Theories of Heterogeneous Firms and Trade [R]. NBER Working Paper No. 16562, 2010.

[112] GROSSMAN G. M. and E. HELPMAN. Outsourcing in a Global Economy [J]. Review of Economic Studies, 2005, 72 (1): 135-159.

[113] GROSSMAN G. M. and E. HELPMAN and A. SZEIDL. Optimal Integration Strategies for the Multination Firm [J]. Journal of International Economics, 2006, 70 (1): 216-238.

[114] MARIN D. and T. VERDIEr. Power inside the Firm and the Market: A General Equilibrium Approach [R]. CEPR Discussion Paper No. 3526, 2002.

[115] MARIN D. and T. VERDIER. Globalization and the Employment of Talent [R]. CEPR Discussion Paper No. 4129, 2003.

[116] MARIN D. and T. VERDIER. Corporate Hierarchies and International Trade: Theory and Evidence, University of Munich [m]. Mimeo, 2005.

[117] MARIN D. and T. VERDIER. Competing in Organization: Firm Heterogeneity and International Trade [R]. GESY Discussion Paper No. 207, 2007.

[118] MARIN D. and T. VERDIER. Power in the Multinational Corporation in Industry Equilibrium [R]. GESY Discussion Paper No. 209, 2007.

[119] DAVIES, RONALD B., JEPPESEN, TINE. Export Mode, Trade Costs and Productivity Sorting [R]. UCD Working Paper Series 12/25, 2012.

[120] GAO B. TVEDE M. Heterogeneous Fixed Export Cost: Explaining the Existence of Export-only Firms [R]. Newcastle University, 2013.

[121] GEORGE ALESSANDRIA and HORAG CHOI. Do Falling Iceberg Costs Explain Recent U. S. Export Growth? [R]. Working Papers No. 12-20,

Federal Reserve Bank of Philadelphia, 2012.

[122] HEGE MEDIN. Firms' Export Decision-Fixed Trade Costs and the Size of The Export Market [J]. Journal of International Economics, 2003, 61 (1): 225-241.

[123] JAN G. JORGENSEN & PHILIPP J. H. SCHRODER. Fixed Export Cost Heterogeneity, Trade and Welfare [J]. European Economic Review, 2008 (52): 1256-1274.

[124] SHON M. FERGUSON. Cross-industry Heterogeneity in Export Participation: The Role of Scale Economies in R&D [R]. IFN Working Paper No. 930, 2012.

[125] ABEL-KOCH, J. Endogenous Trade Policy with Heterogeneous Firms, Discussion paper series No. 1306 [R]. Gutenberg School of Management and Economics, 2013

[126] Amiti M. and Davis, D. R. Trade Firms, and Wages: Theory and Evidence [J]. Review of Economic Studies, 2011, 79 (1): 1-36.

[127] AMITI M. and KONINGS, J. Trade Liberalization, Intermediate Inputs, and Productivity: Evidence from Indonesia. [J]. The American Economic Review, 2007, 97 (5): 1611-1638.

[128] ARKOLAKIS C., COSTINOT A., DONALDSON, D. and RODRIGUEZ-CLARE, A. The Elusive Pro-Competitive Effects of Trade [R]. NBER Working Paper No. 21370, 2015.

[129] ARKOLAKIS C., COSTINOT, A. and RODRIGUEZ-CLARE, A. New Trade Models, Same Old Gains? [J]. The American Economic Review, 2012, 102 (1): 94-130.

[130] DAUDIN G. RIFFLART C., SCHWEISGUTH D. Who Produces for Whom in the World Economy? [J]. Canadian Journal of Economics, 2011, 44 (4): 1403-1437.

[131] KOOPMAN R. POWERS W., WANG Z., et al. Give Credit Where Credit is due: Tracing Value Added in Global Production Chains [R]. NBER Working Paper No. 16426, 2010.

[132] BENHAMOU L. Le Grand Bazar Mondial [R]. Bourin, 2005.

[133] CERINA F., ZHU Z., CHESSA A., et al. World Input-output network [R]. PLoS One, 2015.

[134] ZHANG J., TANG D., ZHAN Y. Foreign Value-added in China's Manufactured Exports: Implications for China's Trade Imbalance [J]. China & World Economy, 2012, 20 (1): 27-48.

[135] CHEN X., CHENG L. K., FUNG K. C., et al. Domestic Value Added and Employment Generated by Chinese Exports: A Quantitative Estimation [J]. China Economic Review, 2012, 23 (4): 850-864.

[136] CHEN X., CHENG L. K., FUNG K. C. The Estimation of Domestic Value-added and Employment Induced by Exports: An Application to Chinese Exports to the United States [M]. China and Asia: Economic and Financial, 2008.

[137] HUMMELS D, ISHII J, YI K M. The Nature and Growth of Vertical Specialization in World Trade [J]. Journal of International Economics, 2001, 54 (1): 75-96.

[138] KOOPMAN R., WANG Z., WEI S. J. Tracing Value-added and Double Counting in Gross Exports [J]. American Economic Review, 2014, 104 (2): 459-494.

[139] FEENSTRA R. C., JENSEN J. B. Evaluating Estimates of Materials Offshoring from US Manufacturing [J]. Economics Letters, 2012, 117 (1): 170-173.

[140] ALBERT OTTO. HIRSCHMAN. The Strategy of Economic development [M]. New Haven: Yale University Press, 1958.

[141] CHENERY H. B. and WATANABE T. International Comparisons of the Structure of Production [M]. Econometrica: Journal of Econometric Society, 1958: 490-515.

[142] LAUMAS P. S. The Weighting Problem in Testing the Linkage Hypothesis [J]. The Quarterly Journal of Economics, 1976, 90 (2): 308-312.

[143] ANTRÀS P., CHOR, D. On the Measurement of Upstreamness and Downstreamness in Global Value Chains [R]. NBER Working Paper No. 24185, 2018.

[144] ANTRÀS P., CHOR, D., FALLY, T., & HILLBERRY, R. Measuring the Upstreamness of Production and Trade Flows [J]. American Economic Review, 2012, 102 (3): 412-416.

[145] MARCHI V. D, MARIA E. D, MICELLI S. Environmental Strategies, Upgrading and Competitive Advantage in Global Value Chains [J]. Business Strategy and the Environment, 2013, 22 (1): 62-72.

[146] DIETZENBACHER, ERIK, ROMERO LUNA, ISIDORO, & BOSMA, N. S. Using Average Propagation Lengths to Identify Production Chains in the Andalusian Economy [J]. Estudios De Economía Aplicada, 2005, 23 (2): 405-422.

[147] DIETZENBACHER E., & ROMERO, I. Production Chains in an Interregional Framework: Identification by Means of Average Propagation Lengths [J]. International Regional Science Review, 2007, 30 (4): 362-383.

[148] HAUSMANN R., HWANG, J., RODRIK, D. What You Export Matters [J]. Journal of Economic Growth, 2007, 12 (1): 1-25.

[149] PONTE S. and STURGEON T. Explaining Governance in Global Value Chains: A Modular Theory-building Effort [J]. Review of International Political Economy, 2014, 21 (1): 195-223.

[150] JAN HAGEMEJER, MAHDI GHODSI. Up or Down the Value Chain? A Comparative Analysis of the GVC Position of the Economies of the New EU Member States [J]. Central European Economic Journal, 2016.

[151] JOHNSON, & NOGUERA. Accounting for Intermediates: Production Sharing and Trade in Value Added [J]. Journal of International Economics, 2012, 86 (2): 224-236.

[152] MICHAELY MICHAEL. Trade, Income Levels and Dependence [R]. Amsterdam: North-Holland Press, 1984.

[153] MILLER R., & TEMURSHOEV, U. Output Upstreamness and Input Down streamness of Industries/Countries in World Production [J]. International Regional Science Review, 2017, 40 (5): 443-475.

[154] RODRIK D. What's So Special about China's Exports? [J]. China & World Economy, 2006, 14 (5): 1-19.

[155] LALL, WEISS, & ZHANG. The "sophistication" of exports: A

New Trade Measure [J]. World Development, 2006, 34 (2): 222-237.

[156] ROMERO I., DIETZENBACHER H. W. A. and HEWINGS G. J. D. Fragmentation and Complexity: Analyzing Structural Change in the Chicago Regional Economy [J]. Revista de Economía Mundial, 2009 (23): 263-282

[157] JOHNSON R. Measuring Global Value Chains [R]. NBER Working Paper No. 24027, 2017.

[158] WANG Z., WEI S., & ZHU, K. Quantifying International Production Sharing at the Bilateral and Sector Levels [R]. NBER Working Paper No. 19667, 2013.

[159] XU & LU. Foreign Direct Investment, Processing Trade, and the Sophistication of China's Exports [J]. China Economic Review, 2009, 20 (3): 425-439.

[160] DICKEN P., KELLY P., OLDS K., & WAI-CHUNG YEUNG, H. Chains and Networks, Territories and Scales: Towards a Relational Framework for Analysing the Global Economy [J]. Global Networks, 2001, 1 (2): 89-112.

[161] GEREFFI G. International trade and Industrial Upgrading in the Apparel Commodity Chain [J]. Journal of International Economics, 1999, 48 (1): 37-70.

[162] GEREFFI G. Shifting Governance Structures in Global Commodity Chains, With Special Reference to the Internet [J]. American Behavioral Scientist, 2001, 44 (10): 1616-1637.

[163] GEREFF, G., HUMPHREY J., & STURGEON, T. The governance of Global Value Chains [J]. Review of International Political Economy, 2005, 12 (1): 78-104.

[164] PIORE M. SABEL C. The Second Industrial Divide [M]. New York: Basic books, 1984.

[165] KOOPMAN, WANG, & WEI. Estimating Domestic Content in Exports when Processing Trade is Pervasive [J]. Journal of Development Economics, 2012, 99 (1): 178-189.

[166] ROUZET D. and S. MIROUDOT. The Cumulative Impact of Trade Barriers Along the Value Chain: An Empirical Assessment Using the OECD In-

ter-country Input-output Model, Paper Presented at the 16th Annual Conference on Global Economic Analysis [M]. Shanghai, 2013.

[167] WANG X., LIU Z., LV, Y., & ZHAO C. Trade Barriers and Participation in the Global Value Chain: An Empirical Study Based on Anti-dumping toward China [J]. China & World Economy, 2019, 27 (2): 86-106.

[168] COSTINOT A., VOGEL, JONATHAN, & WANG, SU. An Elementary theory of Global Supply Chains [J]. The Review of Economic Studies, 2013, 80 (1): 109-144.

[169] BACKUS D., KEHOE, P., & KYDLAND, F. International Real Business Cycles [J]. Journal of Political Economy, 1992, 100 (4): 745-775.

[170] DI GIOVANNI J., & LEVCHENKO, A. Putting the Parts Together: Trade, Vertical Linkages, and Business Cycle Comovement [J]. American Economic Journal: Macroeconomics, 2010, 2 (2): 95-124.

[171] DUVAL, LI, SARAF, & SENEVIRATNE. Value-added Trade and Business cycle Synchronization [J]. Journal of International Economics, 2016 (99): 251-262.

[172] NG E. Production Fragmentation and Business-cycle Comovement [J]. Journal of International Economics, 2010, 82 (1): 1-14.

[173] GEREFFI G. International Trade and Industrial Upgrading in the Apparel Commodity Chain [J]. Journal of International Economics, 1999, 48 (1): 37-70.

[174] Hamel G., & PRAHALAD, C. Competing For The Future [R]. Boston: Harvard Business Press, 1994.

[175] KAPPEL, ROBERT. Global Value Chains, Technology Transfer and Local Firm Upgrading in Non-OECD Countries [R]. GIGA Working Papers No. 110, 2009.

[176] ALICE H. AMSDEN, WAN-WEN CHU. Beyond Late Development, Taiwan's Upgrading Policies: Cambridge, Mass [J]. MIT Press, Journal of Economic Literature, 2003, 43 (2): 518-519.

[177] TEECE D. and PISANO, G. The Dynamic Capabilities of Firms: An

Introduction [M]. Industrial and Corporate Change, 1994.

[178] BARRIENTOS S., GEREFFI, G., & ROSSI, A. Economic and Social Upgrading in Global Production Networks: A New Paradigm for a Changing World [J]. International Labour Review, 2011, 150 (3 - 4): 319-340.

[179] MILBERG W., & WINKLER, D. Economic and Social Upgrading in Global Production Networks: Problems of Theory and Measurement [J]. International Labour Review, 2011, 150 (3-4): 341-365.

[180] ROSENBAUM P., & RUBIN, D. Assessing Sensitivity to an Unobserved Binary Covariate in an Observational Study with Binary Outcome [J]. Journal of the Royal Statistical Society: Series B (Methodological), 1983, 45 (2): 212-218.

[181] ZHI WANG, SHANG-JIN WEI, XINDING YU, et al. Characterizing Global Value Chains: Production Length and Upstreamness [R]. NBER Working Papers No. 23261, 2017.

[182] PRAVAKAR SAHOO. The Economic Relations of China and India with Pakistan: A Comparative Analysis [R]. Asia Pacific Development Journal, 2012, 19 (1): 1-35.

[183] RONALD E. MILLER and PETER D. BLAIR. Input-Output Analysis: Foundations and Extensions [R]. Cambridge University Press, 2009

[184] JONES R. W. and KIERZKOWSKI, H. A Framework for Fragmentation. In: Arndt, S. W. and Kierzkowski, H., Eds., Fragmentation. New Production Patterns in the World Economy [R]. Oxford University Press, Oxford, 2001.

[185] BALDWIN R. Heterogeneous Firms and Trade: Testable and Untestable Properties of the Melitz Model [R]. NBER Working Paper No. 11471, 2005

[186] JENSEN J. Bradford and Nathan Musick. Trade, Technology and Plant Performance [R]. Economics and Stastics Administr Office of Policy Development, 1996.

[187] JENSEN, J. BRADFORD, and NATHANMUSICK. Trade, technology and plant performance, Economics and Statistics Administration [R]. Office of Policy Development, ESA/OPD 96-4, 1996.

[188] AW, BEE YAN, SUKKYUN CHUNG and MARK J. Roberts. Productivity and Turnover in the Export Market: Micro-level Evidence from the Republic of Korea and Taiwan (China) [J]. The World Bank Economic Review, 2000 (14): 65-90.

[189] CLERIDES S. K., LACH, S. and TYBOUT, J. R. Is Learning by Exporting Important? Micro-Dynamic Evidence from Colombia, Mexico and Morocco [J]. Quarterly Journal of Economics, 1998 (113): 903-947.

[190] BESEDE T., PRUSA, T. J. Ins, Outs, and the Duration of Trade [J]. Canadian Journal of Economics, 2006, 39 (1): 266-295.

[191] BESEDE T., PRUSA, T. J. Product Differentiation and Duration of US Import Trade [J]. Journal of International Economics, 2006, 70 (2): 329 -358.

[192] NITSCH V. Die Another Day: Duration in German Import Trade [J]. Review of World Economics, 2009, 145 (1): 133-154.

[193] OBASHI AYAKO. Stability of Production Networks in East Asia: Duration and Survival of Trade [J]. Japan and the World Economy, 2010 (22): 21-30

[194] FUGAZZA M., MOLINA, A. C. The Determinants of Trade Survival [R]. IHEID Working Paper No. 5, 2009.

[195] BRENTON P., Saborowski C, von Uexkull E. What Explains the Low Survival Rate of Developing Country Export Flows? [J]. The World Bank Economic Review, 2010, 24 (3): 474-499.

[196] HESS WOOFGANG, PERSSON MARIA. Exploring the Duration of EU Imports [J]. Review of World Economy, 2011, 147 (4): 665-692.

[197] ESTEVE-PEREZET AL. The Duration of Firm -destination Export Relationships: Evidence from Spain: 1997 - 2006 [J]. Economic Inquiry, 2013, 51 (1): 159-180.

[198] MAYER T. MELITZ M. J. and GIANMARCO I. P. OTTAVIANO. Market Size, Competition, and the Product Mix of Exporters [J]. The American Economic Review, 2014, 104 (2): 495-536.

[199] KRUGMAN P. Scale Economies, Product Differentiation, and the Pattern of Trade [J]. America Economic Review, 1980, 70 (5): 950-959.

[200] HELPMAN E., and P. KRUGMAN. Market Structure and Foreign Trade: Increasing Returns, Imperfect Competition, and the International Economy [J]. Cambridge (Mass): MIT Press, 1985.

[201] DAVIS D. The Home Market, Trade and Industrial Structure [J]. American Economic Review, 1998, 88 (5): 1264-1276.

[202] YU Z. Trade, Market Size, and Industrial Structure: Revisiting the Home-market Effect [J]. Canadian Journal of Economics, 2005, 38 (1): 255-272.

[203] CROZET M., and F. TRIONFETTI. Trade Costs and the Home Market Effect [J]. Journal of International Economics, 2008, 76 (2): 309-321.

[204] AMITI M. Inter-industry Trade in Manufactures: Does Country Size Matter? [J]. Journal of International Economics, 1998 (44): 231-255.

[205] BEHRENS K. LAMORGESE, A. GIANMARCO I. P. OTTAVIANO. TABUCHI T. Beyond the Home Market Effect: Market Size and Specialization in a Multi - Country World [J]. Journal of International Economics, 2009 (79): 259-265.

[206] BEHRENS K., LAMORGESE A GIANMARCO I. P. OTTAVIANO. TABUCHI T. Testing the Home Market Effect in a Multi-Country World: A Theory-Based Approach [R]. CEPR Discussion Paper No. 4468, 2004.

[207] DAVIS D, WEINSTEIN D. Economic Geography and Regional Pro duction Structure: An Empirical Investigation [J]. European Economic Review, 1999, 43 (2): 379-407.

[208] DAVIS D, WEINSTEIN D. Market Access, Economic Geography and Comparative Advantage: An Empirical Test [J]. Journal of International Economics, 2003, 59 (1): 1-23.

[209] HEAD K, RIES J. Increasing Returns Versus National Product Differentiation as an Explanation for the Pattern of US-Canada Trade [J]. American Economic Review, 2001, 91 (4): 858-876.

[210] FEENSTRA R. C., MARKUSEN J. R., Rose A K. Using the Gravity Equation to Differentiate Among Alternative Theories of Trade [J]. Canadian Journal of Economics, 2001 (34): 430-447.

[211] SCHUMACHER D. Home Market and Traditional Effects on Comparative Advantage in a Gravity Approach [R]. DIW Berlin Discussion Paper No. 344, 2003.

[212] WEDER R. Comparative Home-market Advantage: An Empirical Analysis of British and American Exports [J]. Review of World Economics, 2003, 139 (2): 220-247.

[213] DURANTON G., PUGA, D. Nursery Cities: Urban Diversity, Process Innovation, and the Life Cycle of Products [J]. The American Economic Review, 2001, 91 (5): 1454-1477.

[214] HOLMES T. J., STEVENS J. J. Does Home Market Size Matter for the Pattern of Trade? [J]. Journal of International Economics, 2005 (65): 489-505.

[215] HEADK. T. MAYER and J. RIES. On the Pervasiveness of Home Market Effects [J]. CEPR Discussion Papers No. 3454, 2002.

[216] BR1ODA, C. and WEINSTEIN, D. Globalization and the Gains from Variety [J]. Quarterly Journal of Economics, 2006, 121 (2) : 541-585.

[217] MINONDO, A. and REQUENA, F. Welfare Gains from Imported Varieties in Spain, 1988—2006 [R]. Series EC Working Papers, 2010.

[218] MOHLER L. and SEITZ M. The Gains from Variety in the European Union [R]. MPRA paper, 2010.

[219] CABRAL S. and MANTEU, C. Gains from Import Variety: The Case of Portugal [R]. Economic Bulletin, 2010.

[220] P. Krugman and A. J. Venables. Globalization and the Inequality of Nations [J]. Quarterly Journal of Economics, 1995, 110 (4): 857-880.

[221] KRUGMAN P. Geography and Trade, MIT Press, Cambridge, MA, 1991.

[222] FUJITA M., P. R. KRUGMAN and A. J. VENABLES. The Spatial Economy: Cities, Regions and International Trade [R]. MIT Press, 1999.

[223] DAVIS D., and D. WEINSTEIN. Does Economic Geography Matter for International Specialisation? [R]. NBER Working Papers 5706, 1996.

[224] DAVIS D., and D. WEINSTEIN. Economic Geography and Regional

Production Structure: An Empirical Investigation [J]. European Economic Review, 1999, 43 (2): 379-407.

[225] CROZET M. and F TRIONFETTI. Trade costs and the Home Market Effect [J]. Journal of International Economics, 2008 (76): 309-321.

[226] FOURCADE M., KLUTTZ, D. N. A Maussian Bargain: Accumulation by Gift in the Digital Economy [J]. Big Data and Society, 2020, 7 (1): 1-16.

[227] SANDEEP M. S., RAVISHANKAR, M. N., Sociocultural Transitions and Developmental Impacts in the Digital Economy of Impact Sourcing [J]. Information Systems Journal, 2018, 28 (3): 563-586

[228] World Trade Organization, World Trade Report 2018, Geneva: WTO, 2018, World Trade Organization [M]. Book Launch: Research Handbook on Trade in Services, 2018.

[229] ALEXIS N. Trends in U. S. Trade in Information and Communications Technology (ICT) Services and in ICT-Enabled Services [M]. Survey of Current Business, 2016.

[230] CURRAN D. Risk, Innovation, and Democracy in the Digital Economy [J]. European Journal of Social Theory, 2018, 21 (2): 207-226.

[231] GOMBER P., KAUFFMAN, R. J., PARKER, C., WEBER, B. W. On the Fintech Revolution: Interpreting the Forces of Innovation, Disruption and Transformation in Financial Services [J]. Journal of Management Information Systems, 2018, 35 (1): 220-265.

[232] BRYNJOLFSSON E., COLLIS, A. How Should we Measure the Digital Economy? [J]. Harvard Business Review, 2019, 97 (6): 140-146.

[233] ALI M. A., HOQUE, M. R., ALAM, K. An Empirical Investigation of the Relationship Between E-Government Development and the Digital Economy: the case of Asian countries [J]. Journal of Knowledge Management, 2018, 22 (5): 1176-1200.

[234] TAGLIONI D., WINKLER D. Making Global Value Chains Work for Development, World Bank [R]. Washington, DC, 2016

[235] FREDERICK S. A Study on Global Value Chains and International

Cooperation on Industrial Capacity with a Focus on China, Research Report, Duke University, Durham, NC [R]. South-East and South Asian Countries, 2017.

[236] World Economic Forum. Expanding Participation and Boosting Growth: the Infrastructure Needs of the Digital Economy, Prepared in Collaboration with the Boston Consulting Group, Davos [R]. Switzerland, 2015.

[237] Work Programme on Electronic Commerce, Submission from the US, WT / GC /16, February 12, 1999.

[238] Institute for Security and Development Policy. Made in China 2025: Backgrounder [R]. Stockholm, 2018.

[239] BUKHT R., HEEKS R. Defining, Conceptualizing and Measuring the Digital Economy, The Development Informatics Working Paper No. 68, Centre for Development Informatics, Global Development Institute, SEED, University of Manchester [R]. UK, 2017.

[240] ELDER-VASS, D. Profit and Gift in the Digital Economy, Cambridge Univ. Press, Cambridge [R]. UK. 2016.

[241] GEREFFI G., Fernandez-Stark K. Global Value Chain Analysis: A primer, Center on Globalization, Governance and Competitiveness, Duke University, Durham [R]. NC, 2016.

[242] CODAGNONE C., Karatzogianini, A., Matthews A. Platform Economics: Rhetoric and Reality in the Sharing Economy, Emerald Publishing, Bingley [R]. UK, 2018.

[243] IVANOVA, I., SCEULOVS, D. Identifying Elements of the Digital Economy Ecosystem, RISEBA University of Business, Arts and Technology [R]. Riga, Latvia, 2018.

[244] JAMES S., et al. Digital Trade in the U. S. and Global Economies [R]. Part 1, USITC Publication, 2013.

[245] DAVID C., et al. Global Digital Trade 1: Market Opportunities and Key Foreign Trade Restrictions [R]. USITC Publication, 2017.

[246] OECD, WTO and IMF. Handbook on Measuring Digital Trade [R]. Version1, 2020.

[247] Gary Clyde Hufbauer and Zhiyao Lu. Can Digital Flows Compensate for Lethargic Trade and Investment? [M]. Peterson Institute for International Economics, 2018.

[248] HENRY GAO. Digital or Trade? The Contrasting Approaches of China and U. S. to Digital Trade [J]. Journal of International Economic Law, 2018, 21 (2): 297-321.

[249] BERNARD, ANDREw B., Jonathan Eaton, J. Bradford Jensen, and Samuel Kortum. Plants and Productivity in International Trade [J]. American Economic Review, 2003, 93 (4): 1268-1290.

[250] 陈勇兵，赵羊，汪婷．异质企业框架下贸易自由化的福利效应：一个文献综述 [J]. 国际贸易问题，2016 (3)：28-36.

[251] 滨砂敬郎，邹伟东．投入产出分析方法的发展 [J]．统计研究，1993 (6)：32-36.

[252] 陈世清．对称经济学 [M]．北京：中国时代经济出版社，2010.

[253] 陈勇兵，仉荣，曹亮．中间品进口会促进企业生产率增长吗——基于中国企业微观数据的分析 [J]. 财贸经济，2012 (3)：76-86.

[254] 盛丹，包群，王永进．基础设施对中国企业出口行为的影响："集约边际"还是"扩展边际" [J]. 世界经济，2011 (1)。

[255] 赵曙东．瞻望国际贸易研究的前沿 [J]. 南京社会科学，2003 (12)：112-113.

[256] 李春顶，东艳 2015 年国外国际贸易研究前沿 [J]. 国外社会科学，2016 (5)：120-128.

[257] 伍先福．贸易增加值分解与全球价值链地位测度研究综述 [J]. 中国流通经济，2019 (4)：33-44.

[258] 池仁勇，邵小芬，吴宝．全球价值链治理、驱动力和创新理论探析 [J]. 外国经济与管理，2006 (3)：24-30.

[259] 金雪军，卢佳，张学勇．两种典型贸易模式下的环境成本研究———基于浙、粤两省数据的对比分析 [J]. 国际贸易问题，2008 (1)：48-54.

[260] 潘文卿，王丰国，李根强．全球价值链背景下增加值贸易核算

理论综述［J］. 统计研究，2015（3）：69-75.

［260］张永亮，邹宗森．进口种类、产品质量与贸易福利：基于价格指数的研究［J］. 世界经济，2018（1）：123-141.

［261］刘德学，孙博文．贸易会导致福利恶化吗？——基于跨国面板数据的实证研究［J］. 产经评论，2018（3）：139-150.

［520］施炳展，张夏．中国贸易自由化的消费者福利分布效应［J］. 经济学（季刊），2017（7）：1421-1445.

［262］樊海潮，张丽娜．中间品贸易与中美贸易摩擦的福利效应：基于理论与量化分析的研究［J］. 中国工业经济，2018（9）：41-57.

［263］程时雄，刘丹．企业异质性、东道国特征与对外直接投资进入模式选择［J］. 经济经纬：2018（7）：50-58.

［264］肖慧敏，刘辉煌．地理距离、企业异质性与中国对外直接投资——基于“新”新经济地理视角［J］. 经济管理，2012（10）：77-84.

［265］王丹，倪超君，张洪振．对外直接投资的母国就业效应研究——基于市场和企业异质性视角［J］. 商业经济研究，2018（4）：151-153.

［266］杨波，张佳琦．海外并购与绿地投资选择研究：基于企业异质性视角［J］. 国际贸易问题，2017（12）：117-126.

［267］刘晓宁．企业对外直接投资区位选择——东道国因素与企业异质性因素的共同考察［J］. 经济经纬，2018（3）：59-66.

［268］陶攀，荆逢春．中国企业对外直接投资的区位选择——基于企业异质性理论的实证研究［J］. 世界经济研究，2013（9）：74-80.

［269］陈景华．企业异质性、全要素生产率与服务业对外直接投资——基于服务业行业和企业数据的实证检验［J］. 国际贸易问题，2014（7）：112-121.

［270］朱荃，张天华．生产率异质性、东道国市场条件与中国企业对外直接投资［J］. 国际商务—对外经济贸易大学学报，2017（3）：61-72.

［271］刘军．企业异质性与 FDI 行为：理论研究进展综述［J］. 国际贸易问题，2015（5）：124-131.

［272］李宏艳，俊妍．跨国生产与垂直专业化：一个新经济地理学分析框架［J］. 世界经济，2008（9）：30-40.

[273] 郭晶．基于企业异质性的增加值贸易核算研究综述［J］．国际贸易问题，2016（9）：50-59.

[274] 陈继勇，王保双，蒋艳萍．企业异质性、出口国内附加值与企业工资水平——来自中国的经验证据［J］．国际贸易问题，2016（8）：74-83.

[275] 郑丹青，于津平．外资进入与企业出口贸易增加值——基于中国微观企业异质性视角［J］．国际贸易问题，2015（12）：95-106.

[276] 吕越，罗伟，刘斌．异质性企业与全球价值链嵌入：基于效率和融资的视角［J］．世界经济，2015（8）：25-40.

[277] 梁琦，李晓萍，吕大国．市场一体化、企业异质性与地区补贴——一个解释中国地区差距的新视角［J］．中国工业经济，2012（2）：16-24.

[278] 程欣．基于钻石模型和 RCA 指数对我国纺织服装产业国际竞争力的研究［J］．国际商务研究，2009（1）：23-28.

[279] 崔凡，邓兴华．异质性企业贸易理论的发展综述［J］．世界经济，2014（6）：138-160.

[280] 戴翔．中国制造业国际竞争力——基于贸易附加值的测算［J］．中国工业经济，2015（1）：78-88.

[281] 邓伟根，王然．全球价值链治理与外向型经济产业转型——以珠三角地区为例［J］．学术研究，2010（1）：56-62+159-160.

[282] 董承章．投入产出分析［M］．北京：中国财政经济出版社，2000.

[283] 樊瑛．异质企业贸易模型的理论进展［J］．国际贸易问题，2008（3）：124-128.

[284] 冯·杜能．孤立国同农业和国民经济的关系［M］．北京：商务印书馆，1986.

[285] 郭晶，刘菲菲．中国服务业国际竞争力的重新估算——基于贸易增加值视角的研究［J］．世界经济研究，2015（2）：52-60+128.

[286] 葛顺奇，罗伟．跨国公司进入与中国制造业产业结构——基于全球价值链视角的研究［J］．经济研究，2015（11）：34-48.

[287] 何其祥．投入产出分析［M］．北京：科学出版社，1999.

[288] 黄启才．我国战略性新兴产业发展与升级路径——基于全球价值链的视角 [J]．国际经济合作，2013（6）：24-27.

[289] 黄建忠，郑智昕．异质性企业贸易理论的最新进展 [J]．国际经贸探索，2011（11）：4-11.

[290] 金碚，李鹏飞，廖建辉．中国产业国际竞争力现状及演变趋势——基于出口商品的分析 [J]．中国工业经济，2013（5）：5-17.

[291] 赖磊．全球价值链治理、知识转移与代工企业升级——以珠三角地区为例 [J]．国际经贸探索，2012（4）：42-51.

[292] 李春顶．出口贸易、FDI 与我国企业的国际化路径选择——新-新贸易理论模型扩展及我国分行业企业数据的实证研究 [J]．南开经济研究，2009（2）：15-28.

[293] 李春顶．中国外贸发展战略调整与政策选择——来自新新贸易理论的启示 [J]．当代经济研究，2009（8）：47-51.

[294] 李春顶，王领．异质性企业的出口贸易行为选择与经济效应——新新贸易理论的模型扩展及其对我国的启示 [J]．商业经济与管理，2009（8）：43-52.

[295] 李春顶．新新贸易理论文献综述 [J]．世界经济文汇，2010（1）：102-117.

[296] 李春顶，唐丁祥．出口与企业生产率：新-新贸易理论下的我国数据检验（1997—2006 年）[J]．国际贸易问题，2010（9）：13-21.

[297] 李春顶，尹翔硕．我国出口企业的“生产率悖论”及其解释 [J]．财贸经济，2009（11）：84-90.

[298] 刘奕，夏杰长．中国软件出口：战略选择和政策措施 [J]．国际贸易，2009（12）：44-47.

[299] 李钢，刘吉超．入世十年中国产业国际竞争力的实证分析 [J]．财贸经济，2012（8）：88-96.

[300] 刘林青，周潞．比较优势、FDI 与中国农产品产业国际竞争力——基于全球价值链背景下的思考 [J]．国际贸易问题，2011（12）：39-54.

[301] 刘遵义等．非竞争型投入占用产出模型及其应用——中美贸易顺差透视 [J]．中国社会科学，2007（5）：91-103.

［302］刘志彪，张杰．全球代工体系下发展中国家俘获型网络的形成、突破与对策——基于 GVC 与 NVC 的比较视角［J］．中国工业经济，2007（5）：39-47.

［303］唐东波．贸易政策与产业发展：基于全球价值链视角的分析［J］．管理世界，2012（12）：13-22.

［304］裴长洪，杨志远，刘洪愧．负面清单管理模式对服务业全球价值链影响的分析［J］．财贸经济，2014（12）：5-16+63.

［305］裴长洪．进口贸易结构与经济增长：规律与启示［J］．经济研究，2013（7）：4-19.

［306］乔小勇，王耕，李泽怡．全球价值链国内外研究回顾——基于 SCI/SSCI/CSSCI 文献的分析［J］．亚太经济，2017（1）：116-126.

［307］邱斌，闫志俊．异质性企业理论的研究综述——基于异质性出口固定成本的最新动态［J］．经济问题探索，2014（10）：162-167.

［308］钱学锋，王备．异质性企业与贸易政策：一个文献综述［J］．世界经济，2018（7）：169-192.

［309］钱学锋．企业异质性、贸易成本与中国出口增长的二元边际［J］．管理世界，2008（9）：48-56.

［310］邵军，冯伟．异质性企业贸易理论研究进展综述［J］．国际贸易问题，2013（3）：167-177.

［311］施炳展．中国出口增长的三元边际［J］．经济学（季刊），2010，9（4）：1311-1330.

［312］孙秀玲，周洁．贸易自由化对中国环境影响分析［J］．经济问题，2008（11）：53-55.

［313］王克岭，罗斌，吴东，董建新．全球价值链治理模式演进的影响因素研究［J］．产业经济研究，2013（4）：14-20+58.

［314］王直，魏尚进，祝坤福．总贸易核算法：官方贸易统计与全球价值链的度量［J］．中国社会科学，2015（9）：108-127.

［315］王军．贸易和环境研究的现状和进展［J］．世界经济，2004（7）：67-80.

［316］温一村．全球价值链下国际贸易政策的变化与走向［J］．竞争情报，2016（12）：49-56.

[317] 吴宇晖，张嘉昕．外国经济思想 [M]．北京：高等教育出版社，2014.

[318] 巫强，刘志彪．本土装备制造业市场空间障碍分析——基于下游行业全球价值链的视角 [J]．中国工业经济，2012 (3)：43-55.

[319] 许晖，许守任，王睿智．嵌入全球价值链的企业国际化转型及创新路径——基于六家外贸企业的跨案例研究 [J]. 科学研究，2014 (1)：73-83.

[320] 肖德，张颖．环境保护与贸易自由化 [J]. 国际贸易问题，1997 (5)：35-38.

[321] 杨继军，范从来．“中国制造”对全球经济“大稳健”的影响——基于价值链的实证检验 [J]. 中国社会科学，2015 (10)：92-113.

[322] 元悦．Melitz 异质性企业贸易模型 [J]. 生产力研究，2013 (9)：159-161.

[323] 约瑟夫·熊彼特．经济分析史 [M]．北京：商务印书馆，1991.

[324] 张禹，严兵．中国产业国际竞争力评估——基于比较优势与全球价值链的测算 [J]. 国际贸易问题，2016 (10)：38-49.

[325] 曾繁华，何启祥，冯儒，吴阳芬．创新驱动制造业转型升级机理及演化路径研究——基于全球价值链治理视角 [J] 科学进步与对策，2015 (12)：45-50.

[326] 赵玉焕．贸易自由化对环境的影响 [J]. 国际贸易问题，2003 (5)：51-55.

[327] 钟契夫．投入产出分析（修订版）[M]. 北京：中国财政经济出版社，1997.

[328] 王玉华，赵平．新新贸易理论框架下的 FDI 理论述评 [J]. 汕头大学学报（人文社会科学版），2015，31 (1)：63-69.

[329] 金毓，鲍晓华．产品质量对贸易模式与贸易福利的影响——QHFM 的新发展 [J]. 国际经贸探索，2015 (10)：18-24.

[330] 赵亮．“自贸区驱动”能否驱动中国经济增长？——基于贸易福利视角的理论机制与实证论证 [J]. 经济与管理研究，2017 (4)：16-23.

［331］孙浦阳，侯欣裕，盛斌．外资自由化与贸易福利提升：理论与经验研究［J］．世界经济，2018（3）：29-46.

［332］张奕芳．互联网贸易红利能否弥补人口红利——基于福利效应的内生贸易模型及中国经验［J］．国际贸易问题，2018（7）：15-25.

［333］王华，许和连，杨晶晶．出口、异质性与企业生产率——来自中国企业层面的证据［J］．财经研究，2011（6）：36-46.

［334］杨春艳，庆峰．中国对美国高新技术产品出口结构——基于贸易二元边际的研究［J］．商业经济与管理，2011（3）：54-60.

［335］易靖韬．企业异质性、市场进入成本、技术溢出效应与出口参与决定［J］．经济研究，2009（9）：106-115.

［336］易靖韬，傅佳莎．企业生产率与出口：浙江省企业层面的证据［J］．世界经济，2011（5）：74-92.

［337］张杰，李勇，刘志彪．出口促进中国企业生产率提高吗？——来自中国本土制造业企业的经验证据：1999—2003［J］．管理世界，2009（12）：11-26.

［338］张杰，李勇，刘志彪．出口与中国本土企业生产率——基于江苏制造业企业的实证分析［J］．管理世界，2008（11）：50-64.

［339］朱廷珺，李宏兵．异质性企业国际转移的动力机制与路径选择——HFT 模型和 NEG 模型的拓展及验证［J］．国际贸易问题，2011（10）：48-59.

［340］张庆昌，蒋殿春．异质性与跨国公司的战略选择［J］．当代经济科学，2011（5）：92-98.

［341］刘淑琳，黄静波．对外直接投资与企业生产率——基于中国上市公司的实证分析［J］．国际经贸探索，2011（2）：64-68.

［342］高国伟．跨国公司生产率差异和国际直接投资战略选择［J］．南方经济，2010（3）：21-33.

［343］高国伟．异质性与混合型国际直接投资［J］．南开经济研究，2009（6）：76-87.

［344］洪联英，唐寅，彭媛．中国企业对外直接投资的微观障碍分析——基于生产率异质性理论的分析方法［J］．世界经济研究，2012（9）：72-80.

［345］洪联英，罗能生．全球生产与贸易新格局下企业国际化发展路径及策略选择——基于生产率异质性理论的分析方法［J］．世界经济研究，2007（12）：55-61.

［346］孙利平．对中国“出口—生产率悖论”的解释综述和政策启示［J］．临沂大学学报，2018，40（2）：127-138.

［347］刘宏松，程海烨．跨境数据流动的全球治理——进展、趋势与中国路径［J］．国际展望，2020，12（6）：65-88.

［348］李钢，张琦．对我国发展数字贸易的思考［J］．国际经济合作，2020（1）：56-65.

［349］张卫华，梁运文．中国数字贸易发展水平省域分异与空间效应［J］．贵州社会科学，2020（12）：129-138.

［350］李建萍．异质性企业的出口生产率悖论研究——基于比较优势视角的解释［D］．山东大学，2015.

［351］杨汝岱．中国企业“出口—生产率悖论”典型事实［J］．世界经济，2015（3）：182-183.

［352］张鹏辉．中国制造业出口企业存在生产率悖论吗——基于企业出口状态转换的视角［J］．财贸研究，2016（5）：58-65.

［353］李春顶．中国出口企业是否存在“生产率悖论”：基于中国制造业企业数据的检验［J］．世界经济，2010（7）：64-81.

［354］戴觅．悖论来自何处？［J］．世界经济，2015（5）：189-190.

［355］范剑勇，冯猛．中国制造业出口企业生产率悖论之谜：基于出口密度差别上的检验［J］．管理世界，2013（8）：16-29.

［356］梁会君，史长宽．国内外贸易成本差异、行业要素密集度与我国出口“生产率悖论”——基于中国制造业动态面板数据［J］．山西财经大学学报，2013，35（10）：54-67.

［357］李建萍，张乃丽．比较优势、异质性企业与出口“生产率悖论”——基于对中国制造业上市企业的分析［J］．国际贸易问题，2014（6）：3-12.

［358］安虎森，皮亚彬，薄文广．市场规模、贸易成本与出口企业生产率“悖论”［J］．财经研究，2013，39（5）：41-50.

［359］张杰，李勇，刘志彪．出口与中国本土企业生产率——基于江

苏制造业企业的实证分析［J］. 管理世界，2008（11）：50-64.

［360］李宏兵．企业异质性与贸易中介理论研究新进展［J］. 西部论坛，2012，22（3）：62-67.

［361］徐蕾，尹翔硕．贸易成本视角的中国出口企业“生产率悖论”解释［J］. 国际商务（对外经济贸易大学学报），2012（3）：13-26.

［362］聂文星，朱丽霞．企业生产率对出口贸易的影响——演化视角下“生产率悖论”分析［J］. 国际贸易问题，2013（12）：24-35.

［363］汤二子，孙振．异质性生产率、产品质量与中国出口企业的“生产率悖论”［J］. 世界经济研究，2012（11）：12-17.

［364］方虹，王旭．马克・梅利茨对异质性企业贸易理论的贡献——科睿维安“引文桂冠奖”得主学术贡献评介［J］. 经济学动态，2018（4）：148-158.

［365］陈蓉，许培源．产品多样化与国际贸易收益：研究述评［J］. 国际贸易问题，2014（6）：151-163.

［366］苏振东，洪玉娟，刘璐瑶．政府生产性补贴是否促进了中国企业出口？——基于制造业企业面板数据的微观计量分析［J］. 管理世界，2012（5）：24-42.

［367］王孝松，谢申祥．中国出口退税政策的决策和形成机制——基于产品层面的政治经济学分析［J］. 经济研究，2010（10）：101-114.

［368］商务部．全球价值链与中国贸易增加值核算研究报告［M］. 商务部，2014.

［369］刘瑞翔，姜彩楼．经济全球化背景下我国产业关联特征分析——基于1997—2007可比价非竞争型投入产出表的研究［J］. 产业经济研究，2010（5）：17-26.

［370］李昕．贸易总额与贸易差额的增加值统计研究［J］. 统计研究，2012，29（10）：15-22.

［371］郑丹青，于津平．增加值贸易视角下双边贸易利益再分解——以中美贸易为例［J］. 世界经济研究，2016（5）：52-63.

［372］沈梓鑫，贾根良．增加值贸易与中国面临的国际分工陷阱［J］. 政治经济学评论，2014，5（4）：165-179.

［373］郭周明，裘莹．数字经济时代全球价值链的重构：典型事实、

理论机制与中国策略［J］．改革，2020（10）：73-85.

［374］葛明，赵素萍．总值贸易，贸易增加值与增加值贸易的逻辑关系与实证比较［J］．武汉大学学报（哲学社会科学版），2017，70（2）：61-72.

［375］黎峰．全球价值链分工，出口产品结构及贸易收益［D］．上海社会科学院，2015.

［376］李鑫茹，陈锡康，段玉婉，祝坤福．国民收入视角下的中美贸易平衡分析［J］．世界经济，2018（6）：3-27.

［377］蓝庆新，窦凯．基于“钻石模型”的中国数字贸易国际竞争力实证研究［J］．社会科学，2019（3）：44-54.

［378］苏明华．基于非竞争型投入产出表的产业关联效应方法研究［J］．商业经济，2017（8）：126-132.

［379］李娜，韩君．基于非竞争型投入产出表的加工贸易产业关联效应研究［J］．甘肃金融，2019（2）：53-58.

［380］王会娟，陈锡康．扩展的非竞争型能源投入占用产出模型［J］．系统科学与数学，2009（11）：1447-1456.

［381］张芳．针对加工贸易之非竞争型投入产出表的编制与应用分析［J］．统计研究，2011（8）：73-79.

［382］李鑫茹，孔亦舒，陈锡康等．中国对美国贸易反制措施的效果评价——基于非竞争型投入占用产出模型的研究［J］．管理评论，2018，30（5）：218-224.

［383］黄先海，杨高举．中国高技术产业的国际分工地位研究：基于非竞争型投入占用产出模型的跨国分析［J］．世界经济，2010（5）：82-100.

［384］孙铭壕，侯梦薇，钱馨蕾，徐建玲．“一带一路”沿线国家参与全球价值链位势分析——基于多区域投入产出模型和增加值核算法［J］．湖北社会科学，2019（2）：94-101.

［385］许宪春．我国国民经济核算面临的问题及改革的方向［J］．统计研究，2002（4）：8-13.

［386］刘佳．产业关联和波及效应指标体系的构建及应用［D］．北京物资学院，2015.

［387］高敏雪，葛金梅．出口贸易增加值测算的微观基础［J］．统计研究，2013（10）：8-15.

［388］陈雯，李强．全球价值链分工下我国出口规模的透视分析——基于增加值贸易核算方法［J］．财贸经济，2014（7）：107-115.

［389］徐久香，方齐云．基于非竞争型投入产出表的我国出口增加值核算［J］．国际贸易问题，2013（11）：34-44.

［390］李建军，胡宗义．全球价值链下贸易增加值的核算思想、方法与展望［J］．内蒙古社会科学（汉文版），2018，39（6）：95-102.

［391］陈婷婷．全球价值链下我国服务贸易发展方式转变及评价研究［D］．北方工业大学，2018.

［392］郑雨彤．全球价值链下中国服务贸易现状——基于增加值视角［J］．现代营销（经营版），2018（11）：58.

［393］郑丹青，于津平．中国出口贸易增加值的微观核算及影响因素研究［J］．国际贸易问题，2014（8）：3-13.

［394］张茉楠．全球数字贸易战略：新规则与新挑战［J］．区域经济评论，2018（5）：23-27.

［395］许宪春．中国国内生产总值核算［J］．经济学（季刊），2002（4）：23-36.

［396］李晓，张宇璇．中美贸易争端对东亚经济体的影响——基于中国出口增加值的研究［J］．东北亚论坛，2019（1）：3.

［397］刘似臣，汪娅兰．贸易增加值视角下的中国服务出口国际竞争力——基于2016版WIOD世界投入产出表［J］．调研世界，2017（4）：54-60.

［398］郭晶，刘菲菲．中国服务业国际竞争力的重新估算——基于贸易增加值视角的研究［J］．世界经济研究，2015（2）：52-60.

［399］黄先海，杨高举．中国高技术产业的国际分工地位研究：基于非竞争型投入占用产出模型的跨国分析［J］．世界经济，2010（5）：82-100.

［400］张鸿．我国对外贸易结构及其比较优势的实证分析［J］．国际贸易问题，2006（4）：46-52.

［401］齐舒畅，王飞，张亚雄．我国非竞争型投入产出表编制及其应

用分析［J］. 统计研究，2008（5）：79-83.

［402］姚洋，张晔. 中国出口品国内技术含量升级的动态研究——来自全国及江苏省、广东省的证据［J］. 中国社会科学，2008（2）：67-82.

［403］杜传忠，张丽. 中国工业制成品出口的国内技术复杂度测算及其动态变迁——基于国际垂直专业化分工的视角［J］. 中国工业经济，2013（12）：52-64.

［404］王直，魏尚进，祝坤福. 总贸易核算法：官方贸易统计与全球价值链的度量［J］. 中国社会科学，2015（9）：108-127.

［405］王岚，李宏艳. 中国制造业融入全球价值链路径研究——嵌入位置和增值能力的视角［J］. 中国工业经济，2015（2）：76-88.

［406］倪红福. 全球价值链中产业"微笑曲线"存在吗？——基于增加值平均传递步长方法［J］. 数量经济技术经济研究，2016（11）：111-126.

［407］倪红福，龚六堂，夏杰长. 生产分割的演进路径及其影响因素——基于生产阶段数的考察［J］. 管理世界，2016（4）：10-23.

［408］周华，李飞飞，赵轩，李品芳非等间距产业上游度及贸易上游度测算方法的设计及应用［J］. 数量经济技术经济研究，2016（6）：128-143.

［409］程大中，魏如青，郑乐凯. 中国服务贸易出口复杂度的动态变化及国际比较——基于贸易增加值的视角［J］. 国际贸易问题，2017（5）：103-113.

［410］张为付，戴翔. 中国全球价值链分工地位改善了吗？——基于改进后出口上游度的再评估［J］. 中南财经政法大学学报，2017（4）：90-100.

［411］王恕立，吴楚豪. "一带一路"倡议下中国的国际分工地位——基于价值链视角的投入产出分析［J］. 财经研究，2018（8）：18-30.

［412］张辉. 全球价值链理论与我国产业发展研究［J］. 中国工业经济，2004（5）：38-46.

［413］张辉. 全球价值链动力机制与产业发展策略［J］. 中国工业经济，2006（1）：40-48.

［414］黄先海，杨高举．中国高技术产业的国际分工地位研究：基于非竞争型投入占用产出模型的跨国分析［J］．世界经济，2010（5）：82-100.

［415］郭晶，赵越．高技术产业国际分工地位的影响因素：基于完全国内增加值率视角的跨国实证［J］．国际商务（对外经济贸易大学学报），2012（2）：87-95.

［416］廖泽芳，宁凌．中国的全球价值链地位考察——基于附加值贸易视角［J］．国际商务（对外经济贸易大学学报），2013（6）：21-30.

［417］周升起，兰珍先，付华．中国制造业在全球价值链国际分工地位再考察——基于 Koopman 等的“GVC 地位指数”［J］．国际贸易问题，2014（2）：3-12.

［418］王岚．融入全球价值链对中国制造业国际分工地位的影响［J］．统计研究，2014（5）：17-23.

［419］刘琳．中国参与全球价值链的测度与分析——基于附加值贸易的考察［J］．世界经济研究，2015（6）：71-83.

［420］王厚双，李艳秀，朱奕绮．我国服务业在全球价值链分工中的地位研究［J］．世界经济研究，2015（8）：11-18.

［421］尹伟华．中日制造业参与全球价值链分工模式及地位分析——基于世界投入产出表［J］．经济理论与经济管理，2016（5）：100-112.

［422］闫云凤．全球价值链视角下 APEC 主要经济体增加值贸易竞争力比较［J］．上海财经大学学报，2016，18（1）：75-84.

［423］赖伟娟，钟姿华．中国与欧、美、日制造业全球价值链分工地位的比较研究［J］．世界经济研究，2017（1）：125-134.

［424］陈健，陈苔菁，赵迪．中国服务业是如何参与全球价值链分工体系的？——增加值平均传递步长角度的考察［J］．东南大学学报（哲学社会科学版），2018，20（1）：69-77.

［425］赵玉焕，史巧玲，尹斯祺，姚海棠．中国参与全球价值链分工的测度及对就业的影响研究［J］．经济与管理研究，2019，40（2）：13-26.

［426］金莹，戴翔．本土市场规模扩大一定有助于价值链攀升吗？［J］．南京社会科学，2019（3）：18-25.

[427] 郭飞，黄雅金．全球价值链视角下 OFDI 逆向技术溢出效应的传导机制研究——以华为技术有限公司为例［J］．管理学刊，2012（3）：61-65.

[428] 聂名华，徐英杰．对外直接投资逆向技术溢出与全球价值链升级研究进展［J］．科技管理研究，2016（15）：153-158.

[429] 马述忠，刘梦恒．全球价值链背景下中国 OFDI 的网络化趋势及其默会知识逆向溢出研究［J］．国际商务（对外经济贸易大学学报），2017（3）：74-85.

[430] 宋勇超．"一带一路"战略下中国企业对外直接投资模式研究——基于多元 Logit 模型的实证分析［J］．软科学，2017，31（5）：66-69.

[431] 李俊久，蔡琬琳．对外直接投资与中国全球价值链分工地位升级：基于"一带一路"的视角［J］．四川大学学报（哲学社会科学版），2018（3）：157-168.

[432] 兰宜生，徐小锋．关税保护对不同产业全球价值链参与度的影响差异——基于一般制造业和高技术产业的比较研究［J］．软科学，2019，33（4）：25-28.

[433] 魏悦羚，张洪胜．进口自由化会提升中国出口国内增加值率吗——基于总出口核算框架的重新估计［J］．中国工业经济，2019（3）：24-42.

[434] 闵剑，刘忆．全球价值链、融资约束与跨国并购绩效——来自中国制造业企业的证据［J］．国际贸易问题，2019（3）：71-84.

[435] 胡晓燕，蒋冠．对外直接投资对中国全球价值链生产规模和结构的影响［J］．西部论坛，2019，29（2）：73-82.

[436] 潘文卿，娄莹，李宏彬．价值链贸易与经济周期的联动：国际规律及中国经验［J］．经济研究，2015（11）：20-33.

[437] 唐宜红，张鹏杨，梅冬州．全球价值链嵌入与国际经济周期联动：基于增加值贸易视角［J］．世界经济，2018（11）：49-73.

[438] 张桂梅，张平．价值链分工与发展中国家就业利益及风险分析［J］．华东经济管理，2012（11）：76-79.

[439] 李强．企业嵌入全球价值链的就业效应研究：中国的经验分析

[J]. 中南财经政法大学学报，2014（1）：28-35.

[440] 马风涛，段治平. 全球价值链、国外增加值与熟练劳动力相对就业——基于世界投入产出表的研究[J]. 经济与管理评论，2015（5）：72-80.

[441] 刘会政，丁媛. 基于MRIO模型的中国参与全球价值链就业效应研究[J]. 国际商务（对外经济贸易大学学报），2017（6）：30-42.

[442] 杨继军，袁敏，张为付. 全球价值链融入与中国制造业就业：基于非竞争型投入产出模型的分析[J]. 国际经贸探索，2017（11）：19-31.

[443] 李磊，盛斌，刘斌. 全球价值链参与对劳动力就业及其结构的影响[J]. 国际贸易问题，2017（7）：27-37.

[444] 吴晓怡，邵军，安梦丹. 中国制造业企业参与全球价值链能提高工资水平吗[J]. 国际经贸探索，2019（3）：18-36.

[445] 刘志彪，张杰. 全球代工体系下发展中国家俘获型网络的形成、突破与对策——基于GVC与NVC的比较视角[J]. 中国工业经济，2007（5）：39-47.

[446] 刘志彪，张杰. 从融入全球价值链到构建国家价值链：中国产业升级的战略思考[J]. 学术月刊，2009，41（9）：59-68.

[447] 贾怀勤. 数字贸易的双核架构和一体两翼[J]. 国际经济合作，2020（6）：48-61.

[448] 李杨，陈寰琦，周念利. 数字贸易规则"美式模板"对中国的挑战及应对[J]. 国际贸易，2016（10）：24-27.

[449] 张俊娥，董晓红. 从USMCA看中美数字贸易规则领域的分歧及中国应对策略[J]. 对外经贸实务，2021（2）：42-45.

[450] 余东华，田双. 嵌入全球价值链对中国制造业转型升级的影响机理[J]. 改革，2019（3）：50-60.

[451] 徐娜，齐欣. 中国制造企业全球价值链嵌入的动态最优生产决策——基于嵌入位置与控制能力的实证研究[J]. 经济问题探索，2016（11）：99-105.

[452] 孟庆民. 区域经济一体化的概念与机制[J]. 开发研究，2001（2）：47-49.

[453] 李瑞林，骆华松．区域经济一体化：内涵、效应与实现途径［J］．经济问题探索，2007（1），52-57.

[454] 王原雪，张二震．全球价值链视角下的区域经济一体化及中国的策略［J］．南京社会科学，2016（8）：10-17.

[455] 罗布森．国际一体化经济学——大学参考用书［M］．上海译文出版社，2001.

[456] 兰宜生，苏锦红．贸易自由化与中国制造业劳动力收入分配的演化［J］．国际商务（对外经济贸易大学学报），2018（2）：15-27.

[457] 张亚斌，艾洪山．国际垂直专业化与工薪差距：理论研究与经验分析［J］．经济学动态，2010（6）：98-102.

[458] 毛其淋，盛斌．贸易自由化、企业异质性与出口动态——来自中国微观企业数据的证据［J］．管理世界，2013（3）：48-65.

[459] 樊瑛．多边贸易体制——绩效、挑战与解决之道［D］．对外经济贸易大学，2006.

[460] 杨春艳．关于优惠贸易安排发展的“动态”时间路径分析［J］．当代经济（下半月），2007（4）：116-117.

[461] 王炜翰．国际商务［M］．北京：机械工业出版社，2013.

[462] 盛斌，果婷．亚太区域经济一体化博弈与中国的战略选择［J］．世界经济与政治，2014（10）：4-21.

[463] 徐帆．中国——智利自由贸易区优惠关税政策及影响研究［D］．上海海关学院，2017.

[464] 张红星．中国巴基斯坦自由贸易协定贸易效应的研究［D］．外交学院，2017.

[465] 左品．南方共同市场经济一体化研究［D］．南京大学，2011.

[466] 朱廷珺，李宏兵。异质性企业国际转移的动力机制与路径选择——HFT 模型和 NEG 模型的拓展及验证［J］．国际贸易问题，2011（10）：48-59.

[467] 陈健生，李文宇，刘洪铎．区域竞争、本地市场效应与产业集聚——一个包含政府部门的新经济地理分析［J］．产业经济研究，2015（1）：83-92.

[468] 郭晶，刘菲菲．中国服务业国际竞争力的重新估算——基于贸

易增加值视角的研究［J］. 世界经济研究，2015（2）：52-60.

［469］汤婧. 国际数字贸易监管新发展与新特点［J］. 国际经济合作，2019（1）：74-79.

［470］林薛栋，魏浩，李飚. 进口贸易自由化与中国的企业创新——来自中国制造业企业的证据［J］. 国际贸易问题，2017（2）：97-106.

［471］李平，姜丽. 贸易自由化、中间品进口与中国技术创新——1998—2012 年省级面板数据的实证研究［J］. 国际贸易问题，2015（7）：3-11.

［472］田巍，余淼杰. 中间品贸易自由化和企业研发：基于中国数据的经验分析［J］. 世界经济，2014（6）：90-112.

［473］田巍，余淼杰. 企业出口强度与进口中间品贸易自由化：来自中国企业的实证研究［J］. 管理世界，2013（1）：28-44.

［474］郑淑伟. 国际数字贸易壁垒的现状和我国的应对策略［J］. 对外经贸实务，2019（7）：42-45.

［475］杜晓英，李皓. 异质性企业出口行为的实证研究——基于中国企业面板数据［J］. 工业技术经济，2011（10）：44-51.

［476］易靖韬，傅佳莎. 企业生产率与出口浙江省企业层面的证据［J］. 世界经济，2011（5）：74-92.

［477］赵伟，赵金亮，韩媛媛. 异质性、沉没成本与中国企业出口决定来自中国微观企业的经验证据［J］. 世界经济，2011（4）：62-79.

［478］张杰，李勇，刘志彪. 出口促进中国企业生产率提高吗？——来自中国本土制造业企业的经验证据：1999-2003［J］. 管理世界，2009（12）：11-26.

［479］杜运苏，王丽丽. 中国出口贸易持续时间及其影响因素研究——基于 Cloglog 模型［J］. 科研管理，2015（7）：130-136.

［480］余淼杰. 中国的贸易自由化与制造业企业生产率［J］. 经济研究，2010（12）：97-110.

［481］余淼杰. 加工贸易、企业生产率和关税减免——来自中国产品面的证据［J］. 经济学（季刊），2011（4）：1251-1280.

［482］易靖韬，蒙双. 贸易自由化、企业异质性与产品范围调整［J］. 世界经济，2018（11）：74-97.

［483］刘宏松．霸权国对多边主义制度的有限参与——以冷战后美国参与东盟地区论坛为例［J］．外交评论，2007（8）：67-76.

［484］刘光溪．共赢性博弈论——多边贸易体制的国际政治经济学分析［D］．复旦大学，2006.

［485］杨春艳．关于优惠贸易安排发展的“动态”时间路径分析［J］．当代经济，2007（4）：116-117.

［486］楼铖铖．中国——秘鲁自由贸易协定实施效果研究［D］．南京大学，2017.

［487］蔡宏波，杨晗．CEPA 框架下内地与香港服务贸易开放评析：2004—2009［J］．中央财经大学学报，2011（9）：81-86.

［488］华晓红，杨立强．中国内地与香港 CEPA 效益评价［J］．国际贸易，2008（11）：38-45.

［489］俞肇熊，王坤．CEPA 对香港和内地经济的影响与发展前景［J］．世界经济研究，2007（6）：80-85.

［490］骆念蓓．CEPA 框架下的服务贸易开放评析［J］．国际贸易问题，2006（10）：68-73.

［491］陈广汉，曾弈．CEPA 对内地香港生产者服务贸易影响的理论分析［J］．经济学家，2005（2）：53-58.

［492］钱学锋，梁琦．本地市场效应：理论和经验研究的新近进展［J］．经济学（季刊），2007（3）：969-990.

［493］李慧中，祁飞．扩大内需：基于“母市场效应”的理论评述［J］．学海，2011（1）：104-109.

［494］钱学锋，黄云湖．中国制造业本地市场效应再估计：基于多国模型框架的分析［J］．世界经济，2011（6）：59-78.

［495］祁飞，李慧中．“母市场效应”：来自中国制造业对外贸易面板数据的证据［J］．财经研究，2011（3）：93-103.

［496］陈勇兵，李伟，钱学锋．中国进口种类增长的福利效应估算［J］．世界经济，2011（12）：76-95.

［497］祁飞．区域不平衡的内生性——基于“母市场效应”文献述评的视角［J］．财经科学，2015（5）：86-96.

［498］卢仁祥．金融危机下的贸易保护问题研究——基于母市场效应

的分析［J］. 经济问题，2012（6）：33-36.

［499］杨国庚，杨奇．产业结构优化升级研究理论综述［J］. 全国商情（经济理论研究），2009（5）：7-9.

［500］钱学锋，黄云湖．中国制造业本地市场效应再估计：基于多国模型框架的分析［J］. 世界经济，2013（6）：59-78.

［501］张帆，潘佐红．本土市场效应及其对中国省间生产和贸易的影响［J］. 经济学（季刊），2006，5（2）：307-328.

［502］李国学，张宇燕．资产专用性投资、全球生产网络与我国产业结构升级［J］. 世界经济研究，2010（5）：3-6.

［503］易先桥．FDI 对武汉产业结构升级的影响［J］. 湖北社会科学，2009（3）：82-84.

［504］黄日福，陈晓红．FDI 与产业结构升级：基于中部地区的理论及实证研究［J］. 管理世界，2007（3）：154-155.

［505］张国胜，胡建军．产业升级中的本土市场规模效应［J］. 财经科学，2012（2）：78-85.

［506］王佳菲．提高劳动者报酬的产业结构升级效应及其现实启示［J］. 经济学家，2010（7）：35-41.

［507］吴福象，王德鑫．产业融合的产业结构高级化效应——基于上海市六大支柱产业的实证研究［J］. 南京邮电大学学报（社会科学版），2009（2）：8-12.

［508］姚德文．产业结构优化升级的制度分析——以上海为例［D］. 复旦大学，2008.

［509］刘志彪，张杰．从融入全球价值链到构建国家价值链：中国产业升级的战略思考［J］. 学术月刊，2009（9）：59-68.

［510］冯伟，徐康宁，产业发展中的本地市场效应——基于我国2004—2009 年面板数据的实证［J］. 经济评论，2012（2）：62-70.

［511］程如烟，许诺，蔡凯．中美研发经费投入对比研究［J］. 世界科技研究与发展，2018（5）：444-453.

［512］陈筠．跨越“数字鸿沟”，发展我国电子贸易——“电子东盟”对我国对外贸易的启示［J］. 厦门特区党校学报，2003（4）：45-48.

［513］张泽平．数字经济背景下的国际税收管辖权划分原则［J］. 学

术月刊，2015，47（2）：84-92.

［514］李斌，白树强，冯路．互联网环境下跨境数字化产品的海关估价征税问题研究［J］．国际贸易，2016（4）：14-17.

［515］梅冠群．全球数字服务贸易发展现状及趋势展望［J］．全球化，2020（4）：62-77.

［516］郑伟，钊阳．数字贸易：国际趋势及我国发展路径研究［J］．国际贸易，2020（4）：56-63.

［517］沈玉良，李海英，李墨丝，弓永钦．数字贸易发展趋势与中国的策略选择［J］．全球化，2018（7）：28-40.

［518］蓝庆新，窦凯．美欧日数字贸易的内涵演变、发展趋势及中国策略［J］．国际贸易，2019（6）：48-54.

［519］李忠民，周维颖．美国数字贸易发展态势及我国的对策思考［J］．全球化，2014（11）：60-72.

［520］曹淼孙．我国数字贸易发展：现状、挑战与策略研究［J］．西南金融，2020（1）：46-53.

［521］贾怀勤．数字贸易的概念、营商环境评估与规则［J］．国际贸易，2019（9）：90-96.

［522］肖光恩，冉小东．新冠疫情全球大流行对数字贸易及其规则构建的影响［J］．内蒙古师范大学学报（哲学社会科学版），2021，50（1）：82-90.

［523］余淼杰．“大变局”与中国经济“双循环”发展新格局［J］．上海对外经贸大学学报，2020（6）：19-28.

［524］周念利，吴希贤．美式数字贸易规则的发展演进研究——基于《美日数字贸易协定》的视角［J］．亚太经济，2020（2）：44-51.

［525］王晶．发达国家数字贸易治理经验及启示［J］．开放导报，2016（2）：50-54.

［526］伊万·沙拉法诺夫，白树强．WTO 视角下数字产品贸易合作机制研究——基于数字贸易发展现状及壁垒研究［J］．国际贸易问题，2018（2）：149-163.

［527］李墨丝．超大型自由贸易协定中数字贸易规则及谈判的新趋势

[J]. 上海师范大学学报（哲学社会科学版），2017，46（1）：100-107.

［528］李忠民，周维颖，田仲他．数字贸易：发展态势、影响及对策［J］. 国际经济评论，2014，114（6）：8+131-144.

［529］裴长洪，刘洪愧．中国外贸高质量发展：基于习近平百年大变局重要论断的思考［J］. 经济研究，2020，55（5）：4-20.

［530］汪晓文，宫文昌．国外数字贸易发展经验及其启示［J］. 贵州社会科学，2020（3）：132-138.

［531］高凌云，樊玉．全球数字贸易规则新进展与中国的政策选择［J］. 国际经济评论，2020（2）：162-172.

［532］徐金海，夏杰长．全球价值链视角的数字贸易发展：战略定位与中国路径［J］. 改革，2020（5）：58-67.

［533］辜胜阻，刘传江。技术创新与产业结构高度化［J］. 武汉大学学报（哲学社科版），1998（6）：46-51

［534］夏杰长，肖宇．数字娱乐消费发展趋势及其未来取向［J］. 改革，2019（12）：56-64.

［535］中国信通院．数字贸易发展白皮书［J］. 2020（12）．

［536］肖宇，夏杰长．数字贸易的全球规则博弈及中国应对［J］. 北京工业大学学报（社会科学版），2021，21（3）：49-64.

［537］刘洪愧．数字贸易发展的经济效应与推进方略［J］. 改革，2020（3）：40-52.

［538］方英，吴雪纯．我国文化贸易数字化发展的正效应及推进方略［J］. 现代传播（中国传媒大学学报），2020，42（11）：1-7.

［539］张海燕．关于大数据对国际经济贸易影响的探析［J］. 科技资讯，2018（31）：243-244.

［540］陈楠．浅析大数据对国际经济贸易的影响［J］. 经贸实践，2018（5）：59-60.

［541］刘德学．孙博文贸易会导致福利恶化吗？——基于跨国面板数据的实证研究［J］. 产经评论，2018（2）：139-152.

［542］刘晓春．数据共享合法化推动消除国际贸易新壁垒［J］. 中国对外贸易，2018（7）：46-48.

[543] 姚青．以大数据破解国际贸易融资发展瓶颈探析［J］．福建金融，2018（12）：73-75.

[544] 魏浩，付天．中国货物进口贸易的消费者福利效应测算研究——基于产品层面大型微观数据的实证分析［J］．经济学（季刊），2016，15（4）：1683-1714.

[545] 郝璐，年志远．比较优势、交易成本与对外贸易制度创新——兼论我国对外贸易制度改革［J］．云南社会科学，2015（6）：66-70.

[546] 佘晓玉，田文．农产品制度密集度的判定——基于比较优势的视角［J］．商业时代，2014（33）：19-20.

[547] 葛鹏，魏婧恬，王健．诚信环境、制度依赖度与产业的比较优势［J］．财经研究，2016（9）：99-108.

[548] 熊俊，吴小康．契约制度、比较优势与出口的三元边际［J］．浙江社会科学，2014（12）：30-42.

[549] 汪全胜．制度资源的优化配置探讨［J］．生产力研究，2004（12）：12-14.

[550] 马述忠，房超，梁银锋．数字贸易及其时代价值与研究展望［J］．国际贸易问题，2018（10）：16-30.

[551] 夏杰长．数字贸易的缘起、国际经验与发展策略［J］．北京工商大学学报（社会科学版），2018，33（5）：1-10.

[552] 美国商务部．浮现中的数字经济［J］．1998

[553] 刘淑春．中国数字经济高质量发展的靶向路径与政策供给［J］．经济学家，2019（6）：52-61.

[554] 中国通信院．中国数字经济发展白皮书［J］．2017.

[555] 中国通信院．中国数字经济发展白皮书［J］．2020.

[556] 中共中央国务院．关于构建更加完善的要素市场化配置机制的意见［J］．2020（2）．

[557] 张新红．数字经济与中国发展［J］．电子政务，2016（11）：2-11.

[558] 荆文君，孙宝文．数字经济促进经济高质量发展：一个理论分析框架［J］．经济学家，2019（2）：66-73.

［559］美国贸易代表办公室．数字贸易的主要障碍［J］．2017.

［560］蓝庆新，窦凯．美欧日数字贸易的内涵演变、发展趋势及中国策略［J］．国际贸易，2019（6）：48-54.

［561］中国通信院．数字贸易发展与影响白皮书［J］．2019.

［562］李忠，周维颖，田仲他．数字贸易：发展态势、影响及对策［J］．国际经济评论，2014（6）：131-144.

［563］刘洪愧．数字贸易发展的经济效应与推进方略［J］．改革，2020（3）：40-52.

［564］盛斌，高疆．超越传统贸易：数字贸易的内涵、特征与影响［J］．国外社会科学，2020（4）：18-32.

［565］孟夏，孙禄，王浩．数字服务贸易壁垒、监管政策异质性对数字交付服务贸易的影响［J］．亚太经济，2020（6）：42-52.

［566］张群，周丹，吴石磊．我国数字贸易发展的态势、问题及对策研究［J］．经济纵横，2020（2）：106-112.

［567］陈维涛，朱柿颖．数字贸易理论与规则研究进展［J］．经济学动态，2019（9）：114-126.

［568］马述忠，潘钢健．从跨境电子商务到全球数字贸易——新冠肺炎疫情全球大流行下的再审视［J］．湖北大学学报（哲学社会科学版），2020，47（5）：119-132.

［569］张夏恒．共生抑或迭代：再议跨境电子商务与全球数字贸易［J］．当代经济管理，2020（11）：43-50.

［570］吴益晶，曾海鹰．数字贸易背景下跨境电商的发展问题研究［J］．物流工程与管理，2020，42（4）：124-126.

［571］贾怀勤．建议开展数字贸易尝试性测度［N］．第一财经日报，2018-02-26（A11）.

［572］贾怀勤，刘楠．数字贸易及其测度研究的回顾与建议——基于国内外文献资料的综述［J］．经济统计学（季刊），2018（1）：270-277.

［573］温湖炜，舒斯哲，郑淑芳．全球数字服务贸易格局及中国的贸易地位分析［J］．产业经济评论，2021（1）：50-64.

［574］吕延方，方若楠，王冬．中国服务贸易融入数字全球价值链的

测度构建及特征研究［J］. 数量经济技术经济研究，2020，37（12）：25-44.

［575］李轩，李珮萍. "一带一路"主要国家数字贸易水平的测度及其对中国外贸成本的影响［J］. 工业技术经济，2021，40（3）：92-101.

［576］王智新. "一带一路"沿线国家数字贸易营商环境的统计测度［J］. 统计与决策，2020，36（19）：47-51.

［577］王爱华，王艳真. 中日跨境数字贸易规模测度分析［J］. 现代日本经济，2021，40（1）：43-55.

［578］荆文君，孙宝文. 数字经济促进经济高质量发展：一个理论分析框架［J］. 经济学家，2019（2）：66-73.

［579］前瞻产业研究院。2020 年中国数字经济发展报告［J］. 2020.

［580］席睿德. 亚洲数字革命：新的经济增长引擎［J］. 债券，2018（11）：7-11.

［581］曹亮，盛月，黄建忠. 国际贸易学发展的基本特点和前沿动态——基于对 1990-2012 年间国际贸易学权威文献的统计结果［J］. 经济学动态，2012（11）：106-110.

［582］陈靓. 数字贸易自由化的国际谈判进展及其对中国的启示［J］. 上海对外经济贸易大学学报，2015，22（3）：28-35.

［583］陈红娜. 数字贸易与跨境数据流动规则——基于交易成本视角的分析［J］. 武汉理工大学学报（社会科学版），2020，33（2）：110-120.

［584］王娟. 数字经济驱动经济高质量发展：要素配置和战略选择［J］. 宁夏社会科学，2019（5）：88-94.

［585］谭洪波，夏杰长. 数字贸易：重塑全球价值链的关键力量［N］. 经济日报，2020-12-16（011）.

［586］宗良，林静慧，吴丹. 全球数字贸易崛起：时代价值与前景展望［J］. 国际贸易，2019（10）：58-63.

［587］杨东，裴梦亚，史会斌，董明. 数字化驱动的制造企业商业模式创新研究综述［J］. 科学与管理，2021，41（3）：42-47.

［588］刘洋，董久钰，魏江. 数字创新管理：理论框架与未来研究［J］. 管理世界，2020，36（7）：198-217.

［589］周蓉蓉．我国数字经济发展战略与路径研究——基于国际经验的考察［J］．西南金融，2020（4）：90-96.

［590］廖益新．应对数字经济对国际税收法律秩序的挑战［J］．国际税收，2015（3）：20-25.

［591］张丽婷．数字贸易税收问题研究［D］．云南财经大学，2018.

［592］丁琳，中国贸易开放水平测度及其与经济增长关系研究［D］．中央财经大学，2015.